KB010094

原文 註釋 國譯

# 漢 書(九)

後漢 班固 著
陳 起 煥 譯註

明文堂

趙飛燕(조비연)
成帝의 황후. '掌中舞'의 주인공.

班婕妤(반첩여, 前 48 – 서기 2년)
成帝의 妃嬪. 班彪의 姑母, 班固와 班超, 班昭의 왕고모.

**玉門關 遺址**(옥문관 유지)
甘肅省 敦煌市 서북 90km.

**陽關 遺跡**(양관 유적)
甘肅省 敦煌市 서남.

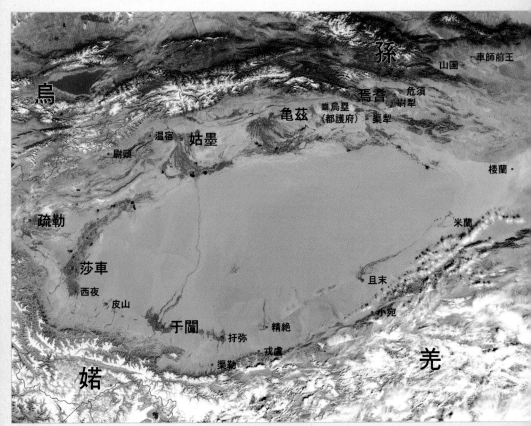

前漢 西域 36國 위치

〖明文 中國正史 大系〗

原文 註釋 國譯

# 漢 書(九)

後漢 班固 著

陳 起 煥 譯註

明文堂

원문 주석 국역
# 한서 (九)

# 94 匈奴傳
〔흉노전〕

## 94-1. 匈奴傳(上)

原文

匈奴, 其先夏后氏之苗裔, 曰, 淳維. 唐,虞以上有山戎,獫
允,薰粥, 居於北邊, 隨草畜牧而轉移. 其畜之所多則馬,牛,
羊, 其奇畜則橐佗,驢,騾,駃騠,騊駼,驒奚. 逐水草遷徙, 無城
郭常居耕田之業, 然亦各有分地. 無文書, 以言語爲約束.
兒能騎羊, 引弓射鳥鼠, 少長則射狐菟, 肉食. 士力能彎弓,
盡爲甲騎. 其俗, 寬則隨畜田獵禽獸爲生業, 急則人習戰攻
以侵伐, 其天性也. 其長兵則弓矢, 短兵則刀鋌. 利則進, 不
利則退, 不羞遁走. 苟利所在, 不知禮義. 自君王以下咸食

畜肉, 衣其皮革, 被旃裘. 壯者食肥美, 老者飮食其餘. 貴壯健, 賤老弱. 父死, 妻其後母, 兄弟死, 皆取其妻妻之. 其俗有名不諱而無字.

| 註釋 |　○〈匈奴傳〉-〈匈奴傳〉(上,下), 〈西南夷兩粵朝鮮傳〉, 〈西域傳〉(上,下)의 外國傳이 있다. 이는 중국 주변 이민족과의 交流史이면서 해당지역의 역사이며, 漢代의 정책과 인식을 알 수 있는 중요한 사료이다. ○匈奴(흉노) - 전국시대 이후 漢 주변 이민족 중 가장 강력했으며 유목국가를 건설하고 발전하면서 중국에 큰 영향을 끼쳤다. 漢의 군사와 외교는 사실상 흉노에 대한 정벌과 화친의 방책이었다. 漢의 흉노에 대한 대원칙은 羈縻政策(기미정책)이라 할 수 있다. ○夏后氏之苗裔 - 夏后氏는 夏의 선조. 그 우두머리는 禹. 夏나라의 별칭. 苗裔(묘예)는 먼 후손. ○淳維(순유) - 흉노족 조상의 이름. 獫允(험윤), 薰粥(훈육), 薰育(훈육), 獯鬻(훈육)은 흉노족을 지칭. ○山戎(산융) - 종족의 명칭. 北戎. ○橐佗, 驢, 騾, 駃騠, 駒騟, 驒騱 - 橐佗(탁타, 낙타), 驢(려, 나귀), 騾(라, 노새), 駃騠(결제, 버새, 암나귀와 수말의 잡종), 駒騟(도도, 야생의 노새), 驒騱(탄해, 야생마). ○各有分地 - 각 가족이나 씨족 단위의 목초지. 토지소유권이 아닌 목초지에 대한 우선 사용권. ○彎弓(만궁) - 흉노의 활. 두 가지 재질을 붙여 만든 작으면서도 강한 활. ○長兵 - 원거리에서 사용하는 무기. ○刀鋋(도연) - 칼과 쇠자루의 짧은 창. 鋋은 짧은 창 연. ○被旃裘 - 被는 이불. 덮다. 旃는 모직물 전. 담요. 裘는 갖옷 구. ○兄弟死 - 고대 夫餘에도 兄死取嫂(형사취수)의 습속이 있었다. '收繼婚(수계혼).' ○有名不諱 - 윗사람도 이름으로 불렀다는 뜻.

〔國譯〕

匈奴(흉노)의 선조는 夏后氏(하후씨)의 먼 후손으로 淳維(순유)라고

도 한다. 陶唐(堯)와 有虞(舜) 이전에는 山戎(산융), 獫允(험윤), 薰粥(훈육)이라 하였는데 북쪽 땅에 거주하면서 초지를 따라 목축하며 이동하였다. 그들의 가축으로 많은 것은 말과 소와 양이고, 특별한 짐승으로는 낙타, 나귀, 노새, 버새, 駒騟(도도, 야생의 노새)와 騨騱(탄해, 야생마) 등이 있었다. 수초를 따라 옮겨 다니며 성곽과 집이나 농사짓는 땅은 없지만 그래도 각자의 땅(목초지)을 갖고 있었다. 문서가 없어 언어로 약속을 하였다. 어린아이도 양을 타며 활로 새나 들쥐를 사냥하고 좀 자라면 여우나 토끼를 사냥하여 고기를 먹었고, 壯士가 되어 彎弓(만궁)을 당길 수 있으면 모두 기병이 되었다. 그 풍속에 여유가 있으면 목축과 짐승 사냥으로 살아가지만 위기에 처하면 모두가 전투를 익혀 남을 침략하는 것이 그들의 습성이었다. 그들의 주된 무기는 활과 화살이지만 근접해서는 칼과 창을 사용했다. 우세하면 진격하고 불리하면 후퇴하였는데 도주를 부끄러워하지 않았다. 이득이 있다면 예의를 따지지 않았다. 군왕 이하 모두가 육식을 하였고 그 가죽으로 옷을 지었고 담요는 외투를 덮었다. 힘센자는 좋은 음식을 먹고 늙은 자는 남은 음식을 먹었다. 힘센 것을 귀히 여기고 노약자를 천대하였다. 부친이 죽으면 그 후처를 아내로 삼았으며 형제가 죽으면 그 아내들을 데리고 살았다. 그들 습속에 이름을 부르기를 꺼려하지 않았으며 字도 없었다.

原文

夏道衰, 而公劉失其稷官, 變於西戎, 邑於豳. 其後三百有餘歲, 戎狄攻太王亶父, 亶父亡走於岐下, 豳人悉從亶父

而邑焉, 作周. 其後百有餘歲, 周西伯昌伐畎夷. 後十有餘
年, 武王伐紂而營雒邑, 復居於酆鎬, 放逐戎夷涇,洛之北,
以時入貢, 名曰, 荒服. 其後二百有餘年, 周道衰, 而周穆王
伐畎戎, 得四白狼,四白鹿以歸. 自是之後, 荒服不至. 於是
作〈呂刑〉之辟. 至穆王之孫懿王時, 王室遂衰, 戎狄交侵,
暴虐中國. 中國被其苦, 詩人始作, 疾而歌之, 曰, '靡室靡
家, 獫允之故', '豈不日戒, 獫允孔棘'. 至懿王曾孫宣王, 興
師命將以征伐之, 詩人美大其功, 曰, '薄伐獫允, 至於太原',
'出車彭彭', '城彼朔方'. 是時四夷賓服, 稱爲中興.

| 註釋 |  ○公劉失其稷官 – 公劉(공유)는 周의 시조인 后稷의 증손. 稷官
(직관)은 나라의 농업을 주관하던 관직.  ○竄於西戎, 邑於豳 – 西戎(서융)은
서북방에 거주하던 이민족. 豳(나라 이름 빈)은 邠. 今 陝西省 咸陽市 관할의
旬邑縣(순읍현). 陝西省과 甘肅省의 접경.  ○戎狄攻太王亶父 – 戎狄(융적)은
서북지역의 이민족에 대한 일반적 지칭. 太王亶父(태공단보)는 古公亶父. 文
王의 祖父.  ○岐下 – 岐(갈림길 기)는 今 陝西省 寶雞市 관할의 岐山縣. 豳
(빈)에서 서남쪽으로 이동하였다.  ○周西伯昌伐畎夷 – 당시 周는 殷의 봉
국. 西伯 昌은 季歷의 아들, 周 文王 姬昌. 畎夷(견이)는 犬戎(견융).  ○武王
伐紂而營雒邑 – 武王은 周의 실질적 건국자. 성명은 姬發. 雒邑(낙읍)은 今
河南省 洛陽市.  ○酆鎬 – 西周의 國都. 鎬京. 今 陝西省 西安市 長安區.
○涇,洛 – 黃河의 최대 지류가 渭水(위수)이고 涇水(경수)와 洛水(낙수)는 渭水
의 지류이다.(河南省 洛陽市의 洛水와 별개임).  ○荒服(황복) – 왕의 거주지
인 王畿(왕기)로부터 500리 단위로 구분한 지역 명칭. 5백 리 이내를 甸服(전
복)이라 하고 다음의 侯服, 綏服(수복), 要服, 荒服(2,500리)으로 구분.  ○其

後二百有餘年 - '二百'은 '一百'이어야 함. ㅇ穆王 - 재위 前 1023-982(?).
〈穆天子傳〉의 주인공. ㅇ畎戎(견융) - 犬戎. ㅇ〈呂刑〉之辟 - 《尙書 呂刑》.
辟은 法. ㅇ暴虐中國 - 中國은 中原. ㅇ靡室靡家, ~4句 - 靡는 無. 室은 妻.
孔은 심하다. 棘은 急迫. 《詩經 小雅 采薇》. ㅇ宣王(선왕, 재위 前 828 - 782)
- 周의 中興 이룩했다. ㅇ薄伐獫允~ - 《詩經 小雅 六月》. 薄伐은 축출하다.
ㅇ出車彭彭, ~ - 《詩經 小雅 出車》. 彭彭(팽팽)은 젊고 기운 센 모양.


〖國譯〗

　夏(하)가 쇠약해지자 公劉(공유)는 세습의 稷官(직관)을 상실하고
西戎(서융)과 섞여 豳(빈)에 살게 되었다. 그 뒤 3백여 년이 지나 戎狄
(융적)이 太王亶父(태왕단보)를 공격하자 태왕단보는 岐山(기산) 기슭
으로 옮겨왔는데, 豳人(빈인)이 모두 따라와 마을을 만들고 周를 이
룩하였다. 그 뒤 1백여 년에 周의 西伯인 昌(창)은 畎夷(견이, 견융)를
정벌하였다. 그 10여 년 뒤에 武王은 紂王(주왕)을 정벌하고 雒邑(낙
읍)을 세운 뒤, 다시 酆鎬(풍호, 鎬京)에 정주하며 견융을 涇水(경수)와
洛水(낙수)의 북쪽으로 축출하였는데 때에 따라 조공을 바치게 하였
고 그들 거주지를 荒服(황복)이라 불렀다. 그 백여 년 후에 周가 쇠약
해졌으나 周 穆王(목왕)은 畎戎(견융)을 정벌하고 4마리의 흰 이리와
4마리의 흰 사슴을 잡아 돌아왔다. 이후로 황복의 땅에서는 조공하
지 않았다. 그리고 이때 〈呂刑〉의 법을 제정하였다. 穆王의 손자인
懿王(의왕) 때에 이르러서는 왕실이 쇠퇴하여 융적이 번갈아 침입하
여 중원을 괴롭혔다. 중원의 백성이 고통을 겪게 되자 시인은 이를
싫어하며 '아내도 없고 가족도 없으니 모두가 험윤 때문이네.' 또
'어찌 날마다 조심하지 않는가? 험윤이 심히 괴롭히는데!' 라고 노

래했다. 懿王(의왕)의 증손인 宣王(선왕) 때에 이르러 군사를 동원하고 장수에 명하여 험윤을 정벌했는데, 시인은 그 공적을 찬양하며 '험윤을 아주 몰아내어 太原 땅에 이르렀네.' 라 하였고, '떠나는 전차가 당당하네.' '저 북방에 성을 쌓았네.' 라고 노래하였으니, 이때 사방 이민족이 굴복하였는데, 이를 中興이라 일컬었다.

原文

至於幽王, 用寵姬褒姒之故, 與申后有隙. 申侯怒而與畎戎共攻殺幽王於麗山之下, 遂取周之地, 鹵獲而居於涇·渭之間, 侵暴中國. 秦襄公救周, 於是周平王去酆鎬而東徙於雒邑. 當時秦襄公伐戎至岐, 始列爲諸侯. 後六十有五年, 而山戎越燕而伐齊, 齊釐公與戰於齊郊. 後四十四年, 而山戎伐燕. 燕告急齊, 齊桓公北伐山戎, 山戎走. 後二十餘年, 而戎翟至雒邑, 伐周襄王, 襄王出奔於鄭之氾邑. 初, 襄王欲伐鄭, 故取翟女爲后, 與翟共伐鄭. 已而黜翟后, 翟后怨. 而襄王繼母曰, 惠后, 有子帶, 欲立之, 於是惠后與翟后, 子帶爲內應, 開戎翟, 戎翟以故得入, 破逐襄王, 而立子帶爲王. 於是戎翟或居於陸渾, 東至於衛, 侵盜尤甚. 周襄王既居外四年, 乃使使告急於晉. 晉文公初立, 欲修霸業, 乃興師伐戎翟, 誅子帶, 迎內襄王於雒邑.

| 註釋 | ○幽王 − 周 宣王의 아들. 재위 前 781−771년. ○褒姒(포사) −

褒(포)는 나라 이름. 周 幽王의 두 번째 왕후. 차가운 미인. 烽火로 諸侯를 희롱하였다. ○麗山 - 驪山(여산). ○秦襄公救周 - 秦의 개국시조. 정식 제후로 책봉되었다. 재위 前 778-766년. ○東徙於雒邑 - 이때부터 東周(春秋戰國)시대. ○齊桓公(환공) - 재위 前 685-643년. 名 小白. 僖公의 아들, 襄公의 동생, 春秋시대 첫 번째 霸者. 尊王攘夷(존왕양이)를 실현. ○鄭 - 周의 제후국. 국도는 鄭(今, 陝西省 渭南市 관할의 華縣 동북), 나중에는 新鄭(今, 河南省 鄭州市 관할의 新鄭市). ○陸渾(육혼) - 현명, 今 河南省 洛陽市 관할의 嵩縣 동북. ○衛(위) - 殷 유민을 다스리기 위한 제후국. 치소는 商의 도읍인 朝歌〔今 河南省 북부 鶴壁市 관할 淇縣(기현)〕. ○晋文公 - 재위 前 636-628년. 前 635년에 襄王을 낙읍에 맞이했다.

[ 國譯 ]

幽王(유왕) 때 총희인 褒姒(포사) 때문에 왕후인 申后와 틈이 벌어졌다. (申后의 父) 申侯는 화가 나서 견융과 함께 공격하여 幽王을 麗山〔驪山(여산)〕기슭에서 죽이고 마침내 周의 도읍을 차지하고 땅을 노획하여 涇水(경수)와 渭水(위수) 일대에 거처하면서 나머지 중원을 침범하였다. 秦의 襄公(양공)은 周를 구원하였는데, 이에 周 平王은 호경을 떠나 동쪽 雒邑(낙읍)으로 옮겨갔다. 당시 秦 양공은 견융을 치고 岐(기)를 수복하고 처음으로 제후의 반열에 올랐다. 그 뒤 65년, 山戎(산융)이 燕(연)을 지나 齊(제)를 침공하자 齊의 釐公(희공)은 齊의 교외에서 싸워 물리쳤다. 그 44년 뒤에 산융은 燕(연)을 공격하였다. 燕이 齊에 위급을 알리자 齊의 桓公(환공)은 북쪽으로 산융을 토벌했고 산융은 도주하였다. 그 20여 년 뒤에 戎翟(융적)이 낙읍까지 들어와 周 襄王(양왕)을 공격하자 양왕은 鄭의 氾邑(범읍)으로 出奔(출분)하였다. 그전에 양왕은 鄭(정)을 치려고 융적의 딸을 왕후로 맞이하였고 융적과 함께 鄭나라를 쳤다. 그리고서는 翟后(적후)를 내쫓자 적후는 원한을 품었다. 襄王의 惠后라는 계모에게 子帶(자대)라는 아들이 있었고 그 아들을 즉위시키려 했는데 이에 혜후와 적후, 그리고 자대가 내응하여 융적에게 성문을 개방해 주어 융적이 입성했고, 양왕을 축출하고 혜후의 아들 자대를 옹립해 왕이 되었다. 이에 융적으로 陸渾(육혼)에 사는 자도 있어 동쪽으로는 衛(위)에 이르렀고 침략은 더욱 심해졌다. 周 襄王은 성외에 4년간이나 살다가 사자를 보내 晉(진)에 도움을 요청했다. 晉의 文公은 새로 즉위하고서 패업을 이루고자 군사를 동원하여 융적을 토벌하고 자대를 죽이고 양왕을 낙읍으로 영입하였다.

原文

當是時, 秦晉爲强國. 晉文公攘戎翟, 居於西河圜,洛之間, 號曰, 赤翟,白翟. 而秦穆公得由余, 西戎八國服於秦. 故隴以西有綿諸,畎戎,狄獂之戎, 在岐,梁,涇,漆之北有義渠,大荔,烏氏,朐衍之戎, 而晉北有林胡,樓煩之戎, 燕北有東胡,山戎. 各分散溪谷, 自有君長, 往往而聚者百有餘戎, 然莫能相壹.

| 註釋 | ○西河圜,洛之間 – 西河는 황하가 內蒙古 지역에서 山西省과 陝西省의 경계를 이루면서 남으로 일직선을 그으며 흐르는 부분. 圜(에울 환, 둥글 원)과 洛(낙)은 渭水의 지류. ○由余(유여) – 춘추시대 秦의 大夫. 목공을 도와 영토를 크게 확장하였다. ○隴 – 隴山(농산). 今 陝西省 서부의 甘肅

省 경계 지역의 산. ○綿諸,畎戎,狄獂 – 부족 이름. 지금의 甘肅省 동부 지역에 거주. ○岐,梁,涇,漆之北 – 岐山, 梁山, 涇水, 漆水의 북쪽. ○義渠,大荔, 烏氏,朐衍 – 모두 종족 이름.

〔國譯〕

그때에 秦(진)과 晉(진)이 강국이었다. 晉 文公은 융적을 물리쳐 西河와 圜水(원수), 洛水(낙수) 일대에 살게 하면서 그들을 赤翟(적적)과 白翟(백적)이라 불렀다. 그리고 秦 穆公(목공)은 由余(유여)를 등용하였고, 서융의 8개국이 秦에 복속하였다. 그래서 隴山서쪽으로 綿諸(면제), 畎戎(견융), 狄獂(적원) 등의 융적이 있고, 岐山(기산), 梁山(양산), 涇水(경수), 漆水(칠수)의 이북에는 義渠(의거), 大荔(대려), 烏氏(오지), 朐衍(구연) 등이 융적이 있었고, 晉(진)의 북쪽에는 林胡(임호)와 樓煩(누번)의 융적이, 그리고 燕(연)의 북쪽에는 東胡(동호)와 山戎(산융)족이 살았다. 이들은 각자 계곡에 분산해 살며 그 군장이 있었으며, 때로는 백여 종족의 융적이 있었다지만 하나가 될 수는 없었다.

原文

自是之後百有餘年, 晉悼公使魏絳和戎翟, 戎翟朝晉. 後百有餘年, 趙襄子逾句注而破之, 並代以臨胡貉. 後與韓,魏共滅知伯, 分晉地而有之, 則趙有代,句注以北, 而魏有西河, 上郡, 以與戎界邊. 其後, 義渠之戎築城郭以自守, 而秦稍蠶食之, 至於惠王, 遂拔義渠二十五城. 惠王伐魏, 魏盡入西河及上郡於秦. 秦昭王時, 義渠戎王與宣太后亂, 有二子. 宣太后詐而殺義渠戎王於甘泉, 遂起兵伐滅義渠. 於是秦有隴西,北地,上郡, 築長城以距胡. 而趙武靈王亦變俗胡服, 習騎射, 北破林胡,樓煩, 自代並陰山下至高闕爲塞, 而置雲中,雁門,代郡. 其後燕有賢將秦開, 爲質於胡, 胡甚信之. 歸而襲破東胡, 東胡卻千餘里. 與荊軻刺秦王秦舞陽者, 開之孫也. 燕亦築長城, 自造陽至襄平, 置上谷,漁陽,右北平,遼西,遼東郡以距胡. 當是時, 冠帶戰國七, 而三國邊於匈奴. 其後趙將李牧時, 匈奴不敢入趙邊. 後秦滅六國, 而始皇帝使蒙恬將數十萬之衆北擊胡, 悉收河南地, 因河爲塞, 築四十四縣城臨河, 徙適戍以充之. 而通直道, 自九原至雲陽, 因邊山險, 塹溪谷, 可繕者繕之, 起臨洮至遼東萬餘里. 又度河據陽山北假中.

| 註釋 | ◦晉의 悼公(도공) – 재위 전 572-558년. ◦趙襄子逾句注 – 趙襄子(조양자)는 晉의 대신. 趙簡子의 아들. 조씨의 세력을 크게 확장시켰다. 逾는 넘을 유. 句注(구주)는 山西省 代郡의 산. ◦韓,魏共滅知伯 – 晉을 三分한 趙와 韓과 魏. 知伯은 晉의 대부. ◦分晉地而有之 – 전 453년의 일. 이때부터 戰國時代로 보기도 하고 이들 삼국이 정식 제후로 인정받은 전 403년부터를 전국시대로 보기도 한다. ◦秦惠王 – 재위 前 337-311년. ◦秦昭王 – 재위 前 306-251년. ◦與宣太后亂 – 선태후는 昭王의 모친. ◦距胡 – 拒胡. 胡는 북적의 총칭으로 쓰였으나 여기서는 흉노족. ◦東胡卻~ – 卻은

물리치다. 격퇴하다. ○北地－郡名. 치소는 義渠縣(今 甘肅省 慶陽市 서남).
○陰山－內蒙古自治區 중부의 큰 산맥. ○雲中－郡名. 치소는 雲中縣, 今
內蒙古 呼和浩特市(內蒙古自治區의 首府) 서남. ○代郡－치소는 代縣(今 河
北省 張家口市 관할의 蔚縣(울현)). ○荊軻(형가)－燕의 태자 丹이 秦에서 당
한 치욕을 갚고자 구한 자객. 秦王 政(뒷날 시황제)을 저격했으나 실패. 전국
시대 遊俠의 典範. ○上谷,漁陽,右北平,遼西,遼東郡－모두 郡名. ○冠帶戰
國七－冠帶는 모자와 요대. 의관, 문명을 갖춘 중국. 戰國七은 戰國七雄.
○李牧(이목, ?－前 229)－趙의 名將, 李牧, 白起, 王翦(왕전), 廉頗(염파)를 戰
國 四名將으로 꼽는다. ○河南地－今 內蒙古 河套(하투)지구, 황하가 내몽
고에서 ∩모양으로 흐르는 안쪽 지역. ○徙適戍~－죄수로 변경 방어에 동
원된 자. 適은 謫(귀양 갈 적). ○直道－직통 도로. 군사용 작전 도로. ○九
原－현명. 今 內蒙古 包頭市 서북. ○雲陽－縣名. 今 陝西省 咸陽市 관할의
淳化縣. ○臨洮(임조)－현명. 今 甘肅省 定西市 관할 岷縣(민현). 만리장성
의 서쪽 起點. ○陽山北假－今 內蒙古 河套(하투) 지구의 지명.


〔國譯〕

　　이로부터 1백여 년 뒤, 晉의 悼公(도공)은 魏絳(위강)을 보내 융적
과 화친하자 융적은 晉에 입조했다. 그 1백여 년 뒤, 趙襄子(조양자)
는 句注山(구주산)을 넘어 융적을 격파하고 代에서 胡貉(호맥)과 접경
하였다. 그 뒤에 韓(한)과 魏(위)와 함께 知伯(지백)을 죽이고 晉을 갈
라 소유하였다. 곧 趙는 代와 구주산 이북을, 魏(위)는 西河 지역과
上郡을 차지하여 융적과 경계를 이루었다. 그 뒤에 義渠(의거)의 융
적은 성곽을 쌓고 방어하였지만 秦(진)은 그들 땅을 잠식하여 惠王
(혜왕) 때에는 의거의 25개 성을 차지하였다. 秦 혜왕은 魏(위)를 정
벌하여 魏의 西河와 上郡(상군)의 땅이 秦의 차지가 되었다. 秦 昭王

(소왕) 때에는 義渠(의거)의 융왕과 宣太后(선태후)가 사통하여 두 아들을 두었었다. 宣太后가 甘泉山(감천산)에서 거짓말로 유인하여 의 거융왕을 죽이자 秦에서는 거병하여 의거의 융적을 멸망시켰다. 이에 秦에서는 隴西(농서)와 北地郡, 上郡 등을 차지하고 長城을 축조하여 흉노를 막았다. 그리고 趙의 武靈王(무령왕) 역시 나라의 풍속을 바꾸고 호복을 착용하고 騎射를 익혀 북쪽으로 林胡(임호)와 樓煩(누번)의 땅을 차지하여 代(대)에서부터 陰山(음산)까지를 아우르고 高闕(고궐)까지 요새화하고서 雲中郡, 雁門郡(안문군), 代郡을 설치하였다.

그 후에 燕(연)에 秦開(진개)라는 현명한 장군이 있었는데, 진개는 전에 흉노에 인질로 잡힌 적이 있어 흉노가 매우 신임하였다. 진개는 귀국하면서 바로 동호를 습격하여 격파하자 (동호는) 1천여 리를 물러났다. (燕의) 荊軻(형가)와 함께 秦王을 저격한 秦舞陽(진무양)이란 자는 秦開의 후손이었다. 燕도 마찬가지로 장성을 축조하여 造陽(조양)에서부터 襄平(양평)에 이르기까지 上谷郡, 漁陽郡, 右北平郡, 遼西郡, 遼東郡을 설치하여 흉노를 막았다. 이때에 중국에 戰國七雄 중에서 3國(秦,趙,燕)이 흉노와 국경을 접했었는데, 그 뒤에 趙의 장군 李牧(이목)이 있을 때 흉노는 감히 趙의 변경을 넘보지 못했다. 그 뒤에 秦이 6국을 멸하고 진시황은 蒙恬(몽염)으로 하여금 수십 만의 무리를 거느리고 흉노를 공격케 하여 河南의 땅을 모두 차지하여 황하를 요새로 삼아 44개 현과 성을 황하를 따라 설치하고서 죄수를 이주시켜 채웠다. 그리고 直道(직도)를 개통하여 九原縣에서 雲陽縣에 이르렀고, 長城은 험준한 산을 따라 계곡을 메우거나 고칠 곳은 고치면서 臨洮縣(임조현)에서 遼東(요동)까지 1만여 리에 이르렀다.

그리고 陽山과 北假(북가)에 황하를 건너는 거점을 마련하였다.

原文

當是時, 東胡强而月氏盛. 匈奴單于曰, 頭曼, 頭曼不勝秦, 北徙. 十有餘年而蒙恬死, 諸侯畔秦, 中國擾亂, 諸秦所徙適邊者皆復去, 於是匈奴得寬, 復稍度河南與中國界於故塞.

| 註釋 | ○月氏(월지) – 흉노와 다른 유목 민족. 氏는 支. ○頭曼(두만) – 흉노 최초 單于의 이름. ○蒙恬死 – 진시황 37년(전 210). ○諸侯畔秦 – 제후는 지방에서 반기를 든 세력자란 의미. 畔은 叛.

〔國譯〕

이때는 東胡(동호)와 月氏(월지)도 강성했다. 흉노의 선우는 이름을 頭曼(두만)이라 하였는데, 두만은 秦(진)을 이길 수가 없자 북쪽으로 옮겨갔다. 십여 년이 지나자 몽염이 죽었고 제후들은 진에 반기를 들었고 중국이 소란해졌으며 진에 의거 강제로 변경에 끌려왔던 자들이 모두 돌아갔기에 흉노는 여유를 가지고 다시 조금씩 황하 남쪽으로 들어와 옛 요새에서 중국과 경계하였다.

原文

單于有太子, 名曰, 冒頓. 後有愛閼氏, 生少子, 頭曼欲廢冒頓而立少子, 乃使冒頓質於月氏. 冒頓既質, 而頭曼急擊月氏. 月氏欲殺冒頓, 冒頓盜其善馬, 騎亡歸. 頭曼以爲壯, 令將萬騎. 冒頓乃作鳴鏑, 習勒其騎射, 令曰, "鳴鏑所射而不悉射者斬." 行獵獸, 有不射鳴鏑所射輒斬之. 已而, 冒頓以鳴鏑自射善馬, 左右或莫敢射, 冒頓立斬之. 居頃之, 復以鳴鏑自射其愛妻, 左右或頗恐, 不敢射, 復斬之. 頃之, 冒頓出獵, 以鳴鏑射單于善馬, 左右皆射之. 於是冒頓知其左右可用, 從其父單于頭曼獵, 以鳴鏑射頭曼, 其左右皆隨鳴鏑而射殺頭曼, 盡誅其後母與弟及大臣不聽從者. 於是冒頓自立爲單于.

| 註釋 |  ○冒頓(묵독, 묵돌. 묵특, ?-前174) - 흉노 최고 통치자인 單于(선우)의 이름. 冒頓은(mò dú 墨毒)이라는 音讀에 의거 우리말은 '묵독'으로 표기한다. 冒 선우 이름 묵. 탐할 모. 頓 흉노왕 이름 돌. 조아릴 돈. ○閼氏(烟支, 연지, yānzhī) - 흉노 통치자인 單于의 正妻에 대한 칭호. 선우의 생모는 母閼氏라고 한다. 閼 흉노 왕비 연. 가로막을 알. 氏는 支. 燕支, 燕脂로도 표기. 본래 여인의 화장품, 아내라는 뜻으로도 사용. ○鳴鏑 - 소리가 나는 화살. 鳴은 울 명. 鏑 살족 적. 嚆矢(효시). ○冒頓自立 - 秦 2세 황제. 前209년.

〔 國譯 〕

頭曼單于(두만선우)에게 冒頓(묵독)이라는 태자가 있었는데 뒤에 사랑하는 閼氏(연지)가 막내아들을 낳자 두만선우는 목독을 폐하고 막내아들을 세우려고 묵독을 月氏(월지)에게 인질로 보냈다. 묵독을 인질로 보내자마자 두만은 월지를 맹렬하게 공격했다. 월지는 묵독을 죽이려 했지만 묵독은 좋은 말을 훔쳐 타고 달아나 돌아왔다. 두만은 아들을 장하다고 하면서 1만 기병을 거느리게 하였다. 묵독은 소리 나는 화살촉[鳴鏑(명적)]을 만들었고 말을 달리며 활을 쏘는 騎射를 훈련시키며 명령했다. "내가 쏜 명적을 따라 쏘지 않는 자는 죽일 것이다." 묵독은 사냥을 하면서 명적을 쏜 곳에 따라 쏘지 않는 자가 있으면 바로 참수하였다. 얼마 뒤에 묵독은 명적으로 자신의 좋은 말을 쏘았고 측근에 혹 쏘지 못하는 자가 있으면 즉시 참수하였다. 얼마 후, 다시 명적으로 자신의 애첩을 쏘자 좌우에서는 크게 두려워했지만 쏘지 않은 자를 마찬가지로 죽여 버렸다. 그 뒤로 묵독이 사냥을 나가서 명적으로 선우가 아끼는 말을 쏘자 좌우에서 모두가 활을 쏘았다. 이에 묵독은 측근들을 쓸 만하다고 생각하고서 부친인 두만선우를 따라 사냥을 나갔다가 명적으로 두만을 쏘자 측근들이 모두 명적을 따라 쏘아 두만을 살해했고, 이어 그 계모와 이복동생 그리고 대신 중 따르지 않는 자들을 다 죽였다. 그리고서 묵독은 선우로 자립하였다.

原文

冒頓旣立, 時東胡强, 聞冒頓殺父自立, 乃使使謂冒頓曰, "欲得頭曼時號千里馬." 冒頓問群臣, 群臣皆曰, "此匈奴寶馬也, 勿予." 冒頓曰, "奈何與人鄰國愛一馬乎?" 遂與之. 頃之, 東胡以爲冒頓畏之, 使使謂冒頓曰, "欲得單于一閼氏." 冒頓復問左右, 左右皆怒曰, "東胡無道, 乃求閼氏! 請擊之." 冒頓曰, "奈何與人鄰國愛一女子乎?" 遂取所愛閼氏予東胡. 東胡王愈驕, 西侵. 與匈奴中間有棄地莫居千餘里, 各居其邊爲甌脫. 東胡使使謂冒頓曰, "匈奴所與我界甌脫外棄地, 匈奴不能至也, 吾欲有之." 冒頓問群臣, 或曰, "此棄地, 予之." 於是冒頓大怒, 曰, "地者, 國之本也, 奈何予人!" 諸言與者, 皆斬之. 冒頓上馬, 令國中有後者斬, 遂東襲擊東胡. 東胡初輕冒頓, 不爲備. 及冒頓以兵至, 大破滅東胡王, 虜其民衆畜産. 旣歸, 西擊走月氏, 南并樓煩,白羊河南王, 悉復收秦所使蒙恬所奪匈奴地者, 與漢關胡河南塞, 至朝那,膚施, 遂侵燕,代. 是時, 漢方與項羽相距, 中國罷於兵革, 以故冒頓得自强, 控弦之士三十餘萬.

| 註釋 | ○中間有棄地~ − 버려진 땅은 戈壁沙漠(Gobi Desert, 中國과 蒙古國의 국경)으로 추정할 수 있다. ○甌脫(구탈) − 흉노의 언어로 초소(守望之處). 국경 감시소. ○樓煩,白羊河南王 − 樓煩과 白羊 모두 종족명, 국명. 그들의 우두머리가 河南〔今 內蒙古 河套(하투) 지구의 서쪽〕에서 왕으로 있었다는 뜻. ○朝那,膚施 − 朝那(조나)는 현명. 今 寧夏自治區 高原市 동남. 膚施(부시)는 현명. 上郡의 치소. 今 陝西省 북단 楡林市.

〔國譯〕

묵독이 자립했을 때는 東胡族(동호족)이 강했는데 묵독이 부친을 죽이고 자립했다는 소식을 듣고 사신을 보내 묵독에게 말했다. "두만선우 때의 천리마를 얻고자 합니다." 묵독이 여러 신하에게 묻자 모두가 말했다. "이는 우리의 보물 같은 말이기에 줄 수 없습니다." 그러자 묵독이 말했다. "어찌 우리 이웃나라에 말 한 마리를 아까워할 수 있겠는가?" 그리고는 말을 보내주었다. 얼마 후 동호에서는 묵독이 겁을 먹었다고 생각하여 사자를 보내 말했다. "선우의 연지 중 한 사람을 보내주십시오." 묵독이 측근들에게 다시 묻자 측근들은 모두 화를 내며 말했다. "동호가 무도하여 연지를 달라고 하다니! 그들을 공격해야 합니다!" 그러자 묵독은 "어찌 우리 이웃 나라에 여자 하나에 인색할 수 있겠는가?"라고 말하며 사랑하는 연지 하나를 골라 동호에 보내 주었다. 동호의 왕은 더욱 교만해져서 서쪽으로 침략해 왔다. 흉노와 동호 중간에 사람이 살 수 없는 천여 리의 버려진 땅이 있었고 각자 그 변경을 따라 흙으로 초소를 지어 감시하고 있었다. 동호의 사자가 와서 묵독에게 말했다. "匈奴와 우리 사이에 초소 밖의 버려진 땅은 흉노에서도 가지 않는 땅이니 우리가 소유할 것입니다." 묵독이 여러 신하에 묻자, 어떤 자가 "거기는 버려진 땅이니 주도록 합시다." 그러자 묵독이 대노하며 말했다. "땅은 나라의 근본인데 어찌 남에게 줄 수 있겠나!" 그리고 내주자고 말하는 자들을 모두 참수하였다. 묵독은 말에 올라 뒤늦게 나서는 자는 죽이겠다고 명령한 뒤 동쪽으로 동호를 습격하였다. 동호는 처음부터 묵독을 경시하여 대비하지 않았다. 묵독의 군사가 들이닥쳐 동호왕을 크게 격파하고 그 백성과 가축을 포로로 획득하였다. 묵독은 돌아와서 서쪽을 공격하여 月氏(월지)를 축출하였으며 남쪽으로는 樓煩(누번)과 白羊(백양)의 河南(하남) 땅을 병합했고 秦 몽염에게 빼앗겼던 옛 흉노의 땅을 차지하여 漢과는 河南의 요새에서 관문을 형

성하고 朝那縣(조나현)과 膚施縣(부시현)에 이르렀으며 마침내 燕(연)
과 代(대)를 침략하였다. 이때 漢에서는 한창 항우와 서로 대치할 때
였고 중국은 전쟁으로 피폐했기에 묵독은 스스로 강성해졌고 활을
당길 수 있는 군사가 30여 만이라 하였다.


原文

　自淳維以至頭曼千有餘歲, 時大時小, 別散分離, 尙矣, 其
世傳不可得而次. 然至冒頓, 而匈奴最强大, 盡服從北夷,
而南與諸夏爲敵國, 其世姓官號可得而記云.


| 註釋 |　○尙矣 – 오래 되다(久遠).　○而次 – 次는 순서. 순서를 정하다.
○諸夏 – 중원의 국가. 중국.


〖國譯〗

　淳維(순유)로부터 頭曼(두만)에 이르기까지 1천여 년 간, 어떤 때
는 강성했다가 또 쇠약해졌으며 아주 오랫동안 흩어지고 분리되었
기에 후세의 전승을 알아 순서를 정할 수가 없었다. 그러나 묵독선
우에 이르러 흉노는 가장 강대해졌고 북방 이민족을 모두 굴복시키
고 남으로 진출하여 중국과 경쟁하게 되었으며 그들의 성과 관직을
알아내어 기록할 수 있게 되었다.

單于姓攣鞮氏, 其國稱之曰, '撐犁孤塗單于'. 匈奴謂天爲'撐犁' 謂子爲'孤塗' 單于者, 廣大之貌也, 言其象天單于然也. 置左右賢王, 左右谷蠡, 左右大將, 左右大都尉, 左右大當戶, 左右骨都侯. 匈奴謂賢曰, '屠耆', 故嘗以太子爲左屠耆王. 自左右賢王以下至當戶, 大者萬餘騎, 小者數千, 凡二十四長, 立號曰, '萬騎'. 其大臣皆世官. 呼衍氏, 蘭氏, 其後有須卜氏, 此三姓, 其貴種也. 諸左王將居東方, 直上谷以東, 接穢貉,朝鮮, 右王將居西方, 直上郡以西, 接氐,羌, 而單于庭直代,雲中. 各有分地, 逐水草移徙. 而左右賢王,左右谷蠡最大國, 左右骨都侯輔政. 諸二十四長, 亦各自置千長,百長,什長,裨小王,相,都尉,當戶,且渠之屬.

| 註釋 | ○攣鞮氏 – 연제씨. 攣 걸릴 연. 鞮 가죽신 제. ○撐犁孤塗單于(탱리고도우) – '하늘의 축복을 받은 선우'라는 의미. ○谷蠡(녹리) – 谷은 흉노 벼슬 이름 록. 나라 이름 욕. 골짜기 곡. 蠡은 좀먹을 려. 흉노 벼슬 이름 리. ○直上谷以東 – 直은 當. 해당하다. 上谷은 군명. 치소는 膚施縣(부시현), 今 陝西省 북단 楡林市. ○穢貉,朝鮮 – 穢貉(예맥)은 穢貊(예맥)은 종족 이름. 지금 강원도 이북에 거주. 朝鮮(조선)은 燕과 이웃한 나라 이름으로 기록. 위만 조선과 구분하여 古朝鮮으로 통칭. 조선의 마지막 왕 準王(준왕)은 漢의 流移民 세력의 대표자격인 衛滿(위만)에게 나라를 빼앗겼다. ○單于庭直代,雲中 – 선우의 직할 지역. ○左右谷蠡最大國 – 國은 衍字(연자)라는 주석에 따른다.

선우의 성은 攣鞮氏(연제씨)인데, 그 나라에서는 선우를 부를 때 "撐犁孤塗單于(탱리고도선우)"라 한다. 흉노에서는 하늘을 '撐犁(탱리)' 아들을 '孤塗(고도)'라고 하였는데, 單于(선우)란 광대한 모양으로 그 모습이 하늘과 같이 광대하다는 뜻이다. 左, 右賢王과 左, 右谷蠡(우녹리)와 좌우 大將, 좌우 大都尉, 좌우 大當戶, 좌우 骨都侯(골도후)를 두었다. 흉노에서는 현명한 것을 '屠耆(도기)'라 하였기에 태자를 左屠耆王(좌도기왕)이라고 하였다. 좌, 우현왕으로부터 좌우 대당호에 이르기까지 강한 자는 1만여 기병, 작은 자는 수천을 거느렸는데 모두 24將을 두고 이들을 '萬騎(만기)'라고 하였다. 그 대신들은 모두 세습이었다. 呼衍氏(호연씨), 蘭氏(난씨)가 있었고 뒤에 須卜氏(수복씨)가 있었는데 이 3성이 가장 귀한 집안이었다. 모든 左王과 左將은 동방에 있었으니, 곧 上谷郡 동쪽에서부터 예맥과 조선에 이르렀으며 右王과 右將은 서방에 거주하였으니 곧 上郡의 서쪽으로 氐族(저족)과 羌族(강족)과 접하였고 선우의 조정(직할 지역)은 바로 代郡(대군)과 雲中郡(운중군)과 접하였다. 각각 땅을 분할하였고 수초를 따라 이동하였다. 좌, 우현왕과 좌, 우녹리가 가장 강했으며 좌, 우골도후가 정사를 보필하였다. 모든 24將들은 각각 千長, 百長, 什長(십장), 裨小王(비소왕), 相, 都尉, 當戶, 且渠(차거) 같은 속관을 거느렸다.

原文

歲正月, 諸長小會單于庭, 祠. 五月, 大會龍城, 祭其先,天地,鬼神. 秋, 馬肥, 大會蹛林, 課校人畜計. 其法, 拔刃尺者死, 坐盜者沒入其家, 有罪, 小者軋, 大者死. 獄久者不滿十日, 一國之囚不過數人. 而單于朝出營, 拜日之始生, 夕拜月. 其坐, 長左而北向. 日上戊己. 其送死, 有棺椁,金銀,衣裳, 而無封樹喪服, 近幸臣妾從死者, 多至數十百人. 舉事常隨月, 盛壯以攻戰, 月虧則退兵. 其攻戰, 斬首虜賜一卮酒, 而所得鹵獲因以予之, 得人以爲奴婢. 故其戰, 人人自爲趨利, 善爲誘兵以包敵. 故其逐利, 如鳥之集, 其困敗, 瓦解雲散矣. 戰而扶轝死者,盡得死者家財.

| 註釋 | ◦單于庭 – 선우의 朝廷. 선우의 직할지라는 뜻. ◦龍城 – 흉노가 祭天하던 聖地. 부족 연합 회의가 열리던 곳. 今 內蒙古 鄂爾多斯市 동쪽의 准格爾旗. 황하 남쪽. ◦蹛林 – 蹛는 밟을 대. 숲을 돌다. 흉노의 가을 제사터. 구체적 지명이 아니라 제사의식으로 풀이한 주석에 따른다. ◦拔刃尺者死 – 평상시에 동족에게 위해를 가하는 것을 철저히 금했다는 뜻으로 풀이할 수 있다. ◦小者軋 – 軋(알)은 죄인의 골절을 수레로 부수는 형벌. 전투에 참여할 수 없다는 것은 그만큼 무거운 형벌이었다. ◦無封樹 – 봉분을 만들거나 나무를 심지 않다. ◦近幸臣妾從死者 – 자발적인 순장이 있었다고 해석할 수 있다. ◦扶轝死者 – 부상자를 부축하거나 死者를 거두어오다. 轝 수레 여. 수레에 실어오다.

〔國譯〕

해마다 정월에는 모든 족장들이 선우의 땅에 잠깐 모여 제사를 지냈다. 5월에는 龍城(용성)에서 대회를 열고 선조와 천지와 귀신을 제사하였다. 가을에, 말이 살쪘을 때는 蹛林(대림)에서 대회를 열어 인구와 가축의 숫자를 비교하였다. 그들의 법에 칼을 1척 이상 뽑으면 사형에 처했으며, 물건을 훔친 자는 그 재산을 몰수하였고 사소한 범법자는 軋刑(알형)에 처했으며 큰 죄는 사형에 처했다. 감옥에는 10일 이상 가둬두지 않았기에 나라 전체의 죄인이 몇 사람에 불과하였다. 선우는 아침에 일어나 해 뜨는 곳에 절을 했고, 저녁에는 달에 절을 했다. 앉을 경우 언제나 좌측에 북쪽을 보고 앉았다. 날 중에서는 戊日(무일)과 己日(기일)을 좋은 날로 여겼다. 장례는 관곽에 금은 장식과 의상을 입혔지만 봉분을 만들거나 나무를 심어 표시하지 않았으며 가까이 모시던 처첩으로 따라 죽는 자가 많을 경우 수십에서 1백 명이나 되었다. 큰일을 시작할 경우 달의 움직임에 맞췄으며 달이 커지면 공격을 했고 달이 이지러지면 군사를 퇴각했다. 적을 죽이거나 포로로 잡았을 경우 술 한 잔이 상이었으나 노획한 물건을 가질 수 있고 포로는 잡은 자의 노비가 되었다. 때문에 그 전투는 각자 이득을 얻기 위한 것이었기에 적을 유인하고 포위하기를 잘했다. 그래서 이득을 쫓는 것이 마치 새가 모여들 듯 했으나 패할 경우 와해되거나 구름처럼 흩어졌다. 부상자를 부축하거나 전사자의 시신을 거두어오면 그의 가산을 모두 가질 수 있었다.

原文

後北服渾窳, 屈射, 丁零, 隔昆, 新藜之國. 於是匈奴貴人大臣皆服, 以冒頓爲賢.

是時, 漢初定, 徙韓王信於代, 都馬邑. 匈奴大攻圍馬邑,

韓信降匈奴. 匈奴得信, 因引兵南逾句注, 攻太原, 至晉陽
下. 高帝自將兵往擊之. 會冬大寒雨雪, 卒之墮指者十二三,
於是冒頓陽敗走, 誘漢兵. 漢兵逐擊冒頓, 冒頓匿其精兵,
見其羸弱, 於是漢悉兵三十二萬, 北逐之. 高帝先至平城,
步兵未盡到, 冒頓縱精兵三十餘萬騎圍高帝於白登, 七日,
漢兵中外不得相救餉. 匈奴騎, 其西方盡白, 東方盡駹, 北
方盡驪, 南方盡騂馬. 高帝乃使使間厚遺閼氏, 閼氏乃謂冒
頓曰, "兩主不相困. 今得漢地, 單于終非能居之. 且漢主有
神, 單于察之." 冒頓與韓信將王黃,趙利期, 而兵久不來, 疑
其與漢有謀, 亦取閼氏之言, 乃開圍一角. 於是高皇帝令士
皆持滿傅矢外鄉, 從解角直出, 得與大軍合, 而冒頓遂引兵
去. 漢亦引兵罷, 使劉敬結和親之約.

| 註釋 | ○渾窳,屈射,丁零,隔昆,新棃 – 옛 부족 이름. 射는 싫어할 역.
○韓王信 – 대장군 韓信이 아닌 韓의 王에 봉해진 韓信. 韓王信이라 표기하
여 대장군 韓信과 구분한다. 33권, 〈魏豹田儋韓王信傳〉에 입전. ○馬邑 –
韓王信 代國의 도읍, 雁門郡의 현명. 今 山西省 북부의 朔州市. ○太原 – 군
명. 今 山西省 省會(省都) 太原市. ○平城 – 縣名. 今 山西省 북쪽 大同市 동
북. ○白登 – 山西省 大同市 북쪽의 산명. ○東方盡駹 – 駹은 푸른 말 방.
○南方盡騂馬 – 騂은 붉은 말 성. ○使使間厚遺閼氏 – 間은 은밀히. 閼氏
(연지)에게 후한 예물을 보낸 것은 40권, 〈張陳王周傳〉의 陳平에 관한 기록
참고. 이때가 한왕 7년(전 200)년 겨울이었다. ○劉敬 – 婁敬(누경) 유씨 성
은 賜姓. 43권, 〈酈陸朱劉叔孫傳〉에 입전.

  그 이후에 묵독선우는 渾窳(혼유), 屈射(굴역), 丁零(정령), 隔昆(격 곤), 新蔡(신리) 같은 나라들을 정복했다. 이에 흉노의 귀족이나 대신 은 모두 감복하여 묵독을 현군으로 생각했다.

  이때 漢은 겨우 안정되었는데 韓王信(한왕신)을 代王으로 옮겨 馬 邑(마읍)에 도읍케 하였다. 匈奴가 대대적으로 마읍을 공격 포위하 자 한왕신은 匈奴에 투항하였다. 匈奴가 한왕신을 잡은 뒤 군사를 이끌고 남으로 句注山(구주산)을 넘어 太原을 공격하며 晉陽(진양)에 이르렀다. 고조는 몸소 군사를 거느리고 흉노를 토벌했다. 마침 겨 울에 매우 춥고 눈이 내려 사졸 중에서 동상으로 손가락을 잃은 자 가 10명에 2, 3명꼴이었으며 묵독은 거짓으로 패주하면서 한의 군 사를 유인하였다. 한의 군사가 묵독을 추격하자 묵독은 그 정병을 숨기고 노약자만 노출시켰는데 한의 군사는 32만의 대군을 동원하 여 북쪽으로 추격하였다. 고조는 먼저 平城(평성)에 도착했으나 보 병이 아직 도착하지 못했을 때 묵독은 정병 30여 만을 동원하여 고 조를 白登山에서 포위하였고, 7일 동안 한의 군사는 안팎으로 원병 이나 식량을 얻을 수 없었다. 흉노의 기병은 그 서쪽에는 백마의 기 병을, 동방에는 모두 푸른 말을, 북방에는 모두 검은 말, 남방에는 모두 붉은 털의 말을 배치하였다. 이에 고조는 은밀히 사자를 시켜 후한 예물을 閼氏(연지)에게 보내자 연지가 묵독에게 말했다.

  "두 주군이 서로 곤경에 처할 수는 없습니다. 지금 한의 땅을 차 지하더라도 선우로서는 결국 머물 수 없습니다. 또 한의 군주는 신 령하다 하니 선우께서는 이 점도 살펴주십시오." 묵독은 한신의 장 수인 王黃(왕황), 趙利(조리)와 기약했었는데 그 군사도 오지 않자 한에서 어떤 책략이 있는가를 의심하여 결국 연지의 말대로 한쪽 포위를 풀어주었다. 이에 고조는 모든 병사들에게 화살을 얹어 힘껏 당겨 밖으로 향한 채 열린 곳을 통해 빠져 나왔고 본진에 합류하였으며 묵독도 군사를 거느리고 돌아갔다. 한은 이에 토벌군을 해산하고 劉敬(유경)을 보내 화친 조약을 맺었다.

原文

是後, 韓信爲匈奴將, 及趙利, 王黃等數背約, 侵盜代, 雁門, 雲中. 居無幾何, 陳豨反, 與韓信合謀擊代. 漢使樊噲往擊之, 復收代, 雁門, 雲中郡縣, 不出塞. 是時, 匈奴以漢將數率衆往降, 故冒頓常往來侵盜代地. 於是高祖患之, 乃使劉敬奉宗室女翁主爲單于閼氏, 歲奉匈奴絮繒酒食物各有數, 約爲兄弟以和親, 冒頓乃少止. 後燕王盧綰復反, 率其黨且萬人降匈奴, 往來苦上谷以東, 終高祖世.

| 註釋 |  ○居無幾何 – 오래지 않아.  ○陳豨(진희, ?-前 196) – '白登之圍' 뒤에 陽夏侯가 되었다가 나중에 代國의 相에 임용되었고 淮陰侯 韓信과 사전 모의를 거친 다음 漢 10년(前 197)에 代國에서 반기를 들었다. 34권, 〈韓彭英盧吳傳〉 중 韓信 및 盧綰에 관한 기록 참고.  ○燕王盧綰 – 노관은 한고조와 같은 마을에서 같은 날 태어났다 하여 각별한 은택을 입었고 燕王이 되었는데도 고조를 배반하였다.  ○宗室女翁主 – 종실의 딸인 翁主. 翁主는 父親(翁)이 혼사를 주관(主)하기에 옹주라 하였다.

　　이후에 한왕신은 흉노의 장수가 되었고 그의 부장이었던 趙利(조리)와 王黃(왕황) 등은 자주 화친 약속을 깨고 代國, 雁門郡(안문군), 雲中郡에 침입, 노략질을 하였다. 오래지 않아. 陳豨(진희)가 배반하면서 한왕신과 함께 모의하며 代國을 공격했다. 이에 漢은 樊噲(번쾌)을 보내 토벌케 하여 代國과 안문군, 운중군 등을 수복하였지만 국경을 넘어 흉노를 치지는 않았다. 이 무렵 흉노는 漢의 장수들이 무리를 이끌고 투항하기 때문에 묵독도 자신이 직접 군사를 거느리고 代의 땅을 침략하였다. 이에 고조는 이를 걱정하여 바로 劉敬(유경)을 시켜 宗室女인 翁主를 데리고 가서 선우의 연지로 삼게 하였고 해마다 흉노에게 솜과 비단, 술과 음식물 등을 일정량을 보내며 형제로 화친을 약속하자 묵독은 약간 그치었다. 그 뒤에 다시 燕王盧綰(노관)도 배반하여 그 무리 1만여 명을 거느리고 흉노에 항복하고서 上谷(상곡) 동쪽 땅을 드나들며 백성을 괴롭혔는데 고조가 죽을 무렵에 그만두었다.

原文

　　孝惠,高后時, 冒頓寖驕, 乃爲書, 使使遺高后曰, "孤僨之君, 生於沮澤之中, 長於平野牛馬之域, 數至邊境, 願游中國. 陛下獨立, 孤僨獨居. 兩主不樂, 無以自虞, 願以所有, 易其所無." 高后大怒, 召丞相平及樊噲,季布等, 議斬其使者, 發兵而擊之. 樊噲曰, "臣願得十萬衆, 橫行匈奴中." 問季布, 布曰, "噲可斬也! 前陳豨反於代, 漢兵三十二萬, 噲爲上將軍, 時匈奴圍高帝於平城, 噲不能解圍. 天下歌之曰, '平城之下亦誠苦, 七日不食, 不能彀弩'. 今歌唫之聲未絶, 傷痍者甫起, 而噲欲搖動天下, 妄言以十萬衆橫行, 是面謾也. 且夷狄譬如禽獸, 得其善言不足喜, 惡言不足怒也." 高后曰, "善." 令大謁者張澤報書曰, "單于不忘弊邑, 賜之以書, 弊邑恐懼. 退而自圖, 年老氣衰, 髮齒墮落, 行步失度, 單于過聽, 不足以自汚. 弊邑無罪, 宜在見赦. 竊有御車二乘, 馬二駟, 以奉常駕." 冒頓得書, 復使使來謝曰, "未嘗聞中國禮義, 陛下幸而赦之." 因獻馬, 遂和親.

| 註釋 | ○孝惠,高后 - 惠帝 재위 前 194-188년, 高后(呂太后)는 前 187-180년간 집권. ○孤償之君 - 외로워 혼자 서기도 어려운 사람. 償은 넘어질 분. ○沮澤之中 - 습지, 沮澤(저택)은 浸濕之地. ○自虞 - 虞는 娛(즐길 오). ○樊噲(번쾌) - 번쾌는 여태후의 동생과 결혼했다. 여태후 弟夫. ○不能彀弩 - 강한 활을 당기지도 못하다. 彀는 당길 구. 弩 쇠뇌 노. ○歌唫之聲 - 노래 부르는 소리. 唫은 읊을 음(吟의 古字). 입 다물 금. ○傷痍者甫起 - 痍는 상처 이. 甫起는 겨우 일어나다. 甫는 비로소, 처음. ○面謾 - 면전에서 거짓말을 하다. 謾은 속일 만. 欺誆(기광). ○馬二駟 - 8마리. 駟는 말 4마리.

〔國譯〕

혜제와 高后가 재위할 때에 묵독은 더욱 교만하였는데 국서를 작성하여 사신을 시켜 고후에게 보내 말했다.

"외로워 쓰러질 이 몸은 습한 땅에서 태어나 넓은 들과 우마의 땅에서 자랐지만 여러 번 변경에 갈 때마다 중국 땅에서 놀고 싶었습니다. 폐하도 몹시 고독한 군주로 홀로 지내고 있습니다. 양쪽 주군에 쾌락이 없고 스스로 즐길거리가 없으니, 바라옵나니 가진 것으로 없는 것과 교환합시다."

高后는 대노하며 승상 陳平과 樊噲(번쾌) 및 계포 등을 불러 흉노의 사자를 참수하고 군사를 일으켜 흉노 원정을 논의했다 이에 번쾌가 말했다. "臣이 10만 군사를 거느리고 흉노의 땅을 마음대로 치겠습니다." 이를 계포에게 묻자, 계포가 말했다.

"번쾌를 참수해야 합니다! 전에 진희가 代國에서 반역했을 때 우리 군사 32만을 동원했고 번쾌는 상장군이었는데 그때 흉노가 고조를 평성에서 포위했지만 번쾌는 포위를 풀지도 못했습니다. 그 후에 세상 사람은 이를 두고 '平城에서 정말 고생했나니 7일간 굶어 활을 당기지도 못했지.' 라고 노래했습니다. 그 노랫소리가 아직도 그치질 않았고 다친 자들이 이제 겨우 일어날 지경인데 번쾌가 천하를 혼란에 빠트리려고 10만 군사로 흉노 땅에 횡행하겠다는 말은 면전에서 하는 거짓말입니다. 그리고 夷狄(이적)들은 꼭 금수와 같아서 좋은 말을 들어도 기뻐하지 않고 나쁜 말을 들어도 화낼 줄도 모르는 자들입니다."

이에 고후는 "맞다."고 하였다. 그리고는 大謁者 張澤(장택)을 시켜 답서를 지어 말했다.

"單于께서 우리 漢을 잊지 않고 국서를 주셨으니 송구할 뿐입니다. 조용히 스스로 생각해보니 늙고 노쇠하여 머리와 치아도 빠졌고 걸음도 제대로 못 걷는데 선우께서는 잘못 들었으며 스스로를 더럽

힐 수는 없습니다. 우리는 허물이 없으니 너그러이 생각하시기 바랍니다. 이에 타실 수레 2량과 말 8마리를 보내오니 즐겨 타시기 바랍니다."

묵독은 국서를 받고 다시 사신을 보내 사죄하며 말했다. "중국의 예의를 잘 몰랐으니 폐하께서 너그러이 용서하기 바랍니다." 그리면서 말을 보내왔고 마침내 화친하였다.


原文

至孝文卽位, 復修和親. 其三年夏, 匈奴右賢王入居河南地爲寇, 於是文帝下詔曰, "漢與匈奴約爲昆弟, 無侵害邊境, 所以輸遺匈奴甚厚. 今右賢王離其國, 將衆居河南地, 非常故. 往來入塞, 捕殺吏卒, 驅侵上郡保塞蠻夷, 令不得居其故. 陵轢邊吏, 入盜, 甚驁無道, 非約也. 其發邊吏車騎八萬詣高奴, 遣丞相灌嬰將擊右賢王." 右賢王走出塞, 文帝幸太原. 是時, 濟北王反, 文帝歸, 罷丞相擊胡之兵.

| 註釋 |  ○孝文卽位 – 재위 전 179-157년.  ○非常故 – 평상시와 다르다. 전례가 없는 일이다.  ○保塞蠻夷 – 본래부터 漢에 소속되어 변방을 방어하는 소수 민족.  ○陵轢邊吏 – 凌轢(능력). 깔보며 압박하다(欺壓).  ○高奴 – 현명. 今 陝西省 북부의 延安市.  ○灌嬰(관영) – 41권, 〈樊酈滕灌傅靳周傳〉입전.  ○濟北王反 – 劉興居. 고조의 長庶子인 劉肥의 아들, 呂氏 세력 제거에 有功. 前 177년에 반란, 자살.

孝文帝가 즉위하고 흉노와 다시 화친을 맺었다. 즉위 3년째 여름 흉노 우현왕이 河南에 들어와 머물면서 노략질을 하자 문제가 조서를 내려 말했다.

"한과 흉노는 형제로 변경을 침략하지 않기로 약속했었기에 흉노에게 아주 후하게 보내주었다. 지금 우현왕이 그 나라를 떠나 무리를 거느리고 하남의 땅에 머무는 것은 예전에 없던 일이다. 오가며 변경을 넘어 들어와 관리나 병사를 죽이고 군사를 몰아 上郡의 변새에 사는 蠻夷(만이)들을 침략하여 전처럼 살 수 없게 하였다. 변방의 관리를 모욕하고 도둑질을 하니 심히 건방지고 무도하니, 이는 약조와 다른 것이다. 변방의 관리와 군사 8만을 高奴縣으로 집결시키고 승상 灌嬰(관영)을 파견하여 우현왕을 토벌하기 바란다."

흉노 우현왕은 변경을 넘어 도주하였는데 문제는 太原郡에 행차했었다. 이때 濟北王이 반역을 하자 문제는 장안으로 돌아왔고 승상 관영의 흉노 토벌군도 해산하였다.

其明年, 單于遺漢書曰, "天所立匈奴大單于敬問皇帝無恙. 前時皇帝言和親事, 稱書意合歡. 漢邊吏侵侮右賢王, 右賢王不請, 聽後義盧侯難支等計, 與漢吏相恨, 絶二主之約, 離昆弟之親. 皇帝讓書再至, 發使以書報, 不來, 漢使不至. 漢以其故不和, 鄰國不附. 今以少吏之敗約, 故罰右賢王, 使至西方求月氏擊之. 以天之福, 吏卒良, 馬力强, 以滅夷月氏, 盡斬殺降下定之. 樓蘭,烏孫,呼揭及其旁二十六國皆已爲匈奴. 諸引弓之民並爲一家, 北州以定. 願寢兵休士養馬, 除前事, 復故約, 以安邊民, 以應古始, 使少者得成其長, 老者得安其處, 世世平樂. 未得皇帝之志, 故使郎中係虖淺奉書請, 獻橐佗一, 騎馬二, 駕二駟. 皇帝卽不欲匈奴近塞, 則且詔吏民遠舍. 使者至, 卽遣之."

　六月中, 來至新望之地. 書至, 漢議擊與和親孰便, 公卿皆曰, "單于新破月氏, 乘勝, 不可擊也. 且得匈奴地, 澤鹵非可居也, 和親甚便." 漢許之.

| 註釋 | ○皇帝無恙 – 근심(病)이 없다. 恙은 근심 양. 병환. ○後義盧侯難支 – 관직과 이름의 합성어. 後義盧侯 難支. ○與漢吏相恨 – 恨은 서로 싸우다(相距). ○以滅夷月氏 – 滅夷는 없애 버리다. 夷는 죽여 없애다. 평정하다. ○樓蘭,烏孫,呼揭 – 서역의 나라 이름. 樓蘭(누란)은 나중에 鄯善國, 烏孫(오손)은 종족 이름이면서 국명. 天山산맥 북부에 거주. 呼揭(호게, 호걸)은 서역의 국명. ○引弓之民 – 騎射를 숭상하는 민족. 유목민. ○以應古始 – 예전처럼 살아가다. ○郎中係虖淺 – 郎中은 중국의 관직이니 중국에서 흉노에 투항한 것으로 추정할 수 있다. 係虖淺(계호천)은 인명. ○橐佗(탁타) – 駱駝(낙타). ○新望之地 – 新望은 邊塞의 지명. 봉수대라고 해석하는 주석도 있다. ○擊與和親孰便 – 공격과 和親 어느 쪽이(孰) 유리(便)한가? ○澤鹵非可居也 – 澤은 저습지. 鹵는 소금 노. 鹽氣(염기).

그 다음 해, 선우가 한에 국서를 보냈다.

"하늘이 세운 흉노 대선우는 황제가 무고하신가 묻습니다. 지난 번에 황제께서는 화친을 언급하고 국서의 뜻도 서로 같아 기뻤습니다. 漢 변경 관리가 우현왕을 모욕하자 우현왕은 나에게 주청하지 않고 後義盧侯(후의로후) 難支(난지)의 방책에 따라 한의 軍吏와 서로 싸워 양쪽 주군의 약속을 잊고 형제의 親誼(친의)를 버렸습니다. 이를 책망하는 황제의 국서가 다시 왔고, 우리도 사신에게 국서를 보냈지만 돌아오지 않았고 漢의 사신도 오지 않았습니다. 漢에서 이 때문에 불화한다면 이웃 나라가 가까이 하지 않을 것입니다. 지금 하급관리가 약조를 어겼기에 그 벌로 우현왕을 서쪽으로 보내 月氏(월지)를 찾아 공격케 하였습니다. 하늘이 복을 내렸고 군사가 우량하고 말이 튼튼해 월지를 무찌르고 모두를 죽여 평정하였습니다. 樓蘭(누란), 烏孫(오손), 呼揭(호게) 및 그 주변 26국이 모두 흉노 땅이 되었습니다. 이에 활을 쏠 줄 아는 모든 사람들(유목민)이 나란히 一家가 되어 북쪽 땅이 안정되었습니다. 바라는 것은 전쟁을 멈춰 군사를 쉬게 하고 말을 기르며 지난 일을 잊고 옛 약속을 회복하여 변경 백성이 편히 살고 예전과 같이 어린아이를 키우고 늙은이를 편안케 하며 대대로 태평을 누리는 것입니다. 황제의 뜻을 알 수 없기에 郎中 係虖淺(계호천)을 시켜 국서를 보내 주청하며 낙타 1마리, 말 2필, 수레 끄는 말 8마리를 보냅니다. 황제께서 흉노가 요새 가까이 오기를 원치 않는다면 吏民에게 멀리 떨어져 살도록 조서를 내려야 할 것입니다. 우리 사자가 도착하거든 곧 돌려보내기 바랍니다."

6월 중에 흉노 사자가 新望(신망)에 도착했다. 국서가 도착하자 조정에서는 공격과 화친 어느 쪽이 유리한가를 논의하였는데 공경이 모두 "흉노가 월지를 막 격파하여 승세를 타고 있으니 공격할 수 없습니다. 또 흉노의 땅을 차지해도 소금기가 많아 살 수도 없으니 화친이 유리합니다."라고 하였다. 한 조정에서도 화친을 수락했다.

原文

孝文前六年, 遺匈奴書曰, "皇帝敬問匈奴大單于無恙. 使係虖淺遺朕書, 云'願寢兵休士, 除前事, 復故約, 以安邊民, 世世平樂', 朕甚嘉之. 此古聖王之志也. 漢與匈奴約爲兄弟, 所以遺單于甚厚. 背約離兄弟之親者, 常在匈奴. 然右賢王事已在赦前, 勿深誅. 單于若稱書意, 明告諸吏, 使無負約, 有信, 敬如單于書. 使者言單于自將並國有功, 甚苦兵事. 服繡袷綺衣,長襦,錦袍各一, 比疏一, 黃金飾具帶一, 黃金犀毗一, 繡十匹, 錦二十匹, 赤綈,綠繒各四十匹, 使中大夫意,謁者令肩遺單于."

| 註釋 | ◦孝文前六年 – 前元 6년, 곧 前 173년. 後元 원년은 文帝 즉위 17년(前 163년). 景帝는 前元, 中元, 後元으로 구분하였고 武帝가 즉위하며 연호를 사용했다. 建元 원년은 前 140년 ◦勿深誅 – 심히 문책하지 마시오. 誅는 責也. ◦比疏 – 촘촘한 빗. 疏는 빗질하다. 梳(빗 소)와 通. ◦犀毗 – 犀는 무소 서. 毗는 혁대 갈고리 비. 帶鉤(대구). 毗(도울 비)는 毘와 同.

文帝 前 6년, 흉노에 국서를 보냈다.

"황제는 삼가 흉노대선우께서 무양한가 묻습니다. 사자 係虖淺(계호천)이 짐에게 국서를 올렸는데 거기에 '전쟁을 종식시켜 병사를 쉬게 하고 이전 일을 잊고 옛 약조를 회복하여 변방 백성을 안정케 하고 대대로 평안케 하기를 원한다.' 하였으니, 짐은 이를 매우 기쁘게 생각합니다. 이는 옛 聖王의 뜻입니다. 우리와 흉노는 형제가 되기로 약조했기에 선우를 아주 후대하였습니다. 약조를 깨거나 형제의 의리를 버리는 일은 늘 그쪽이었습니다. 그러나 우현왕의 일은 이미 용서하였으니 심히 문책하지 마십시오. 선우께서 국서의 뜻에 부응하여 여러 신하에 알려 약조를 어기는 일이 없게 하면서 신의를 보인다면 선우의 국서와 같을 것입니다. 사자는 선우께서 직접 군사를 거느리고 타국을 합병하였다고 말했는데 고생이 많았을 것이요. 이에 의복으로 수놓은 비단 겹옷(繡袷綺衣)과 긴 상의(長襦), 비단 웃옷(錦袍) 각 1벌과 촘촘한 빗 하나. 황금 허리띠 하나에 황금 무소뿔 帶鉤(대구) 하나, 수놓은 비단 10필, 비단 20필, 붉고 두꺼운 비단(赤綈)과 푸른색 명주(綠繒) 각 40필을 중대부 意(의)와 알자령 肩(견)을 시켜 선우에게 보냅니다."

後頃之, 冒頓死, 子稽粥立, 號曰, 老上單于.

老上稽粥單于初立, 文帝復遣宗人女翁主爲單于閼氏, 使

宦者燕人中行說傅翁主. 說不欲行, 漢彊使之. 說曰, "必我
也, 爲漢患者." 中行說旣至, 因降單于, 單于愛幸之.

| 註釋 | ○宗人女－제후 왕의 딸.　○中行說傅翁主－中行說(중항열)은
인명, 中行(중항)은 복성. 傅는 사부, 호송 책임자.　○爲漢患者－漢의 걱정
거리가 될 것이다.

〔國譯〕

　그 얼마 뒤, 묵독이 죽고 아들 稽粥(계죽)이 즉위하여 老上單于(노
상선우)라 하였다. 노상계죽선우가 즉위하자 문제는 다시 황족의 딸
인 옹주를 선우의 연지로 보냈는데 환관인 燕人 中行說(중항열)을 시
켜 옹주를 호위케 하였다. 중항열이 가려하지 않자, 한에서는 강제
로 보냈다. 이에 중항열은 "나는 틀림없이 漢의 걱정거리가 될 것이
다."라고 말했다. 중항열을 흉노에 도착한 뒤 흉노에 투항했고 선우
의 총애를 받았다.

原文

　初, 單于好漢繒絮食物, 中行說曰, "匈奴人衆不能當漢之
一郡, 然所以彊之者, 以衣食異, 無卬於漢. 今單于變俗好
漢物, 漢物不過什二, 則匈奴盡歸於漢矣. 其得漢絮繒, 以
馳草棘中, 衣褲皆裂弊, 以視不如旃裘堅善也, 得漢食物皆
去之, 以視不如重酪之便美也." 於是說敎單于左右疏記, 以

計識其人衆畜牧.

| 註釋 | ○匈奴人衆不能當漢之一郡 – 《鹽鐵論》의 기록 내용을 참고로 하면 흉노는 기병 20여 만에 인구 140여 만으로 추정할 수 있으며, 이는 漢 보통 크기 군의 호구와 비슷할 것이라는 분석도 있다. ○無卬於漢 – 卬은 仰과 通. ○漢物不過什二 – 漢物이 (흉노 물건의) 10분의 2가 못되더라도. ○以視不如~ – 視는 示(보여주다). ○重酪(중락) – 가축의 진한 젖. 요구르트 같은 음식. 重은 젖 중. 乳汁(유즙). 酪는 진한 유즙 낙(락). ○左右疏記 – 항목별로 분류하여 기록하다.

[ 國譯 ]

그전에 선우는 한에서 보내준 비단과 솜옷이나 음식을 좋아했었는데 중항열이 말했다. "흉노의 인구는 漢의 1개 군을 당할 수 없으나 강력한 것은 衣食이 달라 漢에 의지하지 않기 때문입니다. 지금 선우께서 전래 습속을 바꿔가며 중국 물건을 좋아하는데 중국 물건이 10에 2개가 안 되더라도 흉노는 중국에 귀속될 것입니다. 중국에서 보내온 솜과 비단옷을 입고 초원이나 가시밭을 달리면 옷이 찢어지고 헤지는데 그것이 가죽옷만큼 견고하거나 좋지 않다는 것을 보여주고 또 중국의 음식물을 모두 버려 유제품만큼 편리하거나 좋지 않다는 것을 보여주어야 합니다."

중항열은 선우의 측근에게 분류와 통계를 가르쳐 인구와 가축을 계산토록 하였다.

漢遺單于書, 以尺一牘, 辭曰, "皇帝敬問匈奴大單于無
恙." 所以遺物及言語云云. 中行說令單于以尺二寸牘, 及印
封皆令廣長大, 倨驁其辭曰, "天地所生日月所置匈奴大單
于, 敬問漢皇帝無恙." 所以遺物言語亦云云.

| 註釋 | ○以尺一牘 – 以는 用. 尺一은 一尺一寸. 牘은 목간, 편지 독.
○倨驁 – 倨는 慢. 驁는 오만할 오. 傲와 通.

〔國譯〕

漢에서 선우에게 국서를 보낼 때 1자 1치의 목간을 썼고 문구는
"황제는 흉노대선우가 무양한 지 삼가 묻습니다."로 시작하고 보내
는 물건과 용건은 무엇무엇이라고 말했다. 중항렬은 單于에게 1자
2치 목간을 쓰게 하고 봉인도 모두 크고 넓게 만들었으며 거만한 문
구로 "천지가 낳고 일월이 함께 하는 흉노 대선우는 漢의 황제가 무
양한 지 삼가 묻습니다."라 하고서 보내는 물건과 할 말은 무엇이라
고 하였다.

原文

漢使或言匈奴俗賤老, 中行說窮漢使曰, "而漢俗屯戍從
軍當發者, 其親豈不自奪溫厚肥美繼送飲食行者乎?" 漢使
曰, "然." 說曰, "匈奴明以攻戰爲事, 老弱不能鬪, 故以其

肥美肥食壯健以自衛, 如此父子各得相保, 何以言匈奴輕老
也?" 漢使曰, "匈奴父子同穹廬臥. 父死, 妻其後母, 兄弟
死, 盡妻其妻. 無冠帶之節闕庭之禮."

中行說曰, "匈奴之俗, 食畜肉, 飮其汁, 衣其皮, 畜食草
飮水, 隨時轉移. 故其急則人習騎射, 寬則人樂無事. 約束
徑, 易行, 君臣簡, 可久. 一國之政猶一體也. 父兄死, 則妻
其妻, 惡種姓之失也. 故匈奴雖亂, 必立宗種. 今中國雖陽
不取其父兄之妻, 親屬益疏則相殺, 至到易姓, 皆從此類也.
且禮義之弊, 上下交怨, 而室屋之極, 生力屈焉. 夫力耕桑
以求衣食, 築城郭以自備, 故其民急則不習戰攻, 緩則罷於
作業, 嗟土室之人, 顧無喋喋佔佔, 冠固何當!"

自是之後, 漢使欲辯論者, 中行說輒曰, "漢使毋多言, 顧
漢所輸匈奴繒絮米蘗, 令其量中, 必善美而已, 何以言爲
乎? 且所給備善則已, 不備善而苦惡, 則候秋孰, 以騎馳蹂
乃稼穡也." 日夜教單于候利害處.

| 註釋 |  ○而漢俗~ - 而는 汝, 너희, 당신들.  ○穹廬(궁려) - 둥근 천막
(旃帳).  ○冠帶之節 - 관을 쓰고 허리띠를 매는 예절. 개인 예절.  ○土室之
人 - 흙집을 짓고 사는 사람. 漢의 사신을 비하한 말.  ○喋喋佔佔 - 언변이
좋아 말을 많이 하는 모양. 喋은 재잘거릴 첩. 佔은 볼 점. 佔佔은 잘 차려 입
은 의상.  ○繒絮米蘗 - 繒은 비단, 絮는 솜 서. 米蘗(미얼)은 누룩(麴).  ○量
中 - 수량이 맞다.  ○備善 - 숫자가 맞고 품질이 좋다.  ○以騎馳蹂乃稼穡也
- 馳蹂(치유)는 말을 달려 유린하다. 乃는 너(你). 稼穡(가색)은 농사.

〔國譯〕

　漢의 어떤 사자가 흉노의 습속이 노인을 천대한다고 말하자 中行 說(중항열)이 말했다. "당신들 漢의 습속에도 방어나 종군하러 가는 자에게 그 부모가 따뜻하고 맛 좋은 음식을 떠나는 자에게 먹이지 않는가?" 사신이 그렇다고 대답했다. 이에 중항열이 말했다.

　"흉노는 분명히 전투가 일이며 노약자는 전투를 할 수 없기에 기름지고 맛있는 것을 젊은이에게 먹여 자신을 지켜주게 하니 그렇게 해야만 부자 모두가 서로를 지켜주는 것인데 왜 흉노가 늙은이를 천대한다고 말하는가?"

　그러자 한의 사신이 말했다. "흉노는 부자가 같은 천막 안에서 산다. 아버지가 죽으면 그 후처를 아내로 하고 형제가 죽으면 그 아내를 모두 아내로 삼는다. 이는 개인과 가정의 예절이 없는 것이요." 이에 중항열이 말했다.

　"우리의 습속은 가축 고기와 그 젖을 먹고 마시며 그 가죽으로 옷을 만들고 가축이 풀과 물을 먹어야 하기에 수시로 이동합니다. 그래서 급하다면 모두가 말 타기와 활쏘기를 익혀야 하고 시간의 여유가 있다면 아무 일 없이 즐기는 것입니다. 그래서 간단히 묶고 쉽게 떠날 수 있어야 하며 군신의 예도 간단해야만 오래 버틸 수 있는 것입니다. 일국의 정치는 한 몸과 같습니다. 부친이나 형제가 죽어 그 처를 아내로 하는 것은 종족이 끊어지는 것을 막으려는 것입니다. 그래서 흉노가 난잡하다고 하지만 분명히 종족은 계승합니다. 지금 중국이 비록 겉으로는 그 부형의 처를 데리고 살지 않는다지만 친족은 더욱 멀어져 서로 죽이고 결국은 성이 바뀌기도 하는 것이 모두 그와 같은 일 때문입니다. 그리고 의례의 폐단 때문에 상하가 서로 원한을 갖고 살며, 집을 화려하게 꾸미기에 온 힘을 다 허비합니다. 힘써 농사나 길쌈으로 의식을 얻고 성곽을 쌓아 자신을 방비한다지만 그 백성은 위급한 상황이 아니면 전투를 익히지 않으며 전쟁이 없으면 일에 지치게 된다. 아! 땅에 붙어사는 당신들이 되돌아보더라도 할 말이나 볼만한 것이 없거늘 冠帶(관대, 예절)를 어디에 써 먹겠는가!"

이로부터 한의 사신으로 변론을 하려는 자가 있으면 중항열은 그때마다 가로막았다.

"한의 사신은 여러 말 하지 마시오. 한에서 우리에게 보내주는 비단이나 솜과 누룩이 양이 많고 좋으면 되는 것이지 무슨 말을 하려는가? 또 보내온 양이 많고 좋으면 그만이지만 양이 모자라거나 좋지 않다면 가을 추수철을 기다려 기병을 보내 당신들 농사를 짓밟아버릴 것입니다."

중항열은 밤낮으로 선우에게 이해관계를 일러주었다.

原文

孝文十四年, 匈奴單于十四萬騎入朝那,蕭關, 殺北地都尉卬, 虜人民畜産甚多, 遂至彭陽. 使騎兵入燒回中宮, 候騎至雍甘泉. 於是文帝以中尉周舍, 郎中令張武爲將軍, 發車千乘, 十萬騎, 軍長安旁以備胡寇. 而拜昌侯盧卿爲上郡將軍, 甯侯魏遫爲北地將軍, 隆慮侯周竈爲隴西將軍, 東陽侯張相如爲大將軍, 成侯董赤爲將軍, 大發車騎往擊胡. 單于留塞內月餘, 漢逐出塞卽還, 不能有所殺. 匈奴日以驕, 歲入邊, 殺略人民甚衆, 雲中,遼東最甚, 郡萬餘人. 漢甚患之, 乃使使遺匈奴書, 單于亦使當戶報謝, 復言和親事.

| 註釋 | ○孝文十四年 − 前 166년. ○朝那,蕭關 − 朝那(조나)는 현명. 蕭關(소관)은 관문 이름. 寧夏自治區 古原市 서남. 동 函谷關, 남 武關, 서 散關, 북 蕭關(소관)이 지켜주는 곳이 바로 關中이다. ○彭陽(팽양) − 현명. 今 甘肅省 慶陽市 관할의 鎭原縣 동쪽. ○回中宮 − 今 陝西省 隴縣의 궁궐. ○雍甘泉 − 雍縣(옹현)의 甘泉宮. ○魏遬(위속) − 遬은 速의 古字. ○周竈(주조) − 竈는 부엌 조. 灶는 俗字. ○郡萬餘人 −《史記 匈奴列傳》에는 '至代郡萬餘人' 으로 되어 있다.

〔國譯〕

孝文 14년, 흉노 선우가 14만 기를 거느리고 침입하여 朝那縣(조나현)과 蕭關(소관)을 지나 北地郡 도위 卬(앙)을 죽이고 백성과 가축을 매우 많이 데려갔고 마침내 彭陽(팽양)현에 이르렀다. 기병으로 하여금 回中宮(회중궁)을 불사르고 척후 기병이 雍縣(옹현) 甘泉宮(감천궁)까지 왔다. 이에 文帝는 중위인 周舍(주사), 낭중령인 張武(장무)를 장군에 임명하여 戰車 1천 승과 10만 기병을 동원하여 長安 주변에서 흉노의 내침에 대비케 하였다. 그리고 昌侯 盧卿(노경)을 上郡 장군, 甯侯(영후) 魏遬(위속)을 北地장군, 隆慮侯(융려후) 周竈(주조)를 隴西(농서)將軍, 東陽侯 張相(장상)을 大將軍에 임명하고 成侯 董赤(동적)을 將軍으로 삼아 거기병을 대거 동원하여 흉노를 토벌케 하였다. 선우는 변경 내에 한 달여를 머물렀고, 漢郡은 국경 밖으로 내쫓고 귀환하였으나 죽이지는 못했다. 흉노는 점점 교만해졌고 해마다 변경을 침략하여 백성을 매우 많이 살육하였는데 雲中郡과 遼東郡이 피해가 가장 심했고 代郡에서도 1萬여 명이 죽었다. 漢에서는 크게 걱정하면서 사신을 시켜 흉노에게 국서를 보내자 선우도 當戶(당호, 장군의 屬吏)를 사신으로 보내 사과하였기에 다시 화친을 논의하였다.

孝文後二年, 使使遺匈奴書曰, "皇帝敬問匈奴大單于無恙. 使當戶且渠雕渠難,郎中韓遼遺朕馬二匹, 已至, 敬受. 先帝制, 長城以北引弓之國受令單于, 長城以內冠帶之室朕亦制之, 使萬民耕織, 射獵衣食, 父子毋離, 臣主相安, 俱無暴虐. 今聞渫惡民貪降其趣, 背義絶約, 忘萬民之命, 離兩主之驩, 然其事已在前矣. 書云'二國已和親, 兩主驩說, 寢兵休卒養馬, 世世昌樂, 翕然更始', 朕甚嘉之. 聖者日新, 改作更始, 使老者得息, 幼者得長, 各保其首領, 而終其天年. 朕與單于俱由此道, 順天恤民, 世世相傳, 施之無窮, 天下莫不咸嘉. 使漢與匈奴鄰敵之國, 匈奴處北地, 寒, 殺氣早降, 故詔吏遺單于秫糵金帛綿絮它物歲有數. 今天下大安, 萬民熙熙, 獨朕與單于爲之父母. 朕追念前事, 薄物細故, 謀臣計失, 皆不足以離昆弟之歡. 朕聞天不頗覆, 地不偏載. 朕與單于皆捐細故, 俱蹈大道, 墮壞前惡, 以圖長久, 使兩國之民若一家子. 元元萬民, 下及魚鱉, 上及飛鳥, 跂行喙息蠕動之類, 莫不就安利, 避危殆. 故來者不止, 天之道也. 俱去前事, 朕釋逃虜民, 單于毋言章尼等. 朕聞古之帝王, 約分明而不食言. 單于留志, 天下大安, 和親之後, 漢過不先. 單于其察之."

[ 國譯 ]

文帝 後元 2년, 사신을 시켜 흉노에 국서를 보냈다.

"황제는 匈奴大單于께서 무양한지 삼가 묻습니다. 사신 當戶且渠(당호차거)인 雕渠難(조거난), 郎中인 韓遼(한료)를 시켜 짐에게 보낸 말 2필이 왔기에 삼가 받았습니다. 先帝의 말씀에 장성 이북의 활을 쏘는 백성은 선우의 명을 받고 장성 이내 관대를 갖춘 백성은 짐이 통제하는 바, 각각 백성이 농사와 길쌈을 하거나 사냥으로 의식을 해결하며 부자 간에 헤어지지 않고 신하와 주군이 모두 편안해야 서로 해치지 않는다고 하였습니다. 지금 듣기로, 사악한 백성이 이득만을 탐하여 의리와 약속을 저버리고 백성의 목숨을 돌보지 않으며 두 주군의 우호를 이간시켰으나 그 일은 이미 지난 일이었습니다. 이미 오고 간 국서에서도 말했지만 '두 나라가 화친하고 두 주군이 함께 기뻐하며 싸움을 그치고 병사와 군마를 쉬게 하며 대대로 번성하도록 기쁘게 다시 시작하자'고 하였으니, 짐은 심히 기쁘게 생각하였습니다. 聖者란 日新하며 새롭게 바꾸고 시작하여 늙은이를 쉬게 하고 어린애를 키워 각각 그 주군을 받들며 일생을 마치게 하는 사람입니다. 짐과 선우는 함께 이 길을 가며 하늘을 받들고 백성을 긍휼히 보살펴 대대로 후세에 전하여 끝이 없다면 천하에 함께 기뻐하지 않을 자가 없을 것입니다. 한과 흉노는 이웃의 대등한 국가인데 흉노는 북쪽에 있어 한랭하고 추위가 일찍 찾아오기에 짐이 담당자에게 명하여 선우에게 누룩(술)과 황금과 비단과 솜과 다른 직물을 해마다 일정량을 보내게 하였습니다. 지금 천하가 태평하고 만백성이 기뻐하니 오직 짐과 선우만이 이들의 부모일 것입니다. 짐이 이전의 일을 생각해 보면 사소한 일과 이유에다가 일을 만든 신하의 실수가 있었으니 이것으로 형제 나라의 우의가 멀어질 수 없을 것입니다. 짐이 알기로, 하늘은 한 편만 덮어주지 않고 땅도 한 쪽만 키우지 않는다 하였습니다. 짐과 선우는 다 같이 사소한 일들을 잊어버리고 함께 大道를 걸어 장구한 방책을 모색하며 두 나라의 백성으로 하여금 한 집안 자식처럼 돌보아야 합니다. 선량한 백성은 물론 아래로 물고기나 자라, 위로는 나는 새에 이르기까지 또 기어 다니거나 쪼아 먹거나 꿈틀거리는 벌레까지 편안한 곳을 찾고 위험한 곳을 피하려 합니다. 그리고 찾아오는 자를 막지 않는 것은 하늘의 도리입니다. 이전의 일은 모두 잊어버리고 짐은 도망 온 자는 잡힌 자들을 풀어줄 것이니 선우께서도 章尼(장니) 등의 일은 언급하지 말기 바랍니다. 짐이 알기로, 옛날의 제왕은 약속을 분명히 하고 식언하지 않는다고 하였습니다. 선우께서 화친의 뜻을 가진다면 천하는 평안할 것이며 화친이 성립된 이후 漢에서 먼저 어기지는 않을 것이니 선우께서 이를 양지하기 바랍니다."

### 原文

單于旣約和親, 於是制詔御史, "匈奴大單于遺朕書, 和親已定, 亡人不足以益衆廣地, 匈奴無入塞, 漢無出塞, 犯今約者殺之, 可以久親, 後無咎, 俱便. 朕已許. 其佈告天下, 使明知之."

| 註釋 |  ○亡人 – 흉노로 漢에 망명하는 자.   ○其佈告~ – 其는 ~하기 바란다. 佈告는 布告.

### 〔國譯〕

선우가 화친을 약속하자 어사대부에게 명령하였다.

"흉노대선우가 짐에게 국서를 보내 화친이 확정되었으니 도망자가 인구를 늘리거나 땅을 넓히지 아니하니 흉노를 국경에 들이지 말고 漢도 국경을 나가는 자가 없도록 할 것이니 위반자는 처형하여 오래도록 화친토록 하며, 이후 허물이 없어야 모두에게 유리할 것이다. 짐이 수락하였도다. 천하에 포고하여 이를 분명히 알리기 바란다."

原文

後四年, 老上單于死, 子軍臣單于立, 而中行說復事之. 漢復與匈奴和親.

軍臣單于立歲餘, 匈奴復絶和親, 大入上郡,雲中各三萬騎, 所殺略甚衆. 於是漢使三將軍軍屯北地, 代屯句注, 趙屯飛狐口, 緣邊亦各堅守以備胡寇. 又置三將軍, 軍長安西細柳,渭北棘門,霸上以備胡. 胡騎入代句注邊, 烽火通於甘泉,長安. 數月, 漢兵至邊, 匈奴亦遠塞, 漢兵亦罷. 後歲餘, 文帝崩, 景帝立, 而趙王遂乃陰使於匈奴. 吳,楚反, 欲與趙合謀入邊. 漢圍破趙, 匈奴亦止. 自是後, 景帝復與匈奴和親, 通關市, 給遺單于, 遣翁主如故約. 終景帝世, 時時小入盜邊, 無大寇.

| 註釋 | ○軍臣單于(군신선우) - 재위, 前 161-126년. ○飛狐口(비호구) - 今 河北省 蔚縣 동남. ○又置三將軍 - 周亞夫, 徐厲, 劉禮. 그중에서도 細柳營 주아부의 군기가 가장 엄정했다. 40권, 〈張陳王周傳〉의 주아부 관련 내용 참고. ○文帝崩, 景帝立 - 前 157년. ○趙王遂 - 劉遂(유수). 고조의 손자, 趙王 劉友의 아들. 吳楚七國의 반란에 가담. 패전 후 자살. ○吳,楚反 -

吳楚七國의 난(景帝, 前 154년).  ○通關市 - 關(교통요지)과 市(교역장소)를
열어주다.

## 〔國譯〕

그 4년 뒤에 老上單于가 죽자 아들 軍臣單于(군신선우)가 즉위했
고 中行說(중항열)은 다시 그를 섬겼다. 漢에서는 흉노와 다시 화친
했다.

군신선우가 즉위하고 1년 뒤쯤 흉노는 다시 화친을 깨고 대거 上
郡과 雲中郡에 각각 3만여 기가 침략하여 살인과 노략질이 아주 많
았다. 이에 漢은 장군 3명이 군사를 거느리고 北地郡과 代國의 句注
山(구주산), 趙의 飛狐口(비호구)에 주둔케 하였고 변경을 따라 각각
흉노의 침입에 대비토록 하였다. 또 3명의 장군을 배치하여 長安의
서쪽 細柳(세류)와 渭水 북쪽의 棘門(극문)과 霸上(패상)에 주둔케 하
여 흉노에 대비케 하였다. 흉노기병이 代國의 구주산 근처에 도달하
자 봉화가 甘泉과 장안에 전달되었다. 몇 달 뒤 한군이 변경에 들어
가자 흉노는 국경을 나가 멀리 사라졌고 한군도 해산하였다. 그 1년
뒤에 문제가 붕어하고 景帝(경제)가 즉위하였다. 趙王인 劉遂(유수)
는 은밀히 흉노에 사자를 보냈다. 吳와 楚 등이 반기를 들자 흉노는
趙와 모의한 뒤 국경 진입을 꾀했다. 한이 조를 포위하고 격파하자
흉노는 침입을 중지했다. 이후에 경제는 흉노와 다시 화친하였고 關
所와 시장을 열어주었고 선우에게 물자를 보냈으며 예전 약속대로
옹주를 보내주었다. 경제의 재위 기간에 가끔 소소한 침범이 있었으
나 대규모 침입은 없었다.

武帝卽位, 明和親約束, 厚遇關市, 饒給之. 匈奴自單于
以下皆親漢, 往來長城下.

漢使馬邑人聶翁壹間闌出物與匈奴交易, 陽爲賣馬邑城
以誘單于. 單于信之, 而貪馬邑財物, 乃以十萬騎入武州塞.
漢伏兵三十餘萬馬邑旁, 御史大夫韓安國爲護軍將軍, 護四
將軍以伏單于. 單于旣入漢塞, 未至馬邑百餘里, 見畜布野
而無人牧者, 怪之, 乃攻亭. 時雁門尉史行徼, 見寇, 保此亭,
單于得, 欲刺之. 尉史知漢謀, 乃下, 具告單于. 單于大驚,
曰, "吾固疑之." 乃引兵還. 出曰, "吾得尉史, 天也." 以尉
史爲天王. 漢兵約單于入馬邑而縱, 單于不至, 以故無所得.
將軍王恢部出代擊胡輜重, 聞單于還, 兵多, 不敢出. 漢以
恢本建造兵謀而不進, 誅恢. 自是後, 凶奴絶和親, 攻當路
塞, 往往入盜於邊, 不可勝數. 然匈奴貪, 尙樂關市, 嗜漢財
物, 漢亦通關市不絶以中之.

| 註釋 | ○武帝卽位 – 前 141년, 建元 원년은 前 140년. ○漢使馬邑人聶
翁壹 – 馬邑은 韓王信의 도읍. 나중에 雁門郡의 현명. 今 山西省 북부의 朔
州市. 聶翁壹의 翁은 노인이란 뜻. 52권, 〈竇田灌韓傳〉의 韓安國傳에는 聶壹
(섭일)로 표기. 섭일은 흉노 땅으로 숨어들어가 "馬邑의 현령과 현승을 죽이
고 성을 들어 항복할 것이니 재물을 다 차지할 수 있다."라고 유인하였다.
○間闌出物 – 間은 비밀리에. 闌出物(난출물)은 허가 없이 교역하다. ○武州
– 현명. 今 山西省 大同市 관할의 左云縣. ○護四將軍~ – 四將軍은 李廣,

公孫賀, 王恢, 李息. ○尉史行徼 – 尉史은 郡의 무관. 郡尉의 속관으로 尉史와 土史를 두었다. 行徼(행요)는 순찰하다. ○輜重 – 군용 기계와 숙영 장비나 복장, 군량 등 군사 보급 물자. 輜는 짐수레 치. ○當路塞 – 交通 要塞. ○以中之 – 그렇게 해서 그들 뜻을 맞춰주다.

[ 國譯 ]

武帝가 즉위하고서 화친의 약속을 분명히 하고 關市를 통해 후하게 대우하며 넉넉히 물자를 보내주자 흉노는 선우 이하 모두가 漢과 친밀해졌고 장성에서 왕래하였다.

漢의 馬邑 사람 聶翁壹(섭옹일, 섭일)을 몰래 허가 없이 흉노와 교역을 했었는데 섭일은 거짓으로 마읍성을 들어 배반하는 것처럼 선우를 유인하였다. 선우는 섭일을 믿고 마읍의 재물을 탐내어 10만 기병을 거느리고 무주현의 요새를 통해 들어왔다. 漢은 복병 30여 만을 마읍 주변에 배치하였고 어사대부 韓安國(한안국)은 護軍將軍(호군장군)으로 4명의 장군을 데리고 선우를 기다렸다. 선우가 漢의 영역에 들어와 마읍 100여 리 지점에 왔는데 들에 가축이 널려 있지만 돌보는 사람이 없는 것을 이상히 여겨 근처 마을의 亭所를 수색케 했다. 그때 雁門郡(안문군)의 尉史(위사)가 순찰을 돌다가 흉노를 만나게 되자 亭에 들어와 숨어 있다가 선우에게 잡혔고 선우는 위사를 죽이려 했다. 위사는 한의 모의를 알고 있었기에 투항하며 모든 것을 말했다. 선우는 크게 놀라며 "나도 정말 의심쩍었다."라고 말했다. 이어 군사를 인솔하고 돌아갔다. 선우는 국경을 넘으며 "내가 위사를 잡은 것은 하늘 뜻이었다."라고 말하며 위사를 天王이라 생각했다. 한의 군사는 선우가 마읍에 들어오면 공격하기로 했지만 선우가 오지 않았기에 소득이 없었다. 장군인 王恢(왕회)는 군사를 거느리고 代國을 나서 흉노의 輜重(치중)부대를 공격하려 했으나 선우가 돌아갔고 병력이 많아 감히 출격하지 못했다. 漢에서는 본래 왕회의 주장에 따라 본 작전을 계획했었고 왕회가 치중부대를 공격하지 않았다 하여 왕회를 처형하였다. 이후로 흉노와의 화친은 단절되었고 교통 요지를 공격하거나 가끔 변경에 침입하여 도둑질을 하였는데 이루 다 셀 수 없었다. 그러나 흉노는 탐욕이 있어 關市(관시)를 통한 거래를 여전히 좋아하였고 한에서도 관시를 열어 거래를 이어주며 그들의 요구를 충족시켰다.

原文

自馬邑軍後五歲之秋, 漢使四將各萬騎擊胡關市下. 將軍衛青出上谷, 至龍城, 得胡首虜七百人. 公孫賀出雲中, 無所得. 公孫敖出代郡, 爲胡所敗七千. 李廣出雁門, 爲胡所敗, 匈奴生得廣, 廣道亡歸. 漢囚敖,廣, 敖,廣贖爲庶人. 其冬, 匈奴數千人盜邊, 漁陽尤甚. 漢使將軍韓安國屯漁陽備胡. 其明年秋, 匈奴二萬騎入漢, 殺遼西太守, 略二千餘人. 又敗漁陽太守軍千餘人, 圍將軍安國. 安國時千餘騎亦且盡, 會燕救之, 至, 匈奴乃去, 又入雁門殺略千餘人. 於是漢使將軍衛青將三萬騎出雁門, 李息出代郡, 擊胡, 得首虜數千. 其明年, 衛青復出雲中以西至隴西, 擊胡之樓煩,白羊王于河南, 得胡首虜數千, 羊百餘萬. 於是漢遂取河南地, 築朔方, 復繕故秦時蒙恬所爲塞, 因河而爲固. 漢亦棄上谷之斗辟縣造陽地以予胡. 是歲, 元朔二年也.

○後五歲之秋 – 武帝 元光 6년(前 129). 〈武帝紀〉에는 가을이 아니라 春이다. ○使四將 – 장군 衛青(위청) 등 4명. ○衛青(위청, ?–前 106) – 55권, 〈衛青霍去病傳〉에 입전. ○上谷 – 군명. 치소는 沮陽縣(今 河北省 張家口市 관할의 懷來縣). ○龍城 – 흉노의 祭天地. 今 內蒙古 鄂爾多斯市 동쪽의 准格爾旗. ○李廣 – 飛將軍, 54권, 〈李廣蘇建傳〉 입전. ○雁門(안문) – 군명. 치소는 善無縣, 今 山西省 북부 朔州市 右玉縣 남쪽. ○漁陽 – 郡名. 치소는 漁陽縣(今 北京市 密雲區). ○其明年秋 – 武帝 元朔 원년(前 128). ○上谷之斗辟縣造陽地 – 상곡군에서 흉노 지역으로 쑥 들어간 造陽의 땅. 斗辟은 便辟(편벽).

〔國譯〕

馬邑에서 군사 동원이 있은 5년 뒤 가을, 漢은 4명의 장군으로 하여금 각 1만 기병을 거느리고 국경 부근의 흉노를 토벌케 하였다. 將軍 衛青(위청)은 上谷郡에서 출동하여 龍城(용성)을 공격해서 흉노 7백 명을 참수하거나 생포하였다. 公孫賀(공손하)는 雲中郡에서 출발하였으나 전과가 없었다. 公孫敖(공손오)는 代郡에서 출동하였으나 흉노에게 패해 7천 명을 잃었다. 李廣(이광)은 雁門郡(안문군)에서 출발하여 흉노에 생포되었다가 도중에 도망쳐 돌아왔다. 漢에서는 패장 공손오와 이광의 책임을 물었고, 공손오와 이광은 贖錢(속전)을 내고 서인이 되었다. 그해 겨울, 흉노 수천 명이 변경을 노략질하였는데 특히 漁陽郡(어양군)이 심했다. 漢에서는 장군 한안국을 어양군에 주둔시켜 흉노에 대비케 하였다. 그 다음 해 가을, 흉노 2만 기병이 한에 쳐들어와 요서태수를 죽이고 2천여 명을 생포해 갔다. 또 어양태수의 군사 1천여 명을 패퇴시키고 한안국 장군의 군사를 포위하였다. 그때 한안국의 군사 1천여 명도 전멸할 위기였는데 마침 燕(연)의 구원병이 도착하자 흉노는 퇴각하면서 다시 안문군에 쳐들어가 1천여 명을 죽이거나 사로잡아 갔다.

이에 한에서는 장군 위청으로 하여금 3만 기병을 거느리고 안문군에서 출동케 하였고, 李息(이식)은 代郡에서 출발하여 흉노를 쳤는데 적 수천 명을 참수하거나 생포하였다. 그 다음 해, 위청은 다시 雲中郡에서 출발하여 농서에 이르러 흉노의 樓煩(누번)과 白羊王(백양왕)을 河南에서 공격하여 적 수천 명을 죽이거나 생포하였다. 이에 한에서는 마침내 河南의 땅을 차지하여 朔方郡(삭방군)의 성을 축조하고 다시 옛 秦(진) 시절에 蒙恬(몽염)이 축조했던 요새를 정비하여 황하를 경계로 굳게 방어하였다. 그러나 漢 역시 上谷郡의 벽지현인 造陽縣의 땅을 흉노에게 넘겨주었다. 이 해는 원삭 2년(前 127)이었다.

原文

其後冬, 軍臣單于死, 其弟左右谷蠡王伊穉斜自立爲單于, 攻敗軍臣單于太子於單. 於單亡降漢, 漢封於單爲陟安侯, 數月死.

伊穉斜單于旣立, 其夏, 匈奴數萬騎入代郡, 殺太守共友,略千餘人. 秋, 又入雁門, 殺略千餘人. 其明年, 又入代郡,定襄,上郡, 各三萬騎, 殺略數千人. 匈奴右賢王怨漢奪之河南地而築朔方, 數寇盜邊, 及入河南, 侵擾朔方, 殺略吏民甚衆.

| 註釋 | ○伊穉斜單于(이치사선우) – 재위 前 126-114년. ○陟安侯(척안후) – 《史記 匈奴列傳》에는 涉安侯로 기록. ○定襄(징양) – 군명. 치소는 今 內蒙古自治區 呼和浩特市 관할의 和林格爾縣.

〖 國譯 〗

그 뒤 겨울에 軍臣單于(군신선우)가 죽자 그 동생인 左右蠡王(좌우려왕) 伊穉斜(이치사)가 자립하여 선우가 되어 군신선우의 태자인 於單(어단)을 공격하여 패퇴시켰다. 어단은 도망하여 漢에 투항하였고 한에서는 陟安侯(척안후)에 봉했는데 몇 달 뒤 죽었다.

이치사선우가 즉위한 그해 여름, 흉노 수만 기병이 代郡(대군)에 침입하여 태수 共友(공우)를 죽이고 1천여 명을 잡아갔다. 가을에 또 雁門(안문)군에 쳐들어와 천여 명을 죽이거나 잡아갔다. 그 다음 해에 또 代郡, 定襄郡(정양군), 上郡에 각 3만 기병이 쳐들어와 수천 명을 죽이거나 잡아갔다. 흉노 우현왕은 漢이 河南의 땅을 빼앗아 朔方郡을 설치한 것에 원한을 품고 자주 변경을 노략질하며 하남에 침입했고 삭방군에 침입하고 백성을 죽이거나 노략질하는 일이 아주 많았다.

其明年春, 漢遣衛靑將六將軍十餘萬人出朔方高闕. 右賢王以爲漢兵不能至, 飮酒醉. 漢兵出塞六七百里, 夜圍右賢王. 右賢王大驚, 脫身逃走, 精騎往往隨後去. 漢將軍得右賢王人衆男女萬五千人, 裨小王十餘人. 其秋, 匈奴萬騎入代郡, 殺都尉朱央, 略千餘人.

| 註釋 | ○高闕(고궐) – 요새 이름. 今 內蒙古 巴彦淖爾市 관할의 杭錦後旗 북쪽(黃河 북쪽). ○裨小王(비소왕) – 흉노의 하급 軍吏. 흉노에서 王은 관직명으로 쓰였다.

〔國譯〕

그 다음 해 봄에, 漢에서는 衛靑(위청)을 보내 6명의 장군과 10여만의 군사를 거느리고 朔方郡 高闕(고궐)에서 출병하게 하였다. 흉노 우현왕은 한의 군사가 올 수 없을 것이라 생각하고 밤에 술을 마셔 취했다. 한군은 국경 6, 7백 리를 나가 밤에 우현왕의 군사를 포위하였다. 우현왕은 크게 놀라 몸을 빼내 도주하였고 그 정병들도 가끔 뒤를 따랐다. 韓 장수들은 우현왕의 무리 남녀 1만5천 명과 하급 군리(軍吏) 裨小王(비소왕) 10여 명을 나포하였다. 그해 가을 흉노 1만 기병이 代郡에 침입하여 도위 朱央(주앙)을 죽이고 1천여 명을 잡아갔다.

原文

其明年春, 漢復遣大將軍衛靑將六將軍, 十餘萬騎, 仍再出定襄數百里擊匈奴, 得首虜前後萬九千餘級, 而漢亦亡兩將軍, 三千餘騎. 右將軍建得以身脫, 而前將軍翕侯趙信兵不利, 降匈奴. 趙信者, 故胡小王, 降漢, 漢封爲翕侯, 以前將軍與右將軍並軍, 遇單于兵, 故盡沒. 單于既得翕侯, 以爲自次王, 用其姊妻之, 與謀漢. 信教單于益北絶幕, 以誘罷漢兵, 徼極而取之, 毋近塞. 單于從之. 其明年, 胡數萬騎入上谷, 殺數百人.

| 註釋 | ○右將軍建 – 蘇建(소건). 蘇武의 부친. 54권, 〈李廣蘇建傳〉에 입전. ○自次王 – 선우 다음의 지위. ○絶幕 – 사막을 가로지르다. 幕은 漠과 通. ○徼極而取之 – 徼는 구할 요. 要, 邀(맞을 요)와 通. ○其明年 – 元狩 원년(前 122).

〖國譯〗

그 다음 해 봄, 한은 다시 대장군 위청을 보내 6명의 장군과 10여 만을 거느리고 전처럼 정양군에서 출발하여 수백 리를 진격, 흉노를 공격하여 참수하거나 생포한 자가 전후 1만9천여 명이었지만 한에서도 2명의 장군과 3천여 기병을 잃었다. 右將軍 蘇建(소건)은 몸만 탈출하였고 前將軍 翕侯(흡후) 趙信(조신)은 형세가 불리하자 흉노에 투항하였다.

조신이란 자는 예전 흉노의 小王(소왕)으로 한에 투항하여 흡후에 봉해졌는데 前將軍으로 右將軍과 함께 진군하다가 특별히 홀로 선우의 군사를 만나 전멸하였다. 선우는 흡후를 사로잡자 自次王(자차왕)에 임명하고 자신의 누이를 아내로 주고 함께 한 공격을 모의하였다. 흡후 조신은 선우에게 좀 더 북으로 사막을 가로질러 나아가한의 군사를 유인하여 지치게 한 뒤 재빨리 공격 쟁취할 것과 국경근처로 가지 말 것을 권유하였다. 선우는 그 말에 따랐다. 다음 해흉노 수만 기병이 上谷郡에 침입하여 백성 수백 명을 죽였다.

明年春, 漢使票騎將軍去病將萬騎出隴西, 過焉耆山千餘里, 得胡首虜八千餘級, 得休屠王祭天金人. 其夏, 票騎將軍復與合騎侯數萬騎出隴西, 北地二千里, 過居延, 攻祁連山, 得胡首虜三萬餘級, 裨小王以下十餘人. 是時, 匈奴亦來入代郡, 雁門, 殺略數百人. 漢使博望侯及李將軍廣出右北平, 擊匈奴左賢王. 左賢王圍李廣, 廣軍四千人死者過半, 殺虜亦過當. 會博望侯軍救至, 李將軍得脫, 盡亡其軍. 合騎侯後票騎將軍期, 及博望侯皆當死, 贖爲庶人.

| 註釋 |  ○明年春 – 무제 元狩 2년(前 121).  ○去病 – 霍去病(곽거병). ○焉耆山(언기산) – 焉支山(언지산), 今 甘肅省 중부 金昌市 永昌縣의 산. ○休屠王祭天金人 – 休屠王(휴저왕)이 祭天할 때 모시는 金人. 金人을 불상으로 해석하는 주석도 있다.  ○居延 – 居延澤, 늪지, 호수. 今 內蒙古 阿拉善盟 관할하의 額濟納旗 동남. 漢代에는 '居延澤', 후세에는 '西海', 唐代 이후로는 '居延海'로 불렸다.  ○攻祁連山 – 서역 張掖郡과 酒泉郡 남쪽의 산맥. 기련은 흉노의 말로 '하늘'을 의미. 보통 天山山脈이라 하여 靑藏高原 북쪽에서 甘肅省과 靑海省의 경계를 이룬다.  ○右北平 – 군명. 치소는 平康縣

(今 遼寧省 凌源市 南). ◦博望侯 – 張騫(장건, 前 200-114). 博望은 今 河南省 南陽市 方城縣. 絲路(실크로드) 개척자. ◦合騎侯 – 公孫敖(공손오). 25권, 〈衛靑霍去病傳〉 참고.

## 〖國譯〗

이듬 해 봄, 한에서는 표기장군 霍去病(곽거병)에게 1만 기병을 주어 隴西(농서)에서 출발케 하였는데 곽거병은 焉耆山(언기산)을 지나 1천여 리를 진격하면서 참수하거나 생포한 흉노인이 8천여 명이었고 休屠王(휴저왕)이 제천하는 金人을 노획하였다 그 여름에 표기장군은 다시 合騎侯(합기후, 公孫敖)와 합세하여 수만 기를 거느리고 농서군과 북지군에서 2천 리를 진격하여 居延澤(거연택)을 지나 祁連山(기련산) 일대를 공격하여 흉노를 3만여 명, 裨小王(비소왕) 10여 명을 죽이거나 생포하였다. 이 무렵 흉노도 대군과 안문군 지역에 침입하여 수백 명을 죽이거나 잡아갔다. 한에서는 博望侯(박망후, 張騫)과 장군 李廣을 우북평군에 출동케 하여 흉노 좌현왕을 공격케 하였다. 좌현왕이 李廣의 군사를 포위하였고 이광의 군사 4천여 명 중 과반이 전사하였는데 적을 죽이거나 잡은 것이 그 절반을 넘었다. 마침 박망후(장건)의 구원병이 도착하여 이광의 군사는 탈출할 수 있었지만 그 군사를 거의 잃었다. 합기후(공손오)는 표기장군과의 약속 기일에 늦었기에 박망후(장건)와 함께 사형에 처해져야 했는데 속전을 내고 서인이 되었다.

其秋, 單于怒昆邪王,休屠王居西方爲漢所殺虜數萬人, 欲召誅之. 昆邪,休屠王恐, 謀降漢, 漢使票騎將軍迎之. 昆邪王殺休屠王, 並將其衆降漢, 凡四萬餘人, 號十萬. 於是漢已得昆邪, 則隴西,北地,河西益少胡寇, 徙關東貧民處所奪匈奴河南地新秦中以實之, 而減北地以西戍卒半. 明年春, 匈奴入右北平,定襄各數萬騎, 殺略千餘人.

| 註釋 |  ○昆邪王(혼야왕) – 흉노 單于 아래 왕의 호칭. 昆 사람 이름 혼. 混, 渾과 同. 맏이 곤.《史記 匈奴列傳》에는 '渾邪王'. ○新秦中 – 진시황이 몽염을 보내 흉노를 치고 개척한 새로운 땅.

〖國譯〗

그해 가을, 선우는 昆邪王(혼야왕)과 休屠王(휴저왕)이 서쪽에 거처하면서 한에게 수만 명이 죽거나 잡힌 패전에 화를 내며 불러들여 죽이려 하였다. 혼야왕과 휴저왕은 두려워 한에 투항할 것을 모의했고 한에서는 표기장군(곽거병)을 보내 영입하기로 하였다. 혼야왕이 휴저왕을 죽이고 그 무리들과 함께 한에 투항하였는데 모두 4만여 명인데 10만이라고 불렀다. 이에 한에서는 이번에 혼야왕의 투항으로 隴西(농서)와 北地(북지) 군과 황하 서쪽 지역의 흉노 침입이 줄어들게 되자 關東의 빈민들을 흉노에게서 빼앗은 河南과 新秦中(신진중) 땅으로 이주시켜 채웠으며 北地郡에서부터 서쪽 지역의 戍卒(수졸)을 반으로 줄일 수 있었다. 다음 해 봄에, 우부풍군과 정양군에 각 수만의 흉노 기병이 침입하여 1천여 명을 죽이거나 잡아갔다.

其明年春, 漢謀以爲 '翕侯信爲單于計, 居幕北, 以爲漢兵
不能至'. 乃粟馬, 發十萬騎, 私負從馬凡十四萬匹, 糧重不
與焉. 令大將軍靑, 票騎將軍去病中分軍, 大將軍出定襄, 票
騎將軍出代, 咸約絶幕擊匈奴. 單于聞之, 遠其輜重, 以精
兵待於幕北. 與漢大將軍接戰一日, 會暮, 大風起, 漢兵縱
左右翼圍單于. 單于自度戰不能與漢兵, 遂獨與壯騎數百潰
漢圍西北遁走. 漢兵夜追之不得, 行捕斬首虜凡萬九千級,
北至窴顔山趙信城而還.

| 註釋 | ○其明年春 – 元狩 4년(前 119). ○翕侯信 – 翕侯(흡후) 趙信.
○粟馬(속마) – 곡식을 먹여 사육하는 말. ○糧重不與焉 – 군량을 운반하는
자는 (10만 명에) 포함하지 않았다. ○絶幕 – 사막을 횡단하다. 幕은 漠(사
막). ○窴顔山(전안산) – 今 蒙古 高原 杭愛山 남쪽. 趙信城은 趙信이 쌓은
성.

〔國譯〕

　그 다음 해 봄, '翕侯(흡후) 趙信이 선우를 위해 책략을 마련하여
선우가 사막 북쪽에 있으면 한의 군사가 공격하지 못할 것으로 여기
고 있다.'고 한에서는 생각하였다. 이에 곡식을 먹여 사육한 말과
10만 기병을 동원하였는데 개인 물자를 수송하는 14만 필과 식량
등은 계산에 들어 있지 않았다. 대장군 衛靑(위청), 표기장군 곽거병
이 군사를 절반 씩 나누어 거느리게 하여 대장군은 정양군에서, 표

기장군은 代郡에서 출동하여 사막을 질러가서 흉노를 공격하기로
하였다. 선우가 이 사실을 알고 그 군수물자는 후방에 두고 정병만
을 거느리고 사막 북쪽에서 기다렸다. 한의 대장군 부대와 접전 1일
에 마침 해질 무렵에 큰 바람이 불자 한군은 군사를 좌우로 배치하
여 선우를 포위하였다. 선우는 한 군사와 싸울 수 없다고 판단하여
결국 건장한 기병 수백 명 만을 거느리고 한의 포위를 뚫고 서북으
로 도주하였다. 한의 군사가 밤에 추격하였으나 따라 잡지 못하고
따라가면서 총 1만 9천여 명을 생포하거나 포로로 잡았으며 북쪽으
로 寘顔山(전안산)의 趙信城(조신성)까지 공격한 뒤에 귀환하였다.

原文

單于之走, 其兵往往與漢軍相亂而隨單于. 單于久不與其
大衆相得, 右谷蠡王以爲單于死, 乃自立爲單于. 眞單于復
得其衆, 右谷蠡乃去號, 復其故位.

票騎之出代二千餘里, 與左王接戰, 漢兵得胡首虜凡七萬
餘人, 左王將皆遁走. 票騎封於狼居胥山, 禪姑衍, 臨翰海
而還.

是後, 匈奴遠遁, 而幕南無王庭. 漢度河自朔方以西至令
居, 往往通渠置田官, 吏卒五六萬人, 稍蠶食, 地接匈奴以
北.

| 註釋 | ○谷蠡(녹리) - 谷은 흉노 벼슬 이름 록. 나라 이름 욕. 골짜기 곡.

蠢은 좀먹을 려. ○狼居胥山(낭거서산) - 今 蒙古 烏蘭巴托(울란바토르) 동부 肯特산맥. ○翰海(한해) - 大 沙漠(사막). 러시아의 바이칼호라는 풀이도 있으나 貝加爾湖(바이칼호)는 보통 北海로 표기한다. ○幕南無王庭 - 幕南은 漠南, 사막의 남쪽. 王庭은 흉노 선우의 직할지. 單于庭과 같음. ○令居(영거) - 현명. 今 甘肅省 蘭州市 관할의 永登縣.

## 〖 國譯 〗

선우가 달아나자, 그 군사들은 간혹 漢의 군사와 뒤섞여 선우를 따라갔다. 선우는 한동안 그 무리들과 만나지 못했는데 右谷蠡王(우녹리왕)은 선우가 죽었다고 여겨 곧 자립하여 선우가 되었는데 진짜 선우가 그 무리들을 거둬들이자 우녹리왕은 선우 칭호를 버리고 옛 지위로 돌아갔다.

표기장군(곽거병)은 代郡에서 2천 리를 출동하여 좌녹리왕과 접전하였고 한의 군사는 흉노 총 7만여 명을 죽이거나 생포하였으며 좌녹리왕의 장수들은 모두 도주하였다. 표기장군은 狼居胥山(낭거서산)에 제단을 봉하고, 姑衍山(고연산)에서 천지에 제사한 뒤에 翰海(한해, 대 사막)까지 갔다가 귀환하였다.

이후로 흉노는 멀리 달아났고 사막 남쪽에는 선우의 王庭(왕정, 직할지)은 없어졌다. 한은 황하를 건너 삭방군으로부터 서쪽으로 令居(영거)까지 곳곳에 관개시설을 하고 농사 담당 관리를 두었으며 군리와 병졸 5, 6만 명을 배치하여 조금씩 영역을 넓혀 나갔기에 북쪽에서 흉노와 연접하였다.

初, 漢兩將大出圍單于, 所殺虜八九萬, 而漢士物故者亦
萬數, 漢馬死者十餘萬匹. 匈奴雖病, 遠去, 而漢馬亦少, 無
以復往. 單于用趙信計, 遣使好辭請和親. 天子下其議, 或
言和親, 或言遂臣之. 丞相長史任敞曰, "匈奴新困, 宜使爲
外臣, 朝請於邊." 漢使敞使於單于. 單于聞敞計, 大怒, 留
之不遣. 先是, 漢亦有所降匈奴使者, 單于亦輒留漢使相當.
漢方復收士馬, 會票騎將軍去病死, 於是漢久不北擊胡.

| 註釋 |  ○物故者 – 죽은 자. 物故는 죽다(去世).

〖國譯〗

　그전에 한의 (위청, 곽거병) 두 장군이 선우를 크게 포위하여 죽
이거나 생포한 자가 8, 9만 명이었는데, 한의 군사로 죽은 자 역시
수만 명이었고 말 10여만 필이 죽었다. 흉노가 비록 병약해져 멀리
도주하였지만 한에서도 말이 부족하여 더 추격할 수도 없었다. 선우
는 조신의 계책에 따라 사신을 보내 좋은 말로 화친을 청하였다.

　무제가 이를 논의에 부치니 화친을 주장하거나 그들을 신하로 만
들어야 한다는 주장도 나왔다. 승상부 長史인 任敞(임창)은 "흉노가
피폐해졌으니 그들을 藩臣(번신)으로 삼아 변방에서 조공을 바칠 수
있게 허용해야 합니다."라고 말했다. 漢에서는 임창을 사신으로 선
우에 보냈다. 선우는 임창의 말을 듣자 대노하며 임창을 억류하여
돌려보내지 않았다. 이전에 한에 투항한 흉노 사자가 있었는데 선우

역시 수시로 억류한 사자가 상당수 있었다. 한의 군사와 마필이 거의 옛 수준에 달했을 때, 마침 표기장군 곽거병이 병사하였기에 한에서는 오랫동안 북쪽의 흉노를 치지 않았다.


原文

數歲, 伊穉斜單于立十三年死, 子烏維立爲單于. 是歲, 元鼎三年也. 烏維單于立, 而漢武帝始出巡狩郡縣. 其後漢方南誅兩越, 不擊匈奴, 匈奴亦不入邊.

烏維立三年, 漢已滅兩越, 遣故太僕公孫賀將萬五千騎出九原二千餘里, 至浮苴井, 從票侯趙破奴萬餘騎出令居數千里, 至匈奴河水, 皆不見匈奴一人而還.

| 註釋 | ○元鼎三年 – 前 114년. ○烏維單于 – 재위, 前 114-105년. ○巡狩 – 巡守. 天子의 巡方. 제후의 땅을 돌아보다(行視所守). ○兩越 – 東越과 南越. ○九原 – 縣名. 今 內蒙古 包頭市 서쪽. ○浮苴井(부저정) – 蒙古 杭愛山 북쪽의 우물. ○從票侯 趙破奴 – 捉野侯, 人名. 漢의 장수. 흉노와 싸우다가 생포되었는데 10년간 흉노에 머물다가 흉노 태자를 데리고 귀환하였다. 55권, 〈衛靑霍去病傳〉에 附傳.


〔 國譯 〕

몇 년 후, 伊穉斜(이치서) 선우 즉위 13년에 죽자 아들 烏維(오유)가 즉위하여 선우가 되었다. 그 해가 元鼎(원정) 3년이었다. 오유선우가 즉위했고, 한무제는 처음으로 군현을 순수하였다. 그 뒤로 한에서는 남쪽의 동월과 남월을 정벌하느라고 흉노를 토벌하지 않았고 흉노 또한 침입이 없었다.

오유선우 즉위 3년에 한은 이미 양월이 평정되자 옛 太僕(태복)이던 公孫賀(공손하)는 1만 5천 기병을 거느리고 九原縣을 출발하여 2천여 리 浮苴井(부저정)까지 진격했고, 從票侯(종표후)인 趙破奴(조파노)는 1만여 기병을 거느리고 令居(영거)에서 수천 리를 출동하여 匈奴河까지 갔으나 양쪽 다 흉노를 하나도 보지 못하고 돌아왔다.

原文

是時, 天子巡邊, 親至朔方, 勒兵十八萬騎以見武節, 而使郭吉風告單于. 旣至匈奴, 匈奴主客問所使, 郭吉卑體好言曰, "吾見單于而口言." 單于見吉, 吉曰, "南越王頭已懸於漢北闕下. 今單于卽能前與漢戰, 天子自將兵待邊, 卽不能, 亟南面而臣子漢. 何但遠走, 亡匿於幕北寒苦無水草之地爲?" 語卒, 單于大怒, 立斬主客見者, 而留郭吉不歸, 遷辱之北海上. 而單于終不肯爲寇於漢邊, 休養士馬, 習射獵, 數使使好辭甘言求和親.

| 註釋 | ○朔方 – 郡名. 治所는 朔方縣(今 內蒙古 鄂爾多斯市 烏拉特前旗). 황하 북안. ○勒兵 – 군사를 정돈, 점검하다. ○亟南面而臣子漢 – 亟은 빠를 극. 자주 기. 南面은 남쪽을 바라보다. 흉노 지역이 북쪽이기에 남쪽(漢)을 바라보다. 臣子는 신하나 자식의 도리를 다하다. 동사로 쓰였다. ○亡匿

(망익) - 도주하여 숨다.  ○北海 - 貝加爾湖(바이칼호).

### 〖國譯〗

이때 무제는 북방을 순수하면서 친히 朔方郡(삭방군)에 도착하여 18만 기병의 戰力을 점검하고 郭吉(곽길)을 선우에게 사신으로 보내 일러주게 하였다. 곽길이 흉노에 도착하자 흉노의 손님 접대자가 사절로 온 뜻을 물었고 곽길은 낮은 자세와 좋은 말로 "내가 직접 선우를 만나 말을 하겠다."고 말했다.

선우가 곽길을 만나자 곽길이 말했다. "남월왕의 목은 이미 漢의 북궐에 매달렸습니다. 지금 선우께서 전진하여 漢과 한번 겨루겠다면 천자께서 군사를 거느리시고 변경에서 기다리겠지만 그러하지 못하다면 빨리 남쪽을 보고 한에 대하여 신하의 예를 행하십시오. 왜 도망만 다니면서 사막 북쪽의 춥고 수초도 없는 땅에서 고생만 합니까?"

곽길이 말을 마치자 선우는 대노하면서 즉석에서 접객 담당자를 처형하였으며 곽길을 억류시켜 돌려보내지 않고 강제로 북해로 이주시켰다. 그러나 선우는 끝까지 한의 국경을 침범하지 못하고 군사와 말을 쉬게 하면서 활쏘기와 사냥을 익히면서 여러 번 사신을 보내 좋은 말로 화친을 요구하였다.

### 原文

漢使王烏等窺匈奴. 匈奴法, 漢使不去節, 不以墨黥其面, 不得入穹廬. 王烏, 北地人, 習胡俗, 去其節, 黥面入廬. 單于愛之, 陽許曰, "吾爲遣其太子入質於漢, 以求和親."

| 註釋 | ○不去節 – 節은 符節(부절). 사신으로 나갈 때나 군사를 동원, 또는 관문을 지날 때 지녀야 한 증빙. 지절을 가지고는 선우의 穹廬(궁려, 이 동식 천막집)에 들어갈 수 없다는 뜻. ○墨黥(묵경) – 얼굴에 먹물을 들이는 형벌.

[ 國譯 ]

漢은 王烏(왕오) 등을 보내 흉노 사정을 알아보게 하였다. 흉노의 법에 한의 사절은 지절을 지참하거나 墨黥(묵경)을 하지 않으면 선우의 천막〔穹廬(궁려)〕에 들어갈 수 없었다. 왕오는 北地 출신이라서 흉노의 습속을 알기에 지절을 놓아두고 묵자를 한 얼굴로 천막에 들어갔다. 흉노선우가 좋아하면서 거짓으로 허락했다. "내가 태자를 漢에 인질로 보내어 화친토록 할 것이다."

原文

漢使楊信使於匈奴. 是時, 漢東拔濊貉, 朝鮮以爲郡, 而西置酒泉郡以隔絶胡與羌通之路. 又西通月氏, 大夏, 以翁主妻烏孫王, 以分匈奴西方之援. 又北益廣田至眩雷爲塞, 而匈奴終不敢以爲言. 是歲, 翕侯信死, 漢用事者以匈奴已弱, 可臣從也. 楊信爲人剛直屈强, 素非貴臣也, 單于不親. 欲召入, 不肯去節, 乃坐穹廬外見楊信. 楊信說單于曰, "卽欲

和親, 以單于太子爲質於漢." 單于曰, "非故約. 故約, 漢常
遣翁主, 給繒絮,食物有品, 以和親, 而匈奴亦不復擾邊. 今
乃欲反古, 令吾太子爲質, 無幾矣." 匈奴俗, 見漢使非中貴
人, 其儒生, 以爲欲說, 折其辭辯, 少年, 以爲欲刺, 折其氣.
每漢兵入匈奴, 匈奴輒報償. 漢留匈奴使, 匈奴亦留漢使,
必得當乃止.

| 註釋 | ○漢東拔濊貉,朝鮮以爲郡 - 元封 3년(前 108)에 樂浪, 玄菟, 眞
番, 臨屯郡 설치. ○酒泉郡 - 치소는 祿福縣(今 甘肅省 酒泉市 肅州區). 원래
匈奴 休屠王(휴저왕)과 渾邪王(혼야왕)의 통치 지역에 속했으나 武帝 元狩 2
년에 곽거병의 漢軍이 이곳을 차지하고 군을 설치하였다. 河西 四郡 중 가장
일찍 설치한 郡. '城 안에 金泉이 있는데 그 물맛이 술처럼 좋았다'고 한다.
○大夏(대하) - 古 왕국 명. 巴克特里亞(Bactria), 今 아프가니스탄 북부에 해
당. ○眩雷(현뢰) - 西河 북쪽의 지명. ○無幾矣 - 그런 일은 거의 없을 것
이다.

〖 國譯 〗

漢에서는 楊信(양신)을 사자로 흉노에 보냈다. 이 무렵, 한은 동쪽
으로 濊貉(예맥, 濊貊)과 조선을 정벌하여 군을 설치하였고, 서쪽으로
는 酒泉郡(주천군)을 설치하여 흉노와 羌族(강족)의 교통을 끊어버렸
다. 또 서쪽으로 月氏(월지)와 大夏(대하)와 교류하면서 옹주를 烏孫
(오손) 왕의 아내로 보내어 흉노에 대한 서방의 지원을 분리시켰다.
또 북쪽으로 농지를 확장하여 眩雷(현뢰)까지 성채를 만들어도 흉노
는 끝내 감히 말을 하지 못했다. 이 해에 翕侯(흡후) 趙信(조신)이 죽

었는데 한의 대신들은 흉노가 이미 쇠약해졌으니 藩臣(번신)으로 삼을 수 있다고 말했다.

양신은 사람이 강직하며 불굴의 고집이 있었는데 평소 고위직이 아니라 하여 선우가 친히 대하지 않았다. 불러 만나려 했지만 양신이 지절을 놓고 들어갈 수 없다 하여 둥근 천막 밖에 자리를 마련하고 양신을 만났다. 이에 양신이 선우를 설득하였다. "지금이라도 화친을 원한다면 선우의 태자를 한에 인질로 보내십시오." 이에 선우가 말했다.

"옛 和約과 다릅니다. 예전 약속은 한에서 늘 옹주를 보냈고 비단과 솜 음식물을 보내주고 화친했으며 그 때문에 흉노는 변경을 시끄럽게 하지 않았소. 지금 옛날과 달리 나의 태자를 인질로 보내라 하니 그럴 수 없습니다."

흉노의 습속에 한의 사절이 황제 측근의 귀인이 아니거나 유생이면 선우를 설득시키려 한다고 생각하였고, 젊은 사람이면 자객이라 생각하여 사신의 기세를 꺾으려 하였다. 한의 군사가 흉노 땅을 침범하면 흉노는 그때마다 보복을 하였다. 한이 흉노의 사신을 억류하면 흉노 또한 한의 사신을 억류하면서 얻을 것을 얻어야만 그만두었다.

原文

楊信旣歸, 漢使王烏等如匈奴. 匈奴復諂以甘言, 欲多得漢財物, 紿王烏曰, "吾欲入漢見天子, 面相結爲兄弟." 王烏歸報漢, 漢爲單于築邸於長安. 匈奴曰, "非得漢貴人使,

吾不與誠語." 匈奴使其貴人至漢, 病, 服藥欲愈之, 不幸而
死. 漢使路充國佩二千石印綬使, 送其喪, 厚幣直數千金.
單于以爲漢殺吾貴使者, 乃留路充國不歸. 諸所言者, 單于
特空紿王烏, 殊無意入漢, 遣太子來質. 於是匈奴數使奇兵
侵犯漢邊, 漢乃拜郭昌爲拔胡將軍, 乃浞野侯屯朔方以東,
備胡.

| 註釋 | ○讇 – 諂(아첨할 첨)의 古字. ○紿王烏 – 紿는 속일 이. ○誠語
– 實語. ○路充國 – 억류되었다가 나중에 且鞮侯單于(저제후선우)가 즉위한
뒤에 蘇武의 노력으로 漢에 돌아왔다. 24권, 〈李廣蘇建傳〉의 蘇武傳 참고.
○郭昌 – 55권, 〈衛靑霍去病傳〉에 附傳. ○浞野侯 – 趙破奴. 흉노와 싸우다
가 생포되었는데 10년간 흉노에 머물다가 흉노 태자를 데리고 귀환하였다.
55권, 〈衛靑霍去病傳〉에 附傳.


〔 國譯 〕

楊信(양신)이 돌아온 뒤 한에서는 王烏(왕오) 등을 흉노에 보냈다.
흉노는 한의 재물을 많이 얻으려고 또 감언으로 거짓말을 하였다.
"내가 입조하여 한의 천자를 알현하고 직접 상면하여 형제의 義를
맺고 싶소." 왕오가 돌아와 보고하자, 한에서는 선우를 위하여 장안
에 저택을 지었다. 그러자 흉노가 말했다. "한의 고관 사신이 아니
면 내 진심을 말하지 않겠다."

흉노의 귀족이 사신으로 한에 왔는데 병이 나자 약을 복용케 하
여 고치려 했지만 불행하게 죽었다. 漢에서는 路充國(노충국)을 시켜
2천석 고관의 인수를 차고 그를 운구케 하면서 천금에 해당하는 예

물을 보냈다. 그러나 선우는 고위 사신을 한에서 죽였다면서 노충국을 억류시켜 돌려보내지 않았다. 그간의 여러 말은 그가 단지 왕오를 속인 말이었고 전혀 한에 들어가거나 태자를 인질로 보낼 뜻이 없었다. 이후에 흉노는 여러 번 기습공격으로 한의 국경을 침략하였는데 한에서는 郭昌(곽창)을 拔胡將軍(발호장군)에 임명하고 浞野侯(착야후, 趙破奴)를 삭방군에 주둔시켜 흉노에 대비하였다.

原文

烏維單于立十歲死, 子詹師廬立, 年少, 號爲兒單于. 是歲, 元封六年也. 自是後, 單于益西北, 左方兵直雲中, 右方兵直酒泉, 敦煌.

兒單于立, 漢使兩使, 一人吊單于, 一人吊右賢王, 欲以乖其國. 使者入匈奴, 匈奴悉將致單于. 單于怒而悉留漢使. 漢使留匈奴者前後十餘輩, 而匈奴使來漢, 亦輒留之相當.

| 註釋 | ○詹師廬(첨사려) - 재위, 前 105-102년. ○元封六年 - 前 105년.

[ 國譯 ]

烏維單于(오유선우)가 즉위 10년 만에 죽자 아들 詹師廬(첨사려)가 즉위했는데 나이가 어려 兒單于(아기 선우)라고 불렸다. 이 해가 元封(원봉) 6년이었다. 이후로 선우는 더욱 서북으로 진출했는데 좌측은 운중군에, 우측은 주천군과 敦煌郡(돈황군)에 해당하였다.

兒單于(아선우)가 즉위하자, 한에서는 사신을 2명 보냈는데 하나는 선우를 조문하고 다른 한 사람은 右賢王을 조문하며 흉노를 이간시키려 했다. 사자가 흉노에 들어가자 흉노는 두 사신을 선우에 데려갔다. 선우는 화를 내면서 한의 사신을 억류했다. 한의 사신으로 흉노에 억류된 자가 전후 10여 명이었는데 흉노의 사신이 한에 들어오면 마찬가지로 그때마다 상응하게 억류하였다.

原文

是歲, 漢使貳師將軍西伐大宛, 而令因杅將軍築受降城. 其冬, 匈奴大雨雪, 畜多饑寒死, 兒單于年少, 好殺伐, 國中多不安. 左大都尉欲殺單于, 使人間告漢曰, "我欲殺單于降漢, 漢遠, 漢卽來兵近我, 我卽發." 初漢聞此言, 故築受降城. 猶以爲遠.

| 註釋 | ○是歲 – 太初 원년. 전 104년. ○貳師將軍 – 李廣利(이광리, ?-前 88). 武帝 妃 李夫人의 오빠. 나중에 흉노와 싸워 패전하여 피살되었다. 貳師는 서역 大宛國의 城 이름. 李廣利의 관명으로 사용. ○大宛(대원) – 서역의 국명, 宛은 나라 이름 원. 굽을 완. 國都는 貴山城. 汗血馬(한혈마)와 포도 산지. 무제 때 복속, 宣帝 이후 서역도호부에 속했다. 今 중앙아시아의 키르키즈스탄에 해당. ○因杅將軍 – 公孫敖. 因杅(인우)는 흉노 땅의 지명. ○受降城(수항성, 河外三城) – 흉노 귀족의 투항을 받기 위한 3개의 성, 북위 40度線 이북 河套(하투) 北岸 및 漠南 초원 지역에 설치. 今 內蒙古自治區 巴彦淖

爾市 관할의 烏拉特中旗 지역. 후세에는 黃河 외측의 방어시설 역할을 했다.
○大雨雪 – 큰 눈이 내렸다. 雨은 비나 눈이 내리다. 동사로 쓰였다.  ○間告
– 密告하다.


## 〖 國譯 〗

　이 해에(太初 원년), 漢은 貳師(이사, 李廣利)장군을 시켜 서쪽으로
大宛國(대원국)을 정벌하고 因杅將軍(인우장군, 公孫敖)를 시켜 受降城
을 축조했다. 그 겨울에 흉노에 큰 눈이 내려 가축이 많이 굶거나 얼
어 죽었고 아선우는 나이도 어린데다가 살인을 좋아하여 나라가 크
게 불안하였다. 左大都尉(좌대도위)가 선우를 죽이려고 몰래 사람을
보내 한에게 통보하였다. "내가 선우를 죽이고 한에 투항코자 하나
너무 멀으니 한이 군사를 보내 가까이 오면 즉시 실행하겠다."
　한에서는 전에 이런 것을 알았기에 수항성을 축조했다지만 그래
도 흉노는 멀다고 생각하였다.


## 原文

　其明年春, 漢使浞野侯破奴將二萬騎出朔方北二千餘里,
期至浚稽山而還. 浞野侯既至期, 左大都尉欲發而覺, 單于
誅之, 發兵擊浞野侯. 浞野侯行捕首虜數千人. 還, 未至受降
城四百里, 匈奴八萬騎圍之. 浞野侯夜出自求水, 匈奴生得
浞野侯, 因急擊其軍. 軍吏畏亡將而誅, 莫相勸而歸, 軍遂
沒於匈奴. 單于大喜, 遂遣兵攻受降城, 不能下, 乃侵入邊

而去. 明年, 單于欲自攻受降城, 未到, 病死.

| 註釋 |  ○浚稽山(준계산) – 몽고 알타이 산맥의 산 이름.

〖 國譯 〗

그 다음 해 봄(太初 2년), 漢에서는 착야후 趙破奴(조파노)에게 2만 기병을 거느리고 삭방군에서 출발하여 2천 리를 나아가 浚稽山(준계산)에서 (左大都尉를) 만나 돌아오게 하였다. 착야후는 기약한 날짜에 도착했지만 좌대도위가 거사 전에 발각되어 선우에게 처형되었고 선우는 군사를 내어 착야후를 공격하였다. 착야후는 회군 중에 수천 명을 죽이거나 생포하였다. 착야후는 귀환하면서 수항성에 4백 리 못 미친 곳에서 흉노의 8만 기병에 포위당했다. 착야후가 밤에 물을 구하려 나갔는데 흉노가 착야후를 생포하였고 이어 한군을 맹공하였다. 군리들은 장군을 지키지 못했다고 처형당할 것이 두려워 아무도 귀환하라고 권유하는 사람이 없었고 결국 흉노에게 전멸당했다. 선우는 크게 기뻐하면서 군사를 보내 수항성을 공격했지만 함락시키지 못하자 변방을 침략하고 돌아갔다. 다음 해 선우는 직접 수항성을 공격하려 했지만 수항성에 오기 전에 병사하였다.

原文

兒單于立三歲而死. 子少, 匈奴乃立其季父烏維單于弟右賢王句黎湖爲單于. 是歲, 太初三年也. 句黎湖單于立, 漢使光祿勳徐自爲出五原塞數百里, 遠者千里, 築城障列亭至

盧朐, 而使游擊將軍韓說,長平侯衛伉屯其旁, 使强弩都尉
路博德築居延澤上.

|註釋| ○句黎湖單于 – 재위, 前 102-101년.  ○築城障列亭至盧朐 – 城
障은 성. 障은 산속의 작은 성채. 列亭은 여러 개의 망루. 盧朐(노구)는 今 내
몽고의 산 이름.  ○韓說 – 韓王信의 후손. 校尉로 흉노를 치고 龍額侯(용액
후)가 되었다. 득죄하여 작위를 상실했다가 橫海將軍으로 東越(동월)을 격파
하고 按道侯(안도후)에 봉해졌다. 太初 연간에 游擊將軍(유격장군)이 되었다
가 나중에 戾태자에게 피살되었다.  ○衛伉(위항) – 衛青의 아들. 宜春侯(의
춘후). 뒤에 죄를 지어 작위 상실.  ○路博德 – 55권,〈衛青霍去病傳〉에 附傳.

〔國譯〕

　兒單于(아선우)는 재위 3년에 죽었다. 아들이 어려 흉노에서는 그
의 季父인 烏維單于(오유선우)의 동생인 우현왕 句黎湖(구려호)를 선
우로 세웠다. 이 해가 太初 3년(前 102)이었다. 句黎湖單于(구려호선
우)가 즉위하자, 漢에서는 광록훈 徐自爲(서자위)를 시켜 五原郡의
성채에서 수백 리, 먼 곳은 천리 떨어진 곳까지 성채와 여러 망루를
쌓아 盧朐(노구)까지 연결하였고 游擊將軍 韓說(한열), 長平侯인 衛
伉(위항)을 그 부근에 주둔케 했으며 强弩都尉(강노도위) 路博德(노박
덕)은 居延(거연) 호수 근처에 주둔케 하였다.

原文

　其秋, 匈奴大入雲中,定襄,五原,朔方, 殺略數千人, 敗數

二千石而去, 行壞光祿所築亭障. 又使右賢王入酒泉,張掖, 略數千人. 會任文擊救, 盡復失其所得而去. 聞貳師將軍破大宛, 斬其王還, 單于欲遮之, 不敢, 其冬病死. 句黎湖單于立一歲死, 其弟左大都尉且鞮侯立爲單于.

| 註釋 | ○五原 – 군명. 치소는 九原縣, 今 內蒙古 包頭市 서북. ○張掖 (장액) – 군명. 今 甘肅省 張掖市. 掖 겨드랑이 액. 끼다. ○且鞮侯單于(저제후선우) – 재위 前101 – 96년. 且는 머뭇거릴 저. 또 차. 鞮는 가죽신 제.

〖國譯〗

그해 가을 匈奴가 雲中,定襄,五原,朔方郡에 대거 침입하여 수천 명을 죽이고 노략질하면서 여러 지방관을 패퇴시킨 뒤에 퇴각하면서 광록훈 徐自爲가 구축한 성채를 파괴하였다. 또 右賢王을 시켜 酒泉郡과 張掖郡에 침입하여 수천 명을 잡아갔다. 마침 한의 장군 任文(임문)이 흉노를 치고 구원하자 노략질한 것을 모두 잃고 돌아갔다.

흉노는 이사장군 이광리가 대원국을 격파하여 그 왕을 참수하고 귀환한다는 소식을 듣고 선우가 차단하려 했지만 실행하지 못하고 그 겨울에 병사하였다. 구려호선우가 즉위 1년 만에 죽자 그 동생인 左大都尉인 且鞮侯(저제후)가 자립하여 선우가 되었다.

原文

漢既誅大宛, 威震外國, 天子意欲遂困胡, 乃下詔曰, "高皇帝遺朕平城之憂, 高后時單于書絶悖逆. 昔齊襄公復九世之讎,《春秋》大之." 是歲, 太初四年也.

| 註釋 | ○齊襄公 - 제 양공이 소국 紀(기)를 멸망시켰는데, 이는 양공 9대조 조상의 원한을 갚은 것이라는 이야기. 大之는 긍정적으로 평가하다. ○太初四年 - 武帝. 前 93년.

〔國譯〕

漢이 대원국을 정벌하자 위세가 서역 여러 나라에 크게 떨쳤는데 무제는 이를 기회로 흉노를 궁지에 몰려는 생각으로 조서를 내렸다.

"高皇帝께서는 짐에게 平城에서의 역경을 가르쳐 주셨고 高后 때 선우는 매우 패륜의 국서를 보냈었다. 예전에 齊의 襄公(양공)은 9세에 걸친 원수를 갚았는데《春秋》에서는 이를 장하다고 하였다." 이해는 太初 4년이었다.

原文

且鞮侯單于初立, 恐漢襲之, 盡歸漢使之不降者路充國等於漢. 單于乃自謂, "我兒子, 安敢望漢天子! 漢天子, 我丈人行." 漢遣中郎將蘇武厚幣賂遺單于, 單于益驕, 禮甚倨, 非漢所望也. 明年, 浞野侯破奴得亡歸漢.

| 註釋 | ○盡歸漢使~ - 억류했던 사신을 돌려보낸 것은 天漢 원년(前 100)이었다. ○安敢望漢天子 - 望은 원망하다. ○我丈人行 - 丈人은 노인

에 대한 존칭.  ○蘇武(?-前60) - 中郎將으로 흉노에 사신으로 갔다가 억류(前100년). 昭帝 始元 6년(前81) 봄에 장안으로 돌아왔다. 54권, 〈李廣蘇建傳〉에 입전.  ○非漢所望也 - 망은 기대하다. 예상했던 일.

[國譯]

且鞮侯單于(저제후선우)가 즉위하면서 한의 공격이 두려워 그동안 흉노에 투항하지 않은 한의 사신 路充國(노충국) 등을 모두 돌려보냈다. 그러면서 선우는 스스로 말했다.

"우리 젊은이들이 어찌 한의 천자를 원망할 수 있겠는가? 한의 천자는 나에게도 어른 항렬이다."

이에 한에서는 中郎將인 蘇武(소무)를 파견하여 선우에서 후한 예물을 보내주었는데 그러자 선우는 더욱 교만해져서 예의가 매우 오만하여 한이 기대했던 바가 아니었다. 다음 해에는 착야후 조파노가 도망쳐 漢에 귀환하였다.

原文

其明年, 漢使貳師將軍將三萬騎出酒泉, 擊右賢王於天山, 得首虜萬餘級而還. 匈奴大圍貳師, 幾不得脫. 漢兵物故什六七. 漢又使因杆將軍出西河, 與强弩都尉會涿邪山, 亡所得. 使騎都尉李陵將步兵五千人出居延北千餘里, 與單于會, 合戰, 陵所殺傷萬餘人, 兵食盡, 欲歸, 單于圍陵, 陵降匈奴, 其兵得脫歸漢者四百人. 單于乃貴陵, 以其女妻之.

| 註釋 |  ○天山 - 지금의 甘肅省과 靑海省을 가르는 南祁連山. ○李陵 (이릉, ?-前 74) - 李廣의 손자.《史記 李將軍列傳》의 기록보다 54권,〈李廣蘇建傳〉의 기록이 매우 상세하다. 이릉의 패전을 변호한 司馬遷은 궁형을 받았다.


〔國譯〕

그 다음 해, 漢에서는 이사장군(李廣利)로 하여금 3만 기병을 거느리고 酒泉郡에서 출동하여 天山에서 우현왕을 공격케 하였는데 적 1만여 명을 죽이거나 포로로 잡아 돌아왔다. 흉노가 이사장군의 부대를 크게 포위하여 거의 탈출할 수가 없었다. 한의 군사로 죽은 자가 10에 6, 7명이었다. 한에서는 또 因杅將軍(인우장군, 公孫敖)으로 하여금 西河(서하)에서 출동하여 强弩都尉(강노도위, 盧博德)와 涿邪山(탁야산)에서 회합하였으나 전과가 없었다. 騎都尉(기도위)인 李陵(이릉)은 5천 보병으로 居延(거연)에서 출전하여 북으로 1천여 리를 진격했는데 선우가 이끄는 군사를 만나 합전하면서 이릉은 적 1만여 명을 살상케 하였으나 병기와 군량이 다하였고 후퇴할 수도 없어 흉노에 투항하였는데, 한에 돌아온 병사가 400여 명이었다. 선우는 이릉을 잘 대우하며 자신의 딸을 이릉의 아내로 주었다.


原文

後二歲, 漢使貳師將軍六萬騎, 步兵七萬, 出朔方, 强弩都尉路博德將萬餘人, 與貳師會, 游擊將軍說步兵三萬人, 出五原, 因杅將軍敖將騎萬, 步兵三萬人, 出雁門. 匈奴聞, 悉遠其累重於餘吾水北, 而單于以十萬待水南, 與貳師接戰.
貳師解而引歸, 與單于連鬪十餘日, 游擊亡所得. 因杅與左
賢王戰, 不利, 引歸.

| 註釋 | ○後二歲 - 天漢 4년(前 97). ○悉遠其累重於餘吾水北 - 悉遠은
모두 멀리 보내다. 累重은 짐이 될 수 있는 가족. 노약자. 餘吾水(여오수)는
今 몽고국 수도 울란바토르 근처의 土拉河(투라허). ○《史記 匈奴列傳》은
여기까지다. 이하는 班固의 기록이다.

〖 國譯 〗

　그 2년 뒤에, 漢의 貳師將軍은 기병 6만과 보병 7만을 거느리고
삭방군에서 출발했고, 강노도위 路博德(노박덕)은 1만여 명을 거느
리고 출동하여 이사장군과 합세하였으며, 游擊將軍(유격장군) 韓說
(한열)은 보병 3만을 거느리고 五原郡에서 출발하였고, 인우장군 公
孫敖(공손오)는 기병 1만을 거느리고 雁門郡에서 출정하였다. 흉노
는 소식을 듣고 짐이 될 수 있는 가족을 모두 餘吾水(여오수) 북쪽으
로 멀리 보내 놓고 선우가 10만 군을 거느리고 여오수 남쪽에서 기
다렸다가 이사장군과 접전하였다. 이사장군이 공격을 그만두고 돌
아오면서도 10여 일을 더 싸웠다. 유격장군은 전과가 없었다. 인우
장군도 좌현왕과 전투를 하였지만 불리하여 철수하였다.

原文

　明年, 且鞮侯單于死, 立五年, 長子左賢王立爲狐鹿姑單

于. 是歲, 太始元年也.

初, 且鞮侯兩子, 長爲左賢王, 次爲左大將, 病且死, 言立左賢王. 左賢王未至, 貴人以爲有病, 更立左大將爲單于. 左賢王聞之, 不敢進. 左大將使人召左賢王而讓位焉. 左賢王辭以病, 左大將不聽, 謂曰, "卽不幸死, 傳之於我." 左賢王許之, 遂立爲狐鹿姑單于.

狐鹿姑單于立, 以左大將爲左賢王, 數年病死, 其子先賢撣不得代, 更以爲日逐王. 日逐王者, 賤於左賢王. 單于自以其子爲左賢王.


| 註釋 |  ○狐鹿姑單于(호록고선우) – 재위, 前 96-85년.  ○先賢撣 – 인명. 撣은 당길 선. 손에 들 탄.


〖國譯〗

그 다음 해, 且鞮侯單于(저제후선우)가 즉위 5년 만에 죽었고 큰 아들인 左賢王이 즉위하니 狐鹿姑單于(호록고선우)이다. 그 해가 太始 원년(前 96)이었다.

그전에 저제후선우에게 두 아들이 있어 장자가 左賢王, 차남이 左大將이었는데 병사하기 전에 좌현왕을 세우라고 유언하였다. 좌현왕이 도착하기 전에 귀족들은 좌현왕이 병들었다 하여 차남인 좌대장을 선우로 옹립하였다. 좌현왕이 소식을 알고서는 들어올 수가 없었다. 좌대장은 사람을 보내 좌현왕을 불러 양위하였다. 좌현왕이 병이 있다고 사양하자 좌대장이 따르지 않으며 말했다. "만일 불행하여 죽게 된다면 나에게 전위해 주십시오."

이에 좌현왕이 승낙하고 즉위하니 호록고선우이다.

호록고선우가 즉위하고서는 좌대장을 좌현왕에 임명하였다. 몇 년 뒤에 병사하였는데, 그 아들인 先賢撣(선현선)이 계승하지 못하고 日逐王(일축왕)이 되었다. 일축왕이란 좌현왕보다 낮았다. 새로 즉위한 선우가 그 아들을 좌현왕에 임명하였다.

單于旣立六年, 而匈奴入上谷,五原, 殺略吏民. 其年, 匈奴復入五原,酒泉, 殺兩部都尉. 於是漢遣貳師將軍七萬人出五原, 御史大夫商丘成將三萬餘人出西河, 重合侯莽通將四萬騎出酒泉千餘里. 單于聞漢兵大出, 悉遣其輜重, 徙趙信城北邸郅居水. 左賢王驅其人民度餘吾水六七百里, 居兜銜山. 單于自將精兵左岸侯度姑且水.

| 註釋 |  ○殺兩部都尉 - 部는 衍字(연자). 〈武帝紀〉에는 '兩都尉'. 都尉는 군의 군사 책임자. ○重合侯莽通 - 본명은 馬通(마통). 시랑 망통은 巫蠱(무고)의 禍(화)에서 戾太子의 반군 진압에 공을 세워 중합후가 되었다. ○北邸郅居水 - 邸는 至의 뜻. 郅居水(질거수)는 금 몽고와 러시아(俄羅斯) 국경을 지나 바이칼호로 들어가는 色楞格河(세렁거강). ○度餘吾水 - 度는 渡. 餘吾水는 강 이름. ○姑且水(고저수) - 今 몽고국의 圖洋河(투이강).

새 선우가 즉위한 지 6년에 흉노가 上谷郡과 五原郡에 침입하여
관리와 백성을 죽이고 노략질을 하였다. 그 해에 흉노가 다시 오원
군과 酒泉郡(주천군)에 침입하여 2명의 도위를 죽였다. 이에 한에서
는 이사장군(李廣利)에게 7만 병력을 주어 오원군에서 출동케 하고,
어사대부인 商丘成(상구성)은 3만여 군사를 거느리고 西河에서 출동
하였으며, 重合侯(중합후)인 莽通(망통)은 4만 기병을 거느리고 주천
군에서 출정하여 1천여 리를 진격하였다. 선우는 한의 군사가 대거
출병했다는 소식을 듣고 그 군수 물자를 모두 보내어 趙信城(조신성)
북쪽 郅居水(질거수)로 보냈다. 좌현왕은 그 백성들을 몰고 餘吾水
(여오수)를 건너 6, 7백 리를 나아가 兜銜山(두함산)에 머물렀다. 선우
는 직접 정병을 거느리고 姑且水(고저수)를 건너 좌측에서 기다렸다.

原文

　御史大夫軍至追邪徑, 無所見, 還. 匈奴使大將與李陵將
三萬餘騎追漢軍, 至浚稽山合, 轉戰九日, 漢兵陷陳卻敵, 殺
傷虜甚衆. 至蒲奴水, 虜不利, 還去.

　重合侯軍至天山, 匈奴使大將偃渠與左右呼知王將二萬
餘騎要漢兵, 見漢兵强, 引去. 重合侯無所得失. 是時, 漢恐
車師兵遮重合侯, 乃遣闔陵侯將兵別圍車師, 盡得其王民衆
而還.

○追邪徑(추사경) - 위치 미상 지명. 지명이 아닌 '샛길까지 수색 했다'는 뜻으로 본 주석도 있다. ○蒲奴水(포노수) - 水名. 今 蒙古의 翁金 河. ○天山(천산) - 이전 문단에서 나온 李廣利가 지나온 天山이 아니다. 아 주 큰 산을 天山이라 지칭했을 것이다. 여기서는 몽고 博格多 산맥이라는 주 석이 있다. 또 杭愛산맥의 일부라는 주석도 있다. ○車師 - 西域의 성곽 국 가 이름. 姑師(고사)로도 표기. 지금 新疆省의 奇臺, 哈密, 吐魯番, 烏魯木齊 일대. 국도는 交河城(今 新疆省 투루판 서북 雅爾湖 서쪽). ○闒陵侯(개릉후) - 흉노족으로 漢에 투항했던 成娩(성만).

〖 國譯 〗

어사대부(商丘成)가 거느린 군사가 追邪徑(추야경)까지 갔으나 보 이는 것이 없어 되돌아왔다. 흉노는 대장과 李陵(이릉)에게 3만 여 기병을 주어 漢軍을 추격케 하여 浚稽山(준계산)에서 부딪쳐 연속 9 일을 싸웠는데 한의 군사가 적진을 함락시키고 물리치며 살상한 적 이 매우 많았다. 蒲奴水(포노수)에 이르러 흉노는 불리하자 되돌아갔 다.

重合侯(莽通)의 군사가 天山(천산)에 도착하자 흉노는 대장 偃渠 (연거)와 左右呼知王(좌우호지왕)이 2만에 기병을 거느리고 한군을 맞 아 싸웠으나 한의 강한 군사력을 보고서 군사를 철수하였다. 중합후 는 전과가 없었다. 이때 漢은 車師國(거사국)의 군사가 중합후의 군 사를 차단할 것을 걱정하여 바로 闒陵侯(개릉후, 成娩)에게 군사를 거 느리고 나가 거사국의 군사를 포위케 하여 그 왕과 백성을 잡아 귀 환하였다.

貳師將軍將出塞, 匈奴使右大都尉與衛律將五千騎要擊漢軍於夫羊句山狹. 貳師遣屬國胡騎二千與戰, 虜兵壞散, 死傷者數百人. 漢軍乘勝追北, 至范夫人城, 匈奴奔走, 莫敢距敵. 會貳師妻子坐巫蠱收, 聞之憂懼. 其掾胡亞夫亦避罪從軍, 說貳師曰, "夫人室家皆在吏, 若還不稱意, 適與獄會, 郅居以北可復得見乎?" 貳師由是狐疑, 欲深入要功, 遂北至郅居水上. 虜已去, 貳師遣護軍將二萬騎度郅居之水. 一日, 逢左賢王左大將, 將二萬騎與漢軍合戰一日, 漢軍殺左大將, 虜死傷甚衆. 軍長史與決眭都尉煇渠侯謀曰, "將軍懷異心, 欲危衆求功, 恐必敗." 謀共執貳師. 貳師聞之, 斬長史, 引兵還至速邪烏燕然山. 單于知漢軍勞倦, 自將五萬騎遮擊貳師, 相殺傷甚衆. 夜塹漢軍前, 深數尺, 從後急擊之, 軍大亂敗, 貳師降. 單于素知其漢大將貴臣, 以女妻之, 尊寵在衛律上.

| 註釋 | ○夫羊句山狹 – 몽고의 산 이름. 今 고비사막 건너 達蘭扎德可德 (다란차더커더)의 서쪽. ○屬國胡騎 – 屬國人 흉노족으로 구성된 기병. 漢에 투항한 이민족이 변경지역에서 자신들의 습속을 유지하며 생활하는 집단을 屬國이라고 하였다. ○范夫人城(범부인성) – 夫羊句山의 동북. ○巫蠱(무고) – 어떤 저주나 행위 또는 물건을 이용하여 남에게 화를 줄 수 있다고 믿는 행위, 蠱 독 고. 벌레. 惡氣. 征和 2년(前 91)에 '巫蠱之禍(무고의 화)'는 江充에 의해 확대되었는데 공주와 황후, 衛太子(戾太子)까지 모두 죽었다.

○郅居以北可復得見乎 — 돌아가 옥에 갇히면 흉노에 투항하고 싶어도 못한다는 뜻. ○狐疑(호의) — 의심하며 결단을 내리지 못하다. ○決眭都尉(결휴도위) — 漢의 중급 무관. ○速邪烏燕然山 — 速邪烏(속야오)는 지명. 燕然山(연연산)은 今 몽고의 杭愛山(항애산). ○衛律(위율, ?-前81) — 원래 흉노인으로 漢의 장수였다가 흉노에 투항한 사람. 뒷날 蘇武와 馬宏(마굉) 등의 송환에 힘썼다.

## 〔國譯〕

貳師將軍(이사장군, 李廣利)이 군사를 거느리고 국경을 나가자 흉노는 右大都尉(우대도위)와 衛律(위율)에게 5천 기병을 거느리고 한의 군사를 夫羊句山(부양구산)의 협곡에서 기다렸다가 공격케 하였다. 이사장군은 屬國의 흉노족 기병 2천여 명을 보내 싸우게 하자 흉노의 군사가 무너지며 사상자가 수백 명이었다. 한의 군사가 승세를 몰아 북으로 추격하여 范夫人城(범부인성)까지 진격하자 흉노는 달아나며 감히 맞서지 못했다.

그때 이사장군의 아내는 무고의 화에 연루되어 갇혀 있었는데 소식을 듣고 크게 걱정하고 두려웠다. 그 속관인 胡亞夫(호아부) 역시 죄를 피해 종군하고 있었는데 이사장군에게 말했다.

"夫人과 가족이 모두 옥리에게 잡혀있는데 돌아간다 하여도 뜻과 달리 옥에서 만나게 될 것인데 질거수 이북 땅을 다시 볼 수 있겠습니까?"

이사장군은 이때부터 이리저리 회의했지만 적진 깊이 들어가 공을 세우기로 하고 드디어 북쪽으로 나아가 郅居水(질거수)에 이르렀다. 그러나 흉노는 이미 떠나버렸기에 이사장군은 護軍(호군)에게 2만 기병을 거느리고 질거수를 건너게 하였다. 어느 날 左賢王의 左

大將의 2만 기병을 만났는데 한군은 흉노의 좌대장을 죽이고 많은 포로를 잡고 적을 다수 살상케 하였다. 그러나 한군의 長史와 決眭 都尉(결휴도위) 煇渠侯(휘거후)는 "將軍은 딴 마음을 품고 군사를 위기에 처하게 해서라도 공을 세우려 하나 틀림없이 패할 것이다."라고 모의하면서 이사장군을 사로잡으려 하였다. 이사장군이 이를 알고 長史를 처형한 뒤, 군사를 돌려 速邪烏(속야오)의 燕然山(연연산)에 도착하였다. 선우는 한의 군사가 지친 것을 알고 직접 5만의 군사를 거느리고 이사장군을 막고 공격하자 양측의 살상자가 매우 많았다. 흉노는 밤에 한의 군영 앞 쪽에 몇 자 깊이의 구덩이를 파고 뒤쪽에서 급하게 추격하자 한의 군사가 큰 혼란에 빠지면서 대패했고 이사장군은 투항했다. 선우는 평소에 이사장군이 漢에서 고귀한 인물임을 알고 있었기에 딸을 아내로 삼게 해주면서 존중하고 신임하기를 衛律(위율)보다 더 했다.

原文

　其明年, 單于遣使遺漢書云, "南有大漢, 北有强胡. 胡者, 天之驕子也, 不爲小禮以自煩. 今欲與漢闓大關, 取漢女爲妻, 歲給遺我蘖酒萬石, 稷米五千斛, 雜繒萬匹, 它如故約, 則邊不相盜矣." 漢遣使者報送其使, 單于使左右難漢使者, 曰, "漢, 禮義國也. 貳師道前太子發兵反, 何也?" 使者曰, "然. 乃丞相私與太子爭鬪, 太子發兵欲誅丞相, 丞相誣之, 故誅丞相. 此子弄父兵, 罪當笞, 小過耳. 孰與冒頓單于身

殺其父代立, 常妻後母, 禽獸行也!"單于留使者, 三歲乃得
還.

| 註釋 | ○其明年 – 무제 征和 4년(前 89). ○闓大關 – 관시를 크게 열
다. 闓는 열 개. ○笞 – 볼기 칠 태. 笞刑.

〖國譯〗

그 다음 해에 선우는 漢에 국서를 보내 말했다.

"남쪽에는 大漢이 있고 북에는 강한 흉노가 자리했다. 흉노는 하
늘의 당당한 아들로 결코 사소한 예법에 얽매이지 않도다. 이번에
한과 關市를 크게 열고 漢의 여인을 맞아 아내로 삼고자 하는데 漢
에서는 해마다 우리에게 누룩 술 1만석, 도정한 기장 5千 斛(곡), 여
러 가지 비단 1만 필, 그 밖의 물건은 옛 약조대로 공급한다면 변경
에서 노략질을 하지 않을 것입니다."

이에 한에서는 사신을 보내 사신을 데려다 주었는데, 선우는 측
근을 시켜 한의 사자를 비난하게 하였다. "漢은 예의를 중시하는 나
라입니다. 이사장군이 말했는데, 전에 태자가 군사를 동원하여 반역
했다는데 어찌된 일입니까?" 이에 사자가 말했다.

"맞습니다. 그것은 승상과 태자의 싸움으로 태자가 군사를 내어
승상을 제거하려 했는데 승상이 태자를 무고했기에 승상을 처형하
였습니다. 이는 아들이 부친의 병력을 가지고 장난한 것이라서 태형
으로 다스려야 할 작은 잘못입니다. 묵독선우는 부친을 죽이고 즉위
했으며 계모들을 차지하는 금수의 행동과 어느 것이 더 나쁘겠습니
까?"

선우는 사자를 3년이나 억류시켰다가 돌려보냈다.


原文

貳師在匈奴歲餘, 衛律害其寵, 會母閼氏病, 律飭胡巫言 先單于怒, 曰, "胡故時祠兵, 常言得貳師以社, 今何故不 用?" 於是收貳師, 貳師怒曰, "我死必滅匈奴!" 遂屠貳師以 祠. 會連雨雪數月, 畜産死, 人民疫病, 穀稼不熟, 單于恐, 爲貳師立祠室.


| 註釋 |　○母閼氏(모연지) - 선우의 생모.　○得以社 - 貳師을 잡아 祠堂 에 올리다.　○穀稼不熟 - 흉노에 잡혀온 漢人이 기장 같은 작물을 재배했 다.


〔國譯〕

이사장군(李廣利)이 흉노에 머물기 1년 남짓에 衛律(위율)은 이사 장군을 질투하였는데 마침 선우의 모친 연지가 병이 나자 위율은 흉 노 무당을 사주하여 선친 선우가 분노하면서 "흉노가 전투하기 전 에 이사장군을 잡아 제사한다더니 왜 제물을 올리지 않느냐?" 한다 고 말하였다. 이에 이사장군을 잡아 가두자 이사가 분노하며 말했 다. "내가 죽는다면 기어이 흉노를 없애겠다!"

결국 이사장군을 죽여 사당에 올렸다. 그러자 몇 달 동안 연이어 눈이 내려 가축이 폐사하며 백성이 병들고 흉년이 들자 선우는 두려 워하며 이사장군의 사당을 세웠다.

自貳師沒後, 漢新失大將軍士卒數萬人, 不復出兵. 三歲,
武帝崩. 前此者, 漢兵深入窮追二十餘年, 匈奴孕重墯殰,
罷極苦之. 自單于以下常有欲和親計.

| 註釋 | ○武帝崩 – 후원 2년(前 87). ○孕重墯殰 – 孕重(잉중)은 새끼를
배다. 孕은 아이 밸 잉. 墯은 떨어질 타(墮 同). 殰은 낙태할 독.

[國譯]

이사장군이 죽은 뒤로 한에서도 대장군과 사졸 수만 명을 잃어
다시 출병할 수 없었다. 그 뒤 3년에 武帝가 붕어했다. 이전에는 한
의 군사가 적지에 침입하기 20여 년에, 흉노에서도 가축이 낙태하
는 등 피폐하여 고통을 겪었다. 그리하여 선우 이하 모두가 늘 화친
을 생각하였다.

原文

後三年, 單于欲求和親, 會病死. 初, 單于有異母弟爲左
大都尉, 賢, 國人鄕之, 母閼氏恐單于不立子而立左大都尉
也, 乃私使殺之. 左大都尉同母兄怨, 遂不肯復會單于庭.
又單于病且死, 謂諸貴人, "我子少, 不能治國, 立弟右谷蠡
王." 及單于死, 衛律等與顓渠閼氏謀, 匿單于死, 詐矯單于
令, 與貴人飲盟, 更立子左谷蠡王爲壺衍鞮單于. 是歲, 始

元二年也.

| 註釋 |  ○國人鄕之 – 鄕은 嚮, 依附하다. 따르다.  ○右谷蠡王(우녹리왕)
– 관직명. 谷은 흉노왕 록. 蠡 좀먹을 려(여). 흉노 관직 리  ○壺衍鞮單于(호
연제선우) – 狐鹿姑單于의 후임. 재위, 前 85–68년.  ○始元二年 – 소제의 연
호. 前 85년.

〖 國譯 〗

그 뒤 3년, 선우는 화친을 모색하다가 병으로 죽었다. 그전에 선
우의 배다른 아우는 左大都尉(좌대도위)였는데 현명했기에 흉노 백
성들이 흠모했는데, 모친 연지는 선우가 아들을 세우지 않고 좌대도
위를 세울까 걱정하여 은밀히 사람을 시켜 죽여 버렸다. 좌대도위의
형제들은 이에 원한을 품고 다시는 선우의 조정에 모이려 하지 않았
다. 또 선우가 막 죽기 직전 여러 귀족들에게 "내 아들이 어려 나라
를 다스릴 수 없으니 동생인 右谷蠡王(우녹리왕)을 즉위시켜라."고
하였다. 선우가 죽자 위율 등은 顓渠閼氏(전거연지)와 모의하여 선우
의 죽음을 숨기고 선우의 명령을 날조하여 귀인들과 술을 마시며 맹
서한 뒤 아들인 左谷蠡王(좌녹리왕)을 壺衍鞮單于(호연제선우)로 옹립
하였다. 이 해가 始元 2년(前 85)이었다.

原文

壺衍鞮單于既立, 風謂漢使者, 言欲和親. 左賢王,右谷蠡
王以不得立怨望, 率其衆欲南歸漢. 恐不能自致, 即脅盧屠

王, 欲與西降烏孫, 謀擊匈奴. 盧屠王告之, 單于使人驗問,
右谷蠡王不服, 反以其罪罪盧屠王, 國人皆冤之. 於是二王
去居其所, 未嘗肯會龍城.

| 註釋 |　○風謂漢使者 – 風謂는 넌지시 말하다(不正言). 風은 諷.　○驗問
– 조사하다. 심문하다.　○去居其所 – 원래 거주지에 가서 머물다.

〔國譯〕

　壺衍鞮單于(호연제선우)가 즉위하고서는 漢의 사자에게 넌지시 화
친하겠다고 말했다. 左賢王과 右谷蠡王(우녹리왕)은 선우에 오르지
못했기에 원한을 품고 그 무리를 이끌고 남으로 내려가 漢에 투항하
려고 했다. 그러나 성공하지 못할까 적정하여 盧屠王(노도왕)을 위협
하여 같이 서쪽으로 가 烏孫(오손)에 투항한 뒤 같이 흉노를 공격하
려고 하였다. 노도왕이 이를 밀고하자 선우는 사람을 보내 심문케
하였는데 우녹리왕은 불복하면서 오히려 그 죄를 노도왕에게 돌리
자 (노도왕의) 백성들이 우녹리왕을 원망하였다. 이에 두 왕이 모두
본 거주지에 머물면서 龍城(용성)의 제천행사에도 참여하지 않았다.


原文

　後二年秋, 匈奴入代, 殺都尉. 單于年少初立, 母閼氏不
正, 國內乖離, 常恐漢兵襲之. 於是衛律爲單于謀, "穿井築
城, 治樓以藏谷, 與秦人守之. 漢兵至, 無奈我何." 卽穿井

數百, 伐材數千. 或曰, 胡人不能守城, 是遺漢糧也, 衛律於
是止, 乃更謀歸漢使不降者蘇武,馬宏等. 馬宏者, 前副光祿
大夫王忠使西國, 爲匈奴所遮, 忠戰死, 馬宏生得, 亦不肯
降. 故匈奴歸此二人, 欲以通善意. 是時, 單于立三歲矣.

| 註釋 | ○與秦人守之 - 秦나라 때 흉노에 항복한 중국인. 中原人. 흉노
에서는 漢人을 여전히 秦人이라 하였다.

〖 國譯 〗

2년 뒤 가을, 흉노가 代郡(대군)에 침입하여 도위를 죽였다. 즉위
한 지 얼마 안 되는 어린 선우에 그 모친 연지는 부정하여 나라는 분
열되고 늘 漢 군사 공격이 있을까 두려웠다. 이에 위율이 선우에게
건의하였다.

"우물도 파며 성을 쌓고 망루를 세우며 식량을 저장하고서 秦人
(중국인)과 함께 지켜야 합니다. 그러면 한의 군사가 들어온들 우리
를 어쩌겠습니까?"

그래서 수백 군데 우물을 파고 수천 그루의 목재를 베었다. 그러
나 다른 사람들이 흉노는 성을 지키기 어려우며 한에게 군량을 넘겨
주는 것이라고 하자 위율은 중지하였고 이어 한의 사신으로 투항하
지 않은 蘇武(소무)와 馬宏(마굉) 등을 돌려보내자고 말했다. 마굉은
전에 사신 광록대부 王忠(왕충)이 서역에 사신으로 갈 때 副職이었
는데 흉노가 길을 막자 왕충은 전사했고 마굉은 생포되었으나 투항
하지 않았다. 그래서 흉노는 두 사람을 돌려보내며 友誼(우의)를 보
여주려고 했다. 이때는 선우가 즉위한 지 3년째였다.

明年, 匈奴發左右部二萬騎, 爲四隊, 並入邊爲寇. 漢兵追之, 斬首獲虜九千人, 生得甌脫王, 漢無所失亡. 匈奴見甌脫王在漢, 恐以爲道擊之, 卽西北遠去, 不敢南逐水草, 發人民屯甌脫. 明年, 復遣九千騎屯受降城以備漢, 北橋余吾, 令可度, 以備奔走. 是時, 衛律已死. 衛律在時, 常言和親之利, 匈奴不信, 及死後, 兵數困, 國益貧. 單于弟左谷蠡王思衛律言, 欲和親而恐漢不聽, 故不肯先言, 常使左右風漢使者. 然其侵盜益希, 遇漢使愈厚, 欲以漸致和親, 漢亦羈縻之. 其後, 左谷蠡王死. 明年, 單于使犂汙王窺邊, 言酒泉,張掖兵益弱, 出兵試擊, 冀可復得其地. 時漢先得降者, 聞其計, 天子詔邊警備. 後無幾, 右賢王,犂汙王四千騎分三隊, 入日勒,屋蘭,番和. 張掖太守,屬國都尉發兵擊, 大破之, 得脫者數百人. 屬國千長義渠王騎士射殺犂汙王, 賜黃金二百斤, 馬二百匹, 因封爲犂汙王. 屬國都尉郭忠封成安侯. 自是後, 匈奴不敢入張掖.

| 註釋 |  ○明年 - 昭帝 元鳳 원년(前 80년).  ○甌脫王 - 국경 초소장. 甌脫(구탈)은 흉노의 말로 초소(守望之處), 곧 국경 감시소.  ○羈縻(기미) - 굴레나 고삐를 써서 짐승을 부리다. 이는 주변 민족에 대한 중국의 전통적인 외교정책이라 할 수 있다. 羈는 굴레 기. 縻는 고삐 미.  ○犂汙王 - 犂汙(이오)는 서역의 국명. 그 위치 미상.  ○日勒,屋蘭,番和 - 모두 현명. 日勒(일륵)은 今 甘肅省 중부 金昌市 관할의 永昌縣 서북. 屋蘭(옥란)은 今 甘肅省 중부

張掖市 남쪽. 番和(번화)는 今 甘肅省 金昌市 관할의 永昌縣.  ○千長 - 武職.
千人의 우두머리

다음 해, 흉노는 左右部의 2만 기병을 동원하여 4부대로 나누어
한꺼번에 변경에 침입하였다. 한의 군사가 추격하여 9천여 명을 죽
이거나 생포하면서 감시 초소장을 생포하였고 한은 손실이 없었다.
흉노는 감시 초소장이 漢에 있어 한군을 이끌고 공격할 것이 두려워
즉시 서북쪽으로 멀리 이동하면서 남쪽 수초지대로 이동하거나 백
성을 초소[甌脫(구탈)]에 남겨둘 수 없었다.

다음 해 다시 9천 기병을 수항성에 주둔시켜 한의 침입에 대비하
면서 북쪽으로 余吾水(여오수)에 교량을 설치하여 도주에 대비하였
다. 이때 위율은 이미 죽었다. 위율이 살았을 때 늘 화친의 이득을
말했었지만 흉노는 믿지 않았는데 그가 죽은 뒤 군사력은 약해지고
나라는 더욱 가난해졌다. 선우의 동생 左谷蠡王(좌녹리왕)은 위율의
말을 생각하여 화친하고자 하여도 한이 수락하지 않을까 걱정하면
서 늘 측근을 시켜 한의 사자에게 은근히 비추게 하였다. 그러면서
그들의 침략은 더욱 줄었고 한의 사자를 점점 후하게 접대하면서 화
친하려 노력하였고, 한은 여전히 흉노를 조종하려고 했다. 그 뒤에
좌녹리왕이 죽었다. 다음해 선우는 犁汗王(이오왕)을 시켜 변경을 엿
보면서 주천군과 張掖郡(장액군)의 군사력이 약해지기를 기다려 군
사를 내어 공격하면 그 땅을 수복할 수 있을 것이라고 말했다.

그때 한에서는 투항자를 통해 그 계책을 먼저 알았고 천자는 변
방 경계를 강화하는 조서를 내렸다. 얼마 안 있어 좌현왕과 이오왕

등이 4천 기병을 3개로 나누어 日勒(일륵), 屋蘭(옥란), 番和(번화)현에 침입하였다. 張掖(장액)태수와 속국도위가 군사를 내어 반격하여 크게 격파하였는데 살아 돌아간 자는 수백 명이었다. 屬國의 千長인 義渠王(의거왕)은 騎士로 흉노 이우왕을 죽여 황금 2백 근과 말 2백 필을 상으로 받고 이우왕에 봉해졌다. 속국도위인 郭忠(곽충)은 成安侯에 봉해졌다. 이후로 흉노는 다시는 장액군에 침입하지 못했다.

原文

其明年, 匈奴三千餘騎入五原, 略殺數千人, 後數萬騎南旁塞獵, 行攻塞外亭障, 略取吏民去. 是時, 漢邊郡烽火候望精明, 匈奴爲邊寇者少利, 希復犯塞. 漢復得匈奴降者, 言烏桓嘗發先單于塚, 匈奴怨之, 方發二萬騎擊烏桓. 大將軍霍光欲發兵邀擊之, 以問護軍都尉趙充國. 充國以爲, "烏桓間數犯塞, 今匈奴擊之, 於漢便. 又匈奴希寇盜, 北邊幸無事. 蠻夷自相攻擊, 而發兵要之, 招寇生事, 非計也."

光更問中郎將范明友, 明友言可擊. 於是拜明友爲度遼將軍, 將二萬騎出遼東. 匈奴聞漢兵至, 引去. 初, 光誡明友, "兵不空出, 卽後匈奴, 遂擊烏桓." 烏桓時新中匈奴兵, 明友旣後匈奴, 因乘烏桓敝, 擊之, 斬首六千餘級, 獲三王首, 還, 封爲平陵侯.

|註釋| ○其明年 – 元鳳 3년(前78), 원봉 연간에 흉노의 침입이 3차례

있었는데 모두 연도를 기록하지 않았다.   ○烏桓(오환) - 烏丸. 내몽고에서
今 遼寧省 일대에 걸쳐 활동했던 東胡族의 한 갈래. 烏桓은 흉노에 쫓긴 그
들이 이주한 산 이름.   ○霍光(곽광) - 곽거병의 이복동생. 무제, 소제, 선제
에 걸쳐 국정을 좌지우지. 68권,〈霍光金日磾傳〉에 입전.   ○趙充國(조충국)
- 69권,〈趙充國辛慶忌傳〉에 입전.   ○范明友(범명우) - 뒷날 곽광의 사위.

[ 國譯 ]

　그 다음 해, 흉노 3천 여기가 五原郡에 침입하여 1천여 명을 죽이
거나 잡아갔고 그 다음 해에도 수만 기가 남쪽 변경에서 사냥을 하
며 새외의 성채를 공격하여 吏民을 잡아갔다. 이때 漢의 변방군의
봉화와 정찰이 정확하여 흉노의 변방 노략질이 별 이득이 없어 국경
침범도 드물었다. 한에서 다른 흉노 투항자를 잡았는데 烏桓(오환)
이 선대 선우의 무덤을 발굴했기에 흉노가 원한을 갖고 2만 기병을
동원하여 오환을 공격했다고 말했다. 대장군 霍光(곽광)은 군사를
내어 흉노를 요격하고자 하여 호군도위인 趙充國(조충국)에게 물었
다. 이에 조충국이 말했다.

　"오환은 근간에도 종종 변경을 침범했는데, 이를 흉노가 공격한
다면 우리 한에 이로운 것입니다. 또 흉노의 침략도 뜸해져서 북변
은 다행히도 무사합니다. 蠻夷(만이)끼리 서로 공격하는데 우리가
군사를 내어 요격한다면 적을 불러들이고 일을 만드는 것이니 좋은
방책은 아닙니다."

　이에 곽광은 다시 중랑장인 范明友(범명우)에게 물었는데 범명우
는 공격하는 것이 좋다고 하였다. 이에 범명우를 度遼將軍(도료장군)
으로 삼아 2만 기병을 거느리고 요동군에게 출동케 하였다. 흉노는
한의 군사가 공격한다는 말을 듣고 철수하였다. 그전에 곽광이 범명

우에게 충고하였다. "군사를 함부로 출동케 하지 말라. 흉노가 철수
했다면 오환을 공격하라."고 하였다. 이때 오환은 흉노병을 맞아 싸
워 이미 피폐해졌는데 범명우는 흉노에 이어 피폐한 오환을 공격하
여 6천여 명을 죽이고 오환의 왕 3명의 목을 베어 귀환하여 平陵侯
(평릉후)에 봉해졌다.

原文

匈奴由是恐, 不能出兵. 卽使使之烏孫, 求欲得漢公主.
擊烏孫, 取車延,惡師地. 烏孫公主上書, 下公卿議救, 未決.
昭帝崩, 宣帝卽位, 烏孫昆彌復上書言, "連爲匈奴所侵削,
昆彌願發國半精兵人馬五萬匹, 盡力擊匈奴, 唯天子出兵,
哀救公主!"

本始二年, 漢大發關東輕銳士, 選郡國吏三百石伉健習騎
射者, 皆從軍. 遣御史大夫田廣明爲祁連將軍, 四萬餘騎,
出西河, 度遼將軍范明友三萬餘騎, 出張掖, 前將軍韓增三
萬餘騎, 出雲中, 後將軍趙充國爲蒲類將軍, 三萬餘騎, 出酒
泉, 雲中太守田順爲虎牙將軍, 三萬餘騎, 出五原, 凡五將
軍, 兵十餘萬騎, 出塞各二千餘里. 及校尉常惠使護發兵烏
孫西域, 昆彌自將翕侯以下五萬餘騎從西方入, 與五將軍兵
凡二十餘萬衆. 匈奴聞漢兵大出, 老弱犇走, 驅畜産遠遁逃,
是以五將少所得.

| 註釋 | ○ 烏孫(오손) - 西域의 투르크 계열 부족 이름. 祁連山과 敦煌(돈황) 일대에 살다가 서쪽으로 옮겨 지금의 伊犁河(이리하) 지역으로 이주하였다. 新疆維吾爾自治區의 烏魯木齊市 서쪽에서 중앙아시아의 키르키즈스탄(吉爾吉斯斯坦)에 걸쳐 발전했던 나라. 국도는 赤谷城(今 新疆省 阿克蘇市 부근), 국왕의 칭호는 昆莫(곤막), 또는 昆彌(곤미). ○ 求欲得漢公主 - 漢에서 오손 국왕과 결혼시킨 공주 두 번째 解憂公主(해우공주)를 달라고 요구하다. 烏孫公主는 96권, 〈西域傳〉 참고. ○ 車延,惡師 - 車延(거연)과 惡師(악사). 모두 지명. 車延은 居延城, 今 新疆省 庫居 동쪽. 정확한 위치는 미상이나 惡師는 姑墨國이 있던 今 新疆省 阿克蘇(Aksu)로 추정. ○ 昭帝崩, 宣帝卽位 - 前 74년. ○ 本始二年 - 宣帝의 연호. 前 72년. ○ 伉健 - 强健. ○ 田廣明 - 90권, 〈酷吏傳〉에 입전. ○ 韓增 - 韓王信의 후손. 龍額侯. 昭帝 때 前將軍, 大將軍 霍光(곽광)과 宣帝 옹립에 참여. 33권, 〈魏豹田儋韓王信傳〉 참고. ○ 常惠 - 蘇武(소무)의 副使로 서역에 사신으로 갔다가 흉노에게 억류, 소무와 함께 귀국했던 사람. 70권, 〈傅常鄭甘陳段傳〉에 입전. ○ 及~使護發兵烏孫西域 - 及~使護烏孫發兵西域이 되어야 文理가 통한다는 주석에 따른다. ○ 翕侯(흡후) - 토착 세력자. 翕은 성할 흡, 모을 흡. 翕侯(흡후) 趙信(조신)이 아님. ○ 犇走(분주) - 奔走. 犇은 奔의 古字.

[ 國譯 ]

흉노는 이 때문에 두려워 출병할 수 없었다. 흉노는 바로 사자를 烏孫(오손)에 보내 漢의 公主를 달라고 요구하였다. 흉노는 오손을 공격하여 車延(거연)과 惡師(악사)의 땅을 차지하였다. 이에 오손공주가 상서하여 구원을 요청하였고 이를 공경의 논의에 부쳤는데 결정이 나지 않았다. 昭帝가 붕어하고 宣帝가 즉위하자 烏孫의 昆彌(곤미, 국왕)가 다시 상서하였다.

"흉노가 연이어 침략하여 땅을 빼앗겼지만 昆彌(곤미)는 나라의 정병 절반과 군마 5만 필을 동원하여 흉노를 공격코자 하니 천자께서 출병하시어 공주를 구원해 주시기 바랍니다!"

本始 2년에, 漢에서는 관동의 날쌔고 강한 군사를 동원하고 각 군국의 질록 3백석 이상 강건하고 騎射(기사)에 익숙한 자를 선발하여 모두 종군토록 하였다. 어사대부 田廣明(전광명)을 祁連將軍(기련장군)이라 하여 4만여 기병을 거느리고 西河(서하)군에서 출동하고, 度遼將軍(도료장군) 范明友(범명우)는 3만 기병을 거느리고 張掖(장액)군에서, 前將軍인 韓增(한증)은 3만여 기병을 거느리고 雲中(운중)군에서, 後將軍인 趙充國(조충국)은 蒲類將軍(포류장군)으로 3만여 기병을 거느리고 酒泉(주천)군에서, 雲中太守인 田順(전순)은 虎牙將軍(호아장군)으로 3만 여기를 거느리고 五原郡에서 출동케 하니 모두 5명의 장군에 병력 10만여 기병이 국경을 나가 각 2천여 리를 진군하였다. 그리고 교위인 常惠(상혜)는 사절로 오손을 지키기 위해 서역에서 군사를 동원케 하였고, 오손 국왕 곤미는 직접 翕侯(흡후) 이하 5만 기병을 거느리고 서방에서 진격하기로 하니 5장군의 병력과 함께 총 20여만 명이었다. 흉노에서는 한의 대군이 출동한다는 것을 알고 가축을 몰아 멀리 도망갔기에 5장군의 전과는 미약하였다.

原文

度遼將軍出塞千二百餘里, 至蒲離候水, 斬首捕虜七百餘級, 鹵獲馬牛羊萬餘. 前將軍出塞千二百餘里, 至烏員, 斬首捕虜, 至候山百餘級, 鹵馬牛羊二千餘. 蒲類將軍兵當與烏孫合擊匈奴蒲類澤, 烏孫先期至而去, 漢兵不與相及. 蒲類將軍出塞千八百餘里, 西去候山, 斬首捕虜, 得單于使者蒲陰王以下三百餘級, 鹵馬牛羊七千餘. 聞虜已引去, 皆不至期還. 天子薄其過, 寬而不罪. 祁連將軍出塞千六百里, 至雞秩山, 斬首捕虜十九級, 獲牛馬羊百餘. 逢漢使匈奴還者冉弘等, 言雞秩山西有虜衆, 祁連卽戒弘, 使言無虜, 欲還兵. 御史屬公孫益壽諫, 以爲不可, 祁連不聽, 遂引兵還. 虎牙將軍出塞八百餘里, 至丹余吾水上, 卽止兵不進, 斬首捕虜千九百餘級, 鹵馬牛羊七萬餘, 引兵還. 上以虎牙將軍不至期, 詐增鹵獲, 而祁連知虜在前, 逗留不進, 皆下吏自殺. 擢公孫益壽爲侍御史. 校尉常惠與烏孫兵至右谷蠡庭, 獲單于父行及嫂,居次,名王,犁汙都尉,千長,將以下三萬九千餘級, 虜馬牛羊驢騾橐駝七十餘萬. 漢封惠爲長羅侯. 然匈奴民衆死傷而去者, 及畜産遠移死亡不可勝數. 於是匈奴遂衰耗, 怨烏孫.

| 註釋 | ○蒲離候水 – 위치 미상. ○烏員 – 위치 미상. ○候山 – 위치 미상. ○蒲類澤 – 今 新疆省 巴里坤縣 巴里坤湖. ○雞秩山 – 위치 미상. ○單于父行 – 單于 부친의 형제. ○名王 – 흉노의 관직명. ~王. 고급 족장. ○居次 – 선우의 딸. 公主와 같은 칭호.

〖國譯〗

　度遼將軍(도료장군, 范明友)은 국경 밖 1천2백 리 蒲離候水(포리후

수)까지 진격하여 7백여 명을 참수하거나 생포하였고 우마와 양 1만
여 두를 노획하였다. 前將軍(韓增)은 1천2백 리 烏員(오원)까지 진격
하여 候山(후산)에서 적 1백여 명을 무찌르고 우마와 양 2천여 마리
를 노획하였다. 蒲類將軍(포류장군, 趙充國)의 군사는 당초 오손과 합
동으로 蒲類澤(포류택)에서 흉노를 공격하기로 하였으나 오손은 기
일보다 먼저 도착했다가 돌아가 한의 군사와 합세하지 못하였다. 포
류장군은 국경 밖 1천8백 리를 서쪽으로 나아가 候山(후산)에서 선
우의 사자인 蒲陰王 이하 3백여 명을 참수하거나 포로로 잡았고 우
마와 양 7천여 마리를 노획하였다. 포류장군은 적이 이미 철수했다
는 것을 알고 기한이 되지 않아 귀환하였다. 宣帝는 그 과오를 가벼
이 보아 관용하며 벌을 내리지는 않았다.

祁連將軍(기련장군, 田廣明)은 국경 밖 1천6백 리를 진군하여 雞秩
山(계질산)에 이르러 19명을 참수하거나 포로로 잡고 우마와 양 1백
여 마리를 노획하였다. 기련장군은 흉노가 돌려보내주는 한의 사신
冉弘(염홍) 등을 만났는데 염홍 등이 계질산 서쪽에 흉노 무리가 있
다고 말했는데도 기련장군은 염홍 등에게 흉노가 있다는 말을 하지
말라며 군사를 회군하려고 하였다. 이에 어사대부의 속리인 公孫益
壽(공손익수)는 회군해선 안 된다고 말하였으나 기련장군은 듣지 않
고 군사를 이끌고 돌아왔다. 虎牙將軍(호아장군, 田順)은 국경에서 8
백여 리를 진군하여 丹余吾水(단여오수)까지 가서 행군을 멈추고 나
가지 않았으나 1,900여 명을 참수하거나 포로로 잡고 우마와 양 7만
여 마리를 노획한 뒤 돌아왔다.

선제는 호아장군이 기일도 안 되어 돌아왔고 포로나 노획물자를
거짓으로 늘렸으며, 기련장군은 흉노가 있는 곳을 알면서도 멈추고

진격하지 않았다 하여 형리에게 넘기자 모두 자살하였다. 선제는 公孫益壽(공손익수)를 발탁하여 시어사에 임명하였다. 교위인 常惠(상혜)는 오손의 군사와 함께 우녹리왕의 근거지에 들어가 선우의 아버지 형제와 형수, 居次(거차, 公主), 名王(명왕), 犂汙都尉(이우도위), 千長(천장), 將(장) 이하 3만 9천여 명을 잡았고 우마와 양, 노새와 낙타 등 가축 70여만 두를 노획하였다. 漢에서는 상혜를 長羅侯(장라후)에 봉했다. 이렇게 되자 흉노는 살상되거나 포로로 잡힌 자가 많았으며 가축이 멀리 이동 중에 죽은 것을 이루 다 셀 수도 없었다. 이에 흉노는 완전히 쇠약해졌고 오손에 원한을 품었다.


原文

其冬, 單于自將萬騎擊烏孫, 頗得老弱, 欲還. 會天大雨雪, 一日深丈餘, 人民畜産凍死, 還者不能什一. 於是丁令乘弱攻其北, 烏桓入其東, 烏孫擊其西. 凡三國所殺數萬級, 馬數萬匹, 牛,羊甚衆. 又重以餓死, 人民死者什三, 畜産什五, 匈奴大虛弱, 諸國羈屬者皆瓦解, 攻盜不能理. 其後漢出三千餘騎, 爲三道, 並入匈奴, 捕虜得數千人還. 匈奴終不敢取當, 茲欲鄕和親, 而邊境少事矣.

| 註釋 | ○丁令(정령) − 丁零(정령), 丁靈(정령). 바이칼호(貝加爾湖) 남쪽과 今 新疆省 吐魯番(투루판) 일대에 거주하던 부족 이름. ○取當 − 取償. 배상시키다. 보복을 하다.

9

## [ 國譯 ]

그 겨울에, 선우는 직접 1만 기병을 거느리고 오손을 공격하여 겨우 노약자를 사로잡아 귀환하려 했다. 마침 큰 눈이 내려 하루에 1길이나 쌓이자 백성과 가축이 얼어 죽으니 돌아간 자가 열에 하나가 안 되었다.

이에 丁令(정령)이 그 쇠약을 틈타 북쪽에서 공격하고 烏桓(오환)은 그 동쪽에서 침입했으며, 오손은 서쪽에서 공격하였다. 이 3국에 의해 피살된 자가 수만 명이었고, 말은 수만 필이었고 소나 양도 매우 많았다. 거기다가 아사자가 겹쳐 죽은 백성이 10에 3이었고 가축은 10에 5나 되어 흉노는 크게 허약해지자 그간 흉노에 복속했던 나라들이 모두 분리되어 흉노를 공격하고 노략질을 하여도 어떻게 막을 수가 없었다.

그 뒤에 漢에서는 3천 기병을 출동시켜 3도를 나누어 일제히 흉노에 침입하여 수천 명을 생포해 돌아왔다. 흉노는 끝내 어찌할 수 없어 화친을 더 바랐기 때문에 변경은 거의 무사하였다.

## 原文

壺衍鞮單于立十七年死, 弟左賢王立, 爲虛閭權渠單于. 是歲, 地節二年也.

虛閭權渠單于立, 以右大將女爲大閼氏, 而黜前單于所幸顓渠閼氏. 顓渠閼氏父左大且渠怨望. 是時, 匈奴不能爲邊寇, 於是漢罷外城, 以休百姓. 單于聞之喜, 召貴人謀, 欲與漢和親. 左大且渠心害其事, 曰, "前漢使來, 兵隨其後, 今亦效漢發兵, 先使使者入." 乃自請與呼盧訾王各將萬騎南旁塞獵, 相逢俱入. 行未到, 會三騎亡降漢, 言匈奴欲爲寇. 於是天子詔發邊騎屯要害處, 使大將軍軍監治衆等四人將五千騎, 分三隊, 出塞各數百里, 捕得虜各數十人而還. 時匈奴亡其三騎, 不敢入, 卽引去. 是歲也, 匈奴飢, 人民畜産死十六七. 又發兩屯各萬騎以備漢. 其秋, 匈奴前所得西嗕居左地者, 其君長以下數千人皆驅畜産行, 與甌脫戰, 所戰殺傷甚衆, 遂南降漢.

| 註釋 |　○虛閭權渠單于(허려권거선우) - 재위 前 68-60년.　○地節 - 선제 연호. 전 69-66년.　○軍監 - 大將軍의 屬官, 治衆(치중)은 人名.　○西嗕 (서욕) - 흉노의 別種.

〔國譯〕

　壺衍鞮單于(호연제선우)가 재위 17년에 죽자 동생인 좌현왕이 즉위하니 虛閭權渠單于(허려권거선우)이다. 이 해가 地節 2년이었다.

　허려권거선우가 즉위하자 右大將의 딸을 大閼氏(대연지)로 삼고 전 선우가 총애하던 顓渠閼氏(전거연지)를 축출하였다. 전거연지의 부친인 左大且渠(좌대저거)는 원한을 품었다. 이때 흉노는 한의 변경을 침략할 수 없었기에 한은 장성 밖 성채에 수비군을 없애며 백성을 쉬게 하였다. 선우는 이를 알고 기뻐하며 귀족을 모아 한과의 화친을 논의하였다.

좌대저거는 일을 망치려 마음먹고 말했다. "전에도 한의 사신이 오면 군대가 뒤따라 왔었는데 이제 한에서 똑같이 할 것이니 그들 사자가 오기 전에 먼저 합시다." 그리고서는 呼盧訾王(호로자왕)과 함께 각각 1만여 기를 거느리고 남쪽에서 사냥을 하다가 함께 침입 하겠다고 자청하였다. 그들이 아직 실행하기 전에, 마침 흉노 기병 3인이 도망하여 한에 투항하여 흉노가 침략을 준비한다고 말했다. 이에 천자(선제)는 조서를 내려 변경 요지에 기병을 주둔케 하였고 大將軍軍監인 治衆(치중) 등 4인은 5천 기병을 3부대로 나누어 거느 리고 국경 밖 수백 리에 출동하여 적병을 수십 명씩 사로잡아 귀환 하였다. 그때 흉노에서는 기병 3명이 투항한 것을 알고 침입하지 못 하고 즉시 퇴각하였다. 이 해에 흉노는 굶주리고 백성과 가축이 10 에 6, 7이 죽어나갔다. 그래도 두 곳에 각각 1만 기병을 주둔시켜 한 의 침략에 대비케 하였다.

그해 가을, 흉노가 이전에 차지했던 西嗕(서욕)의 좌측에 살던 부 족의 君長 이하 수천 명이 가축을 몰고 甌脫(구탈, 흉노의 초병)과 싸 워 수많은 살상자를 내면서도 남쪽으로 내려와 한에 투항하였다.

原文

其明年, 西域城郭共擊匈奴, 取車師國, 得其王及人衆而 去. 單于復以車師王昆弟兜莫爲車師王, 收其餘民東徙, 不 敢居故地. 而漢益遣屯士分田車師地以實之. 其明年, 匈奴 怨諸國共擊車師, 遣左右大將各萬餘騎屯田右地, 欲以侵迫

烏孫西域. 後二歲, 匈奴遣左右奧鞬各六千騎, 與左大將再
擊漢之田車師城者, 不能下. 其明年, 丁令比三歲入盜匈奴,
殺略人民數千, 驅馬畜去. 匈奴遣萬餘騎往擊之, 無所得.
其明年, 單于將十萬餘騎旁塞獵, 欲入邊寇. 未至, 會其民
題除渠堂亡降漢言狀, 漢以爲言兵鹿奚盧侯. 而遣後將軍趙
充國將兵四萬餘騎屯緣邊九郡備虜. 月餘, 單于病歐血, 因
不敢入, 還去, 卽罷兵. 乃使題王都犁胡次等入漢, 請和親,
未報, 會單于死. 是歲, 神爵二年也.

| 註釋 | ○西域城郭 – 서역의 성곽 국가. 흉노는 고정된 거점(都城)이 없
이 이동하는 유목국가로 이를 行國이라 한다. 이와 달리 오아시스를 중심으
로 정주하며 성곽에서 외적을 방어하는 나라를 성곽 국가라고 하였다. 漢의
서역의 성곽 국가와 관계를 강화하며 흉노에 대항하는 체제를 구축했다. 이
들 성곽 국가 관리는 西域都護(서역도호)가 담당했다. 70권, 〈傅常鄭甘陳段傳〉
참고. ○車師國 – 西域의 국가 이름. 姑師(고사)로도 표기. 지금 新疆省의 奇
臺, 哈密, 吐魯番, 烏魯木齊 일대. 국도는 交河城(今 新疆省 투루판 서북 雅爾湖
서쪽). 원명 姑師(고사). 선제 때 나라가 前, 後 거사국으로 분국 되었다. 鄭吉
은 車師國을 격파하였고 日逐王의 투항을 받았으며 車師國에서 서북으로 가
는 교역로를 관할하는 西域都護가 되었다. 서역도호는 鄭吉에서 시작되었
다. ○兜莫(두막) – 人名. ○奧鞬(오건) – 흉노의 관직명. ○比三歲 – 연이
어 3년. ○神爵(신작) – 선제의 연호, 前61-58년.

〖國譯〗
　그 다음 해(地節 3년), 서역의 성곽 국가들이 함께 흉노를 공격하

여 車師國(거사국)을 점령하고 그 왕과 백성들을 잡아갔다. 선우가
다시 車師王의 형제인 兜莫(두막)을 거사왕으로 삼아 흩어진 백성을
수습하여 동쪽으로 옮겨가게 하였으나 감히 옛 땅에 살 수는 없었
다. 그리고 한에서는 둔전하는 군사를 늘려 거사국의 인구를 채웠
다.

그 다음 해, 흉노는 여러 나라가 함께 거사국을 공격하여 무너트
린 것에 원한을 가지고 좌우 대장에게 각각 1만여 기를 거느리고 그
우측 지역에 둔전을 감독케 하면서 烏孫(오손)의 서쪽 지역을 압박
케 하였다. 그 2년 뒤에 흉노는 좌우 奧鞬(오건)에게 각 6천 기병을
주어 左大將과 합세하여 한의 거사성에서 둔전하는 군사를 공격케
하였으나 이길 수 없었다. 또 그 다음 해에 丁令(정령)은 3년 연속 흉
노에 침입하여 수천의 백성을 죽이거나 잡고 가축을 몰아갔다. 흉노
에서는 1만여 기병을 보내 추격케 하였으나 소득이 없었다. 그 다음
해, 선우는 10여만 기병을 거느리고 한의 국경 근처에서 사냥하며
변방을 노략질하려고 하였다. 선우가 오기도 전에 마침 흉노인 題除
渠堂(제제거당, 人名)이 한에 망명하여 사태를 제보하자 한에서는 그
를 言兵鹿奚盧侯(언병록해로후, 爵位)로 봉했다. 그리고 後將軍 趙充
國에게 4만 기병을 거느리게 하였고 변경 9개 군에서 흉노에 대비
케 하였다. 한 달 뒤쯤에 선우는 병들어 피를 토했기에 감히 침입하
지 못하고 돌아가 군사를 해산하였다. 그리고 題王인 都犁胡次(도리
호차) 등을 한에 보내 화친을 요청하였는데 대답을 듣기 전에 선우가
죽었다. 그 해는 神爵(신작) 2년(前 60)이었다.

虛閭權渠單于立九年死. 自始立而黜顓渠閼氏, 顓渠閼氏
卽與右賢王私通. 右賢王會龍城而去, 顓渠閼氏語以單于病
甚, 且勿遠. 後數日, 單于死. 郝宿王刑未央使人召諸王, 未
至, 顓渠閼氏與其弟左大且渠都隆奇謀, 立右賢王屠耆堂爲
握衍朐鞮單于. 握衍朐鞮單于者, 代父爲右賢王, 烏維單于
耳孫也.

| 註釋 |  ○握衍朐鞮單于(악연구제선우) - 재위 前60-58년. 13대 선우.
○烏維單于 - 재위 前114-105년. 6代 單于. ○耳孫 - 遠孫.

〔國譯〕

虛閭權渠單于(허려권거선우)는 재위 9년에 죽었다. 처음 즉위하면
서 顓渠閼氏(전거연지)를 축출했는데 전거연지는 右賢王과 사통했
다. 우현왕이 마침 龍城(용성)에 가려 하자 전거연지는 선우의 병이
심하니 멀리 가지 말라고 말했다. 그 며칠 뒤 선우가 죽었다. 郝宿王
(학숙왕)인 刑未央(형미앙)이 사람을 시켜 여러 왕들을 소집했는데 모
이기 전에 전거연지와 그 동생 左大且渠(좌대차거)인 都隆奇(도륭기)
가 모의하여 우현왕인 屠耆堂(도기당)을 握衍朐鞮(악연구제)선우로
옹립하였다. 악연구제선우는 부친의 뒤를 이어 우현왕이 되었는데
烏維(오유) 선우의 먼 후손이었다.

握衍朐鞮單于立, 復修和親, 遣弟伊酋若王勝之入漢獻
見. 單于初立, 凶惡, 盡殺虛閭權渠時用事貴人刑未央等,
而任用顓渠閼氏弟都隆奇, 又盡免虛閭權渠子弟近親, 而自
以其子弟代之. 虛閭權渠單于子稽侯狦旣不得立, 亡歸妻
父烏禪幕. 烏禪幕者, 本烏孫, 康居間小國, 數見侵暴, 率其
衆數千人降匈奴, 狐鹿姑單于以其弟子日逐王姊妻之, 使長
其衆, 居右地. 日逐王先賢撣, 其父左賢王當爲單于, 讓狐
鹿姑單于, 狐鹿姑單于許立之. 國人以故頗言日逐王當爲單
于. 日逐王素與握衍朐鞮單于有隙, 卽率其衆數萬騎歸漢.
漢封日逐王爲歸德侯. 單于更立其從兄薄胥堂爲日逐王.

| 註釋 | ○康居(강거) – 중앙아시아의 투르크 계통의 유목민족. 영어로는
Sogdiana. 大宛(대원)의 서북에 있던 나라. 大月氏(대월지)의 북쪽. 烏孫의
서쪽, 奄蔡(엄채)의 東쪽, 丁零(정령)의 南쪽 지역에 거주. ○長其衆 – 무리
의 우두머리로 삼다. 長은 동사로 쓰였다. ○封日逐王爲歸德侯 – 신작 3년
(前 59)에 귀덕후에 봉했다.

〖國譯〗

握衍朐鞮(악연구제)선우가 즉위하고서 다시 漢과 화친하려고 동
생 伊酋若王(이추약왕) 勝之(승지)를 한에 보내 알현케 하였다. 선우
는 즉위 초부터 흉악하여 虛閭權渠(허려권거)선우 때 힘을 쓰던 貴人
刑未央(형미앙) 등을 모두 죽이고 전거연지의 동생 도륭기 등을 임용

하고 또 허려권거선우의 자제와 근친을 모두 면직시키고 자신의 자제들로 임명하였다. 허려권거선우의 아들인 稽侯狦(계후산)은 선우 자리에 오르지 못하고 도망하여 장인인 烏禪幕(오선막)에게 의지했다. 오선막이란 사람은 본래 烏孫(오손)과 康居(강거) 사이의 소국으로 여러 번 침탈을 당하다가 무리 수천 명을 이끌고 흉노에 투항했었는데 호록고선우는 자기 동생의 아들인 日逐王(일축왕)의 누이를 아내로 주고 그 무리의 우두머리로 삼아 우측 땅에 살게 하였다. 일축왕인 先賢撣(선현선)은 그 부친인 左賢王이 당연히 선우가 되어야 했지만 호록고선우에게 양위했고 호록고선우가 받아들여 즉위했었다. 때문에 나라 귀인 중 많은 사람들이 일축왕이 선우가 되어야 한다고 말했다. 일축왕은 평소에 악연구제선우와 사이가 안 좋았기에 그 무리 수만 기병을 거느리고 한에 투항하였다. 한에서는 일축왕을 歸德侯(귀덕후)로 봉했다. 악연구제선우는 자기 사촌 형인 薄胥堂(박서당)을 일축왕에 임명했다.

原文

明年, 單于又殺先賢撣兩弟. 烏禪幕請之, 不聽, 心恚. 其後左奧鞬王死, 單于自立其小子爲奧鞬王, 留庭. 奧鞬貴人共立故奧鞬王子爲王, 與俱東徙. 單于遣右丞相將萬騎往擊之, 失亡數千人, 不勝. 時單于已立二歲, 暴虐殺伐, 國中不附. 及太子, 左賢王數讒左地貴人, 左地貴人皆怨. 其明年, 烏桓擊匈奴東邊姑夕王, 頗得人民, 單于怒. 姑夕王恐, 卽與烏禪幕及左地貴人共立稽侯狦爲呼韓邪單于, 發左地兵四五萬人, 西擊握衍朐鞮單于, 至姑且水北. 未戰, 握衍朐鞮單于兵敗走, 使人報其弟右賢王曰, "匈奴共攻我, 若肯發兵助我乎?" 右賢王曰, "若不愛人, 殺昆弟諸貴人. 各自死若處, 無來汚我." 握衍朐鞮單于恚, 自殺. 左大且渠都隆奇亡之右賢王所, 其民衆盡降呼韓邪單于. 是歲, 神爵四年也. 握衍朐鞮單于立三年而敗.

| 註釋 |  ○明年 – 神爵 3년.  ○心恚 – 恚는 성낼 에.  ○留庭 – 선우의 王庭(조정)에 머물게 하다.  ○單于遣右丞相 – 중국의 제도를 본받아 이전에 승상제도가 있었다.  ○呼韓邪單于(호한야선우) – 재위 前58-31. 이때 흉노는 선우가 남북으로 갈라진다. 호한야선우는 前51년에 장안에 와서 선우로서는 최초로 중원의 황제(宣帝)를 알현한다. 선제도 장안 교외까지 나가 영접했고 그가 돌아갈 때는 기병 1만 6천으로 고비 사막 남쪽까지 호송하였다. 元帝 마지막 해인 竟寧(前33년)에 또 한 번 장안에 와서 和親하고 유명한 王昭君(왕소군)을 데리고 돌아간다.  ○若不愛人 – 若은 너(汝).  ○各自死若處, 無來汚我 – 네가 살던 곳에서 자결하라는 뜻.

〔國譯〕

다음 해, 악연구제선우가 또 선현선의 두 동생을 죽였다. 오선막은 그 2인의 구명을 요청했으나 수락치 않자 마음으로 성을 냈다. 그 뒤에 좌 奧鞬王(오건왕)이 죽자 선우는 자기의 막내아들을 오건왕에 임명하고 조정에 남아 있게 하였다. 오건의 귀족들은 죽은 오건왕의 아들을 왕으로 추대하고 함께 동쪽으로 이동해갔다. 선우가 우

승상을 보내어 1만 여 기병을 거느리고 추격케 하였지만 오히려 수천 기병을 잃고 이기지 못했다. 이때 선우가 즉위한 지 2년째로 포악 살벌하여 나라 안 사람들이 따르지도 않았다. 태자인 좌현왕이 여러 차례 좌측 영토의 귀인들을 참소하자 좌측 땅의 귀족들이 모두 원망하였다. 그 다음 해 烏桓(오환)이 흉노의 동편 姑夕王(고석왕)을 공격하여 많은 백성을 잡아가자 선우는 화가 났다. 고석왕은 두려워서 즉시 烏禪幕(오선막)과 좌측 영역의 귀족들이 함께 稽侯狦(계후산)을 呼韓邪單于(호한야선우)로 옹립하고 좌측의 병력 4, 5만 명을 동원하여 서쪽으로 악연구제선우를 공격하려고 姑且水(고차수)의 북쪽에 도착하였다. 싸우기 전에 악연구제선우의 병력이 패주하자, 선우는 사람을 보내 동생 우현왕에게 "우리 동족이 모두 나를 공격해오는데 너는 군대를 내어 나를 도와 달라."고 요청하였다. 이에 우현왕이 말했다.

"당신은(형님은) 백성을 아낄 줄 모르고 형제와 같은 여러 귀족을 죽였습니다. 각자 죽을 자리가 있는 것이니 나를 더럽히지 마시오."

악연구제선우는 화가 나서 자살하였다. 좌대차거인 도륭기는 右賢王이 있는 곳에 망명했고 그 백성은 모두 호한야선우에게 투항하였다. 그 해는 神爵(신작) 4년이었다.

## 94-2. 匈奴傳(下)

呼韓邪單于歸庭數月, 罷兵使各歸故地, 乃收其兄呼屠吾斯在民間者立爲左谷蠡王, 使人告右賢貴人, 欲令殺右賢王. 其冬, 都隆奇與右賢王共立日逐王薄胥堂爲屠耆單于, 發兵數萬人東襲呼韓邪單于. 呼韓邪單于兵敗走, 屠耆單于還, 以其長子都塗吾西爲左谷蠡王, 少子姑瞀樓頭爲右谷蠡王, 留居單于庭.

| 註釋 | ○屠耆單于(도기선우) – 屠耆(도기)는 '賢'의 뜻. 재위 前58-56년. 호한야선우에게 패전 후 자살.

[ 國譯 ]

呼韓邪單于(호한야선우)가 왕정에 들어와 몇 달이 지나 군사를 해산하여 각 고향으로 돌아가게 하였다. 그리고 민간에 있던 그의 형인 呼屠吾斯(호도오사)를 불러 左谷蠡王(좌녹리왕)으로 삼고 사자를 보내 우현왕의 귀인에게 우현왕을 죽이라고 말했다. 그해 겨울, 都隆奇(도륭기)와 右賢王은 함께 일축왕인 薄胥堂(박서당)을 屠耆單于(도기선우)로 옹립한 뒤, 수만의 군사를 내어 동쪽으로 호한야선우를 공격하였다. 호한야선우의 군사는 패주하였고 도기선우는 돌아와서 그 장자인 都塗吾西(도도오서)를 좌녹리왕에, 막내아들인 姑塗樓

頭(고무루두)를 우녹리왕에 임명하고 선우의 조정에 머물게 하였다.

原文

明年秋, 屠耆單于使日逐王先賢撣兄右奧鞬王爲烏藉都尉各二萬騎, 屯東方以備呼韓邪單于. 是時, 西方呼揭王來與唯犁當戶謀, 共讒右賢王, 言欲自立爲烏藉單于. 屠耆單于殺右賢王父子, 後知其冤, 復殺唯犁當戶. 於是呼揭王恐, 遂畔去, 自立爲呼揭單于. 右奧鞬王聞之, 即自立爲車犁單于. 烏藉都尉亦自立爲烏藉單于. 凡五單于. 屠耆單于自將兵東擊車犁單于, 使都隆奇擊烏藉. 烏藉,車犁皆敗, 西北走, 與呼揭單于兵合爲四萬人. 烏藉,呼揭皆去單于號, 共並力尊輔車犁單于. 屠耆單于聞之, 使左大將,都尉將四萬騎分屯東方, 以備呼韓邪單于, 自將四萬騎西擊車犁單于. 車犁單于敗, 西北走, 屠耆單于即引西南, 留闟敦地.

| 註釋 | ○呼揭(호게) – 흉노의 별종. 부족 이름이며 국명. ○唯犁當戶(유리당호) – 흉노의 귀족 이름. ○闟敦(흡돈) – 지명. 위치 미상.

〔國譯〕

그 다음해 가을, 屠耆單于(도기선우)는 일축왕 先賢撣(선현선)과 형인 右奧鞬王(우오건왕)을 烏藉都尉(오자도위)로 삼아 각 2만 기병을 주어 동방에 주둔하며 호한야선우에 대비케 하였다. 이때 서방의 呼

揭王(호게왕)이 와서 唯犁當戶(유리당호)와 함께 의논한 뒤 우현왕이 자립하여 烏藉單于(오자선우)가 되려한다고 참소하였다. 도기선우는 우현왕 부자를 살해했는데 뒤에 그들이 억울하게 죽었다는 것을 알고 다시 유리당호를 죽였다. 그러자 호게왕은 공포에 떨다가 배반하며 자립하여 呼揭單于(호게선우)가 되었다. 右奧鞬王(우오건왕)은 이 소식을 듣고 바로 자립하여 車犁單于(거리선우)라 하였다. 烏藉都尉(오자도위)도 자립하여 烏藉單于(오자선우)가 되었다. 모두 5명이 선우라 하였다. 도기선우는 우선 군사를 거느리고 동쪽으로 진출하여 거리선우를 공격하고 도륭기를 시켜 오자선우를 공격하였다. 오자선우와 거리선우 모두 패하여 서북쪽으로 달아나 호게선우와 병력을 합치니 4만 명이 되었다. 오자와 호게는 모두 선우의 칭호를 버리고 함께 힘을 합쳐 거리선우를 받들어 보필하였다. 도기선우는 이 소식을 듣고 左大將과 都尉將 등을 시켜 4만 기병을 이끌고 동방에 나눠 주둔케 하여 호한야선우에 대비하게 하고 자신은 직접 기병 4만을 거느리고 서쪽으로 진격하여 거리선우를 공격하였다. 거리선우는 패하여 서북으로 도주하였고, 도기선우는 병력을 이끌고 서남으로 이동하여 闟敦(흡돈) 땅에 주둔하였다.

原文

其明年, 呼韓邪單于遣其弟右谷蠡王等西襲屠耆單于屯兵, 殺略萬餘人. 屠耆單于聞之, 卽自將六萬騎擊呼韓邪單于, 行千里, 未至嗕姑地, 逢呼韓邪單于兵可四萬人, 合戰.

屠耆單于兵敗, 自殺. 都隆奇乃與屠耆少子右谷蠡王姑瞀樓頭亡歸漢, 車犁單于東降呼韓邪單于. 呼韓邪單于左大將烏厲屈與父呼遬累烏厲溫敦皆見匈奴亂, 率其衆數萬人南降漢. 封烏厲屈爲新城侯, 烏厲溫敦爲義陽侯. 是時, 李陵子復立烏藉都尉爲單于, 呼韓邪單于捕斬之, 遂復都單于庭, 然衆裁數萬人. 屠耆單于從弟休旬王將所主五六百騎, 擊殺左大且渠, 並其兵, 至右地, 自立爲閏振單于, 在西邊. 其後, 呼韓邪單于兄左賢王呼屠吾斯亦自立爲郅支骨都侯單于, 在東邊. 其後二年, 閏振單于率其衆東擊郅支單于. 郅支單于與戰, 殺之, 並其兵, 遂進攻呼韓邪. 呼韓邪破, 其兵走, 郅支都單于庭.

| 註釋 |  ○其明年 - 宣帝 五鳳 2년(前 56). ○瞀姑(욕고) - 지명, 위치 미상. ○呼遬累烏厲溫敦 - 呼遬累(호속루, 관직명)인 烏厲溫敦(오려온돈, 인명). 遬은 速의 古字. ○南降漢 - 南은 남쪽으로 가다. 동사로 쓰였다. ○然衆裁 ~ - 裁는 겨우 纔(겨우 재). 才와 同. ○單于庭(선우정) - 선우의 王廷(왕정). 선우가 직접 통치하는 지역. 漢 前期의 單于庭은 지금 몽고국의 수도인 烏蘭巴托(올란바토르)가 중심이었다. 左賢王 등 左職은 漢 上谷郡에서 동쪽으로 조선지역까지, 右職은 上郡에서 氐族과 羌族 거주 지역까지를 관할하여 각 分地 내에서 水草를 따라 이동했다.

〖國譯〗
　그 다음 해, 呼韓邪單于(호한야선우)는 그 동생 우녹리왕 등을 보

내 서쪽으로 가서 도기선우의 주둔 군사를 공격케 하여 1만여 명을 죽이거나 생포하였다. 도기선우는 이를 알고서 즉시 직접 6만여 기병을 거느리고 호한야선우를 공격하려고 천리를 행군하여 嗕姑(욕고)에 못 가서 호한야선우의 약 4만 명과 부딪치자 전투를 벌였다. 여기서 도기선우 군사가 패전하자 도기선우는 자살하였다. 도륭기와 막내아들 우녹리왕인 姑瞀樓頭(고무루두)는 도망쳐 漢에 투항하였고 車犂單于(거리선우)는 동쪽으로 가서 호한야선우에게 항복하였다. 호한야선우의 左大將인 烏厲屈(오려굴)과 부친 呼邀累(호속루)인 烏厲溫敦(오려온돈)은 흉노의 내부 분란을 보고 그 무리 수만 명을 거느리고 남으로 와서 한에 투항하였다. 漢에서는 오려굴을 新城侯(신성후)에, 오려온돈을 義陽侯(의양후)에 봉했다. 이때, 李陵(이릉)의 아들은 다시 烏藉都尉(오자도위)를 선우로 내세웠는데 호한야선우가 잡아 참수하고 호한야선우는 마침내 선우의 왕정에 도읍할 수 있었지만 그 무리는 겨우 수만 명이었다. 도기선우의 사촌 동생인 休旬王(휴순왕)은 그 부하 5, 6백 명을 거느리고 좌대저거를 격살하고 그 병사를 합쳐 거느린 뒤에 우측 영역에 와서 자립하면서 閏振單于(윤진선우)라고 하고 서쪽 변경에 머물렀다. 그 뒤에 호한야선우의 형인 좌현왕 呼屠吾斯(호도오사) 역시 자립하여 郅支骨都侯單于(질지골도후선우)라 하면서 동쪽에 머물렀다. 그 2년 뒤 윤진선우는 그 무리를 거느리고 동쪽으로 가서 질지선우를 공격하였다. 질지선우는 윤진선우를 맞아 싸워서 윤진선우를 죽이고 그 군사를 합쳐 호한야선우를 공격하였다. 이어 호한야선우를 격파하고 그 무리가 도주하자 질지선우는 單于庭(선우정)을 차지하였다.

呼韓邪之敗也, 左伊秩訾王爲呼韓邪計, 勸令稱臣入朝事漢, 從漢求助, 如此匈奴乃定. 呼韓邪議問諸大臣, 皆曰, "不可. 匈奴之俗, 本上氣力而下服役, 以馬上戰鬪爲國, 故有威名於百蠻. 戰死, 壯士所有也. 今兄弟爭國, 不在兄則在弟, 雖死猶有威名, 子孫常長諸國. 漢雖強, 猶不能兼併匈奴, 奈何亂先古之制, 臣事於漢, 卑辱先單于, 爲諸國所笑! 雖如是而安, 何以復長百蠻!" 左伊秩訾曰, "不然. 強弱有時, 今漢方盛, 烏孫城郭諸國皆爲臣妾. 自且鞮侯單于以來, 匈奴日削, 不能取復, 雖屈強於此, 未嘗一日安也. 今事漢則安存, 不事則危亡, 計何以過此!" 諸大人相難久之. 呼韓邪從其計, 引衆南近塞, 遣子右賢王銖婁渠堂入侍. 郅支單于亦遣子右大將駒于利受入侍. 是歲, 甘露元年也.

| 註釋 | ○左伊秩訾王(좌이질자왕) - 관직명. ○壯士所有也 - 壯士라면 누구에게나 있는 일이다. ○子孫常長諸國 - 長은 우두머리가 된다. 동사로 쓰였다. ○烏孫(오손) - 國都는 赤谷城. 今 新疆省 서북쪽 阿克蘇河 상류, 지금의 키르기지스탄(吉爾吉斯斯坦) 영역 내. 국왕의 칭호는 昆莫(곤막), 또는 昆彌(곤미). ○臣妾 - 신하가 되다. 복종하다. ○諸大人相難久之 - 흉노 貴人들은 서로를 大人이라 칭했다.

[ 國譯 ]

呼韓邪單于(호한야선우)가 패하자, 左伊秩訾王(좌이질자왕)은 호한야를 위하여 방책을 마련하여 稱臣(칭신)하고 입조하여 漢을 섬기고 한에 도움을 요청해야 흉노가 안정될 수 있다고 권유하였다. 호한야는 이를 여러 대신에게 물어 의논하였는데 모두가 말했다.

"불가합니다. 흉노의 습속은 본래 氣力을 숭상하고 복속을 천시하며 馬上 전투로 나라를 건국하였기에 모든 蠻夷(만이)들에게 위세와 명성을 누려왔습니다. 싸우다 죽는 것은 장사 누구에게나 마찬가지입니다. 지금 형제들이 나라를 놓고 다투지만 형이 차지하지 않는다면 동생의 소유이며 비록 죽는다 하더라도 자손들은 여러 나라의 우두머리가 될 것입니다. 漢이 비록 강하다지만 그래도 흉노를 겸병할 수 없는데, 왜 예부터 내려온 제도를 흔들어가며 신하로 한을 섬겨 선대의 선우를 욕되게 하고 여러 나라의 웃음거리가 되어야 합니까! 비록 그렇게 해서 안정된들 어떻게 여러 이민족의 우두머리가 되겠습니까?"

그러자 좌이질자왕이 말했다. "그렇지 않습니다. 강약도 때가 있으니, 지금 漢은 한창 강하여 烏孫(오손) 등 성곽을 쌓고 사는 여러 나라들이 모두 굴복하였습니다. 且鞮侯單于(저제후선우) 이후로 흉노의 국력은 날로 쇠약하여 다시 회복하기 어려우며 비록 지금 강하다 하더라도 하루도 편하게 지낼 수 없습니다. 지금 한을 섬긴다면 생존할 수 있지만 섬기지 않는다면 위태롭거나 망할 것이니 이보다 나은 방책이 무엇이겠습니까!"

여러 고관들은 서로 오랫동안 논쟁하였다. 호한야는 그 계책을 따르기로 하고 무리를 이끌고 남쪽 국경으로 이동하면서 아들 右賢王 銖婁渠堂(수루거당)을 한에 보내 入侍(입시)하도록 하였다. 질지선우도 마찬가지로 아들인 우대장 駒于利受(구우리수)를 보내 입조하고 시위케 하였다. 이 해는 선제 甘露(감로) 원년(前 53)이었다.

原文

明年, 呼韓邪單于款五原塞, 願朝三年正月. 漢遣車騎都尉韓昌迎, 發過所七郡郡二千騎, 爲陳道上. 單于正月朝天子於甘泉宮, 漢寵際殊禮, 位在諸侯王上, 贊謁稱臣而不名. 賜以冠帶衣裳,黃金璽盭綬,玉具劍,佩刀,弓一張,矢四發,棨戟十,安車一乘,鞌勒一具,馬十五匹,黃金二十斤,錢二十萬, 衣被七十七襲,錦繡綺縠雜帛八千匹,絮六千斤. 禮畢, 使使者道單于先行, 宿長平. 上自甘泉宿池陽宮. 上登長平, 詔單于毋謁, 其左右當戶之群臣皆得列觀, 及諸蠻夷君長王侯數萬, 咸迎於渭橋下, 夾道陳. 上登渭橋, 咸稱萬歲. 單于就邸, 留月餘, 遣歸國. 單于自請願留居光祿塞下, 有急保漢受降城. 漢遣長樂衛尉高昌侯董忠,車騎都尉韓昌將騎萬六千, 又發邊郡士馬以千數, 送單于出朔方雞鹿塞. 詔忠等留衛單于, 助誅不服, 又轉邊穀米糒, 前後三萬四千斛, 給贍其食. 是歲, 郅支單于亦遣使奉獻, 漢遇之甚厚.

明年, 兩單于俱遣使朝獻, 漢待呼韓邪使有加. 明年, 呼韓邪單于復入朝, 禮賜如初, 加衣百一十襲, 錦帛九千匹, 絮八千斤. 以有屯兵, 故不復發騎爲送.

| 註釋 |  ○款五原塞 - 款은 두드리다(叩).  ○三年正月 - 甘露 3년(前 51) 정월.  ○黃金璽盭綬 - 黃金의 璽印(새인)과 녹색의 인수. 盭는 어그러질 려, 戾 同. 戾(려)라는 풀에서 녹색을 물들였다고 한다. 綬는 인끈 수.  ○棨 戟十 - 창 10자루. 棨戟(계극)은 나무로 만들고 흑색 비단으로 감싼 의장용 창.  ○鞌勒一具 - 鞌은 안장 안(鞍과 같음). 勒은 굴레 륵. 말고삐.  ○宿長平 - 장평의 들판에서 야영하다. 장안에서 15리 떨어진 池陽縣(今 陝西省 咸陽 市 관할의 涇陽縣)의 들판(阪, 비탈 판).  ○詔單于毋謁 - 毋謁(무알)은 跪拜(궤 배, 무릎을 꿇어 올리는 절)를 하지 말라.  ○光祿塞(광록채) - 光祿勳 徐自爲를 시켜 축조한 요새. 五原郡 국경 밖.  ○受降城 - 흉노의 투항을 받기 위한 3 개의 성, 북위 40度線 이북 河套(하투) 北岸 및 漠南 초원지역에 설치. 今 內 蒙古自治區 巴彦淖爾市 관할의 烏拉特中旗 지역.  ○朔方雞鹿塞 - 朔方郡 서북의 요새 이름. 지금 내몽고 지역.  ○又轉邊穀米糒 - 轉은 운반하다. 糒 는 건량 비.

[ 國譯 ]

다음 해, 호한야선우가 五原郡의 요새에 도착하여 감로 3년 정월 에 입조하겠다고 말했다. 한 조정에서는 거기도위 韓昌(한창)을 보 내 영접케 하면서 통과해야 하는 7개 군에서 군마다 2천 기병을 동 원하여 연도에 배치토록 하였다. 선우는 정월에 甘泉宮(감천궁)에서 천자에게 朝賀하였고 한에서는 특별한 예로 우대하였는데 지위는 제후왕보다 윗자리였으며 배알할 때 稱臣하되 이름은 말하지 않게 하였다. 호한야선우에게는 관대와 의상, 황금의 璽印(새인)에 녹색 인수, 옥으로 장식한 칼, 佩刀(패도), 활 하나에 화살 4개, 의장용 창 10자루, 안거 1량, 안장 1벌, 말 15필, 황금 20근, 금전 20만, 각종 의 복 77벌, 각종 여러 가지 비단 8천 필, 솜 6천 근을 하사하였다. 조하의 예가 끝나자 사자를 시켜 선우의 행렬을 인도하여 앞에 나갔고 선우는 長平縣(장평현)의 들판에서 묶었다. 선제는 감천궁의 池陽宮에서 숙박하였다. 선제도 장평현에 행차하였는데 선우에게 跪拜(궤배)를 하지 말라고 명했고 그 좌우 當戶의 여러 신하들은 줄을 지어서서 선제의 행차를 구경하였으며 여러 이민족의 君長과 王侯 모두가 渭水의 교량에서 환영하며 길에 배열했다. 선제가 위수 교량에 올라서자 모두가 만세를 불렀다. 선우는 숙소에서 한 달 정도 머무르다가 귀국하게 하였다. 선우는 光祿塞(광록채) 근처에 머물다가 유사시에는 漢의 受降城에서 방어할 수 있게 해달라고 직접 요청하였다. 漢에서는 長樂 衛尉(위위)인 高昌侯 董忠(동충)과 거기도위 韓昌(한창)이 1만 6천 기병으로 호위하게 하였으며 또 변방 군의 군사와 말 수천을 동원하여 선우가 국경을 나서 朔方君(삭방군) 雞鹿塞(계록채) 밖에 갈 때까지 지켜주었다. 조서를 내려 동충 등이 남아 선우를 호위하되 불복하는 세력을 제거하는데 협조하라고 하였으며 또 변방의 곡식과 乾糧(건량)을 여러 차례에 걸쳐 3만 4천 斛(곡)을 운반케 하여 그들의 부족한 식량을 보충해 주었다. 이 해에 郅支單于(질지선우)도 사신을 보내 조공하였는데 한에서는 그들에게도 매우 후하게 대우했다.

그 다음 해에는 두 선우가 사신을 보내 입조하고 산물을 바쳤는데 한에서는 호한야선우의 사자를 더 우대하였다. 그 다음 해(黃龍 원년, 前 49)에 호한야선우가 다시 입조하였는데 예물은 이전과 같았으나 의복 110벌과 비단 9천 필, 솜 8천 근을 더 주었다. 그들의 둔병이 있어 기병을 내어 호송하지는 않았다.

　始, 郅支單于以爲呼韓邪降漢, 兵弱不能復自還, 卽引其衆西, 欲攻定右地. 又屠耆單于小弟本侍呼韓邪, 亦亡之右地, 收兩兄餘兵得數千人, 自立爲伊利目單于, 道逢郅支, 合戰, 郅支殺之, 並其兵五萬餘人. 聞漢出兵穀助呼韓邪, 卽遂留居右地. 自度力不能定匈奴, 乃益西近烏孫, 欲與並力, 遣使見小昆彌烏就屠. 烏就屠見呼韓邪爲漢所擁, 郅支亡虜, 欲攻之以稱漢, 乃殺郅支使, 持頭送都護在所, 發八千騎迎郅支. 郅支見烏孫兵多, 其使又不反, 勒兵逢擊烏孫, 破之. 因北擊烏揭, 烏揭降. 發其兵西破堅昆, 北降丁令, 並三國. 數遣兵擊烏孫, 常勝之. 堅昆東去單于庭七千里, 南去車師五千里, 郅支留都之.

| 註釋 | ○收兩兄餘兵 – 도기선우와 호한야선우의 나머지 군사를 모으다. ○小昆彌(소곤미) – 곤미는 오손 국왕의 칭호. 선제 때부터 대소의 구분이 생겼다. ○烏揭(오게) – 呼揭(호게), 呼偈. 흉노의 서쪽 지역, 烏孫의 북쪽, 康居의 서북쪽에 활동했던 古 부족 이름. ○堅昆(견곤) – 투르크족 계통의 부족. 鬲昆(격곤)으로도 표기. 今 몽고 북쪽, 러시아(俄羅斯) 예니세이강 상류에 거주.

〔國譯〕

　처음에 郅支(질지)선우는 호한야선우가 한에 투항했고 이미 군사력은 쇠약하여 다시 스스로 돌아오지 못할 것이라 생각하여 곧 군사를 이끌고 서쪽으로 진격하여 흉노의 우측 영지를 평정하려고 생각했다. 또 屠耆(도기)선우의 막냇동생은 본래 호한야선우를 시종했었는데 그도 우측 영지로 도망쳐 호한야와 도기선우의 나머지 군사를 모아 수천의 군사를 통솔하게 되자 자립하여 伊利目單于(이리목선우)라 칭했다. 그러다가 이동 중에 질지선우와 만나 싸웠는데 질지가 그를 죽이고 그 군사를 합쳐 5만 병력이 되었다. 질지선우는 한이 군사와 군량을 보내 호한야선우를 돕는다는 소식을 듣고 그대로 우측 영지에 머물렀다. 질지는 자신이 흉노를 다 평정할 수 없다고 생각하여 좀 더 서쪽으로 나아가 烏孫(오손)에 접근하여 병력을 합치려고 사자를 보내 小昆彌(소곤미)인 烏就屠(오취도)를 알현하게 하였다. 오취도는 호한야선우가 한의 지원을 받고 질지선우는 패주하는 흉노라고 생각하여 질지를 공격하여 漢의 기대에 응하겠다는 계획을 가지고 질지선우의 사자를 죽여 그 수급을 서역도호부에 보내고 8천 기병을 동원하여 질지선우를 맞아 싸우려 하였다. 질지선우는 오손의 군사도 많고 보낸 사자도 돌아오지 않자 군사를 몰아 오손의 군사와 싸워 격파하였다. 그리고 이어 북쪽으로 烏揭(오게)를 공격하자 오게는 굴복하였다. 질지선우는 군사를 내어 서쪽으로 堅昆(견곤)을 격파하고 북쪽으로 丁令(정령)의 항복을 받아 3국을 모두 병합하였다. 그리고 군사를 자주 출동시켜 오손을 공격하였는데 계속 승리하였다. 견곤은 동으로는 선우의 직할지에서 7천 리, 남으로 車師까지는 5천 리 떨어진 곳이라서 질지는 그대로 머무르며 직할지로 삼았다.

元帝初卽位, 呼韓邪單于復上書, 言民衆困乏. 漢詔雲中, 五原郡轉穀二萬斛以給焉. 郅支單于自以道遠, 又怨漢擁護呼韓邪, 遣使上書求侍子. 漢遣谷吉送之, 郅支殺吉. 漢不知吉音問, 而匈奴降者言聞甌脫皆殺之. 呼韓邪單于使來, 漢輒簿責之甚急. 明年, 漢遣車騎都尉韓昌, 光祿大夫張猛送呼韓邪單于侍子, 求問吉等, 因赦其罪, 勿令自疑. 昌,猛見單于民衆益盛, 塞下禽獸盡, 單于足以自衛, 不畏郅支. 聞其大臣多勸單于北歸者, 恐北去後難約束, 昌,猛卽與爲盟約曰, "自今以來, 漢與匈奴合爲一家, 世世毋得相詐相攻. 有竊盜者, 相報, 行其誅, 償其物, 有寇, 發兵相助. 漢與匈奴敢先背約者, 受天不祥. 令其世世子孫盡如盟." 昌,猛與單于及大臣俱登匈奴諾水東山, 刑白馬, 單于以徑路刀金留犁撓酒, 以老上單于所破月氏王頭爲飮器者共飮血盟. 昌,猛還奏事, 公卿議者以爲, "單于保塞爲藩, 雖欲北去, 猶不能爲危害. 昌,猛擅以漢國世世子孫與夷狄詛盟, 令單于得以惡言上告於天, 羞國家, 傷威重, 不可得行. 宜遣使往告祠天, 與解盟. 昌,猛奉使無狀, 罪至不道." 上薄其過, 有詔昌,猛以贖論, 勿解盟. 其後呼韓邪竟北歸庭, 人衆稍稍歸之, 國中遂定.

| 註釋 | ○元帝 - 재위 전 49-33년. ○漢遣谷吉送之, 郅支殺吉 - 질지선

우가 한의 사신 谷吉을 살해한 기록은 70권,〈傅常鄭甘陳段傳〉중 陳湯傳 참고. ○諾水東山 – 諾水(낙수, 今 內蒙古 艾不蓋河)의 東山. ○徑路刀金留犁撓酒 – 徑路(경로)는 흉노의 보검 이름. 刀金은 칼로 금을 베어내어 술에 넣다. 留犁(유리)는 숟가락. 撓酒는 술을 젓다.

## 〖國譯〗

元帝가 즉위하자 호한야선우는 다시 상서하여 백성의 궁핍을 호소하였다. 한에서는 조서로 雲中郡과 五原郡에서 곡식 2만 곡을 운반하여 공급하게 하였다. 질지선우는 漢과 거리가 너무 멀고 또 漢이 호한야선우만을 옹호하는 것을 원망하며 漢에 있는 侍者(質子)를 돌려보내달라고 하였다. 한에서는 谷吉(곡길)을 파견하여 시자를 돌려보냈는데 질지선우는 곡길을 죽였다. 한은 곡길의 소식을 아지 못했는데 흉노에서 투항한 자들은 甌脫(구탈, 흉노초소)에서 죽였다는 말을 들었다고 하였다. 호한야선우의 사자가 한에 오자 한에서는 여러 기록을 가지고 심하게 문책하였다.

그 다음 해, 漢에서는 거기도위 韓昌(한창)과 광록대부 張猛(장맹)을 시켜 호한야선우의 侍子(시자)를 돌려보내면서 곡길에 대한 소식을 듣고 호한야선우의 죄가 없음을 인정하면서 한을 의심치 말라고 하였다. 한창과 장맹은 호한야선우의 백성이 많이 늘어났고 국경 부근의 짐승을 다 잡은 것을 보고 호한야선우가 자신을 지킬 수 있어 질지를 두려워하지 않는다고 느꼈다. 그리고 그 대신들이 선우에게 북쪽으로 되돌아가자고 권유하는 것을 보고 호한야가 북으로 간 뒤에 漢과의 약속을 지키지 않을 것이라 걱정하여 한창과 장맹은 호한야선우와 맹약을 체결하기로 하였다.

"오늘 이후로 한과 흉노는 일가로 합쳐졌으니 대대로 속이거나 공격하지 않을 것이다. 도적질을 하는 자가 있으면 서로 통보하거나 처형하며 배상을 할 것이며 외적의 침입이 있다면 군사를 내어 도울 것이로다. 漢과 흉노가 감히 먼저 약조를 배신한다면 하늘의 징벌을 받을 것이로다. 자손 대대로 이 약속을 지킬 것이로다."

한창과 장맹은 선우 및 대신과 함께 흉노 땅 諾水(낙수)의 東山(동산)에 올라 백마를 죽이고서 선우는 寶劍(보검) 徑路(경로)로 금을 깎아 술에 넣고 수저로 저은 다음에 老上單于(노상선우)가 月氏(월지)를 격파하고 그 왕의 두개골로 만든 그릇으로 같이 마시며 피로써 맹세하였다. 한창과 장맹이 돌아와 이 일을 상주하자, 논의에 참여한 공경들이 말했다.

"선우는 변경을 지키는 우리의 번왕이 되었는데 그들이 비록 북으로 돌아간다 하여도 우리에게 위해가 될 수 없습니다. 한창과 장맹이 마음대로 우리 漢 자손 대대에 이르기까지 이적과 함께 맹약을 맺었는데, 이는 흉노로 하여금 악언을 하늘에 고할 수 있게 만들어 준 것이니 나라의 수치가 되고 천자의 지엄한 권위를 상하게 한 것이니 실행할 수 없습니다. 응당 사신을 다시 보내 하늘에 제사하고 맹약을 취소해야 합니다. 한창과 장맹은 사신으로서 잘한 일이 없으며 무도한 죄를 지었습니다."

그러나 원제는 그 과오를 경미한 것이라 생각하여 조서를 내려 속전을 납부토록 하고 맹약을 해제하지 말라고 하였다. 그 뒤에 호한야선우는 본래의 북쪽 직할지로 돌아갔고 그 백성들도 점점 되돌아가면서 흉노는 결국 안정되었다.

郅支旣殺使者, 自知負漢, 又聞呼韓邪益强, 恐見襲擊, 欲
遠去. 會康居王數爲烏孫所困, 與諸翕侯計. 以爲匈奴大國,
烏孫素服屬之, 今郅支單于困厄在外, 可迎置東邊, 使合兵
取烏孫以立之, 長無匈奴憂矣. 卽使使至堅昆通語郅支. 郅
支素恐, 又怨烏孫, 聞康居計, 大說, 遂與相結, 引兵而西.
康居亦遣貴人, 橐它驢馬數千匹, 迎郅支. 郅支人衆中寒道
死, 餘財三千人到康居. 其後, 都護甘延壽與副陳湯發兵卽
康居誅斬郅支, 語在〈延壽, 湯傳〉.

| 註釋 | ○與諸翕侯計 – 翕侯(흡후)는 토착 세력자. ○橐它(탁타) – 駱駝
(낙타). ○餘財三千人 – 財는 纔(겨우 재). 才와 同. ○〈延壽, 湯傳〉 – 70권,
〈傳常鄭甘陳段傳〉 중 甘延壽와 陳湯傳.

〔國譯〕

郅支(질지)선우는 한의 사신을 죽이고는 漢과 등졌다고 생각하였
고 호한야선우가 더욱 강성해졌다는 소식을 들으면서 공격받을 것
이 두려워 멀리 이동하려고 했다. 그 무렵, 康居國(강거국)의 왕은 烏
孫(오손) 때문에 곤경에 처해 여러 翕侯(흡후)와 방책을 논의하였다.
그리하여 흉노는 대국이며 오손도 평소에 그들에게 복속했었는데
지금 질지선우가 외부에서 곤경에 처해 있으니 그들을 맞이하여 동
쪽 국경에 두고 그들과 협력하여 오손을 정복한 뒤 그들 나라를 세
우게 한다면 흉노를 걱정하지 않아도 될 것이라 생각하였다. 강거왕

은 즉시 堅昆(견곤)족에게 사자를 보내 질지선우에게 말을 전했다. 질지선우는 호한야선우가 두렵고 오손에 대한 원한도 있었는데 강거왕의 계책을 듣고서는 크게 기뻐하며 서로 연락하면서 군사를 이끌고 서쪽으로 나아갔다. 강거국에서도 귀족을 보내고 낙타와 나귀, 말 등 수천 필을 보내 질지선우를 맞이하였다. 질지선우의 무리는 추위에 길에서 동사하여 남은 자 겨우 3천여 명이 강거국에 도착하였다. 그 뒤에 서역도호인 甘延壽(감연수)와 부도호인 陳湯(진탕)은 서역 제국의 군사를 동원하여 강거에 가서 질지선우를 죽였는데, 이는 〈감연수, 진탕전〉에 실려 있다.

#### 原文

郅支旣誅, 呼韓邪單于且喜且懼, 上書言曰, "常願謁見天子, 誠以郅支在西方, 恐其與烏孫俱來擊臣, 以故未得至漢. 今郅支已伏誅, 願入朝見." 竟寧元年, 單于復入朝, 禮賜如初, 加衣服錦帛絮, 皆倍於黃龍時. 單于自言願婿漢氏以自親. 元帝以後宮良家子王牆字昭君賜單于. 單于歡喜, 上書願保塞上谷以西至敦煌, 傳之無窮, 請罷邊備塞吏卒, 以休天子人民. 天子令下有司議, 議者皆以爲便. 郎中侯應習邊事, 以爲不可許. 上問狀, 應曰,

"周, 秦以來, 匈奴暴桀, 寇侵邊境, 漢興, 尤被其害. 臣聞北邊塞至遼東, 外有陰山, 東西千餘里, 草木茂盛, 多禽獸, 本冒頓單于依阻其中, 治作弓矢, 來出爲寇, 是其苑囿也.

至孝武世, 出師征伐, 斥奪此地, 攘之於幕北. 建塞徼, 起亭隧, 築外城, 設屯戍以守之, 然後邊境得用少安. 幕北地乎, 少草木, 多大沙, 匈奴來寇, 少所蔽隱, 從塞以南, 逕深山谷, 往來差難. 邊長老言匈奴失陰山之後, 過之未嘗不哭也. 如罷備塞戍卒, 示夷狄之大利, 不可一也. 今聖德廣被, 天覆匈奴, 匈奴得蒙全活之恩, 稽首來臣. 夫夷狄之情, 困則卑順, 强則驕逆, 天性然也. 前以罷外城, 省亭隧, 今裁足以候望通烽火而已. 古者安不忘危, 不可復罷, 二也. 中國有禮義之教, 刑罰之誅, 愚民猶尚犯禁, 又況單于, 能必其衆不犯約哉! 三也. 自中國尙建關梁以制諸侯, 所以絶臣下之凱欲也. 設塞徼, 置屯戍, 非獨爲匈奴而已, 亦爲諸屬國降民, 本故匈奴之人, 恐其思舊逃亡, 四也. 近西羌保塞, 與漢人交通, 吏民貪利, 侵盜其畜産, 妻子, 以此怨恨, 起而背畔, 世世不絶. 今罷乘塞, 則生嫚易分爭之漸, 五也. 往者從軍多沒不還者, 子孫貧困, 一旦亡出, 從其親威, 六也. 又邊人奴婢愁苦, 欲亡者多, 曰, '聞匈奴中樂, 無奈候望急何!'然時有亡出塞者, 七也. 盜賊桀黠, 群輩犯法, 如其窘急, 亡走北出, 則不可制, 八也. 起塞以來百有餘年, 非皆以土垣也, 或因山岩石, 木柴僵落, 溪谷水門, 稍稍平之, 卒徒築治, 功費久遠, 不可勝計. 臣恐議者不深慮其終始, 欲以一切省徭戍, 十年之外, 百歲之內, 卒有它變, 障塞破壞, 亭隧滅絶, 當更發屯繕治, 累世之功不可卒復, 九也. 如罷戍卒, 省候望, 單于自以保塞守御, 必深德漢, 請求無已. 小失其意, 則不可測. 開夷狄之隙, 虧中國之固, 十也. 非所以永持至安, 威制百蠻之長策也."

| 註釋 | ○恐其與烏孫俱來擊臣 - 烏孫(오손)은 '康居'이어야 한다는 주석에 따른다. ○竟寧元年 - 원제의 마지막 연호. 前33년. ○黃龍 - 선제의 연호. 황룡 원년. 전 49년에 두 번째 입조했었다. ○良家子王牆字昭君 - 良家子는 七科謫(칠과적)에 속하지 않는 사람. 관리가 되는데 신분적 장애가 없는 사람. 王牆(왕장)은 성명, 보통 王昭君으로 통칭한다. ○陰山 - 내몽고의 중앙을 동서로 관통하는 산맥. ○建塞徼, 起亭隧 - 建塞徼는 요새를 설치하다. 徼는 구할 요. 순찰하다. 起亭隧는 초소와 봉수대를 설치하다. 亭은 초소, 망루. 隧는 燧(봉화 수). ○幕北 - 漠北. 사막 북쪽. 고비사막 너머. ○凱欲 - 큰 욕심. 凱는 즐길 개. 크다. ○無奈候望急何 - 無奈何候望急의 도치. 候望(후망)은 감시하다. 無奈何(무나하)는 어찌할 수가 없다. ○盜賊桀黠 - 사납고도 교활하다. ○木柴僵落 - 木柴(목채)는 나무 울타리. 木柵. 僵落(강락)은 나무가 꺾이거나 쓰러지다. 僵 쓰러질 강. ○保塞守御 - 守御는 守禦. 막을 어.

〖 國譯 〗

　질지선우가 주살된 뒤에 呼韓邪單于(호한야선우)는 기쁘면서도 두려워하며 상서하였다. "평소에 늘 천자 알현을 원했지만 실제로 질지선우가 서쪽에 있어 康居(강거)와 함께 우리를 공격해올까 걱정되어 갈 수 없었습니다. 지금 질지가 벌을 받아 이미 죽었으니 입조하여 알현코자 합니다."

　元帝 竟寧(경녕) 원년에 호한야선우는 다시 입조하였는데 예물과

하사품은 처음과 같았으나 의복과 비단이나 솜 등은 黃龍 연간에 왔을 때보다 모두 두 배가 되었다. 선우는 자신이 한 황실의 사위로 친족이 되고 싶다고 하였다. 이에 원제는 후궁으로 良家의 딸인 王牆(왕장, 字는 昭君)을 선우에게 주었다. 선우는 크게 기뻐하면서 상서하여 上谷郡에서 서쪽으로 敦煌郡(돈황군)에 이르는 변방 방어임무를 자신에게 계속해서 맡겨주고서 변방의 이졸을 해산하여 천자의 인민을 쉴 수 있게 하라고 요청했다. 원제는 이를 담당 공경에게 논의케 했는데 의논에 참여한 자들은 모두 좋다고 말했다. 그러나 郎中인 侯應(후응)은 변방 업무에 밝은 사람으로 허락해서는 안 된다고 말했다. 원제가 이유를 묻자, 후응이 말했다.

"周와 秦 이후로 흉노는 포악하고 거칠어 변경을 노략질했는데 한이 건국된 이후 그 피해가 더욱 심했습니다. 신이 알기로, 요동까지 뻗친 북변의 요새 밖에 陰山(음산)이 있는데 길이가 동서 1천여 리나 되고 초목이 무성하며 짐승도 많아 흉노의 冒頓單于(묵독선우)가 본래 그 지역을 근거로 활동하며 활과 화살을 만들었으며 밖으로 진출하여 노략질을 하였으니 그 지역은 그들의 안 마당이었습니다. 武帝 재위 기간에 군사를 내어 정벌에 나섰고 그 지역을 빼앗아 개척하며 그들을 사막 밖으로 축출하였습니다. 그리고서 요새를 짓고 초소와 봉수대를 축조한 뒤에 둔병으로 지키게 하자 변경이 조금 안정되었습니다. 사막 북쪽의 땅은 草木이 적고 큰 모래벌판이 많아 흉노가 침략해 올 때 은폐할 곳이 없으나 변새 남쪽은 골짜기가 좁고도 깊어 왕래가 어렵습니다. 변방 노인들의 말로는 흉노가 음산을 빼앗긴 이후로 그곳을 지나면서 울지 않을 때가 없다고 하였습니다. 만일 국경 경비와 戍卒(수졸)을 폐지한다면 이는 夷狄(이적)에게 큰 이득을 주는 것이기에 그렇게 해서는 안 되는 첫 번째 이유입니다. 지금 성덕을 천하에 널리 폈고 하늘처럼 흉노를 덮어 주었기에 흉노는 완전히 살아나는 은덕을 입어 머리를 숙이는 신하가 되었습니다. 그러나 이적의 습성은 곤궁할 땐 온순하지만 강성하면 교만하고 반역하는데, 이는 그들의 천성입니다. 국경 밖 성채와 초소와 봉수 군졸을 이전보다 많이 줄여 지금은 감사나 봉화체제만 겨우 유지하고 있을 뿐입니다. 예부터 안전할 때도 위기를 잊어서는 안 된다 하였으니 이것이 두 번째 이유입니다. 中國에서 禮義로 교화하며 형벌로 처형하더라도 우매한 백성은 법을 어기는데 하물며 선우나 그 무리가 약속을 어기지 않을 수 있겠습니까! 이것이 바로 3번째 이유입니다. 중국에서는 관문을 세워 제후를 통제하는 것은 제후의 분수에 넘치는 욕구를 단절하려는 뜻입니다 요새 성채를 지어 초병을 두는 이유는 흉노만 대비하는 것이 아니라 군현에 사는 투항한 속국 사람들을 위한 것으로 그들은 본래 흉노족으로 예전처럼 도망갈 수 있으니 이것이 4번째 이유입니다. 근래에 서쪽 강족이 국경 성채에서 한인과 교역을 하는데 관리나 백성은 이득을 탐하면서 그들의 가축이나 부녀자를 훔쳐오기에 원한을 품고 봉기하거나 반란이 그치지 않고 있습니다. 지금 요새 경계를 폐지한다면 제멋대로 교역하면서 분쟁이 늘어날 것이니 이것이 다섯 번째입니다. 지난 날에 종군하여 많은 백성이 돌아오지 못하여 그 자손은 빈곤하게 사는데 일단 도망나가면 나중에 그 친척도 따라가게 됩니다. 이것이 여섯 번째 이유입니다. 또 변방의 노비들은 고생 때문에 도망치려는 자가 많으며 '흉노 땅에서는 잘 살 수 있는데 경비가 저렇게 엄하니 어쩔 수가 없구나!' 라고 말하면서도 가끔 도망자가 나오는데 이것이 일곱 번째 이유입니다. 도적들은 사납고 교활하며 무리 지어 법을 어기다가 만약 다급하게 쫓기면 북으로 도망쳐서 도적을 제압할 수가 없으니 이것이 여덟 번째입니다. 성채를 쌓은 지 1백여 년에, 성채는 모두 흙담이 아니며 산이나 바위를 이용하였는데 목책이 허물어지거나 계곡 수문 등이 계속 무너지고 죄수들을 동원하여 다시 축조하는데 필요한 노력이나 소요기간을 이루가 계산할 수가 없습니다. 제가 걱정하는 것은 논의하는 대신들이 사태의 근본을 생각하지 않고 요역만을 모두 없애기에 편하다고 하지만 십 년이 지나고 백 년 안에 갑자기 다른 변란이 생겼을 때 성채는 무너졌고 초소와 봉수제도도 없다면 그때 당장 둔병을 두고 성채를 수리해야 하는데 이는 시간이 오래 걸려 갑자기 복구하기 어려운 것이 아홉 번째 이유입니다. 만약 경계병과 감시를 없애 선우가 지켜준다면 漢에 대한 은공이 많다면서 요구가 끝이 없을 것입니다. 선우가 조금이라도 마음을 바꾼다면 예측할 수도 없습니다. 이는 이적에게 틈을 만들어주며 중국의 안정을 붕괴시키는 것이니 열 번째 이유가 됩니다. 이는 오래토록 안전을 이룩하거나 모든 만이를 위엄으로 제압하는 안전한 방책이 아닙니다.”

原文

對奏, 天子有詔, “勿議罷邊塞事.” 使車騎將軍口諭單于曰, “單于上書願罷北邊吏士屯戍, 子孫世世保塞. 單于鄉慕禮義, 所以爲民計者甚厚, 此長久之策也, 朕甚嘉之. 中國

四方皆有關梁障塞, 非獨以備塞外也, 亦以防中國奸邪放
縱, 出爲寇害, 故明法度以專衆心也. 敬諭單于之意, 朕無
疑焉. 爲單于怪其不罷, 故使大司馬車騎將軍嘉曉單于."
單于謝曰, "愚不知大計, 天子幸使大臣告語, 甚厚!"

| 註釋 |  ○車騎將軍 – 거기장군 許嘉(허가).  ○鄕慕禮義 – 鄕은 向하다.

〔國譯〕

　　상주한 글이 올라가자 천자(원제)는 조서를 내려 말했다. "변방
성채 방어를 없애는 일은 더 이상 논의하지 말라." 그리고 거기장군
을 선우에게 보내 알렸다.

　　"선우는 상서하여 북쪽을 지키는 군사를 없애면 자손 대대로 흉
노가 지켜주겠다고 하였도다. 선우가 예의를 흠모하여 우리 백성을
위한 계책이 아주 고마우며 이는 오래도록 유지될 방책이라서 짐도
기쁘게 생각하고 있도다. 중국은 사방에 관문과 성채를 만들어 운영
하는 것은 외적 방어만이 아니라 나라 안 범법자들이 밖으로 도주하
여 도둑이 되는 것을 막고 법도를 밝혀 백성의 마음을 단속하려는
뜻이 있도다. 선우의 마음을 짐이 잘 알아 의심하지 않노라. 건의를
실행하지 않는 것을 선우가 이상히 생각할 것 같아 대사마 거기장군
許嘉(허가)를 선우에게 보내 이르노라."

　　이에 선우가 사례하였다. "어리석어 큰 뜻을 알지 못했는데 천자
께서 대신을 보내 말씀해 주시니 정말 고맙습니다!"

初, 左伊秩訾爲呼韓邪畫計歸漢, 竟以安定. 其後或讒伊
秩訾自伐其功, 常鞅鞅, 呼韓邪疑之. 左伊秩訾懼誅, 將其
衆千餘人降漢, 漢以爲關內侯, 食邑三百戶, 令佩其王印綬.
及竟寧中, 呼韓邪來朝, 與伊秩訾相見, 謝曰, "王爲我計甚
厚, 令匈奴至今安寧, 王之力也, 德豈可忘! 我失王意, 使王
去不復顧留, 皆我過也. 今欲白天子, 請王歸庭." 伊秩訾曰,
"單于賴天命, 自歸於漢, 得以安寧, 單于神靈, 天子之祐也,
我安得力! 旣已降漢, 又復歸匈奴, 是兩心也. 願爲單于侍
使於漢, 不敢聽命." 單于固請不能得而歸.

| 註釋 | ○左伊秩訾 – 흉노의 관직명. ○常鞅鞅 – 鞅鞅은 怏怏. 원망하
다. 실의 속에 불평하며 불만을 품다. ○令佩其王印綬 – 관내후는 侯王이
될 수 없으나 전직 흉노 王의 신분을 인정한 것임. ○竟寧 – 원제의 마지막
연호. 前 33년. 호한야선우가 입조하여 王昭君을 데려갈 때.

〔國譯〕

그전에, 左伊秩訾(좌이질자)가 호한야선우에게 한에 귀의할 것을
건의하였고 결국 흉노는 안정되었다. 그 뒤에 좌이질자가 자신의 공
적을 자랑하며 늘 앙앙불락한다고 참소하는 자가 있어 선우가 의심
하였다. 좌이질자는 처형이 두려워 그 무리 1천여 명을 거느리고 한
에 투항했고 한에서는 관내후에 봉하고 식읍은 3백 호였으며 왕의
인수를 차도록 허락하였다. 경녕 연간에 호한야선우가 입조하여 좌

이질자와 만나 사과하며 말했다.

"왕이 나를 위한 계책을 마련해주어 지금껏 흉노가 안녕한 것은 모두 왕의 힘인데 그 은공을 어찌 잊겠는가! 내가 왕의 의중을 헤아리지 못해 왕이 돌아오지 않으니 모두 나의 허물이오. 이번에 왕께서 돌아올 수 있도록 천자께 주청하려 하오."

그러자 좌이질자가 말했다. "선우께서는 천명에 따라 漢에 귀의하여 나라가 안녕한 것은 선우께서 신령하신 것이며 천자의 도움이지 어찌 내 힘이겠습니까! 이미 한에 투항하였는데 다시 흉노로 돌아간다는 것은 두 마음을 품은 것입니다. 바라건대, 선우를 위하여 한에서 일하고자 명을 따르지 못하겠습니다."

선우가 굳이 간청했지만 데려가지 못했다.

王昭君號寧胡閼氏, 生一男伊屠智牙師, 爲右日逐王. 呼韓邪立二十八年, 建始二年死. 始, 呼韓邪嬖左伊秩訾兄呼衍王女二人. 長女顓渠閼氏, 生二子, 長曰, 且莫車, 次曰, 囊知牙斯. 少女爲大閼氏, 生四子, 長曰, 雕陶莫皐, 次曰, 且糜胥, 皆長於且莫車, 少子咸,樂二人, 皆小子囊知牙斯. 又它閼氏子十餘人. 顓渠閼氏貴, 且莫車愛. 呼韓邪病且死, 欲立且莫車, 其母顓渠閼氏曰, "匈奴亂十餘年, 不絶如髮, 賴蒙漢力, 故得復安. 今平定未久, 人民創艾戰鬪, 且莫車年少, 百姓未附, 恐復危國. 我與大閼氏一家共子, 不如立

雕陶莫皋." 大閼氏曰, "且莫車雖少, 大臣共持國事, 今捨
貴立賤, 後世必亂." 單于卒從顓渠閼氏計, 立雕陶莫皋, 約
令傳國與弟. 呼韓邪死, 雕陶莫皋立, 爲復株絫若鞮單于.

| 註釋 | ○寧胡閼氏 – '흉노를 편안케 한 연지'란 뜻. ○建始二年死 – 成
帝의 연호. 前 31년. ○顓渠閼氏 – 앞서 나온 虛閭權渠單于(허려권거선우)가
축출한 顓渠閼氏(전거연지)와 다른 여인이다. ○人民創艾戰鬪 – 創艾(창애)
는 전투를 두려워하다. ○復株絫若鞮單于(복주루약제선우) – 재위 전 31 - 20
년. 선우 칭호에 들어가는 若鞮(약제)는 孝의 뜻. 이는 漢 諡號(시호)의 영향
이다.

〔國譯〕

　王昭君(왕소군)은 寧胡閼氏(영호연지)라고 불렸는데, 아들 伊屠智
牙師(이도지아사)를 낳았고 이도지아사는 뒷날 右日逐王(우일축왕)이
되었다. 호한야선우는 재위 28년인 成帝 建始 2년에 죽었다. 그전에
호한야선우는 좌이질자왕의 형인 呼衍王(호연왕)의 딸 2명을 사랑하
였다. 장녀는 顓渠閼氏(전거연지)로 두 아들을 낳았는데 큰아들은 且
莫車(저막거)였고, 차남은 囊知牙斯(낭지아사)였다. 전거연지의 동생
은 대연지로 아들 4명을 낳았는데 맏이를 雕陶莫皋(조도막고)라 하
고, 둘째를 且麋胥(저미서)라 하였는데 둘 다 且莫車(저막거)보다 연
상이었다. 그 아래 咸(함)과 樂(락) 두 아들은 낭지아사보다 어렸다.
그리고 다른 연지에게서 10여 명의 아들이 있었다. 전거연지는 지
위도 높고 아들 저막거는 호한야가 총애하였다. 호한야선우가 병사
하기 전에 저막거를 후계자로 세우려 했는데 그 모친 전거연지가

말했다.

"흉노는 10여 년 혼란 속에 머리카락처럼 이어오다가 漢의 도움으로 다시 안정되었습니다. 지금 안정된 지 얼마 되지도 않고 인민들은 전투에 질려 조심하고 있는데 저막거는 나이가 어려 백성이 따르지 않아 나라가 위기에 처할까 걱정됩니다. 나와 대연지는 한 집의 형제이니 조도막고를 세우는 것이 더 나을 것입니다."

그러자 대연지가 말했다. "저막거가 어리다지만 대신과 함께 국사를 꾸려나갈 것이고 귀한 자를 버려두고 천한 자를 세운다면 후세에 필히 혼란이 생길 것입니다."

선우가 죽자 전거연지의 뜻에 따라 조도막고를 세우되 동생(저막거)에게 전위하기로 약속했다. 호한야선우가 죽고 조도막고가 즉위하니, 이가 復株纍若鞮單于(복주루약제선우)이다.

原文

復株纍若鞮單于立, 遣子右致盧兒王醯諧屠奴侯入侍, 以且糜胥爲左賢王, 且莫車爲左谷蠡王, 囊知牙斯爲右賢王. 復株累單于復妻王昭君, 生二女, 長女云爲須卜居次, 小女爲當于居次.

| 註釋 | ○復妻王昭君 – 아버지의 후처를 아들이 데려다가 아내로 삼는 것은 그들의 풍습이었다. ○居次 – 흉노 공주의 칭호.

復株纍若鞮單于(복주루약제선우)가 즉위하고 아들 右致盧兒王(우
치로아왕)인 醠諧屠奴侯(혜해도노후)를 한에 보내 입시하게 하고, 저
미서를 좌현왕에, 저막거를 우녹리왕에, 낭지아사를 우현왕으로 삼
았다. 복주루선우는 왕소군을 아내로 삼아 딸 둘을 낳았는데 장녀인
云(운)은 須卜居次(수복거차), 작은 딸은 當于居次(당우거차)라 하였
다.

原文

河平元年, 單于遣右皐林王伊邪莫演等奉獻朝正月. 旣
罷, 遣使者送至蒲反. 伊邪莫演言, "欲降, 卽不受我, 我自
殺, 終不敢還歸." 使者以聞, 下公卿議. 議者或言宜如故事,
受其降. 光祿大夫谷永, 議郎杜欽以爲, "漢興, 匈奴數爲邊
害, 故設金爵之賞以待降者. 今單于詘體稱臣, 列爲北藩,
遣使朝賀, 無有二心, 漢家接之, 宜異於往時. 今旣享單于
聘貢之質, 而更受其逋逃之臣, 是貪一夫之得而失一國之
心, 擁有罪之臣而絶慕義之君也. 假令單于初立, 欲委身中
國, 未知利害, 私使伊邪莫演詐降以卜吉凶. 受之虧德沮善,
令單于自疏, 不親邊吏, 或者設爲反間, 欲因而生隙, 受之適
合其策, 使得歸曲而直責. 此誠邊境安危之原, 師旅動靜之
首, 不可不詳也. 不如勿受, 以昭日月之信, 抑詐諼之謀, 懷

附親之心, 便." 對奏, 天子從之. 遣中郎將王舜往問降狀.
伊邪莫演曰, "我病狂妄言耳." 遣去. 歸到, 官位如故, 不肯
令見漢使. 明年, 單于上書願朝. 河平四年正月, 遂入朝, 加
賜錦繡繒帛二萬匹, 絮二萬斤, 它如竟寧時.

| 註釋 | ○河平元年 – 성제의 연호. 前 28년. ○蒲反(포반) – 河東郡의 현
명, 今 山西省 運城市 관할의 永濟縣.

〚國譯〛

　成帝 河平 원년에 선우는 右皐林王(우고림왕)인 伊邪莫演(이사막
연)을 보내 정월에 공물을 바치고 입조했다. 업무를 마치자 사자를
시켜 蒲反(포반)현까지 배웅케 하였다. 그러자 이사막연이 말했다.
"투항하려 하는데 만일 나를 받아주지 않는다면 자살하여 끝내 돌
아가지 않겠다." 사자가 이를 보고했고, 공경들이 논의하였다.

　논의하는 사람 혹자는 이전 관례에 따라 투항을 받아주어야 한다
고 말했다. 그러나 광록대부 谷永(곡영)과 의랑인 杜欽(두흠)이 말했
다.

　"한이 건국되고 흉노는 자주 변경을 침략하였기에 한에서는 작위
와 상금을 주면서 투항자를 기다렸습니다. 지금 선우가 몸을 굽혀
칭신하면서 북쪽 제후의 반열에서 사자를 보내 조하하며 딴 마음을
품지 않고 한은 이를 받아들였으니 이전과는 달라야 합니다. 지금
이미 조공을 바치는 선우의 성의를 수용하고서도 선우에게서 도망
치려는 신하를 받아들이는 것은 사람 하나를 얻으려다가 일국의 마
음을 잃는 것이며 죄를 지은 신하를 지켜주려다가 절의를 숭상하는

주군과의 관계를 단절하는 것입니다. 또 선우가 막 즉위하여 중국에 의지하려고 하나 그 이해를 알 수 없기에 몰래 이사막연을 시켜 거짓으로 투항하는 척 하면서 길흉을 떠보려는지도 모릅니다. 그의 투항을 받아들여 우리의 덕이나 선의를 무너트린다면 선우 스스로가 우리에게서 멀어지면서 국경에서의 관계가 나빠지고 그 때문에 틈이 벌어질 것입니다. 아니면 그것이 그들의 反間計(반간계)로 이를 계기로 틈을 벌리려는 그들의 책략에 말려 우리에게 잘못을 돌리고 직접 책임을 따지려 할 수도 있습니다. 그렇다면 이는 변경의 안위와도 직결되고 군사를 동원해야 하는 사단이 될 수 있으니 신중히 처리하지 않을 수 없습니다. 일단은 투항을 받지 않고 우리의 신의를 日月처럼 분명히 한 뒤에 그들의 사악한 모의를 억제하며 투항하려는 본심을 파악해보는 것이 좋을 것입니다."

상주가 올라가자 천자가 수락하였다. 이에 中郎將 王舜(왕순)을 보내 투항의 진상을 묻게 하였다. 그러자 이사막연이 말했다. "내가 정신이 혼미하여 말을 함부로 했습니다." 그리고는 돌아갔다. 귀국한 그의 관직은 전과 같았으며 한의 사신을 만나려 하지 않았다.

다음 해 선우가 상서하여 입조를 희망하였다. 河平 4년 정월에 입조하였는데 여러 비단 2만 필과 솜 2만 근을 추가로 하사하였고, 기타는 竟寧(경녕) 연간에 입조했을 때와 같았다.


原文

　復株累單于立十歲, 鴻嘉元年死. 弟且麋胥立, 爲搜諧若鞮單于.

搜諧單于立, 遣子左祝都韓王朐留斯侯入侍, 以且莫車爲
左賢王. 搜諧單于立八歲. 元延元年, 爲朝二年發行, 未入
塞, 病死. 弟且莫車立, 爲車牙若鞮單于.

車牙單于立, 遣子右於塗仇撣王烏夷當入侍, 以囊知牙斯
爲左賢王. 車牙單于立四歲, 綏和元年死. 弟囊知牙斯立,
爲烏珠留若鞮單于.

| 註釋 | ○鴻嘉元年 – 성제의 연호, 前 20년.  ○搜諧若鞮單于(수해약제선
우) – 재위 전 20-12년.  ○元延元年 – 성제의 연호, 前 12년.  ○爲朝二年發
行 – 원연 2년 정초에 입조하려고 출발하다. 發行은 출발하다.  ○車牙若鞮
單于(거아약제선우) – 재위 전 12-8년.  ○綏和(수화) – 성제의 마지막 연호.
前 8년.  ○烏珠留若鞮單于(오주류약제선우) – 재위 前 8 – 서기 13년.

〖 國譯 〗
　復株累單于(복주루선우)는 즉위 10년인 鴻嘉(홍가) 원년에 죽었다.
동생인 且糜胥(저미서)가 즉위하니, 搜諧若鞮單于(수해약제선우)이다.
　수해약제선우가 즉위하자 아들 左祝都韓王(좌축도한왕)인 朐留斯
侯(구류사후)를 입시케 하고 且莫車(저막거)를 左賢王으로 삼았다. 수
해선우는 재위 8년에 죽었다. 元延(원연) 2년 정월에 입조하려고 출
발하였으나 국경까지 오기 전에 병사하였다. 동생 저막거가 즉위하
니 車牙若鞮單于(거아약제선우)이다.
　거아선우가 즉위하자, 아들 右於塗仇撣王(우어도구선왕)인 烏夷當
(오이당)을 보내 입시케 하였고, 囊知牙斯(낭지아사)를 左賢王에 임명
하였다. 거아선우는 즉위 4년인 綏和(수화) 원년에 죽었다. 아우인

囊知牙斯(낭지아사)가 즉위하니 烏珠留若鞮單于(오주류약제선우)이다.

烏珠留單于立, 以第二閼氏子樂爲左賢王, 以第五閼氏子輿爲右賢王, 遣子右股奴王烏鞮牙斯入侍. 漢遣中郎將夏侯藩, 副校尉韓容使匈奴. 時帝舅大司馬票騎將軍王根領尚書事, 或說根曰, "匈奴有斗入漢地, 直張掖郡, 生奇材木, 箭竿就羽, 如得之, 於邊甚饒, 國家有廣地之實, 將軍顯功, 垂於無窮." 根爲上言其利, 上直欲從單于求之, 爲有不得, 傷命損威. 根卽但以上指曉藩, 令從藩所說而求之. 藩至匈奴, 以語次說單于曰, "竊見匈奴斗入漢地, 直張掖郡. 漢三都尉居塞上, 士卒數百人塞苦, 候望久勞. 單于宜上書獻此地, 直斷閼之, 省兩都尉士卒數百人, 以復天子厚恩, 其報必大." 單于曰, "此天子詔語邪, 將從使者所求也?" 藩曰, "詔指也, 然藩亦爲單于畫善計耳." 單于曰, "孝宣, 孝元皇帝哀憐父呼韓邪單于, 從長城以北匈奴有之. 此溫偶駼王所居地也, 未曉其形狀所生, 請遣使問之." 藩, 容歸漢. 後復使匈奴, 至則求地. 單于曰, "父兄傳五世, 漢不求此地, 至知獨求, 何也? 已問溫偶駼王, 匈奴西邊諸侯作穹廬及車, 皆仰此山材木, 且先父地, 不敢失也." 藩還, 遷爲太原太守. 單于遣使上書, 以藩求地狀聞. 詔報單于曰, "藩擅稱詔從單于求地, 法當死, 更大赦二, 今徙藩爲濟南太守, 不令當匈奴." 明年, 恃子死, 歸葬. 復遣子左於駼仇揮王, 稽留昆入侍.

| 註釋 | ○匈奴有斗入漢地 – 흉노의 땅이 자루(손잡이)처럼 한의 땅에 들어오다. 斗는 絶也. ○箭笴就羽 – 箭笴은 화살 막대. 就는 鷲(독수리 취). ○直斷闕之 – 곧바로 자르다. 闕(가로막을 알)은 閉의 뜻. ○至知獨求 – 知는 囊知牙斯(낭지아사). 烏珠留若鞮單于(오주류약제선우)의 이름.

〖 國譯 〗

烏珠留單于(오주류선우)가 즉위하여 제2 연지의 아들 樂(락)을 左賢王에 임명하고, 제5연지의 아들 興(여)를 右賢王에 임명하였으며 아들 右股奴王(우고노왕)인 烏鞮牙斯(오제아사)를 입시하게 보냈다. 漢에서는 중랑장인 夏侯藩(하후번)과 副校尉인 韓容(한용)을 흉노에 사신으로 보냈다. 그때 성제의 외숙인 대사마 표기장군 王根(왕근)이 상서사를 겸하고 있었는데 어떤 사람이 왕근에게 말했다.

"흉노 땅이 漢地에 쑥 들어왔으니 張掖郡(장액군) 맞은 편입니다. 그곳에 자라는 기이한 재목은 화살대로, 독수리 깃은 화살에 쓰는데 그 땅을 얻을 수 있다면 변경이 크게 풍요롭고 나라에서는 땅을 넓힐 수 있어 장군의 공적으로 남아 후대에도 영원할 것입니다."

왕근은 성제에게 그 잇점을 말했고 성제는 직접 선우에게 요구하려 했는데 만약 얻지 못할 경우 황제의 명령의 권위가 손상할 수 있다고 생각하였다. 이에 왕근은 직접 황제의 뜻을 하후번에게 말하여 하후번의 설득으로 땅을 차지하려고 하였다. 하후번이 흉노에 들어가 이야기하던 기회를 보아 선우에게 말했다.

"제가 볼 때, 흉노의 땅이 한에 쑥 들어온 곳이 있으니 장액군 맞은 편입니다. 한의 3개 군 도위가 그 변경에 배치되었고 수졸 수백 명이 국경에서 늘 감시하며 고생을 하고 있습니다. 만약 선우께서 상서하여 한의 땅으로 들어온 곳을 바친다고 하면 2명의 도위와 사졸 수백 명을 줄일 수 있어 천자의 두터운 은혜를 받아 그 보답이 아주 클 것입니다."

이에 선우가 말했다. "이는 천자의 조서로 나온 말인가? 아니면 사자로 온 김에 요구하는 것인가?" 이에 하후번이 말했다. "천자의 뜻이나 이 하후번도 선우를 위해 좋은 방책이기에 건의하는 것입니다." 그러자 선우가 말했다.

"선제와 원제 두 분 황제께서도 우리 선친 호한야선우를 가련히 생각하시어 장성 이북의 땅을 흉노의 소유라고 하셨습니다. 그곳은 溫偶駼王(온우도왕)의 영지인데, 그 지역의 형상이나 산물을 알지 못하니 사자를 보내 알아보겠소."

이에 하후번과 한용은 한으로 귀국했다. 그 뒤에 다시 흉노에 사신으로 가게 되자 도착하여 割地(할지)를 요청하였다. 이에 선우가 말했다.

"그곳은 선조로부터 5대에 걸쳐 내려온 땅이며 한에서는 이 땅을 요구하지 않았는데 왜 지금 나에게 땅을 요구하는가? 이미 온우도왕에게 물었더니 흉노 서쪽 제후들이 천막집이나 戰車를 만들 때 모두 이곳 산의 재목에 의지하며 또 선조로부터 내려온 땅이기에 내줄 수 없도다."

하후번은 귀국하여 태원군 태수가 되었다. 선우가 사신을 보내 상서하여 하후번이 땅을 요구한 전말을 말하였다. 이에 조서로 선우에게 답하였다.

　"하후번이 멋대로 조정명령이라 말하면서 선우에게 땅을 요구한 것은 법에 의거 당연히 처형되어야 하나 특별히 두 단계를 사면하여 하후번을 제남태수로 옮겼으니 흉노의 일에 관여하지 않을 것이다."

　다음 해에 漢에 와 있던 侍子(시자)가 죽어 송환하여 장례를 치르게 했다. 다시 아들인 左於駼仇撣王(좌어도구탄왕) 稽留昆(계류곤)을 입시케 하였다.

　至哀帝建平二年, 烏孫庶子卑援疐翕侯人衆入匈奴西界, 寇盜牛畜, 頗殺其民. 單于聞之, 遣左大當戶烏夷泠將五千騎擊烏孫, 殺數百八, 略千餘人, 毆牛畜去. 卑援疐恐, 遣子趨逯爲質匈奴. 單于受, 以狀聞. 漢遣中郎將丁野林,副校尉公乘音使匈奴, 責讓單于, 告令還歸卑援疐質子. 單于受詔, 遣歸.

| 註釋 | ○建平二年 - 애제, 前 5년. ○毆牛畜去 - 毆는 驅. 몰아가다.

〚國譯〛

　哀帝 建平 2년에, 烏孫(오손)의 서자인 卑援疐(비원체) 翕侯(흡후)

는 무리를 거느리고 흉노의 서쪽 영역에 들어와 소와 가축을 도적질하고 많은 백성을 죽였다. 선우가 이를 알고서 좌대당호인 烏夷冷(오이랭)을 시켜 5천 기병을 거느리고 가서 오손을 공격하여 수백 명을 죽이고 1천여 명을 생포하고 소와 가축을 몰아갔다. 그러자 비원체는 두려워 아들 趨逐(추룩)을 인질로 흉노에 보냈다. 선우는 인질을 받아들이고 그간 상황을 漢에 보고하였다. 漢에서는 中郎將 丁野林(정야림)과 副校尉인 公乘音(공승음)을 흉노에 사신으로 보내 선우를 문책하고 비원체의 인질 자식을 돌려보내라고 하였다. 선우는 조서를 받고 인질을 돌려보냈다.

原文

建平四年, 單于上書願朝五年. 時哀帝被疾, 或言匈奴從上游來厭人, 自黃龍, 竟寧時, 單于朝中國輒有大故. 上由是難之, 以問公卿, 亦以爲虛費府帑, 可且勿許. 單于使辭去, 未發, 黃門郎揚雄上書諫曰,

│註釋│ ∘厭人 − (기도나 주문으로) 사람을 누르다. 厭은 누를 엽. 싫어할 염. ∘黃龍, 竟寧 − 黃龍(전 49년)에 선우가 입조한 뒤에 宣帝가 붕어했고, 竟寧(전 3년)에 선우가 입조한 뒤에 元帝가 붕어했다. 大故는 황제의 붕어. 국상. ∘府帑(부탕) − 국고. 국고에 보관된 비단. 帑은 금고 탕. ∘揚雄(양웅) − 87권, 〈揚雄傳〉(上, 下)에 입전.

　　建平(건평) 4년, 선우가 다음 해에 입조하겠다고 상서하였다. 그
때 애제는 병환 중이었는데 어떤 자가 흉노는 북쪽에서 놀며 사람을
짓누르기에 黃龍(황룡)과 竟寧(경녕) 연간에 선우가 중국에 입조하면
그때마다 국상이 난다고 말했다. 애제는 이 때문에 선우의 입조를
꺼리면서 여러 공경에게 물었는데 역시 국고만을 허비하니 허락하
지 않는 것이 좋다고 하였다. 선우의 사신이 인사하고 떠나기 직전
에 黃門郎인 揚雄(양웅)이 상서하여 말했다.

原文

　　「臣聞《六經》之治, 貴於未亂, 兵家之勝, 貴於未戰. 二者
皆微, 然而大事之本, 不可不察也. 今單于上書求朝, 國家
不許而辭之, 臣愚以爲漢與匈奴從此隙矣. 本北地之狄, 五
帝所不能臣, 三王所不能制, 其不可使隙甚明. 臣不敢遠稱,
請引秦以來明之.」

│註釋│　○《六經》 - 유가의 경전에 대한 일반적 지칭.　○皆微 - 微는 精
妙하다.　○從此隙矣 - 隙(틈 극)은 間隔이나 모순이 일어나다.

〔國譯〕

　　「臣이 알기로,《六經》에서는 혼란이 생기지 않게 다스리는 것을
귀히 여기고 병법은 싸우지 않는 승리를 귀하게 여긴다고 하였습니

다. 위 두 가지는 모두 미미하더라도 큰일의 뿌리가 되기에 살피지 않을 수 없습니다. 지금 선우가 상서하여 입조를 원했으나 나라에서는 허용하지 않고 보낸다는데, 신의 어리석은 의견이지만 한과 흉노는 이 때문에 틈이 벌어질 것입니다. 본래 북쪽의 夷狄(이적)은 五帝도 신하로 만들지 못했고 三王도 제어하지 못했으니 그들과 틈이 벌어져서는 안 된다는 사실은 아주 극명합니다. 신은 먼 상고의 일로 논할 수 없지만, 秦 이후의 일로 그래서는 안 되는 것을 말씀드리고자 합니다.」

原文

「以秦始皇之彊, 蒙恬之威, 帶甲四十餘萬, 然不敢窺西河, 乃築長城以界之. 會漢初興, 以高祖之威靈, 三十萬衆困於平城, 士或七日不食. 時奇謫之士石畫之臣甚衆, 卒其所以脫者, 世莫得而言也. 又高皇后嘗忿匈奴, 群臣庭議, 樊噲請以十萬衆橫行匈奴中, 季布曰, "噲可斬也, 妄阿順指!"於是大臣權書遺之, 然後匈奴之結解, 中國之憂平. 及孝文時, 匈奴侵暴北邊, 候騎至雍甘泉, 京師大駭, 發三將軍屯細柳, 棘門, 霸上以備之, 數月乃罷. 孝武卽位, 設馬邑之權, 欲誘匈奴, 使韓安國將三十萬衆徼於便墜, 匈奴覺之而去, 徒費財勞師, 一虜不可得見, 況單于之面乎! 其後深惟社稷之計, 規恢萬載之策, 乃大興師數十萬, 使衛靑, 霍去病操兵, 前後十餘年. 於是浮西河, 絶大幕, 破寘顔, 襲王庭,窮極其地, 追奔逐北, 封狼居胥山, 禪於姑衍, 以臨翰海, 虜名王貴人以百數. 自是之後, 匈奴震怖, 益求和親, 然而未肯稱臣也.

| 註釋 | ○奇譎之士石畫之臣 – 奇譎(기휼)은 기이한 속임수. 譎詭(휼궤). 石畫(석획)은 큰 계획. 石은 大. 畫 그을 획, 획책하다. 그림 화. ○世莫得而言也 – 평성의 포위를 벗어낸 책략이 당당한 책략이 아니었기에 공표되지 않았다. ○高皇后嘗忿匈奴 – 흉노의 冒頓單于(묵독선우)가 呂后에게 무례한 국서를 보낸 일. ○樊噲(번쾌) – 고조와 동서지간. 呂后의 弟夫. ○季布(계포) – 項羽의 部將으로 漢王을 여러 번 궁지에 몰았으나 나중에 漢王의 사면을 받았다. 37권,〈季布欒布田叔傳〉에 입전. ○權書遺之 – 權道에 의거 국서를 짓다. 좋은 말로 회답하다. ○細柳, 棘門, 霸上 – 장안성 주변 외곽, 당시 군 주둔지. ○設馬邑之權 – 馬邑으로 선우를 유인하려던 계책. 30만 대군을 매복했었으나 선우가 먼저 알아 실패했다. ○徼於便墆 – 徼(구할 요)는 맞이해 싸우다. 便墆(편지)는 유리한 땅. 墆는 地의 古字. ○規恢萬載之策 – 規恢(규회)는 큰 계획을 꾸미다. 恢는 大. 萬載는 萬年. ○破寘顏 – 寘顏山(전안산)에서 격파하다. 今 蒙古高原 杭愛山 남쪽.

〖國譯〗

「강대한 秦始皇 권한과 蒙恬(몽염)의 위세에 40여 만의 군대로도 西河(서하)의 땅을 감히 넘보지 못하고 장성을 축조하여 경계를 삼았습니다. 한이 처음 건국되고 高祖의 신령한 위엄에 30만 군사가 平城(평성)에서 곤궁에 처하여 군사가 7일 동안 굶어야 했습니다. 그때 모사에 능한 책사와 원대한 방책을 꾸미는 신하가 매우 많아 끝내 벗어나긴 했어도 세상에는 그런 이야기를 들을 수가 없었습니다.

또 高后(고후)께서 흉노에 분개하면서 조정의 여러 신하와 논의할 때 樊噲(번쾌)가 10만 군사로 흉노 땅을 짓밟겠다고 하자 季布(계포)가 말했습니다. "번쾌를 참수해야 합니다. 망년된 말로 태후 뜻에 아첨이나 합니다."라고 말했습니다. 이에 대신이 적당한 국서를 지어 보낸 뒤에야 흉노와 관계가 해결되어 중국의 걱정이 가라앉았습니다. 文帝(문제) 때 이르러 흉노가 북쪽 변경을 난폭하게 침입하자 척후병이 雍縣(옹현) 甘泉宮(감천궁)까지 나타났으며 京師(경사) 지역이 놀라 3명의 장군이 군사를 동원하여 細柳(세류), 棘門(극문), 霸上(패상)에 주둔케 했다가 몇 달 뒤에 해산했습니다. 무제가 즉위하여서는 馬邑(마읍)에 매복하고 물욕을 이용하여 흉노를 유인하고 韓安國(한안국) 등이 30만 군사로 유리한 곳에서 맞아 싸우려 하였으나 흉노가 눈치 채고 돌아가는 바람에 헛 비용에 군사만 고생하였으니 적을 1명도 보지 못했는데 하물며 선우의 얼굴을 보았겠습니까! 그 뒤에 그 뒤로 사직을 위한 심원한 계책과 만년을 지속할 대책을 계획하시어 수십 만의 군사를 동원하여 衛靑(위청)과 霍去病(곽거병)으로 하여금 전후 10여 년을 지휘하게 하였습니다. 이에 西河(서하)를 건넜고 큰 사막을 횡단하고 寘顔山(전안산)에서 격파하였으며 선우의 직할지를 습격하고 그 땅 끝까지 쫓아가 북쪽으로 방축한 뒤에 狼居胥山(낭거서산)과 姑衍山(고연산)에서 封禪禮(봉선례)를 행하고 큰 사막까지 갔다가 귀환하면서 흉노 名王(명왕)과 귀인 수백 명을 사로잡았습니다. 이후로 흉노는 두려워 떨며 더욱 화친을 갈구하면서도 稱臣(칭신)하지는 않았습니다.」

「且夫前世豈樂傾無量之費, 役無罪之人, 快心於狼望之北哉? 以爲不一勞者不久佚, 不暫費者不永寧, 是以忍百萬之師以摧餓虎之喙, 運府庫之財塡盧山之壑而不悔也. 至本始之初, 匈奴有桀心, 欲掠烏孫, 侵公主, 乃發五將之師十五萬騎獵其南, 而長羅侯以烏孫五萬騎震其西, 皆至質而還. 時鮮有所獲, 徒奮揚威武, 明漢兵若雷風耳. 雖空行空反, 尙誅兩將軍. 故北狄不服, 中國未得高枕安寢也. 逮至元康, 神爵之間, 大化神明, 鴻恩溥洽, 而匈奴內亂, 五單于爭立, 日逐, 呼韓邪攜國歸死, 扶伏稱臣, 然尙羈縻之, 計不顓制. 自此之後, 欲朝者不距, 不欲者不强. 何者? 外國天性忿鷙, 形容魁健, 負力怙氣, 難化以善, 易隷以惡, 其强難詘, 其和難得. 故未服之時, 勞師遠攻, 傾國殫貨, 伏屍流血, 破堅拔敵. 如彼之難也, 旣服之後, 尉薦撫循, 交接賂遺, 威儀俯仰, 如此之備也. 往時嘗屠大宛之城, 蹈烏桓之壘, 探姑繒之壁, 藉蕩姐之場, 艾朝鮮之旃, 拔兩越之旗, 近不過旬月之役, 遠不離二時之勞, 固已犁其庭, 埽其閭, 郡縣而置之, 雲徹席捲, 後無餘菑. 唯北狄爲不然, 眞中國之堅敵也. 三垂比之懸矣, 前世重之慈甚, 未易可輕也.」

| 註釋 | ○前世豈樂傾無量之費 – 前世는 武帝 재위 시기. 傾은 쏟아 붓다. 無量之費는 막대한 비용. ○狼望之北 – 봉화 연기가 보이는 요새의 북

쪽. ○不久佚 – 오래 安逸할 수 없다. 佚은 逸. ○摧餓虎之喙 – 摧는 꺾을 최. 餓虎之喙는 굶주린 호랑이의 입. 喙는 부리 훼. 입(口). ○盧山之壑 – 노산의 골짜기. 盧山은 흉노땅의 산. 어떤 특정 산은 아님. 壑은 골짜기 학. ○本始之初 – 宣帝의 첫 번째 연호. 前 73–70년. ○長羅侯 – 常惠(상혜). ○皆至質而還 – 質은 약속한 것. 기약한 곳. ○元康, 神爵 – 선제의 연호 元康(前 65–62년), 神爵(前 61–58년). ○攜國歸死 – 나라를 들어 天命에 귀의하다. 攜는 끌 휴, 갖고 오다. 携의 本字. ○外國天性忿鷙 – 外國은 이민족. 忿鷙(분지)는 사납고 거칠다(殘忍凶狠). 鷙는 맹금 지. 사납다. 공격적이다. ○形容魁健 – 魁는 으뜸 괴, 크다. ○負力怙氣 – 힘을 쓰고 으스대다. 怙는 믿을 호. ○尉薦撫循 – 물건을 주어 달래고 어루만져주다. ○探姑繒之壁 – 姑繒(고증)은 西南夷의 일부. 위치 미상. ○藉蕩姐之場 – 藉는 짓밟다. 蕩姐(탕저)는 羌族의 일부. 위치 미상. ○不過旬月之役 – 旬月은 열흘에서 한 달 사이의 짧은 기간. 役은 소규모의 전쟁. ○埽其閭 – 埽는 掃(쓸 소). 쓸어내다. 閭는 마을 여(려). ○後無餘菑 – 菑는 재앙 재(災). 묵힌 밭 치. ○三垂比之懸矣 – 三垂는 북쪽을 제외한 3방향. 懸은 뚜렷하다. 懸隔(현격)하다. 매달 현.


〔國譯〕

「그렇지만 예전에도 막대한 비용을 쏟아 붓고 죄 없는 백성을 동원하는 것을 어찌 좋아했겠으며 봉화가 오르는 북녘을 바라보며 어찌 마음이 즐거웠겠습니까? 고생을 하지 않으면 오랫동안 편안할 수 없고 잠시 지출이 없다면 오래 안녕할 수 없다고 생각하였기에 백만의 군사를 동원하여 굶주린 호랑이 입으로 몰아넣어야 했으며 나라 창고의 재물을 날라다가 盧山(노산)의 골짜기를 메우고도 후회하지 않았습니다. 宣帝의 本始 연간까지도 흉노는 포악한 마음을 가지고 烏孫(오손)을 노략질하면서 漢에서 출가시킨 공주를 요구하자 5명의 장수가 거느린 15만 대군이 흉노의 남쪽에 출동하였으며, 長羅侯(장라후, 常惠)는 오손의 5만 기병을 거느리고 흉노의 서쪽을 떨게 하고서 약속했던 땅까지 공격하고 돌아왔습니다. 그때 노획한 것은 많지 않았어도 우리 군사의 武威를 떨쳤고 우리 군사가 질풍처럼 빠르다는 것을 분명히 보여주었습니다. 비록 소득 없는 출동을 마치고 돌아왔지만 두 명의 장수가 자살로 끝을 냈습니다. 그렇지만 흉노는 복종하지 않았기에 우리는 마음 놓고 잠을 잘 수도 없었습니다. 선제 元康(원강)과 神爵(신작) 연간에 위대한 교화가 밝게 이뤄지고 큰 은택이 널리 퍼졌으며 흉노에서는 5명의 선우가 다투었는데 일축왕과 호한야선우가 무리를 이끌고 투항하여 땅에 엎드려 칭신하였는데도 그들을 붙들어 맬 생각은 했지만 우리 마음대로 통제할 것을 생각하지 못했습니다. 이후로 입조하겠다는 자를 막지 않았고 원하지 않는다면 강요하지도 않았습니다. 왜 그러 했겠습니까? 이 민족의 천성은 사납고 공격적이며 생김새도 크고 건장하며 힘을 믿고 거칠어서 선의로 교화하기 어려우며 힘으로 굴복시켜야 하며, 뻣뻣하여 굽히기를 싫어하여 조화할 수 없기 때문입니다. 그래서 그들이 복종하기 전에는 어렵게 군사를 내어 멀리까지 공격해야 했으며 온 나라의 재물을 쏟아 넣고 시신이 쌓이며 피를 흘려가면서 막강한 적을 격파해야 했습니다. 그러한 어려움은 그들이 굴복한 이후로 재물로 어르고 달래면서 보내주는 물건이 꼬리를 이었는데 그들이 위엄에 굴복한 것은 이렇게 해서 된 것입니다. 옛날에 大宛(대원)의 도성을 도륙하고 烏桓(오환)의 성벽을 짓밟았으며, 姑繒(고증)의 울타리를 넘어트리고 蕩姐(탕저)의 안마당을 짓밟았으며, 朝鮮(조선)의 깃대를 꺾어버렸고 兩越(양월)의 깃발을 뽑았던 한 달도 안 되는 기간의 전쟁은 양 계절에 걸친 고생을 하지 않고서도 그 근거지를 갈아엎고 마을을 쓸어버리고서 군현을 설치하였으니 마치 구름이 사라지고 자리를 말아버리듯 사후의 걱정거리를 남기지도 않았습니다. 그러나 오직 북쪽 오랑캐는 그러하지 않았으니 정말로 중국의 확실한 적이었습니다. 다른 3방면과는 확실하게 달랐기에 이전부터 아주 신중히 대처했었으니 가벼이 생각할 수 없습니다.」

原文

「今單于歸義, 懷款誠之心, 欲離其庭, 陳見於前, 此乃上世之遺策, 神靈之所想望, 國家雖費, 不得已者也. 奈何距以來厭之辭, 疏以無日之期, 消往昔之恩, 開將來之隙! 夫款而隙之, 使有恨心, 負前言, 緣往辭, 歸怨於漢, 因以自絶, 終無北面之心, 威之不可, 諭之不能, 焉得不爲大憂乎! 夫明者視於無形, 聽者聽於無聲, 誠先於未然, 卽蒙恬,樊噲不復施, 棘門,細柳不復備, 馬邑之策安所設, 衛,霍之功何得用, 五將之威安所震? 不然, 一有隙之後, 雖智者勞心於內, 辯者鼓擊於外, 猶不若未然之時也. 且往者圖西域, 制車師, 置城郭都護三十六國, 費歲以大萬計者, 豈爲康居,烏孫能逾白龍堆而寇西邊哉? 乃以制匈奴也. 夫百年勞之, 一日失之, 費十而愛一, 臣竊爲國不安也. 唯陛下少留意於未亂未戰, 以遏邊萌之禍.」

| 註釋 | ◦欲離其庭 - 庭은 單于庭. 선우의 직할지. 王廷이라고도 표현. 이동생활을 하는 그들에게 朝廷이라 번역하기에는 좀 무리가 있다. ◦不得已者也 - 已는 止也. ◦奈何距以來厭之辭 - 奈何(내하)는 어찌하여. 距는 거절하다. 막다(拒). 來厭은 來朝가 천자 기운을 누르다. 厭은 누를 엽. ◦終無北面之心 - 끝내 신하의 마음을 갖지 않다. 왕이 南面하니 신하는 北面한다. ◦先於未然 - 사건의 발생 전에 대비하다. ◦辯者轂擊於外 - 변설에 능한 자가 수레를 타고 외국을 다니다. 轂擊(곡격)은 수레가 부딪치다. 수레로 이곳저곳을 다니다. 轂은 바퀴 곡, 수레. ◦逾白龍堆 - 逾는 넘을 유. 白龍堆(백룡퇴)는 今 新疆省 위구르자치구의 동부 羅布泊 사막의 지명. ◦以遏邊萌之禍 - 遏은 막을 알. 萌은 싹 맹.

〖 國譯 〗

「이번에 선우가 歸義하면서 진심된 마음을 품고 그들 직할지를 떠나 천자를 알현하고자 하였는데, 이는 先代에서 이루지 못한 것이며 신령한 선조들이 바랐던 것이기에 나라에서 비용이 들더라도 그만둘 수 없는 일입니다. 그런데 왜 그들이 내방이 천자를 누른다 하여 거절하며 기일을 정해주지 않아 소외시켜서 예전의 은택을 다 무효로 하며 앞날의 갈등을 시작하려 합니까! 대개 정성을 거부하여 상대에게 원한을 품게 하고 전의 약속을 뒤집으며 지난 언사에 연연하여 원한을 우리에게 돌리게 하고 그 때문에 우리 스스로 관계를 단절한다면 그들이 신하가 되려는 마음이 없어진다면 우리는 위엄을 보일 수 없고 敎諭(교유)도 불가능 할 것이니 이 어찌 큰 걱정거리가 아니겠습니까! 지혜롭다면 보이지 않는 것을 볼 수 있고 총명하다면 들리지 않는 소리를 들을 수 있어야 하니 정말로 미연에 방지할 수 있다면 몽념이나 번쾌의 武勇도 쓸모가 없고, 棘門(극문)이나

細柳(세류)에 군사를 주둔하지 않아도 되며, 馬邑(마읍)에서의 매복도 필요 없고, 衛靑(위청)이나 霍去病(곽거병)의 공적이 없어도 되며, 5명 장군의 위엄을 어디서 자랑할 수 있겠습니까? 그렇지 않을 경우, 한 번 틈이 벌어진 뒤에는 비록 지혜로운 자가 국내에서 노심초사하거나 변설하는 자가 외국에 수레로 오가더라도 일이 터지기 전과는 같지 않을 것입니다. 또 지난날에 서역을 경영하고 車師國(거사국)을 제압하여 성곽을 쌓고 36개국을 관리하는 서역도호를 설치 운영하느라고 매년 수만의 비용이 들어간다 하더라도 그것이 어찌 康居(강거)와 烏孫이 白龍堆(백룡퇴)를 넘어 서쪽을 침공하는 것이 두려워 그러했겠습니까? 바로 흉노를 제압하기 위한 조치들이었습니다. 백 년 동안의 고생을 하루아침에 버리고 열개를 낭비하고서 하나를 아끼려 한다면 저의 생각으로는 나라를 불안하게 만드는 일입니다. 폐하께서는 혼란이 발생하기 전 또 전쟁이 일어나기 전에 예방한다는 점을 잠깐이라도 유념하시어 변경에서 재앙의 싹이 트는 것을 막아주시기 바랍니다.」

原文

書奏, 天子寤焉, 召還匈奴使者, 更報單于書而許之. 賜雄帛五十匹, 黃金十斤. 單于未發, 會病, 復遣使願朝明年. 故事, 單于朝, 從名王以下及從者二百餘人. 單于又上書言, "蒙天子神靈, 人民盛壯, 願從五百人入朝, 以明天子盛德." 上皆許之.

| 註釋 | ○天子寤焉 – 寤는 悟(깨달을 오). ○故事 – 前例. ○名王 – 흉노의 관직명. ~王. 고급 족장.

〖國譯〗

상서가 들어가자 천자는 깨달은 바 있어 흉노의 사자를 소환하여 선우에게 보내는 답서를 다시 써서 입조를 허락하였다. 揚雄(양웅)에게는 비단 50필과 황금 10근을 하사하였다. 선우가 출발하기 전에 마침 병이 나서 다시 사자를 보내 다음 해 입조하겠다고 말했다. 전례에 의하면 선우가 입조할 때는 수행하는 名王 이하 그 종자가 2백여 명이었다. 선우가 다시 상서하여 말했다. "천자의 神靈하신 은택으로 백성이 번성하였기에 500명 종자를 거느리고 입조하여 천자의 성덕을 크게 드러내고자 합니다."

애제는 모두 허락하였다.

原文

元壽二年, 單于來朝, 上以太歲厭勝所在, 舍之上林苑蒲陶宮. 告之以加敬於單于, 單于知之. 加賜衣三百七十襲, 錦繡繒帛三萬匹, 絮三萬斤, 它如河平時. 旣罷, 遣中郎將韓況送單于. 單于出塞, 到休屯井, 北度車田盧水, 道里回遠. 況等乏食, 單于乃給其糧, 失期不還五十餘日.

| 註釋 | ○元壽二年 – 哀帝의 연호. 애제의 마지막 해. 서기 前 1년. ○太歲厭勝所在 – 歲星(木星)이 상응하는 해를 太歲라 하여 각종 금기가 있었다.

厭은 누를 엽. ○舍之 – 舍는 머물다. 숙식하다. ○加敬於單于 – 선우에게
특별한 환대를 베풀다. ○河平 – 河平은 成帝의 연호. ○道里回遠 – 먼 길
을 돌아서 가다.


[國譯]

元壽(원수) 2년에 선우가 입조하였는데 애제는 太歲(태세)의 액운
을 눌러 이기려고 선우를 上林苑 蒲陶宮(포도궁)에 머물게 하였다.
선우에게는 특별한 환대라고 말하였지만 선우는 사실을 알고 좋아
하지는 않았다. 선우에게 의복 370벌과 여러 가지 비단 3만 필, 솜 3
만 근을 더 하사하고 나머지는 (成帝) 河平 때와 같았다. 모든 절차
를 마치고 중랑장 韓況(한황)을 시켜 선우를 전송했다. 선우는 국경
을 떠나 休屯井(휴둔정)에 도착했고 북으로 車田(거전)의 盧水(노수)
를 건너 멀리 돌아갔다. 한황 등이 돌아갈 양식이 모자라자 선우는
그 양식을 보내 주었는데 예정 기일 50여 일이 지나도록 돌아오지
못했다.


[原文]

初, 上遣稽留昆隨單于去, 到國, 復遣稽留昆同母兄右大
且方與婦入待. 還歸, 復遣且方同母兄左日逐王都與婦人
侍. 是時, 漢平帝幼, 太皇太后稱制, 新都侯王莽秉政, 欲說
太后以威德至盛異於前, 乃風單于令遣王昭君女須卜居次
云入侍太后, 所以常賜之甚厚.

| 註釋 | ○平帝 – 재위 서기 1-5년. ○稱制 – 태후 등이 황제를 대신하여 政令을 행사하다. ○須卜居次(수복거차) – 수복이란 사람의 아내인 居次 (公主).

[國譯]

그전에 애제는 인질이던 稽留昆(계류곤)을 선우를 따라 돌려보냈는데 도착한 뒤에 다시 계류곤의 동복형인 右大且(우대저) 方(방)을 부인과 함께 입시케 하였다. 다시 우대저 방을 돌려보내자 동복형인 일축왕 都(도)를 부인과 함께 입시케 하였다. 그때 한의 平帝가 어려 太皇太后(成帝의 王황후)가 칭제하고 新都侯 王莽(왕망)이 정권을 잡고 있었는데, 왕망은 태황태후를 기쁘게 하려고 태후의 위덕이 널리 퍼져 이전과 다르다고 말하면서 선우에게 넌지시 말해 王昭君의 딸인 須卜居次(수복거차) 云(운)을 보내 태후를 모시도록 하였는데 그녀에게 내리는 하사품이 아주 많았다.

原文

會西域車師後王姑句,去胡來王唐兜皆怨恨都護校尉, 將妻子人民亡降匈奴, 語在〈西域傳〉. 單于受置左谷蠡地, 遣使上書言狀曰, ‘臣謹已受’. 詔遣中郞將韓隆, 王昌, 副校尉甄阜, 侍中謁者帛敞, 長水校尉王歙使匈奴, 告單于曰, "西域內屬, 不當得受, 今遣之." 單于曰, "孝宣, 孝元皇帝哀憐, 爲作約束, 自長城以南天子有之, 長城以北單于有之. 有犯塞,輒以狀聞, 有降者, 不得受. 臣知父呼韓邪單于蒙無量之恩, 死遺言曰, '有從中國來降者, 勿受, 輒送至塞, 以報天子厚恩'. 此外國也, 得受之." 使者曰, "匈奴骨肉相攻, 國幾絶, 蒙中國大恩, 危亡復續, 妻子完安, 累世相繼, 宜有以報厚恩." 單于叩頭謝罪, 執二虜還付使者. 詔使中郎將王萌待西域惡都奴界上逆受. 單于遣使送到國, 因請其罪. 使者以聞, 有詔不聽, 會西域諸國王斬以示之. 乃造設四條, 中國人亡入匈奴者, 烏孫亡降匈奴者, 西域諸國佩中國印綬降匈奴者, 烏桓降匈奴者, 皆不得受. 遣中郎將王駿, 王昌, 副校尉甄阜, 王尋使匈奴, 班四條與單于, 雜函封, 付單于, 令奉行, 因收故宣帝所爲約束封函還. 時, 莽奏令中國不得有二名, 因使使者以風單于, 宜上書慕化, 爲一名, 漢必加厚賞. 單于從之, 上書言, "幸得備藩臣, 竊樂太平聖制, 臣故名囊知牙斯, 今謹更名曰, 知." 莽大說, 白太后, 遣使者答諭, 厚賞賜焉.

| 註釋 | ○西域車師後王句姑 － 西域의 車師後國의 王인 句姑. 車師國은 선제 재위 연간에 前, 後國으로 분열되었다. 句姑 〈西域傳〉에 姑句로 되어있다. ○去胡來王唐兜 － 〈西域傳〉에는 '婼羌國王(야강국왕) 號 去胡來王'으로 되어 있다. 唐兜(당두)는 인명. ○臣知~ － 知는 烏珠留若鞮單于(오주류약제선우)의 이름인 囊知牙斯. ○惡都奴(악도노) － 서역의 지명. 계곡명. ○逆受 － 맞이하고 접수하다(迎而受之). ○雜函封 － 하나의 函(함)에 國書[璽書(새서)]와 함께 넣어 봉하다. ○不得有二名 － 二字 또는 그 이상의 이름을 쓸 수

없다. 한 글자 이름을 통용하라는 뜻. 이는 왕망이 《春秋公羊傳》의 영향을
받았기 때문이다.

〚國譯〛

그때 西域 車師後國(거사후국)의 王인 姑句(고구)와 去胡來王 唐兜
(당두)가 모두 서역 都護校尉에게 원한을 가지고 처자와 백성을 거
느리고 흉노에 투항하였는데, 이는 〈서역전〉에 있다. 선우는 이들
을 左谷蠡王(좌녹리왕)의 관할지에 살게 하고 사신을 보내 漢에 '臣
이 삼가 받아들였습니다.' 라고 보고하였다. 이에 조서를 내리고 중
랑장 韓隆(한륭)과 王昌, 부교위인 甄阜(견부), 시중알자인 帛敞(백
창), 장수교위인 王歙(왕흡) 등을 흉노에 사신으로 보내 선우에게 말
했다. "서역국은 우리의 속국으로 흉노가 받아들일 수 없으니 지금
그들을 돌려보내라."고 하였다. 이에 선우가 말했다.

"宣帝와 元帝께서는 우리를 불쌍히 여기시어 약속을 하셨으니 長
城 이남은 천자가 소유하고 장성 이북은 선우가 보유한다고 하였소.
변경을 침범하는 자 있으면 바로 상황을 통보하고 투항자가 있어도
받아들이지 않는다고 하였소. 저의 부친 호한야선우께서 무한한 은
택을 입었기에 돌아가시면서 유언을 하였소. '중국으로부터 투항자
는 받아들이지 말고 바로 변경으로 송환하여 천자의 후은에 보답하
라' 고 하셨습니다. 그러나 이들은 다른 나라 사람이니 받아들인 것
이요."

그러나 사자가 말했다. "흉노는 골육이 서로 공격하여 나라가 거
의 멸망하려 했지만 중국의 큰 은덕으로 망하려다가 다시 이어졌고
처자가 모두 안전하여 여러 대에 이어지고 있으니 응당 천자의 두터

운 은혜에 감사해야 합니다." 그러자 선우는 머리를 조아리고 사죄하여 두 포로를 데려다가 사자에게 넘겨주었다. 조서로 中郞將인 王萌(왕맹)으로 하여금 西域의 惡都奴(악도노)의 경계에서 사신을 맞이하게 하였다. 선우는 사신을 보내 투항자의 사면을 청하였다. 사자가 이를 천자에게 보고하였으나 조서를 내려 사면하지 않고 서역 여러 나라의 왕들을 모아 죄인을 참수하여 보여주게 하였다. 그리고 4개 조항의 규칙을 정하였다. 중국인으로 흉노에 도망한 자, 오손 백성으로 흉노에 도망한 자, 그리고 서역 여러 나라에서 중국의 인수를 패용하고 흉노에 투항하는 자, 또 烏桓(오환)에서 흉노에 투항하는 자는 모두 받아들이지 않는다고 하였다. 漢에서는 중랑장인 王駿(왕준)과 王昌(왕창), 부교위인 甄阜(견부)와 王尋(왕심)을 흉노에 사신으로 보내 4개 약조를 선우에게 알려주고 국서와 함께 함에 넣어 봉한 뒤 선우에게 교부하여 봉행토록 하고 전에 宣帝와의 약조를 넣어둔 함을 회수하였다. 그때 왕망은 상주하여 중국에서는 사람의 이름에 두 글자 이름을 사용할 수 없도록 하였는데, 이에 사신을 보내 선우에게 은근히 강조하면서 응당 중국의 조치를 따라 한 글자 이름을 지어 사용한다면 漢에서 틀림없이 많은 상을 내릴 것이라 하였다. 그러자 선우가 상서하여 말했다.

"다행히도 천자의 藩臣(번신)으로 태평성대의 제도를 즐겨 따를 수 있으니 臣의 예전 이름 囊知牙斯(낭지아사)를 이번에 삼가 知(지)로 바꾸고자 합니다."

왕망은 크게 기뻐하며 태후에게 상신한 뒤에 후한 상을 하사하였다.

漢旣班四條, 後護烏桓使者告烏桓民, 毋得復與匈奴皮布
稅. 匈奴以故事遣使者責烏桓稅, 匈奴人民婦女欲賈販者皆
隨往焉. 烏桓距曰, "奉天子詔條, 不當予匈奴稅." 匈奴使
怒, 收烏桓酋豪, 縛到懸之. 酋豪昆弟怒, 共殺匈奴使及其
官屬, 收略婦女馬牛. 單于聞之, 遣使發左賢王兵入烏桓責
殺使者, 因攻擊之. 烏桓分散, 或走上山, 或東保塞. 匈奴頗
殺人民, 毆婦女弱小且千人去, 置左地, 告烏桓曰, "持馬畜
皮布來贖之." 烏桓見略者親屬二千餘人持財畜往贖, 匈奴
受, 留不遣.

| 註釋 | ○以故事 − 前例에 따라. ○烏桓距曰 − 距(떨어진 거)는 拒(막을
거)와 通. ○毆婦女 − 毆는 驅(몰 구).

[國譯]

漢에서 4개조를 반포한 뒤에 烏桓(오환)을 감독하는 漢의 사자가
오환의 백성들에게 다시는 흉노에게 皮布稅(피포세)를 바쳐서는 안
된다고 하였다. 그러나 흉노에서는 전례에 따라 사자를 보내 오환에
게 납세를 독촉하였고 흉노의 백성이나 부녀자로서 장사를 하려던
사람들도 따라왔다. 그러자 오환에서는 납세를 거부하며 말했다.
"천자의 조서에 따라 흉노에게 세를 바치지 않겠다." 흉노의 사자가
화가 나서 오환 추장을 잡아가두고 묶어 매달았다. 추장의 형제들이
분노하며 흉노의 사자와 관속들을 모두 죽이고 흉노 부녀자와 가축

을 빼앗았다. 선우가 이 사실을 알고 左賢王의 군사를 출동시켜 오환에 들어가 사자를 죽인 자들을 찾아 죽이면서 오환을 공격하였다. 오환의 백성들이 흩어지며 산으로 도주하거나 동쪽 성채로 도망쳤다. 흉노는 많은 백성을 죽이고 부녀자나 약소자 대략 1천여 명을 몰고 가서 그들의 좌측 땅에 머물게 하고 오환에게 알렸다.

"말이나 가축, 직물을 가지고 와서 속죄하라." 오환에서는 잡힌 자의 친족 2천여 명이 재물이나 가축으로 속전을 바쳤으나 흉노는 받기만 하고 억류하며 돌려보내지 않았다.

原文

王莽之簒位也, 建國元年, 遣五威將王駿率甄阜,王颯,陳饒,帛敞,丁業六人, 多繼金帛, 重遺單于, 諭曉以受命代漢狀, 因易單于故印. 故印文曰, '匈奴單于璽', 莽更曰, '新匈奴單于章'. 將率旣至, 授單于印紱, 詔令上故印紱. 單于再拜受詔. 譯前, 欲解取故印紱, 單于擧掖授之. 左姑夕侯蘇從旁謂單于曰, "未見新印文, 宜且勿與." 單于止, 不肯與. 請使者坐穹廬, 單于欲前爲壽. 五威將曰, "故印紱當以時上." 單于曰, "諾." 復擧掖授譯. 蘇復曰, "未見印文, 且勿與." 單于曰, "印文何由變更!" 遂解故印紱奉上, 將率受. 著新紱, 不解視印, 飮食至夜乃罷. 右率陳饒謂諸將率曰, "鄕者姑夕侯疑印文, 幾令單于不與人. 如令視印, 見其變改, 必求故印, 此非辭說所能距也. 旣得而復失之, 辱命莫

大焉. 不如椎破故印, 以絶禍根." 將率猶與, 莫有應者. 饒,
燕士, 果悍, 卽引斧椎壞之. 明日, 單于果遣右骨都侯當白
將率曰 "漢賜單于印, 言 '璽', 不言 '章', 又無 '漢' 字. 諸
王已下乃有 '漢', 言 '章'. 今卽去 '璽' 加 '新', 與臣下無別.
願得故印." 將率示以故印, 謂曰 "新室順天製作, 故印隨
將率所自爲破壞. 單于宜承天命, 奉新室之制." 當還白, 單
于知已無可奈何, 又多得賂遺, 卽遣弟右賢王與奉馬牛隨將
率入謝, 因上書求故印.

| 註釋 | ○建國元年 - 왕망이 찬위한 서기 8년은 初始 元年이고, 다음 서기 9년이 建國 원년이다. 〈왕망전〉에는 '始建國' 으로 표기한 곳도 있다. ○率甄阜 ~ - 率(장수 수)는 帥. 率는 장수 수. 거느릴 솔. 비율 율. ○印綬 - 印과 인끈. 綬은 인끈 불. ○譯前 - 역관이 다가가다. ○將率猶與 - 猶與는 猶豫(유예)와 同. ○果悍 - 결단성 있고 용감하다. 悍은 사나울 한. 용감하다.

〔國譯〕

王莽(왕망)이 제위를 찬탈한 뒤인 建國 원년에, 五威將(오위장)인 王駿(왕준)과 장수(率, 帥)인 甄阜(견부), 王颯(왕삽), 陳饒(진요), 帛敞(백창), 丁業(정업) 등 6인을 파견하여 많은 금전과 비단을 가지고 가서 선우에게 기증하며 漢을 대신하여 천명을 받은 사실을 설명하고 선우의 옛 인수를 교체케 하였다. 선우의 옛 인장의 글은 '匈奴單于璽(흉노선우새)' 인데, 왕망은 이를 '新 匈奴單于의 章' 이라고 바꾸었다. 장수들이 도착하여 선우의 璽印(새인)과 인끈을 주고 조서로 옛 인장과 인끈을 바치게 하였다.

선우는 두 번 절하고 조서를 받았다. 역관이 다가가서 옛 印綬(인불)을 풀려고 하자 선우는 겨드랑이를 들어 내주려 했다. 이때, 左姑夕侯(좌고석후)인 蘇(소)가 곁에서 선우에게 말했다. "새 인장의 글을 보지 못했으니까 주지 마십시오." 그러자 선우가 멈추며 주려고 하지 않았다. 그리고 사자를 불러 천막 안에 앉게 하고 선우가 앞으로 나아가 새 황제를 위해 축수하려고 했다. 그러자 오위장이 말했다. "옛 인불은 제때에 바쳐야 합니다." 그러자 선우가 말했다. "알았소!" 그리고 다시 팔을 들어 인수를 역관에게 내주려 하자 蘇(소)가 다시 말했다. "인장의 글을 보기 전에는 내주지 마십시오." 그러자 선우가 말했다. "인장의 글이 왜 바뀌겠는가!" 그리고서는 옛 인불을 풀러 바쳤고 장수가 받았으며, 선우는 새 인불을 착용했지만 인장의 글을 보지는 않았다. 밤이 되도록 마시고서는 자리를 파했다. 右率(우수)인 陳饒(진요)가 다른 장수에게 말했다. "앞서 고석후가 인장의 글을 의심하여 선우가 거의 안 넘겨주려 했소. 만약 새 인장을 보고 그 바뀐 것을 알면 필히 옛 인장을 달라고 할 것인데, 이는 말로 거절하기 어려운 것이오. 일단 손에 들어온 것을 다시 내준다면 천자의 명을 욕되게 하는 일이 이보다 더 큰 것이 없을 것이오. 그러니 망치로 부숴 화근을 없애는 것이 좋을 것이오." 장수들이 머뭇거리면서 응하는 자가 아무도 없었다. 진요는 燕(연)나라 출신이라 과감하였는데 도끼를 가져다가 부숴버렸다.

다음 날, 선우는 예상했던 대로 右骨都侯(우골도후) 當(당)을 보내 장수에게 말했다.

"한에서 내린 선우의 인장은 '璽(새)'라 하고 '章(장)'이라 하지 않았으며 '漢' 글자가 없었습니다. 그리고 諸王(제왕) 이하의 인장에는 '漢'이 있고 '章'이라 하였습니다. 이전 인장의 '璽'를 없애고 '新'이 추가되었으며 다른 신하의 인장과 다를 것이 없습니다. 옛 인장을 돌려받고자 합니다."

그러자 장수들이 옛 인장을 보여주며 말했다. "新(신) 황실에서 천명에 의거 제작한 것이며 옛 인장은 장수가 받는 대로 부숴버리게 되었습니다. 선우는 천명에 따라 新(신)황실의 제도를 따르십시오."

當(당)이 돌아가 보고하자 선우는 이미 어쩔 수 없다고 생각했으며 또 이미 많은 예물을 받았기에 곧 아우인 右賢王인 輿(여)를 보내 우마를 가지고 장수와 함께 가서 사례토록 하면서 국서를 올려 옛 인장을 달라고 하였다.

## 原文

將率還到左犂汙王咸所居地, 見烏桓民多, 以問咸. 咸具言狀, 將率曰, "前封四條, 不得受烏桓降者, 亟還之." 咸陽, "請密與單于相聞, 得語, 歸之." 單于使咸報曰, "當從塞內還之邪, 從塞外還之邪?" 將率不敢顓決, 以聞. 詔報, 從塞外還之.

| 註釋 | ○咸具言狀 – 원래의 정황을 설명하다. ○亟還之 – 亟은 빠를 극. 자주 기. ○顓決 – 專決.

## 國譯

五威將과 장수가 귀국하면서 左犂汙王(좌리한왕) 咸(함)의 영지를 지나가다가 烏桓(오환)의 백성이 많이 있는 것을 보고 함에게 물었다. 함은 자세히 상황을 말했다. 이에 장수가 말했다. "전에 봉해 준 4개 규정에 의거 오환의 투항자를 받을 수 없으니 빨리 송환하시오." 그러자 함은 거짓으로 말했다. "비밀리에 선우에게 보고한 뒤에 허락을 받아 돌려보내겠습니다." 선우가 함을 시켜 말했다. "변새의 안쪽 길을 따라 돌려보내야 하겠습니까? 아니면 바깥 길을 따라 보내야 하겠습니까?" 장수들은 전결할 수가 없어 이를 천자에게 문의하였다. 조서가 통보되자 변방 바깥 길을 따라 송환하라고 하였다.

原文

單于始用夏侯藩求地有距漢語, 後以求稅烏桓不得, 因寇略其人民, 釁由是生, 重以印文改易, 故怨恨. 乃遣右大且渠蒲呼盧訾等十餘人將兵衆萬騎, 以護送烏桓爲名, 勒兵朔方塞下. 朔方太守以聞.

| 註釋 | ○釁由是生 – 釁은 틈 흔. ○勒兵(늑병) – 군사를 정돈하고 점검하다.

〔國譯〕

선우는 먼저 漢의 사신 夏侯藩(하후번)이 땅의 할양을 요구할 때 漢의 요청을 거부하였었고 그 뒤에 오환에게 세금을 요구했다가 받지 못했으며 그 백성을 약탈하였다 하여 이로부터 한과 틈이 벌어졌으며 다시 인장의 글을 고친 것 때문에 원한이 깊어졌다. 이에 선우는 右大且渠(우대저거) 蒲呼盧訾(포호로자) 등 10여 명을 시켜 1만 군사를 거느리고 오환을 호송한다는 명분으로 삭방군 요새 하에서 군사를 훈련하였다. 삭방태수가 이를 보고하였다.

원문

原文

明年, 西域車師後王須置離謀降匈奴, 都護但欽誅斬之. 置離兄狐蘭支將人衆二千餘人, 歐畜産, 舉國亡降匈奴, 單于受之. 狐蘭支與匈奴共入寇, 擊車師, 殺後成長, 傷都護司馬, 復還入匈奴.

| 註釋 |  ○後成長 – 後成은 서역의 지명. 今 新疆省維吾爾自治區 昌吉回族自治州의 吉木薩爾縣. 長은 수령.

〖 國譯 〗

그 다음 해, 西域의 車師後國(거사후국)의 王인 須置離(수치리)가 흉노에 투항할 것을 모의하자 서역도호인 但欽(단흠)이 죄를 따져 참수하였다. 수치리의 형인 狐蘭支(호란지)가 무리 2천여 명을 거느리고 가축을 몰고 온 나라를 들어 흉노에 망명했고 선우는 이를 받아들였다. 호란지와 흉노는 함께 침입하여 거사국을 공격하여 後成(후성)의 首領을 죽이고 서역도호 사마에게 부상을 입히고 다시 흉노로 되돌아갔다.

時, 戊己校尉史陳良, 終帶, 司馬丞韓玄, 右曲候任商等見西域頗背叛, 聞匈奴欲大侵, 恐並死, 卽謀劫略吏卒數百人, 共殺戊己校尉刀護, 遣人與匈奴南犂汗王南將軍相聞. 匈奴南將軍二千騎入西域迎良等, 良等盡脅略戊己校尉吏士男女二千餘人入匈奴. 玄, 商留南將軍所, 良, 帶徑至單于庭, 人衆別置零吾水上田居. 單于號良, 帶曰, 烏桓都將軍, 留居單于所, 數呼與飮食. 西域都護但欽上書言匈奴南將軍右伊秩訾將人衆寇擊諸國. 莽於是大分匈奴爲十五單于, 遣中郎將藺苞, 副校尉戴級將兵萬騎, 多齎珍寶至雲中塞下, 招誘呼韓邪單于諸子, 欲以次拜之. 使譯出塞誘呼右犂汗王咸, 咸子登, 助三人, 至則脅拜咸爲孝單于, 賜安車鼓車各一, 黃金千斤, 雜繒千匹, 戲戟十, 拜助爲順單于, 賜黃金五百斤, 傳送助, 登長安. 莽封苞爲宣威公, 拜爲虎牙將軍, 封級爲揚威公, 拜爲虎賁將軍. 單于聞之, 怒曰, "先單于受漢宣帝恩, 不可負他. 今天子非宣帝子孫, 何以得立?" 遣左骨都侯, 右伊秩訾王呼盧訾及左賢王樂將兵入雲中益壽塞, 大殺吏民. 是歲, 建國三年也.

| 註釋 | ○戊己校尉史 – 戊己는 十干의 중앙. 중앙은 土, 곧 황색. 이는 한을 상징하고 흉노(北)를 제압한다는 뜻으로 택한 이름. 戊己校尉(무기교위)는 屯田校尉의 개칭. 서역도호의 속관으로 둔전을 관장. 원제 때 車師前國의 王廷인 高昌에 처음 설치. 史는 속리의 범칭, 중앙 관서에는 長史가 있

었다. 여러 관서의 부서장을 掾(연), 副職을 史라 하였다. 군과 현에는 令史, 尉史 外 卒史, 小史 등이 있었다.  ○徑至單于庭－徑은 지름길 경. 곧바로 직행하다. 선우정은 지금 몽고의 수도인 울란바토르 부근.  ○戲戟十－기를 매단 창 10자루. 戲는 대장기 휘. 놀 희. 戟은 창 극.  ○建國三年－서기 11년.

### 〔國譯〕

그때, 서역 戊己校尉(무기교위)의 掾史(연사)인 陳良(진량)과 終帶(종대), 그리고 司馬丞인 韓玄(한현), 右曲候인 任商(임상) 등은 서역에서 반란이 자주 일어나고 또 흉노의 대거 침입이 있을 것이라는 소문에 함께 죽을 것을 걱정하면서 모의를 한 뒤 이졸 수백 명을 협박하여 戊己校尉인 刀護(도호)를 죽이고 사람을 보내 흉노의 南犁汗王(남리한왕)의 南將軍에게 알렸다. 흉노의 남장군은 2천 기병을 거느리고 서역에 들어와 진량 등을 영입하였고 진량 등은 무기교위의 吏卒 남녀 2천여 명을 협박하여 흉노 땅으로 들어갔다. 한현과 임상 등은 남장군의 주둔지에 남았고 진량과 종대는 지름길로 單于庭(선우정)에 들어갔으며 데려간 사람들은 따로 零吾水(영오수) 주변에서 농사를 짓게 하였다.

선우는 진량과 종대를 烏桓都將軍(오환도장군)이라 부르면서 선우의 거처에 머물게 하면서 자주 불러 술과 음식을 같이하였다. 서역 도호인 但欽(단흠)은 상서하여 匈奴의 南將軍인 右伊秩訾(우이질자)가 무리를 이끌고 서역 여러 나라를 공격 침략할 것이라고 보고하였다. 왕망은 이에 흉노를 세분하여 15명의 선우로 분립하고자 중랑장 藺苞(인포)와 부교위인 戴級(대급)을 보내 1만여 기병을 거느리고 귀한 보물을 싣고 다니면서 雲中郡의 변경 근처에서 呼韓邪單于(호한야선우)의 여러 아들들을 유인하여 순차적으로 선우로 책봉하려 했다. 그리하여 역관을 보내 국경을 나가 右犁汙王(우리한왕)인 咸(함)과 함의 아들인 登(등)과 助(조) 3인을 데려다가 협박하여 咸(함)은 孝單于(효선우)에 봉하면서 安車와 鼓車(고거) 각 1량, 황금 1천 근, 여러 비단 1천 필, 기를 매단 창 10자루를 하사하였으며 助(조)를 順單于(순선우)라 하면서 황금 5백 근을 하사하고 助(조)와 登(등)을 장안으로 호송하였다. 그리고 왕망은 인포를 宣威公(선위공)에 봉하면서 虎牙將軍(호아장군)에 임명하였으며, 대급을 揚威公(양위공)에 봉하고 虎賁將軍(호분장군)에 임명하였다 선우가 이런 사실을 알고 분노하며 말했다. "선대 선우께서 漢 宣帝(선제)의 은덕을 입었기에 선제를 배반할 수 없었도다. 지금 천자는 선제의 자손이 아닌데 어찌 즉위할 수 있겠는가?"

그리고서는 左骨都侯(좌골도후)와 右伊秩訾王(우이질자왕)인 呼盧訾(호로자)와 左賢王 樂(락) 등을 보내 군사를 거느리고 운중군 益壽塞(익수새)에 침입하여 관리와 백성을 대량 학살하였다. 이 해가 建國 3년이었다.

原文

是後, 單于歷告左右部都尉, 諸邊王, 入塞寇盜, 大輩萬餘, 中輩數千, 少者數百, 殺雁門, 朔方太守, 都尉, 略吏民畜産不可勝數, 緣邊虛耗. 莽新卽位, 怙府庫之富欲立威, 乃拜十二部將率, 發郡國勇士, 武庫精兵, 各有所屯守, 轉委輸於

邊. 議滿三十萬衆, 齎三百日糧, 同時十道並出, 窮追匈奴,
內之於丁令, 因分其地, 立呼韓邪十五子.

| 註釋 | ○怗府庫之富 – 怗는 믿을 호. 府庫는 나라의 창고. ○武庫精兵
– 무기고의 좋은 兵器. ○齎三百日糧 – 齎는 가져올 재. 준비하다. ○丁令
– 丁零(정령), 丁靈(정령)으로도 표기. 바이칼호(貝加爾 湖) 남쪽이나 今 新疆
省 吐魯番(투루판) 일대에 거주하던 고 부족 이름.

〔國譯〕

　이후 선우는 좌우부의 도위와 여러 변경의 왕에게 널리 알려 변
새를 넘어 침략하라고 명령하니 큰 무리는 1만여 명, 중간 무리는
수천 명, 작은 무리는 수백 명이 침입하여 안문군과 삭방군의 태수
와 도위를 죽이고 관리와 백성과 가축을 노략질한 것을 이루 다 셀
수가 없었으니 변경 일대가 텅 비었다.

　왕망은 즉위 초기라서 풍족한 국가 재정만을 믿어 권위를 세우려
고 12부의 장수를 임명하고 군국의 용사와 武庫의 정밀 병기를 다
징발하여 각각의 주둔지를 지키게 하며 물자를 변방으로 운송하였
다. 왕망의 계획은 30만 대군 동원에 3백일 분의 군량을 확보하고
동시에 10개 방면으로 일시에 출동하여 흉노를 끝까지 압박하여 丁
令의 땅으로 몰아넣은 뒤에 흉노의 땅을 나누어 호한야선우의 15명
아들을 선우로 책봉하겠다고 논의하였다.

莽將嚴尤諫曰,

「臣聞匈奴爲害, 所從來久矣, 未聞上世有必征之者也. 後世三家周, 秦, 漢征之, 然皆未有得上策者也. 周得中策, 漢得下策, 秦無策焉. 當周宣王時, 玁允內侵, 至於涇陽, 命將征之, 盡境而還. 其視戎狄之侵, 譬猶蟁蝱之螫, 驅之而已. 故天下稱明, 是爲中策. 漢武帝選將練兵, 約齎輕糧, 深入遠戍, 雖有克獲之功, 胡輒報之, 兵連禍結三十餘年, 中國罷耗, 匈奴亦創艾, 而天下稱武, 是爲下策. 秦始皇不忍小恥而輕民力, 築長城之固, 延袤萬里, 轉輸之行, 起於負海, 疆境既完, 中國內竭, 以喪社稷, 是爲無策. 今天下遭陽九之阸, 比年饑饉, 西北邊猶甚. 發三十萬衆, 具三百日糧, 東援海代, 南取江淮, 然後乃備. 計其道里, 一年尚未集合, 兵先至者聚居暴露, 師老械弊, 勢不可用, 此一難也. 邊既空虛, 不能奉軍糧, 內調郡國, 不相及屬, 此二難也. 計一人三百日食, 用糒十八斛, 非牛力不能勝, 牛又當自齎食, 加二十斛, 重矣. 胡地沙鹵, 多乏水草, 以往事揆之, 軍出未滿百日, 牛必物故且盡, 餘糧尚多, 人不能負, 此三難也. 胡地秋冬甚寒, 春夏甚風, 多齎釜鍑薪炭, 重不可勝, 食糒飲水, 以歷四時, 師有疾疫之憂, 是故前世伐胡, 不過百日, 非不欲久, 勢力不能, 此四難也. 輜重自隨, 則輕銳者少, 不得疾行, 虜徐遁逃, 勢不能及, 幸而逢虜, 又累輜重, 如遇險阻, 銜尾相隨, 虜要遮前後, 危殆不測, 此五難也. 大用民力, 功不可必立, 臣伏憂之. 今旣發兵, 宜縱先至者, 令臣尤等深入霆擊, 且以創艾胡虜.」

莽不聽尤言, 轉兵穀如故, 天下騷動.

| 註釋 | ○嚴尤(엄우, ?-서기 23) - 王莽 新朝의 將軍. 本名 莊尤(장우) 후한 明帝 劉莊을 避諱(피휘)하여 엄우로 표기. ○周宣王 - 재위, 前 828 - 782, 한때 中興을 이룩. ○獫允(험윤) - 獫狁(험윤), 고대의 흉노족. 秦代부터 匈奴라 통칭. ○涇陽(경양) - 今 陝西省 咸陽市 관할의 涇陽縣, 전국시대 秦의 도읍 자리. ○蝱䖟之螫 - 蝱은 蚊(모기 문)의 古字. 䖟은 등에 맹. 虻의 古字. 등에는 가축의 피를 빨아먹는 파리의 일종. 螫는 쏠 석. 모기가 물다. ○約齎輕糧 - 約은 약간, 조금. 齎 가져올 재. 준비하다. 輕糧은 경장비와 군량. ○延袤萬里 - 만 리에 이어지다. 袤는 길이 무(동서는 廣, 남북은 袤). ○陽九之阸 - 음양오행의 순환에 의거 자연재해가 발생한다는 이론. 阸(막힐 액)은 厄(재앙 액). ○東援海代 - 援은 당길 원. 끌어오다. 海는 발해, 곧 해안지대. 代는 岱이어야 하는데 岱는 泰山의 별칭. 곧 지금의 山東省 일대. ○計其道里 - 道里는 도로의 里數. ○多齎鬴鍑薪炭 - 多齎는 많이 준비하다. 鬴는 가마솥 부(釜의 古字). 鍑은 솥 복(아가리가 오므라진 솥). 薪炭(신탄)은 숯. ○銜尾相隨 - 한 줄로 이어 가다. 銜 재갈 함. 말 머리. 尾 꼬리 미. ○深入霆擊 - 적지에 깊이 들어가 신속하게 공격하다. 霆은 천둥소리 정. 번개.

〖 國譯 〗
왕망의 장수인 嚴尤(엄우)가 상서하여 말했다.

「臣이 알기로는, 흉노의 해악은 아주 오래되었으며 이전 시대에도 완전히 정복했다는 말을 듣지 못했습니다. 후세에 周와 秦, 그리고 漢朝에서 흉노 정벌에 나섰지만 上策의 효과를 얻은 적이 없었습니다. 周는 中策을 폈고, 漢은 下策을 채택했으며, 秦은 無策이라고 할 수 있습니다. 周 宣王 때 獫允(험윤, 흉노)이 내침하여 涇陽(경양)까지 들어오자 장수를 시켜 정벌하였는데 국경까지 갔다 돌아왔습니다. 그것은 이적의 내침을 마치 모기나 등에가 무는 것으로 생각하여 쫓아낼 뿐이었는데 이를 천하에서 현명하다 했으나 중책이라 할 수 있습니다. 漢 武帝는 장수를 뽑고 군졸을 훈련하며 간략한 장비가 약간의 식량을 준비하여 깊이 진격하고 먼 곳에서 방어하였으니 비록 이기고 노획하였어도 흉노가 곧 보복하여 병란의 재앙이 30여 년간 이어지면서 중국은 피폐하고 흉노 역시 크게 다쳤으니 천하에서는 武威(무위)를 칭송하면서도 下策이라 생각하였습니다. 진시황은 작은 치욕을 참지 못했고 백성의 힘을 가벼이 생각했기에 튼튼한 만 리에 이어지는 장성을 축조하고 군수물자를 수송을 해안지역부터 시작하여 강역의 경계는 확실해졌으나 중국의 내실은 바닥이 났고 사직을 잃었으니 이는 아무 성과도 없는 대책이었습니다. 지금 천하는 陽九의 액운을 만나 해마다 기근이 드는데 서북 지방이 특히 심합니다. 30만 대군을 동원하고 300일의 군량을 준비하려면 동쪽으로는 바닷가와 岱(대, 泰山)에서부터, 남으로는 長江과 淮水(회수) 일대의 모든 것을 가져와야 준비할 수 있습니다. 그 거리를 계산해 보면 일 년이 걸리더라도 다 집합시킬 수가 없으며 먼저 도착한 군사는 모여서 노숙을 해야 하기에 군대는 지치고 장비는 낡아져서 쓸모가 없어지니 이것은 첫 번째 난제입니다. 변방이 이미 텅 비었기에 군량을 공급할 수 없어 내지의 군국에서 조달해야 하지만 그 공급도 어려우니 이것이 두 번째 난제입니다. 병졸 1인이 3백 일간 먹으려면 도정한 곡식 18斛(곡, 180斗)이 필요하여 소가 아니면 감당을 못하고, 또 소의 먹이를 20곡 무게로 가산한다면 너무 무겁습니다. 흉노의 땅은 모래에 소금기가 많으며 물과 풀이 많이 부족한데 지난 경험으로 생가해본다면 군대가 출동하여 1백 일 미만이면 소가 다 죽어 없어지는데 군량이 남아있다 하여도 인력으로 나를 수 없으니 이것이 3번째 문제입니다. 흉노 땅의 가을과 겨울은 매우 춥고 봄과 여름에는 바람이 많기 때문에 솥과 숯을 많이 준비해야 하는데 그 무게를 감당할 수 없으며, 군량과 물이 있어도 4계절을 지내야 한다면 부대에 질병을 걱정해야 하기에 이전 시대의 흉노 정벌은 100일을 넘기지 못했는데 장기간 전투를 원하지 않아서가 아니라 견딜만한 형편이 아니기에 이것이 4번째 문제입니다. 여러 輜重(치중, 군수품)을 자체 운송한다면 경무장 병력이 적어 빨리 공격할 수가 없고 적이 천천히 도주해도 따라갈 수가 없으며 행여 적과 부딪치더라도 군수품이 장애가 되며 험난한 길을 가야 할 경우 꼬리를 이어가더라도 적이 앞뒤를 차단하면 그 위험을 예측할 수 없으니 이것이 5번째 난제입니다. 백성을 대거 동원하여도 반드시 성과를 거둘 수 없기에 臣은 이를 삼가 걱정하는 것입니다. 지금 이미 군사를 동원하였으니 먼저 도착하는 군졸을 출동시키고 우리로 하여금 적진 깊이 신속하게 공격하여 흉노를 격파할 수 있게 조치해 주시기 바랍니다.」

왕망은 엄우의 충간을 따르지 않았고 군사와 군량의 수송을 계속하여 천하가 시끄러웠다.

咸旣受莽孝單于之號, 馳出塞歸庭, 具以見脅狀白單于.
單于更以爲於粟置支侯, 匈侯賤官也. 後助病死, 莽以登代
助爲順單于.

厭難將軍陳欽,震狄將軍王巡屯雲中葛邪塞. 是時, 匈奴
數爲邊寇, 殺將率吏士, 略人民, 毆畜産去甚衆. 捕得虜生口
驗問, 皆曰, 孝單于咸子角數爲寇. 兩將以聞. 四年, 莽會諸
蠻夷, 斬咸子登於長安市.

| 註釋 | ○賤官－하급 관직. ○厭難將軍－厭은 누를 엽. ○將率－장
수. 率은 장수 수(帥).

〔國譯〕

흉노 右犁汗王(우리한왕) 咸(함)은 왕망으로부터 孝單于(효선우)의
칭호를 받은 뒤 말을 달려 單于庭〔선우직할지〕으로 돌아가 선우를 알
현하고 협박을 받은 상황을 모두 말했다. 선우는 咸(함)을 於粟置支
侯(어속치지후)에 임명하였는데 흉노의 하급 관직이었다. 뒤에 아들
助(조)가 병사하자 왕망은 登(등)을 助(조)의 후임 順單于(순선우)에
봉했다.

厭難將軍(엽난장군) 陳欽(진흠)과 震狄將軍(진적장군) 王巡(왕순)은
雲中郡 葛邪塞(갈사채)에 주둔했었다. 이 무렵 흉노는 자주 변새지역
을 노략질하였는데 장수와 관리를 죽이고 백성을 잡아갔으며 가축
을 몰아간 일이 아주 많았다. 포로를 사로잡아 심문해보면 모두가

孝單于 咸(함)의 아들 角(각)이 자주 노략질을 한다고 말했다. 2명의 장수가 이를 보고하였다. 건국 4년에 왕망은 이민족의 여러 수장을 모아놓고 咸(함)의 아들 登(등)을 장안의 거리에서 처형했다.

原文

初, 北邊自宣帝以來, 數世不見煙火之警, 人民熾盛, 牛馬布野. 及莽撓亂匈奴, 與之構難, 邊民死亡繫獲, 又十二部兵久屯而不出, 吏士罷弊, 數年之間, 北邊虛空, 野有暴骨矣.

| 註釋 |  ○煙火之警 – 적의 내침을 알리는 경고.  ○與之構難 – 構는 조성하다.  ○罷弊 – 疲弊(피폐). 罷는 고달플 피. 그칠 파.

〔國譯〕

그전에, 북쪽 변방은 선제 이후로 여러 대에 걸쳐 적의 내침이 없어 백성이 크게 늘어났고 가축이 들에 가득했었다. 왕망이 흉노를 뒤흔들면서 백성에게 재난을 몰고와 변방 백성이 죽거나 잡혀갔으며, 또 12部의 군사가 오래 주둔하고 출정하지 않아 관리들이 피폐하여 몇 년 사이에 북쪽 땅이 텅 비었고 들에는 뼈가 굴러다녔다.

原文

烏珠留單于立二十一歲, 建國五年死. 匈奴用事大臣右骨

都侯須卜當, 即王昭君女伊墨居次云之婿也. 云常欲與中國
和親, 又素與咸厚善, 見咸前後爲莽所拜, 故遂越輿而立咸
爲烏累若鞮單于. 烏累單于咸立, 以弟輿爲左谷蠡王. 烏珠
留單于子蘇屠胡本爲左賢王, 以弟屠耆閼氏子盧渾爲右賢
王. 烏珠留單于在時, 左賢王數死, 以爲其號不祥, 更易命
左賢王曰, '護于'. 護于之尊最貴, 次當爲單于, 故烏珠留單
于授其長子以爲護于, 欲傳以國. 咸怨烏珠留單于貶賤己
號, 不欲傳國, 及立, 貶護于爲左屠耆王. 雲,當遂勸咸和親.

| 註釋 |　○建國五年 – 왕망의 연호. 서기 13년.　○伊墨居次 – 왕소군 소
생 장녀는 須卜居次 云이라 했는데 伊墨居次라 하였으니 지위 상승에 따른
호칭 변경이라 생각된다.　○越輿(월여) – 烏珠留單于(오주류선우)와 제5연
지의 아들 輿(여)는 右賢王이었다. 咸(함)의 공식 직함은 於粟置支侯인 하급
관직이었다.

〔國譯〕

　　烏珠留單于(오주류선우)는 재위 21년, 建國 5년에 죽었다. 흉노의
실권 대신인 右骨都侯 須卜當(수복당)은, 곧 王昭君의 딸인 伊墨居次
(이묵거차)의 남편이었다. 云(운)은 늘 중국과 화친을 생각하여 평소
에 咸(함)과 사이가 좋았는데 咸(함)이 전후 여러 번 왕망에게 제수받
는 것을 보고 輿(여)를 건너뛰어 咸(함)을 烏累若鞮單于(오루약제선우)
로 옹립하였다. 오루약제선우인 咸(함)이 즉위하자 아우인 輿(여)를
左谷蠡王(좌녹리왕)에 임명하였다. 오주류선우의 아들인 蘇屠胡(소
도호)는 본래 左賢王이었는데 동생 屠耆閼氏(도기연지)의 아들 盧渾

(노혼)을 右賢王에 임명하였다. 오주류선우 재위 시에 左賢王이 여러 번 죽었는데 그 호칭이 상서롭지 못하다고 생각하여 좌현왕을 '護于(호우)'로 바꿔 부르게 하였다. 호우의 존칭은 가장 존귀하여 그 지위는 선우 다음이었기에 오주류선우는 그 장자에게 호우의 자리를 주어 나라를 물려주려고 했었다. 咸(함)은 오주류선우가 자신을 낮은 칭호에 머물게 하며 나라를 물려주려 하지 않은 것을 원망하였는데 즉위하면서 호우를 左屠耆王(좌도기왕)에 임명하였다. 왕소군의 딸인 云(운)과 남편 須卜當(수복당)은 咸(함)에게 漢과 화친을 권유하였다.

原文

天鳳元年, 云,當遣人之西河虜猛制虜塞下, 告塞吏曰, 欲見和親侯. 和親侯王歙者, 王昭君兄子也. 中部都尉以聞. 莽遣歙,歙弟騎都尉展德侯颯使匈奴, 賀單于初立, 賜黃金衣被繒帛, 紿言侍子登在, 因購求陳良,終帶等. 單于盡收四人及手殺校尉刀護賊芝音妻子以下二十七人, 皆械檻付使者, 遣廚唯姑夕王富等四十人送歙,颯. 莽作焚如之刑, 燒殺陳良等, 罷諸將率屯兵, 但置游擊都尉. 單于貪莽賂遺, 故外不失漢故事, 然內利寇掠. 又使還, 知子登前死, 怨恨, 寇虜從左地入, 不絕. 使者問單于, 輒曰, "烏桓與匈奴無狀黠民共爲寇入塞, 譬如中國有盜賊耳! 咸初立持國, 威信尙淺, 盡力禁止, 不敢有二心."

| 註釋 | ○天鳳元年 - 왕망의 연호. 서기 14-19년. ○西河虜猛 - 西河는 군명. 치소는 平定縣(今 陝西省 최북단 楡林市 관할의 府谷縣). 虜猛(노맹)은 현명. 今 內蒙古自治區 鄂爾多斯市 관할의 伊金霍洛旗. 今 陝西省 북쪽과 경계. ○購求陳良~ - 購는 대가를 주고 구하다. 搆(찾을 구)의 뜻. ○焚如之刑 - 火刑의 이름.《易 離卦》에 焚如, 死如, 棄如 등 형벌 명칭이 있는데 왕망이 이를 모방한 것이라는 주석이 있다. ○無狀黠民 - 선행이 없는 나쁜 백성. 黠은 간교할 힐.

〔國譯〕

天鳳(천봉) 원년, 云(운)과 남편 須卜當(수복당)은 사람을 西河郡 虜猛縣(노맹현) 制虜塞(제로새)에 보내어 요새 군리에게 和親侯를 만나겠다고 말했다. 화친후는 王歙(왕흡)인데 왕소군의 친정 조카였다. 中部都尉가 이를 보고하였다. 왕망은 왕흡과 왕흡의 동생 騎都尉로 展德侯인 王颯(왕삽)을 흉노에 사신으로 보내 선우의 즉위를 축하하고 황금과 의복과 비단 등을 하사하고 흉노에서 보낸 侍子인 登(등) 살아 있다고 거짓말을 하면서 이전에 망명한 陳良(진량)과 終帶(종대) 등을 요구하였다. 선우는 진량 등 4인과 교위 刀護(도호)를 손으로 때려 죽인 芝音(지음)의 처자 등 27명을 잡아 형틀에 묶고 함거에 실어 사자에게 넘겨주었고 廚唯姑夕王(주유고석왕) 富(부)등 41인을 시켜 왕흠과 왕삽을 전송했다. 왕망은 焚如(분여)의 형벌을 제정하여 진량 등을 불태워 죽였고 여러 將率(장수)의 屯兵(둔병)을 해체하고 다만 유격도위만 남겨두었다.

선우는 왕망이 보내주는 재물에 욕심이 있어 겉으로는 漢과 前例를 빼놓지 않았으나 안으로는 노략질의 이득도 챙겼다. 또 漢에 갔던 사자가 돌아와 아들인 登(등)이 벌써 죽었다는 것을 알고 원한을 품고 좌측 영역에서의 노략질을 그치지 않았다. 그러면서 사자가 선우에게 물으면 그때마다 "오환과 흉노의 나쁜 백성이 변새를 넘어가 도적질을 한 것이니 중국의 도적과 마찬가지이다! 내가 즉위하고 다스린 지 얼마 되지 않아 아직 위신이 서지 않았지만 진력하여 금지시키고 있으며 딴 마음은 없다." 라고 말했다.

原文

天鳳二年五月, 莽復遣歙與五威將王咸率伏黯,丁業等六人, 使送右廚唯姑夕王, 因奉歸前所斬侍子登及諸貴人從者喪, 皆載以常車. 至塞下, 單于遣云,當子男大且渠奢等至塞迎. 咸等至, 多遺單于金珍, 因諭說改其號, 號匈奴曰, '恭奴', 單于曰, '善于', 賜印綬. 封骨都侯當爲後安公, 當子男奢爲後安侯. 單于貪莽金幣, 故曲聽之, 然寇盜如故. 咸,歙又以陳良等購金付云,當, 令自差與之. 十二月, 還入塞, 莽大喜, 賜歙錢二百萬, 悉封黯等.

| 註釋 | ○常車(상거) - 漢代 변경에서 무역할 때 사용하는 수레.

〖 國譯 〗

天鳳 2년(서기 15) 5월, 왕망은 다시 왕흡과 오위장인 王咸(왕함)을 파견하며 伏黯(복암), 丁業(정업) 등 6인을 거느리게 하여 右廚唯

姑夕王(우주유고속왕)을 전송하게 하고 겸해서 전에 참수했던 시자인 登(등)과 수행했던 여러 귀인의 영구를 모두 常車(상거)에 실어 돌려 보냈다. 변새에 이르자 선우는 云(운)과 須卜當(수복당) 사이의 아들 인 大且渠(대저거) 奢(사) 등을 국경에 보내 맞이하게 하였다. 왕함 등이 도착하여 선우에게 많은 금과 보배를 주면서 호칭의 변경을 설 명하였는데, 흉노란 호칭을 '恭奴(공노)'로 單于(선우)를 '善于(선 우)'로 바꾸었고 새 인수를 하사하였다. 그리고 骨都侯인 수복당을 後安公(후안공)에, 수복당의 아들 奢(사)를 後安侯에 봉하였다. 선우 는 왕망이 주는 재물에 대한 욕심으로 일부러 따르는척할 뿐 노략질 은 전과 같았다. 왕함과 왕흡은 陳良(진량) 등에 걸었던 현상금을 云 (운)과 수복당에게 주고 그들이 차등 있게 분배하라고 하였다. 12월 에 흉노에 갔던 사신이 변경에 돌아오자 왕망은 기뻐하면서 왕흡에 게 2백만 전을 하사하고 복암 등 모두에게 작위를 내렸다.

原文

單于咸立五歲, 天鳳五年死, 弟左賢王輿立, 爲呼都而屍 道皐若鞮單于. 匈奴謂孝曰, '若鞮'. 自呼韓邪後, 與漢親 密, 見漢諡帝爲'孝', 慕之, 故皆爲'若鞮'.

呼都而屍單于輿旣立, 貪利賞賜, 遣大且渠奢與云女弟當 於居次子醯櫝王俱奉獻至長安. 莽遣和親侯歙與奢等俱至 制虜塞下, 與云,當會, 因以兵迫脅, 將至長安. 云,當小男從 塞下得脫, 歸匈奴. 當至長安, 莽拜爲須卜單于, 欲出大兵

以輔立之. 兵調度亦不合, 而匈奴愈怒, 並入北邊, 北邊由
是壞敗. 會當病死, 莽以其庶女陸逯任妻後安公奢, 所以尊
寵之甚厚, 終爲欲出兵立之者. 會漢兵誅莽, 云, 奢亦死.

| 註釋 |  ○天鳳五年 – 서기 18년.   ○會漢兵誅莽 – 地皇 4년(서기) 23년,
綠林軍이 장안에 들어오자 혼란 중에 왕망은 상인 杜吳(두오)에게 피살된다.

〔國譯〕

   선우 咸(함)은 재위 5년인 천봉 5년에 죽고, 동생인 左賢王 興(여)
가 즉위하니 呼都而屍道皐若鞮單于(호도이시도고약제선우)이다. 흉노
에서는 孝를 '若鞮(약제)'라고 말한다. 호한야선우 이후 漢과 친밀
해지면서 한 황제 시호에 '孝'를 쓰는 것을 본받아 모두 '若鞮'라고
하였다.

   호도이시건우 興(여)는 즉위하고서 재물과 하사품을 탐내어 大且
渠(대저거) 奢(사)와 云(운)의 여동생 當於居次(당어거차)의 아들 醯櫝
王(혜독왕)을 함께 토산물을 가지고 장안으로 보냈다. 왕망은 화친후
왕흡과 왕사 등을 함께 制虜塞(제로새)까지 영접하러 보내 云(운)과
남편 수복당과도 만났는데 왕흡 등은 군사로 위협하여 이들을 장안
으로 데려왔다. 云(운)과 수복당의 작은 아들은 변경에서 탈출에 성
공하여 흉노로 돌아갔다. 수복당 등이 장안에 도착하자 왕망은 須卜
單于(수복선우)를 제수하며 대군을 출동시켜 선우로 즉위시키려 하
였다. 그러나 군사 동원이 마음대로 되지 않았고 흉노에서도 크게
분노하며 북쪽 여러 곳에서 침략하자 북변은 완전히 무너졌다. 마침
수복당이 병사하자 왕망은 그의 서출 딸 陸逯任(육녹임)을 後安公 奢

(사)의 아내로 주면서 많이 아끼고 사랑하였는데 나중에 군사와 함께 보내 선우로 옹립하려고 했기 때문이다. 마침 更始帝 漢의 군사가 왕망을 죽였는데 云(운)과 奢(사)도 함께 죽었다.

原文

更始二年冬, 漢遣中郞將歸德侯颯,大司馬護軍陳遵使匈奴, 授單于漢舊制璽綬, 王侯以下印綬, 因送云,當餘親屬貴人從者. 單于興驕, 謂遵,颯曰, "匈奴本與漢爲兄弟, 匈奴中亂, 孝宣皇帝輔立呼韓邪單于, 故稱臣以尊漢. 今漢亦大亂, 爲王莽所簒, 匈奴亦出兵擊莽, 空其邊境, 令天下騷動思漢, 莽卒以敗而漢復興, 亦我力也, 當復尊我!" 遵與相荅距, 單于終持此言. 其明年夏, 還. 會赤眉入長安, 更始敗.

| 註釋 | ○更始二年 – 更始帝. 서기 24년. ○陳遵(진준) – 92권, 〈游俠傳〉에 입전. ○赤眉入長安, 更始敗 – 更始帝 劉玄(?–서기 25). 綠林軍이 옹립한 정권의 황제. 보통 '玄漢'이라 통칭. 赤眉는 왕망 말기에 今 山東省 일대에서 봉기한 무력 집단. 눈썹에 붉은 칠을 했다. 서기 25년 장안에 들어가 更始 정권을 붕괴시켰다.

〖 國譯 〗

更始帝(경시제) 2년 겨울, 漢(玄漢)에서는 中郞將인 歸德侯 王颯(왕삽)과 大司馬護軍인 陳遵(진준)을 흉노에 사신으로 보내 옛 한에서 사용했던 선우의 인수와 王侯 이하의 인수를 수여했으며 云(운)

과 수복당과 다른 친척 귀인 종자의 시신을 돌려보냈다. 선우인 輿
(여)는 교만하게 진준과 왕삽에게 말했다.

"흉노는 본래 한과 형제로 흉노가 혼란할 때 孝宣 황제가 도와 호
한야선우를 옹립하였기에 칭신하면서 한을 받들었다. 지금 한이 크
게 혼란하고 왕망에게 찬탈 당했으니 우리가 군사를 내어 왕망을 공
격하고 변경을 텅 비게 하는 소동으로 천하가 한을 그리워하게 만들
었으며 왕망이 패망하고 한이 다시 부흥하였다니, 이는 나의 힘이라
할 수 있으니 한에서는 응당 다시 나를 받들어야 할 것이로다!"

진준은 맞서 버티었는데 선우는 끝까지 그런 주장을 견지하였다.
진준 일행은 그 다음 해 여름에 돌아왔다. 그때 赤眉軍(적미군)이 장
안에 들어왔고 경시제는 패망하였다.

---

原文

贊曰, 《書》戒 '蠻夷猾夏', 《詩》稱 '戎狄是膺', 《春秋》'有
道守在四夷', 久矣, 夷狄之爲患也! 故自漢興, 忠言嘉謀之
臣曷嘗不運籌策相與爭於廟堂之上乎? 高祖時則劉敬, 呂
后時樊噲, 季布, 孝文時賈誼, 朝錯, 孝武時王恢, 韓安國, 朱買
臣, 公孫弘, 董仲舒, 人持所見, 各有同異, 然總其要, 歸兩科
而已. 縉紳之儒則守和親, 介冑之士則言征伐, 皆偏見一時
之利害, 而未究匈奴之終始也. 自漢興以至於今, 曠世歷年,
多於春秋. 其與匈奴, 有修文而和親之矣, 有用武而克伐之
矣, 有卑下而承事之矣, 有威服而臣畜之矣, 詘伸異變, 强弱

相反, 是故其詳 可得而言也.

| 註釋 |  ○贊曰 - 班固의 이 史贊은 많지 않은 분량이지만 흉노와의 관계, 특히 前漢代의 200년의 역사를 조감하면서 화친과 정벌의 장단점을 비판하고 羈縻政策(기미정책)이 가장 최선이라고 주장하고 있다. 이 글은 班固의 《漢書》史贊(사찬) 중에서도 논리정연하며 가장 정채나는 부분으로 주변 이민족에 대한 漢代의 세계관과 의식을 대변하고 있다. ○《書》戒~ - 《尚書 虞書 舜典》의 말. 猾은 어지럽히다. 夏는 諸夏, 中原. ○《詩》稱~ - 《詩經 魯頌 閟宮》의 구절. 膺는 칠 응. 정벌하다. 가슴. ○《春秋》'有道~' - 《春秋左氏傳》昭公 23년의 내용을 援用한 말. ○劉敬(유경) - 본명은 婁敬, 劉氏 성을 하사받았다. 長安을 國都로 할 것을 건의했다. 43권, 〈酈陸朱劉叔孫傳〉에 입전. ○朝錯(조조) - 鼂錯, 晁錯으로도 표기. 49권, 〈爰盎鼂錯傳〉에 입전. ○縉紳之儒 - 縉紳(진신)은 관복. 公卿, 高官. ○多於春秋 - 한의 건국(전 206년)에서 후한 明帝(재위, 서기 57-75년)까지는 《春秋》의 244년보다 많다. ○詘伸異變(굴신이변) - 詘伸은 屈伸(굴신). 굽힘과 폄.

〖 國譯 〗

班固의 논찬 : 《書經》에서는 '蠻夷(만이)가 중원을 어지럽히는 일'을 조심하라 하였고, 《詩經》에서는 '戎狄에 대한 응징'을 칭송하였으며, 《春秋》에서는 '道를 지켜 주변 이민족을 막는다.' 하였으니, 이적에 대한 걱정은 오래된 일이었다! 그리하여 漢이 건국된 이후로 忠言을 올리고 智謀을 가진 신하들이 조정에서 정책운용에 대하여 어찌 논쟁하지 않았겠는가? 高祖 때에는 劉敬(유경), 呂后 때에는 樊噲(번쾌)와 季布(계포), 文帝 때에는 賈誼(가의)와 朝錯(조조), 武帝 때 王恢(왕회), 韓安國(한안국), 朱買臣(주매신), 公孫弘(공손홍), 董仲舒(동중서) 같은 사람들이 지론을 전개하였는데 각자 같고 다른 것이 있었지만 그 요점을 총괄하자면 두 가지 항목으로 나눌 수 있다.

유생으로 고관에 오른 자는 화친을 주장하고 갑옷의 무신은 정벌을 말했는데 모두 한때의 이해에 따른 일방적 견해로 흉노 문제의 전체적 근본을 깊이 보지는 못했다. 한이 건국되고 지금까지(後漢 班固 때까지) 지나간 오랜 세월은 춘추 시대보다 많았다. 흉노와의 관계에서 문치에 의거 화친한 때도 있었고 무력으로 정벌했던 시기도 있었으며 우리를 낮춰 그들 뜻을 들어줬던 시절도 또 위엄으로 굴복시켜 신하로 대우해줬던 시기도 있었으니 굴신하며 변화에 따랐고 강약이 역전되는 그런 상황을 고찰하여 언급할 수 있다.

原文

昔和親之論, 發於劉敬. 是時, 天下初定, 新遭平城之難, 故從其言, 約結和親, 賂遺單于, 冀以救安邊境. 孝惠, 高后時遵而不違, 匈奴寇盜不爲衰止, 而單于反以加驕倨. 逮至孝文, 與通關市, 妻以漢女, 增厚其賂, 歲以千金, 而匈奴數背約束, 邊境屢被其害. 是以文帝中年, 赫然發憤, 遂躬戎服, 親御鞍馬, 從六郡良家材力之士, 馳射上林, 講習戰陳, 聚天下精兵, 軍於廣武, 顧問馮唐, 與論將帥, 喟然歎息, 思古名臣. 此則和親無益, 已然之明效也.

| 註釋 | ○平城之難 – 고조가 平城 白登山에서 흉노에 포위된 위기 상황.

前 200년.  ○赫然發憤 − 赫然은 노한 모양.  ○從六郡~ − 隴西, 安定, 天水, 北地, 上郡, 西河의 6개 郡.  ○廣武 − 지명. 今 河南省 鄭州市 관할의 滎陽市 북쪽.  ○馮唐(풍당) − 50권,〈張馮汲鄭傳〉에 입전.  ○思古名臣 − 文帝와 풍당은 戰國時代 명장인 廉頗(염파)와 李牧(이목)에 대하여 대화를 나눴다.

[ 國譯 ]

예전 和親論은 劉敬(유경)에서 시작되었다. 그때는 천하가 겨우 안정되었고 平城의 위기를 겪고 난 뒤라서 그 건의에 따라 화친을 맺고 선우에게 재물을 보내주며 변경의 안정을 희망했다. 혜제와 高后 때에도 전례에 따랐고 바꾸지 않았으나 흉노의 노략질은 줄어들지 않았으며 선우는 오히려 더욱 교만하였다. 효문제 때는 변경에서 교역을 허용하고 한의 옹주를 흉노의 아내로 보내주었으며 넘겨주는 재물을 늘려 해마다 거의 천금에 가까웠어도 흉노가 자주 약조를 어겨 변경의 피해는 여전하였다. 이에 文帝 중간에는 크게 발분하여 친히 군복을 입고 말을 달리며 6개 군에서 힘을 쓰는 양가 자제를 징발하여 上林苑에서 騎射를 익히고 전투 진영을 강습하였으며 천하의 정병을 모아 廣武城에 주둔케 하고 馮唐(풍당)의 자문을 구하였으며 무장을 논의하다가 탄식하면서 옛 명신의 치적을 생각했었다. 이는 화친이 무익하다는 확실한 증거였다.

原文

仲舒親見四世之事, 猶復欲守舊文, 頗增其約. 以爲, '義動君子, 利動貪人. 如匈奴者, 非可以仁義說也, 獨可說以

厚利, 結之於天耳. 故與之厚利以沒其意, 與盟於天以堅其
約, 質其愛子以累其心. 匈奴雖欲展轉, 奈失重利何? 奈欺
上天何? 奈殺愛子何? 夫賦斂行賂不足以當三軍之費, 城
郭之固無以異於貞士之約, 而使邊城守境之民父兄緩帶, 稚
子咽哺, 胡馬不窺於長城, 而羽檄不行於中國, 不亦便於天
下乎!'

　察仲舒之論, 考諸行事, 乃知其未合於當時, 而有關於後
世也. 當孝武時, 雖征伐克獲, 而士馬物故亦略相當, 雖開
河南之野, 建朔方之郡, 亦棄造陽之北九百餘里. 匈奴人民
每來降漢, 單于亦輒拘留漢使以相報復, 其桀驁尙如斯, 安
肯以愛子而爲質乎? 此不合當時之言也. 若不置質, 空約和
親, 是襲孝文既往之悔, 而長匈奴無已之詐也. 夫邊城不選
守境武略之臣, 修障隧備塞之具, 厲長戟勁弩之械, 恃吾所
以待邊寇而務賦斂於民, 遠行貨賂, 割剝百姓, 以奉寇讎.
信甘言, 守空約, 而幾胡馬之不窺, 不已過乎!

| 註釋 | ○仲舒親見四世之事 - 동중서는 56권, 〈董仲舒傳〉에 입전. 四世
는 高祖, 呂后, 文帝. 景帝. ○質 - 人質. ○展轉 - 轉變. 바뀌다. ○貞士 -
堅貞之士. ○稚子咽哺 - 어린아이가 안심하고 밥을 먹다. 哺는 먹을 포. ○羽
檄 - 羽書. 군대의 긴급 문서. ○雖開河南之野 - 여기 河南은 지금의 河南省
일대가 아닌 今 內蒙古 河套(하투) 지구의 황하 이남을 지칭한다. ○造陽之
北 - 今 河北省 張家口市 관할의 宣化縣 일대로 추정. ○桀驁(걸오) - 사납고
오만함. 桀은 사나울 걸. 닭의 홰. 驁는 준마 오. 거만하다. 뻣뻣하다. ○長匈

奴~ - 長은 조장하다. 동사로 쓰였다.    ○而幾胡馬之不窺 - 幾는 冀(바랄
기). 희망하다. 窺는 엿볼 규.

## 〔國譯〕

　동중서는 4代의 사적을 직접 보고 흉노와의 옛 약조에 따라 화친
을 더 강화해야 한다고 생각하였다. 동중서는 '군자는 義에 따르고
탐욕스런 자는 利를 따라 움직인다. 흉노는 仁義으로 설득할 수 없
기에 오직 많은 이득만이 그들을 기쁘게 하고 하늘에 맹서를 할 수
있게 한다. 그러하기에 많은 재물을 주어 그 침략 의도를 없애고 하
늘에 맹서를 하고 아끼는 자식을 인질로 하면 그 뜻을 묶어둘 수 있
다. 흉노가 뜻을 바꾸고 싶어도 그 많은 이득을 어찌 포기할 수 있겠
는가? 또 어찌 하늘을 속이겠는가? 어찌 아끼는 자식을 죽이려 하
겠는가? 나라에서 세금을 거두어 그들에게 주는 것은 三軍에 들어
가는 비용보다 적으며 굳은 성곽이란 것도 지조 있는 사내들의 언약
보다 더 나을 이 없기에 화친을 강화하면 변경에서 수비하는 병사의
부모들은 마음을 놓을 수 있고 어린아이들은 밥을 제대로 먹을 수
있으며 흉노의 말이 장성을 넘겨다보지 않으면 비상을 알리는 격문
이 중국에 돌지 않을 것이니 이것이 오히려 천하에 득이 되지 않겠
는가!' 라고 생각하였다.

　동중서의 논리를 살펴보고 그간의 일을 생각한다면 그 당시에도
적합하지 않았으며 후세에도 많이 부족했음을 알 수 있다. 무제 당
시에 원정에서 승리했어도 사졸과 군마를 잃은 것이 약탈당한 것과
거의 같았으며 비록 河南의 평야지대를 확보하여 朔方郡을 설치하
였다 하더라도 造陽의 북쪽 9백여 리를 포기해야만 했다. 흉노인이

해마다 漢에 투항하더라도 선우는 그때마다 한의 사신을 억류시키면서 보복하였으니 그 사납고 거만함이 오히려 이와 같았으니 아끼는 자식을 어찌 인질로 보내려 했겠는가? 이는 당시에도 맞지 않았다는 뜻이다. 만약 인질을 보내지 않는다면 화친은 空約이며 文帝가 당한 후회의 답습이며 흉노의 끝없는 거짓말을 조장하는 것이었다. 변방에서 국경을 지켜야 할 무예와 지략이 있는 신하를 선발하거나, 외적 방어를 위한 시설을 정비하지도 않고, 긴 창이나 강한 활 같은 무기를 준비하지도 않고, 변방을 지키는 일에 대한 신뢰도 없이 백성으로부터 재물을 걷어 먼 흉노의 땅을 찾아가 재물을 넘겨주는 화친이라면 그것은 백성으로부터 빼앗아 원수 같은 적을 받들어 모시는 것이다. 그들의 감언을 믿고 허황된 약속을 지키면서 흉노의 말이 국경을 넘보지 않기를 바란다면 너무 지나치지 않은가!

### 原文

　至孝宣之世, 承武帝奮擊之威, 直匈奴百年之運, 因其壞亂幾亡之阨, 權時施宜, 覆以威德, 然後單于稽首臣服, 遣子入侍, 三世稱藩, 賓於漢庭. 是時, 邊城晏閉, 牛馬布野, 三世無犬吠之警, 黎庶亡干戈之役.

| 註釋 | ○直匈奴~ - 直은 當. 만나다. 당면하다. ○幾亡之阨 - 幾는 近. 거의. 阨은 厄. ○三世稱藩 - 三世는 五世이어야 함. 곧 宣帝, 元帝, 成帝, 哀帝, 平帝. ○晏閉 - 해가 진 뒤에 관문을 닫다. 晏은 늦을 안. 해가 지다. ○黎庶亡干戈之役 - 黎庶(여서)는 백성. 亡은 無. 干戈之役은 전쟁. 干戈

(간과)는 무기.

〖 國譯 〗

　宣帝 때에는 무제의 맹공하는 위세를 계승했는데 흉노가 백 년의 운세가 다하여 내부 분란으로 거의 망할 정도의 액운에 봉착하자 시의에 적절한 정책의 변화와 위엄과 은덕을 베풀자 선우는 고개를 숙이고 신하로 복종하면서 아들을 入侍하게 하였으며 이후 5世에 걸쳐 번신을 칭하면서 한의 조정에 내빈으로 입조하였다. 이때에 변방의 관문은 해가 진 뒤에야 닫혔으며 우마는 들려 널려 있고 五世에 걸쳐 개가 짖지도 않았으며 백성들은 전쟁에 동원되는 일이 없었다.

原文

　後六十餘載之間, 遭王莽簒位, 始開邊隙, 單于由是歸怨自絶, 莽遂斬其侍子, 邊境之禍構矣. 故呼韓邪始朝於漢, 漢議其儀, 而蕭望之曰, "戎狄荒服, 言其來服荒忽無常, 時至時去, 宜待以客禮, 讓而不臣. 如其後嗣遁逃竄伏, 使於中國不爲叛臣." 及孝元時, 議罷守塞之備, 侯應以爲不可, 可謂盛不忘衰, 安必思危, 遠見識微之明矣. 至單于咸棄其愛子, 昧利不顧, 侵掠所獲, 歲鉅萬計, 而和親賂遺, 不過千金, 安在其不棄質而失重利也? 仲舒之言, 漏於是矣.

| 註釋 | ○蕭望之(소망지) ― 78권, 〈蕭望之傳〉에 입전. ○戎狄荒服 ― 荒

服(황복)은 경사에서 2,500리 떨어진 지역. 가장 먼 변방. ○單于咸棄其愛子 − 單于 咸(함)은 烏累若鞮單于(오루약제선우). ○昧利不顧 − 昧(어둘 매)는 탐하다.


[ 國譯 ]

(선제 이후) 그 뒤 60여 년이 지나 왕망이 찬위를 한 뒤에 변방에서 틈이 벌어지기 시작했고, 선우는 한을 원망하면서 스스로 관계를 단절했고, 왕망은 흉노에서 보낸 侍子(시자)를 죽여 변경에서의 재앙을 불러왔다. 옛날 呼韓邪單于(호한야선우)가 입조할 때 한에서는 의식 절차를 의논하였는데 蕭望之(소망지)가 말했었다.

"戎狄(융적)의 거주지를 荒服(황복)이라 하는데 그들의 복종이란 것이 황홀 무상하여 아무 때나 왔다 가기에 손님의 예로 접대해야 하고 우리가 사양하며 신하로 삼지 말아야 합니다. 만약 그 후손들이 도망하거나 숨어버린다 하더라도 우리는 그들을 叛臣(반신)으로 생각하지 말아야 합니다.

원제 때 변방 수비를 없애자는 의논을 할 때 侯應(후응)은 불가하다고 하였는데, 이는 가히 盛世에 쇠약할 수 있다는 것을 잊어서는 안되고 안정에 위기를 생각한 것으로 멀리 내다보고 미세한 것을 인식한 명철한 조치였다. 烏累單于(오루선우) 咸(함)은 아끼는 아들을 버려두고 재물에 눈이 어두어 침략하고 약탈한 것이 일 년에 巨萬에 이르렀는데 화친으로 보내주는 재물은 불과 1천금이 넘지 않았는데 '어찌 인질을 버리고 어찌 거대한 이익을 놓치겠는가?' 라는 동중서의 말은 여기에 허점이 있었다.

夫規事建議, 不圖萬世之固, 而偸恃一時之事者, 未可以
經遠也. 若乃征伐之功, 秦,漢行事, 嚴尤論之當矣. 故先王
度土, 中立封畿, 分九州, 列五服, 物土貢, 制外內, 或修刑
政, 或昭文德, 遠近之勢異也. 是以《春秋》內諸夏而外夷狄.
夷狄之人貪而好利, 被髮左袵, 人而獸心, 其與中國殊章服,
異習俗, 飮食不同, 言語不通, 辟居北垂寒露之野, 逐草隨
畜, 射獵爲生, 隔以山谷, 雍以沙幕, 天地所以絶外內地. 是
故聖王禽獸畜之, 不與約誓, 不就攻伐, 約之則費賂而見欺,
攻之則勞師而招寇. 其地不可耕而食也, 其民不可臣而畜
也. 是以外而不內, 疏而不戚, 政敎不及其人, 正朔不加其
國, 來則懲而御之, 去則備而守之. 其慕義而貢獻, 則接之
以禮讓, 羈靡不絶, 使曲在彼, 蓋聖王制御蠻夷之常道也.

| 註釋 |  ○嚴尤論之當矣 – 왕망이 30만 대군이 300일치 군량을 준비하여
흉노를 원정하려할 때 엄우는 작전과 군수물자 공급이라는 측면에서 반대
상소를 올렸다.  ○中立封畿 – 封畿는 경사. 천자의 직할지.  ○列五服 – 京
畿로부터 5백 리 단위로 지역을 구분하고 이를 五服이라 하였다. 甸服(전복),
侯服(후복), 綏服(수복), 要服(요복), 荒服(황복).  ○被髮左袵(피발좌임) – 머
리를 묶지 않고 옷깃을 왼쪽으로 여미다(左袵). 이적의 습속.  ○辟居 – 僻
居. 후미진 곳에 거처하다.  ○雍以沙幕 – 雍은 壅(막을 옹). 막히다. 沙幕은
沙漠(사막).  ○羈靡不絶 – 가축을 고삐로 제어하듯 이민족에 대한 통제를
중단하지 않는다는 뜻.

〔國譯〕

　대체로, 일에 따라 의논을 할 경우, 장기간의 안정을 도모하지 않고 일시적 상황만을 해결하려 한다면 먼 훗날을 꾸려나가지 못할 것이다. 만약 정벌의 성과나 秦과 漢에서의 사적만을 본다면 嚴尤(엄우)의 의논은 아주 타당하다. 옛 선대의 왕들은 땅의 거리를 재어 가운데를 京畿(경기)로 하고 九州를 나누고 五服을 구분하였으며, 토산물을 바치게 하였고 내외를 구분하여 통치하였으며 형벌로 다스리거나 文德을 밝게 펴는 등 원근에 따라 형세를 달리하였다. 이 때문에 《春秋》에서는 중원은 내부이고, 이적을 외부라 하였다.

　이적은 탐욕에 이득을 좋아하며, 두발을 묶지 않고 左衽(좌임)하며, 사람이지만 짐승의 심성이며 그 때문에 중국과는 복장과 습속이 다르며 음식도 같지 않고 언어가 통하지 않으며, 북쪽에 후미진 추운 곳에서 살면서 풀을 따라 가축과 함께 이동하며 수렵으로 생활하고 산과 골짜기나 사막으로 막혔는데, 이는 하늘과 땅에 의한 내외의 구분일 것이다.

　이 때문에 聖王은 만이를 금수와 같이 대우하며 더불어 약속을 하지 않았으며, 정벌하지도 않았고 멀리에 두고 가까이 하지 않았으니 그들과 약속한다면 재물을 주고서도 기만당하고 공격을 한다면 힘들여 원정하고서도 도적을 불러들이는 결과가 되었다. 그들의 땅은 경작해서는 먹고 살 수 없으며 그들을 신하로 거느릴 수도 또 그렇게 대우할 수도 없다. 이 때문에 그들은 외부이기에 안으로 불러들일 수 없으며, 멀리에 두고 가까이 할 수 없는 사람들이며, 중국의 정치와 교화를 그들에게 베풀 수도 없고 중국의 역법을 그들에게 적용할 수도 없기에 來附하면 조심하며 길들이고 떠난다면 대비하며 지켜야 한다.

그들이 대의를 흠모하여 토산물을 바쳐오면 받아들이고 예로 접대하되 그들에 대한 통제를 중단하지 않고 잘못이 그들에 있다는 것을 가르쳐주는 것이 아마도 聖王이 蠻夷들을 제어하는 정상적인 방법일 것이다.

# 95 西南夷兩粵朝鮮傳
〔서남이,양월,조선전〕

## 95-1. 西南夷

原文

南夷君長以十數, 夜郎最大. 其西, 靡莫之屬以十數, 滇最大. 自滇以北, 君長以十數, 邛都最大. 此皆椎結, 耕田, 有邑聚. 其外, 西自桐師以東, 北至葉楡, 名爲嶲,昆明, 編髮, 隨畜移徙, 亡常處, 亡君長, 地方可數千里. 自嶲以東北, 君長以十數, 徙,莋都最大. 自莋以東北, 君長以十數, 冉駹最大. 其俗, 或土著, 或移徙, 在蜀之西. 自駹以東北, 君長以十數, 白馬最大, 皆氐類也. 此皆巴,蜀西南外蠻夷也.

| 註釋 | ○본 〈西南夷兩越朝鮮傳〉은 《史記 西南夷列傳》 등을 그대로 이기하고 昭帝에서 王莽에 이르는 때의 내용을 약간 첨가하였다. ○夜郎(야랑) - 종족명 겸 국명. 지금의 貴州省 서북부, 雲南省 동북부 일대에 거주. 國都는 夜郎城, 今 貴州省 安順市 관할의 關嶺布依族苗族自治縣 남쪽. ○靡莫(미막) - 僰族(북족)의 일부. 雲南省 일대에 분포. ○滇(전) - 부족 이름. 今雲南省 昆明市(곤명시) 서남쪽 滇池(전지) 일대 분포. 滇池는 해발 1,800m 고원에 자리 잡은 담수호. 滇國의 국도는 今 雲南省 昆明市 관할의 晉寧縣. '滇'은 雲南省의 簡稱. ○椎結(추계) - 망치 모양의 상투. 椎는 망치 추. 結상투 계(髻와 同). 맺을 결. ○邛都(공도) - 부족 이름. 현명. 今 四川省 서남부의 西昌市. ○桐師(동사) - 지명. 今 雲南省 중서부 保山市 관할의 龍陵縣. ○葉楡(엽유) - 호수 이름. 今 雲南省 중서부 大理市 북쪽의 洱海(이해). ○嶲(수) - 부족 이름. 군 이름 수. 소쩍새 휴. ○昆明(곤명) - 부족 이름. 今 雲南省의 省都. ○徙(사), 筰都(작도) - 부족 이름. ○冉駹(염방) - 羌族의 일부. ○白馬(백마) - 부족 이름. 甘肅省 동남부, 四川省 서북부에 거주하던 부족. 藏族(장족). ○氐 - 氐族(저족). 지금의 陝西省, 甘肅省, 四川省 일대에 살던 소수민족. ○巴 - 郡名. 치소는 江州縣(今 重慶市 江北區).

〔國譯〕

南夷의 君長은 수십 명이었는데 그중에서 夜郎國(야랑국)이 가장 컸다. 그 서쪽에는 靡莫族(미막족)의 군장도 수십 명이었는데 滇國(전국)이 가장 컸다. 전국의 북쪽에도 君長이 수십 명이었는데 邛都國(공도국)이 가장 컸다. 이들은 모두 상투를 틀고 농사를 지으며 마을에 모여 살았다. 그 외에도 서쪽의 桐師(동사)로부터 동쪽으로, 북으로는 葉楡(엽유)에 이르기까지 嶲(수)와 昆明(곤명)이 있었는데 머리를 땋고 가축을 따라 이사 다니며 일정한 거처도 군장도 없었는데 그 땅이 가히 사방 천리는 되었다. 巂(수) 동북으로는 君長 수십 명이 있었는데 徙(사)와 筰都(작도)가 가장 큰 나라였다. 작도의 동북쪽에도 君長이 수십 명이었는데 冉駹(염방)이 가장 컸다. 그 풍속은 토착생활을 하거나 이사를 다녔는데 모두 蜀의 서쪽에 살았다. 염방의 동북에도 군장이 수십 명이었는데, 白馬國(백마국)이 가장 컸는데 이들은 氐族(저족)이다. 이 모두가 巴郡과 蜀郡의 서남쪽의 이민족이다.

## 原文

始楚威王時, 使將軍莊蹻將兵循江上, 略巴,黔中以西. 莊蹻者, 楚莊王苗裔也. 蹻至滇池, 方三百里, 旁平地肥饒數千里, 以兵威定屬楚. 欲歸報, 會秦擊奪楚巴,黔中郡, 道塞不通, 因乃以其衆王滇, 變服, 從其俗以長之. 秦時嘗破, 略通五尺道, 諸此國頗置吏焉. 十餘歲, 秦滅. 及漢興, 皆棄此國而關蜀故徼. 巴,蜀民或竊出商賈, 取其筰馬,僰僮,旄牛, 以此巴,蜀殷富.

| 註釋 | ○楚威王 – 재위, 前 339-329년. ○黔中(검중) – 군명. 今 湖南省과 貴州省 일부지역. 치소는 臨沅縣(今 湖南省 常德市). ○王滇 – 滇의 왕이 된다. 동사로 쓰였다. 長之의 長도 동사이다. ○關蜀故徼 – 關은 관문. 徼는 변방 요(邊界), 구할 요. ○僰僮 – 僰族(북족)은 강족의 한 갈래로 성질이 온순하고 문화가 발달했었다고 한다. 僮은 하인 동.

　그전에 楚 威王(위왕) 때, 將軍인 莊蹻(장교)를 시켜 군사를 거느리고 長江을 따라 巴郡(파군)과 黔中(검중)의 서쪽을 공략케 하였다. 장교란 사람은 楚 莊王의 후손이었다. 장교는 滇池(전지)에 도착했는데 호수가 사방 3백 리이고 그 주변에 수천 리 비옥한 평지가 있어 무력으로 위압하여 楚에 귀속케 하였다. 이를 귀국하여 보고하려 했으나 秦이 초의 파군과 검중군을 공격, 탈취하여 길이 막혀 왕래할 수가 없자, 장교는 그 무리를 이끌고 滇(전)의 왕이 되었는데 변복하고 그 습속을 따르면서 우두머리가 되었다. 秦에 격파되었고 겨우 다섯 자 넓이의 길이 통하자 이 지역 여러 나라에 관리들을 두었다. 십여 년 뒤에 秦이 망했다. 漢이 건국되자 (관리들이) 이들 나라를 떠났고 蜀의 옛 변경에 關門(관문)을 설치하였다. 파군과 촉군의 백성들은 몰래 교역을 하며 莋馬(작마, 말)와 僰僮(북동, 하인), 旄牛(모우, 소) 등을 사들였는데 이 때문에 파군과 촉군이 부유하였다.

　建元六年, 大行王恢擊東粵, 東粵殺王郢以報. 恢因兵威使番陽令唐蒙風曉南粵. 南粵食蒙蜀枸醬, 蒙問所從來, 曰, "道西北牂柯江, 江廣數里, 出番禺城下." 蒙歸至長安, 問蜀賈人, 獨蜀出枸醬, 多持竊出市夜郎. 夜郎者, 臨牂柯江, 江廣百餘步, 足以行船. 南粵以財物役屬夜郎, 西至桐師, 然亦不能臣使也. 蒙乃上書說上曰, "南粵王黃屋左纛, 地東西萬餘里, 名爲外臣, 實一州主. 今以長沙,豫章往, 水道多絶, 難行. 竊聞夜郞所有精兵可得十萬, 浮船牂柯, 出不意, 此制粤一奇也. 誠以漢之强, 巴,蜀之饒, 通夜郞道, 爲置吏, 甚易." 上許之. 乃拜蒙以郞中將, 將千人, 食重萬餘人, 從巴莋關入, 遂見夜郞侯多同. 厚賜, 諭以威德, 約爲置吏, 使其子爲令. 夜郞旁小邑皆貪漢繒帛, 以爲漢道險, 終不能有也, 乃且聽蒙約. 還報, 乃以爲犍爲郡. 發巴,蜀卒治道, 自僰道指牂柯江. 蜀人司馬相如亦言西夷邛,莋可置郡. 使相如以郞中將往諭, 皆如南夷, 爲置一都尉, 十餘縣, 屬蜀.

| 註釋 | ○建元六年 – 武帝, 前 135년. ○大行王恢 – 大行인 王恢(왕회). 大行은 나라에서 접객을 담당하는 직분. 大行의 책임자는 大行令. 무제 太初 원년(전 104년)에 大行令을 大鴻臚(대홍려, 외교, 사신 접대 담당)로, 大行을 大行令으로 명칭 변경. 王恢(왕회)는 흉노 선우를 馬邑으로 유인하여 토벌하려다 실패하였고 무제의 질책을 받은 뒤에 자살. ○東粤(동월) – 東越, 지금 福建省과 浙江省 남부 지역에 거주하던 越族의 갈래. ○番陽令 – 番陽(파양) 현령. 番은 땅이름 파. 땅이름 반. 차례 번. ○枸醬(구장) – 맵고도 향이 나는 음식물. ○道西北牂柯江 – 道는 통해서 들어오다(由也). 牂柯江(장가강, 北盤江)은 雲南省 동부와 貴州省 서남부를 흐르는 西江의 지류. 西江은 남부 珠江의 본류. ○番禺(반우) – 현명. 南海郡의 치소. 今 廣東省 廣州市 番禺區. ○左纛(좌독) – 수레 좌측에 세우는 소꼬리 장식의 큰 기. ○長沙 – 제후 국명. 치소는 臨湘縣(今, 湖南省 省會인 長沙市). ○豫章 – 군명. 치소는 南昌縣(今 江西省 省都인 南昌市). ○食重萬餘人 – 食重은 군량과 중장비. ○犍爲郡(건위군) – 군명. 치소는 鼈縣(폐현, 今 貴州省 遵義市).

建元 6년, 大行令인 王恢(왕회)가 東粤(동월)을 공격할 때, 동월은 그 왕인 郢(영)을 죽이고 항복을 통보해왔다. 왕회는 무력을 앞세우고 番陽(파양) 현령인 唐蒙(당몽)을 시켜 남월에게도 항복을 권유하였다. 남월에서는 당몽에게 蜀(촉)에서 나는 枸醬(구장)을 음식으로 대접하자 당몽이 어디서 구했느냐고 묻자, 그들은 "서북쪽의 牂柯江(장가강)을 통해서 들어오는데 (장가강은) 넓이가 몇 리나 되고 番禺城(반우성) 근처에 있다."고 하였다.

당몽은 장안으로 돌아와 촉의 상인에게 물었는데, 오직 촉에서만 구장이 나는데 대부분 몰래 반출하여 夜郎(야랑)에 판매한다고 하였다. 야랑국은 장가강 근처에 있는데 그 강 너비가 1백여 보라서 배를 띄울 수 있다고 하였다. 남월 사람들은 재물을 야랑국에 바쳐야 하고 야랑국은 서쪽으로 桐師國(동사국)까지 미치지만 그들을 신하처럼 부리지는 못한다고 하였다. 그러자 당몽은 상서하여 무제를 설득하였다.

"남월의 왕은 황색 車蓋(거개)에 左纛(좌독)을 세우고 다니며 그 땅은 동서로 1만여 리나 되는데 명분으로는 外臣이나 실제로는 1개 州(주)라 할 수 있습니다. 지금은 長沙國이나 豫章郡(예장군)에서 왕래하지만 물길이 자주 끊겨 교통이 어렵습니다. 제가 듣기로는, 夜郎國에서는 정병 10만을 동원할 수 있으며 장가강을 따라 군사를 불의에 출동시킨다면 越人(월인)을 제압할만한 특별한 방책입니다. 漢의 막강한 군사와 巴郡(파군)과 촉군의 재물을 이용하여 야랑에 이르는 길을 내고 관리를 배치하는 일은 아주 용이할 것입니다."

이를 무제가 수락하였다. 그리고 당몽에게 郞中將을 제수하고 1

천 군사와 군량과 장비를 운반하는 1만 명을 거느리고 파군의 笮關(작관)을 통해 진격해 들어가 마침내 야랑국의 제후인 多同(다동)을 만났다. 재물을 후하게 하사하고 황제의 위덕으로 설득하여 한의 관리를 두기로 약속하고 다동의 아들을 현령으로 임명하였다. 야랑 부근의 작은 읍에서는 漢의 비단을 탐내었지만 漢에 갈 수 있는 길이 험해 결국은 얻을 수 없다고 생각하여 당몽의 말에 따라 약조를 맺었다. 당몽이 돌아와 보고하자 그곳에 犍爲郡(건위군)을 설치토록 하였다. 파군과 촉군의 군사를 동원하여 도로를 개통하여 僰道(북도)에서 장가강에 도착할 수 있었다. 촉군 출신 司馬相如도 西夷가 사는 지역인 邛(공)과 笮(작)에 郡을 설치할 수 있다고 건의하였다. 사마상여를 낭중장에 임명하고 가서 설득케 하였는데 모두 남쪽 소수민족처럼 하였고 都尉 1인을 두고 10여 개 현을 설치하여 蜀郡에 속하게 하였다.

原文

當是時, 巴,蜀四郡通西南夷道, 載轉相餉. 數歲, 道不通, 士罷餓餒, 離暑濕, 死者甚衆. 西南夷又數反, 發兵興擊, 耗費亡功. 上患之, 使公孫弘往視問焉. 還報, 言其不便. 及弘爲御史大夫, 時方築朔方, 據河逐胡, 弘等因言西南夷爲害, 可且罷, 專力事匈奴. 上許之, 罷西夷, 獨置南夷兩縣一都尉, 稍令犍爲自保就.

| 註釋 | ○巴,蜀四郡 － 巴, 蜀, 漢中, 廣漢의 四郡. ○離暑濕 － 離는 재난이나 피해를 당하다(遭也). 暑 더울 서. 濕 축축할 습. ○公孫弘 － 58권, 〈公孫弘卜式兒寬傳〉에 입전.


〖 國譯 〗

이때, 파군과 촉군 등 4개 군에서는 西南夷(서남이)와 연결하는 도로 개통을 위한 군량을 운송하였다. 그러나 몇 년에 걸려도 개통되지 못했는데 사졸은 지쳐 굶주리고 덥고 습한 풍토병에 걸려 죽는 자가 많았다. 서남이도 자주 반란을 일으켜 군사를 내어 토벌했으나 비용만 나고 성과가 없었다. 무제는 이를 걱정하여 公孫弘(공손홍)을 보내 조사케 하였다. 공손홍이 돌아와 보고하면서 도움이 되지 않는다고 하였다. 뒷날 공손홍은 어사대부가 되었는데 그때 朔方郡(삭방군)을 설치하고 황하를 근거로 흉노를 축출할 때라서 공손홍 등은 서남이가 재정만 낭비하니 서남이에 대한 경략을 포기하고 흉노정벌에 전력을 기울여야 한다고 건의했다. 무제가 허락하자 서남이 경략을 중지하고 서남이 지역에 2개 현과 도위 1명만을 남겼고 건위군은 자체 방어토록 하였다.


原文

及元狩元年, 博望侯張騫言使大夏時, 見蜀布,邛竹杖, 問所從來, 曰, "從東南身毒國, 可數千里, 得蜀賈人市." 或聞邛西可二千里有身毒國. 騫因盛言大夏在漢西南, 慕中國, 患匈奴隔其道, 誠通蜀, 身毒國道便近, 又亡害. 於是天子

乃令王然于,柏始昌,呂越人等十餘輩間出西南夷, 指求身毒
國. 至滇, 滇王當羌乃留爲求道. 四歲餘, 皆閉昆明, 莫能
通. 滇王與漢使言, "漢孰與我大?" 及夜郎侯亦然, 各自以
一州王, 不知漢廣大. 使者還, 因盛言滇大國, 足事親附. 天
子注意焉.

| 註釋 |  ○元狩元年 – 무제의 연호, 前 122년.  ○博望侯張騫(장건, ?-前
114) – 건원 3년(前 138)에 한을 출발하여 흉노에 억류되었다가 대월지를 찾
아갔고 元朔 3년(前 126)에야 한에 돌아왔다. 大宛(대원)과 大月氏(대월지),
大夏(대하)와 康居(강거) 등을 다녀왔고 그 주변의 5, 6개의 큰 나라에 대하
여 지형과 산물을 모두 무제에게 보고하여 결과적으로 '絲綢之路(비단길, 簡
稱 絲路)'를 개척케 했다. 61권, 〈張騫李廣利傳〉에 입전.  ○使大夏時 – 大夏
는 今 阿富汗伊斯坦(아프가니스탄) 북부에 있던 나라. 영어로는 Bactria(巴克
特里亞).  ○蜀布 – 蜀에서 생산되는 細布.  ○邛竹杖 – 邛山(공산)의 대나무
지팡이.  ○身毒國(견독국) – 天竺國. 印度. 印度河(Sindhu)의 음역. 身은 나
라 이름 견. 몸 신.  ○漢孰與我大 – 漢과 나의 나라 중 어디가 더 큰가?  ○夜
郎侯亦然 – '夜郎自大'라는 成語가 있다.

〔國譯〕

　　元狩(원수) 원년(前 122년)에 博望侯(박망후)인 張騫(장건)이 사신으
로 大夏(대하)에 갔을 때 거기서 촉의 細布와 邛竹杖(공죽장)을 보고
어디서 나온 것인가를 묻자 "동남쪽의 身毒國(견독국)에서 온 것인
데 수천 리는 되지만 촉의 상인이 판매한 것을 구할 수 있다."고 하
였다. 또 어떤 사람한테 들은 바로는 邛(공)의 서쪽 2천 리 되는 곳에

身毒國(견독국)이 있다고 하였다. 장건은 이를 근거로 大夏(대하)는 漢의 서남쪽에 있으며 중국을 흠모하고 흉노가 길을 막고 있는 것을 걱정하고 있지만 실제로 촉을 통하면 견독국에 이르는 길이 편하고 가까우며 위험하지 않다고 과장하여 설명했다. 이에 무제는 王然于(왕연우)와 柏始昌(백시창), 呂越(여월) 같은 사람들 10여 명에게 서남이를 몰래 통과하여 견독국에 이르는 길을 찾게 하였다. 그들이 滇國(전국)에 도착하자 전왕인 當羌(당강)은 그들을 머무르게 하고 길을 찾게 하였다. 4년 뒤에 모두 昆明國에 막혀 어디에도 길을 찾지 못했다.

滇王(전왕)이 한의 사절에게 물었다. "漢과 滇은 어느 나라가 더 큰가?" 또 夜郎侯(야랑의 후)도 마찬가지로 생각했으니 그들은 1개 州의 왕으로 漢이 광대함을 알지 못했다. 사자가 귀국하여 전국은 큰 나라이며 가까이 할 수 있는 나라라고 과장해 말했다. 천자는 이에 주목하였다.

原文

及至南粵反, 上使馳義侯因犍爲發南夷兵. 且蘭君恐遠行, 旁國虜其老弱, 乃與其衆反, 殺使者及犍爲太守. 漢乃發巴,蜀罪人當擊南粵者八校尉擊之. 會越已破, 漢八校尉不下, 中郎將郭昌,衛廣引兵還, 行誅隔滇道者且蘭, 斬首數萬, 遂平南夷爲牂柯郡. 夜郎侯始倚南粵, 南粵已滅, 還誅反者, 夜郎遂入朝, 上以爲夜郎王. 南粵破後, 及漢誅且蘭,邛君, 並殺莋侯, 冄駹皆震恐, 請臣置吏, 以邛都爲粤嶲郡, 莋都爲沈黎郡, 冄駹爲文山郡, 廣漢西白馬爲武都郡.

| 註釋 | ○及至南粤反 — 元鼎(원정) 5년(前 112년). ○且蘭(저란) — 今 貴州省에 있었던 부족 국가. ○校尉 — 北軍의 장군의 속관, 단위 부대의 지휘관. 8교위 명칭은 越騎校尉, 長水校尉, 虎賁校尉 등등. ○牂柯郡(장가군) — 군명. 지금의 貴州省 지역에, 粤嶲郡(월수군, 越嶲郡), 沈黎郡(침려군), 文山郡(문산군)은 지금의 四川省 지역, 武都郡(무도군)은 今 甘肅省에 해당.

〖國譯〗

南粤(남월, 南越)이 반란을 일으키자 무제는 馳義侯(치의후, 越人)로 하여금 건위군에서 南夷의 군사를 동원하게 하였다. 且蘭(저란)의 군주는 멀리 행군을 하면 주변 나라에서 노약자를 사로잡아갈 것을 걱정하여 그 무리들을 거느리고 한에 반기를 들면서 사자와 건위군 태수를 죽였다. 한에서는 바로 파군과 촉군의 죄수들로 남월 공격에 참여했던 자들과 8명의 校尉(교위)를 동원하여 越을 토벌하였다. 마침 越이 평정되면서 한의 8교위는 더 남하하지 않았으며 中郞將 郭昌(곽창)과 衛廣(위광)은 군사를 이끌고 회군하면서 滇國에 이르는 길을 막고 있던 且蘭(저란)을 평정하면서 수만 명을 참수하고 남이들을 평정하여 마침내 牂柯郡(장가군)을 설치하였다. 夜郞의 주군은 평소에 남월에 의지하고 있었는데 남월이 평정되고 한군이 회군하면서 반란자들을 주살하자 야량의 주군은 한에 입조하였다. 무제는 야량의 왕을 제후로 봉했다. 한의 군사가 저란과 邛(공)과 莋(작)의 주군을 죽이자 冄駹(염방)은 두려워하며 모두 신하가 되어 관리 파

222 漢書(九)

견을 자청하였는데 한에서는 邛(공)의 도성에 粤嶲郡(월수군)을 설치하였고 筰(작)의 도성을 沈黎郡(침려군), 冉駹(염방)을 文山郡(문산군)으로, 廣漢郡의 서쪽 白馬族의 땅은 武都郡(무도군)이라 하였다.

原文

使王然于以粤破及誅南夷兵威風諭滇王入朝. 滇王者, 其衆數萬人, 其旁東北勞深, 靡莫皆同姓相杖, 未肯聽. 勞, 莫數侵犯使者吏卒. 元封二年, 天子發巴, 蜀兵擊滅勞深, 靡莫, 以兵臨滇. 滇王始首善, 以故弗誅. 滇王離西夷, 滇舉國降, 請置吏入朝, 於是以爲益州郡, 賜滇王王印, 復長其民. 西南夷君長以百數, 獨夜郎, 滇受王印. 滇, 小邑也, 最寵焉.

| 註釋 | ○勞深(노심), 靡莫(미막) – 모두 僰族(북족)의 한 갈래. 今 雲南省 曲靖, 陸良縣 일대에 분포. ○始首善 – 처음부터 善意로 상대하다. ○益州郡(익주군) – 치소는 滇池縣(今 雲南省 昆明市 관할의 晋寧縣).

〔國譯〕

武帝는 王然于(왕연우)를 사자로 보내 粤(월, 越)을 격파하고 남쪽이민족을 주살한 위세를 말하고 滇王(전왕)의 입조를 권유하게 하였다. 전왕은 그 무리가 수만 명이며 그 주변 동북에 勞深(노심)과 靡莫(미막)이 모두 同姓으로 서로 의지하고 있었기에 따르려 하지 않았다. 노심과 미막은 여러 번 사자의 이졸들을 공격했었다. 元鳳 2년

(前 109)에 무제는 파군과 촉군의 군사를 동원하여 노심과 미막을 토벌하고 없앤 뒤에 滇(전)에 들어갔다. 전국의 왕은 처음부터 선의로 상대했기에 죽이지는 않았다. 전왕은 西夷를 떠나와 전을 들어 투항하며 관리를 보내줄 것과 입조를 자청하였는데, 그래서 그 땅에 益州郡(익주군)을 설치하고 滇王(전왕)에게 인수를 하사하며 그 백성을 다스리게 하였다. 서남이의 군장이 백 명 가까이 되었지만 오직 夜郎(야랑)과 滇王(전왕)만이 인수를 받았다. 전은 소읍이었는데도 가장 총애를 받았다.

　後二十三歲, 孝昭始元元年, 益州廉頭,姑繒民反, 殺長吏. 牂柯,談指,同並等二十四邑, 凡三萬餘人皆反. 遣水衡都尉發蜀郡,犍爲犇命萬餘人擊牂柯, 大破之. 後三歲, 姑繒,葉楡復反, 遣水衡都尉呂辟胡將郡兵擊之. 辟胡不進, 蠻夷遂殺益州太守, 乘勝與辟胡戰, 士戰及溺死者四千餘人. 明年, 復遣軍正王平與大鴻臚田廣明等並進, 大破益州, 斬首捕虜五萬餘級, 獲畜產十餘萬. 上曰, "鉤町侯亡波率其邑君長人民擊反者, 斬首捕虜有功, 其立亡波爲鉤町王. 大鴻臚廣明賜爵關內侯, 食邑三百戶." 後間歲, 武都氐人反, 遣執金吾馬適建,龍額侯韓增與大鴻臚廣明將兵擊之.

| 註釋 | ○여기서부터는 班固의 기록이다. ○孝昭始元元年 - 前 86년.

◦廉頭,姑繒 – 익주군의 지명. 확실한 위치 미상.  ◦談指,同並 – 모두 縣名.
◦水衡都尉 – 上林苑 관리와 鑄錢의 담당관.  ◦犇命(분명) – 奔命. 急難에
대비하여 동원되는 군사.  ◦軍正 – 軍의 司法官.  ◦田廣明 – 90권,〈酷吏傳〉
입전.  ◦間歲 – 일 년 건너(隔一年). 始元 4년.  ◦執金吾(집금오, 中尉) – 궁
궐 수비와 京師의 치안 책임자. 질록 中2천석.

[ 國譯 ]

23년이 지난 昭帝 始元 원년에 益州郡의 廉頭縣(염두현)과 姑繒縣
(고증현)의 백성이 반란을 일으켜 長吏(縣令)를 죽였다. 牂柯郡(장가
군)의 談指縣(담지현)과 同並縣(동병현) 등 24개 읍에서도 총 3만여 명
이 반란에 가담하였다. 이에 水衡都尉(수형도위)를 보내 촉군과 犍爲
郡(건위군)에서 1만여 명을 징발하여 바로 장가군에 출동시켜 반란
군을 완파했다. 그 3년 뒤에 姑繒(고증)과 葉楡(엽유)현에서 다시 반
란이 일어나자 수형도위인 呂辟胡(여벽호)를 보내 익주군의 병력을
거느리고 공격하게 하였다. 여벽호가 진격하기 전에 만이들이 익주
태수를 죽이고 승세를 몰아 여벽호의 군사와 싸웠는데 전투에 죽거
나 익사자가 4천여 명이나 되었다. 다음 해 다시 軍正인 王平(왕평)
과 대홍려인 田廣明(전광명)을 동시에 출동케 하여 익주의 반군을 대
파하고 5만여 명을 참수하거나 포로로 잡았고 가축 10여만 두를 노
획하였다. 이에 무제가 조서를 내렸다.

"鉤町侯(구정후) 亡波(망파)는 그 마을의 군장과 백성을 이끌고 반
역자를 토벌하여 참수하거나 노획에 공을 세웠기에 망파를 구정왕
으로 삼고자 한다. 대홍려인 전광명에게 관내후의 작위를 내리고 식
읍은 3백 호로 한다."

한 해 건너, 武都郡(무도군)의 氏族(저족)이 반란을 일으키자 집금
오인 馬適建(마적건)과 龍額侯(용액후)인 韓增(한증)과 대홍려 전광명
을 보내 군사를 동원하여 토벌하였다.

原文

至成帝河平中, 夜郞王興與鉤町王禹,漏臥侯兪更擧兵相
攻. 牂柯太守請發兵誅興等, 議者以爲道遠不可擊, 乃遣太
中大夫蜀郡張匡持節和解. 興等不從命, 刻木象漢吏, 立道
旁射之. 杜欽說大將軍王鳳曰, "太中大夫匡使和解蠻夷王
侯, 王侯受詔, 已復相攻, 輕易漢使, 不憚國威, 其效可見.
恐議者選耎, 復守和解, 太守察動靜有變, 乃以聞. 如此, 則
復曠一時, 王侯得收獵其衆, 申固其謀, 黨助衆多, 各不勝
忿, 必相殄滅. 自知罪成, 狂犯守尉, 遠臧溫暑毒草之地, 雖
有孫,吳將, 賁,育士, 若入水火, 往必焦設, 知勇亡所施. 屯
田守之, 費不可勝量. 宜因其罪惡未成, 未疑漢家加誅, 陰
敕旁郡守尉練士馬, 大司農豫調穀積要害處, 選任職太守
往, 以秋涼時入, 誅其王侯尤不軌者. 卽以爲不毛之地, 亡
用之民, 聖王不以勞中國, 宜罷郡, 放棄其民, 絕其王侯勿復
通. 如以先帝所立累世之功不可墮壞, 亦宜因其萌牙, 早斷
絕之, 及已成形然後戰師, 則萬姓被害."

| 註釋 |  ○成帝河平 – 前 28-25년.  ○漏臥(누와) – 현명. 今 雲南省 曲靖

市 관할의 羅平縣. 雲南省과 貴州省 그리고 廣西省의 접경. ○杜欽 - 생졸년 미상. 王鳳의 참모로 널리 알려졌다. 60권, 〈杜周傳〉에 附傳. 王鳳(왕봉, ?-前 22)은 成帝(재위, 前 33-前 7) 때의 외척, 元帝의 皇后인 王政君의 오빠. 成帝 즉위 후에 大司馬大將軍領尙書事가 되었고 왕봉의 4형제(王鳳, 王音, 王商, 王根)가 차례로 요직을 독점했었다. ○選愞(선연) - 겁이 많고 나약하다. 選은 巽(공순할 손)과 通. 愞은 가냘플 연. ○曠一時 - 曠은 허비하다. 텅 빌 광. 一時는 한 철. 3달. ○黨助衆多 - 黨助는 패거리. ○狂犯守尉 - 사리 분별을 못하여(狂) 태수나 도위를 공격하다. ○賁,育士 - 고대의 용사인 孟賁(맹분)과 夏育(하육). ○練士馬 - 練은 선발하다. 고르다. ○大司農豫調~ - 大司農은 국가 재정 담당. 9경의 한 사람. 豫調는 미리 조달하다. ○萌牙(맹아) - 싹.

〔國譯〕

成帝 河平(하평) 연간에 夜郎王 興(흥)과 鉤町王(구정왕) 禹(우) 및 漏臥侯(누와후) 兪(유)가 교대로 군사를 동원하며 서로를 공격하였다. 牂柯(장가) 태수가 군대를 동원하여 興(흥) 등을 주살해야 한다고 건의하였지만 이를 논의한 사람들은 길이 멀어 토벌할 수 없다고 하여 太中大夫인 蜀郡 출신 張匡(장광)을 시켜 지절을 갖고 가서 화해시키기로 방침을 정했다. 그러나 興(흥) 등은 명을 따르지 않았으며 한의 관리처럼 나무를 깎아 길가에 세워놓고 활로 쏘았다. 이에 杜欽(두흠)이 대장군 王鳳(왕봉)을 설득하였다.

"태중대부 장광이 만이의 왕후를 화해시키려 했지만 조서를 받고서도 다시 서로 공격을 하였습니다. 황제의 사자를 경시하고 나라의 권위도 어려워하지 않으니 그 효과가 얼마나 있을지 모르겠습니다. 이를 논의하는 공경들도 나약하여 아마도 다시 화해를 권유하며 태수에게 동정을 살펴 변화가 있으면 보고하라고 할 것입니다. 이렇게 되면 다시 석 달쯤 허비하고 만이의 우두머리는 다시 무리를 모아 모의를 하고 패거리는 더욱 많아질 것이며 서로 분을 이기지 못하고 반드시 상대를 박살내려 할 것입니다. 그들은 죄를 짓는 줄 알면서도 미쳐서 태수나 도위를 공격할 것인데 그 땅은 멀고도 열병과 독초가 있는 땅이라서 비록 孫子나 吳子와 같은 兵法 대가에 孟賁(맹분)과 夏育(하육) 같은 용사가 있어도 물불 속에 뛰어드는 것과 같아 그곳에 가면 틀림없이 물불에 다쳐서 지략과 용기를 펼 수가 없을 것입니다. 그렇다고 둔전하며 방어한다면 그 비용을 감당할 수가 없을 것입니다. 그렇다면 그들이 큰 죄악을 짓기 전, 한에서 주살하리라 생각하기 전에 은밀하게 주변 군의 태수와 도위에게 군사와 군마를 준비토록 하고, 大司農은 미리 군량을 요해처에 비축토록 한 뒤에 동원할 태수의 임무를 수행할 사람을 선발하여 가을 날씨가 서늘해지면 진입하며 그 왕후나 불법을 저지른 자들을 처형해야 합니다. 만일 그 땅이 아예 불모지이며 쓸모없는 백성이어서 聖王께서 중국을 힘들게 할 수 없다고 생각하신다면 郡을 폐지하고 그 백성을 포기하고 왕후들과의 왕래를 단절시켜야 합니다. 만약 先帝께서 그동안 이룩하신 공적을 허물 수 없다고 생각하시더라도 그 싹이 자라나려 할 때 일찌감치 잘라버려야 할 것이며 이미 다 자란 이후에 군사를 동원하려 한다면 모든 백성이 피해를 입을 것입니다.”


原文

大將軍鳳於是薦金城司馬陳立爲牂柯太守. 立者, 臨邛

人, 前爲連然長,不韋令, 蠻夷畏譴. 及至牂柯, 諭告夜郎王
興, 興不從命, 立請誅之. 未報, 乃從吏數十人出行縣, 至興
國且同亭, 召興. 興將數千人往至亭, 從邑君數十人入見立.
立數責, 因斷頭. 邑君曰, "將軍誅亡狀, 爲民除害, 願出曉
士衆." 以興頭示之, 皆釋兵降. 鉤町王禹,漏臥侯兪震恐, 入
粟千斛, 牛,羊勞吏士. 立還歸郡, 興妻父翁指與興子邪務收
餘兵, 迫脅旁二十二邑反. 至冬, 立奏募諸夷與都尉長史分
將攻翁指等. 翁指據厄爲壘, 立使奇兵絶其餉道, 縱反間以
誘其衆. 都尉萬年曰, "兵久不決, 費不可共." 引兵獨進, 敗
走, 趨立營. 立怒, 叱麾下令格之. 都尉復還戰, 立引兵救
之. 時天大旱, 立攻絶其水道. 蠻夷共斬翁指, 持首出降. 立
已平定西夷, 徵詣京師. 會巴郡有盜賊, 復以立爲巴郡太守,
秩中二千石居, 賜爵左庶長. 徙爲天水太守, 勸民農桑爲天
下最, 賜金四十斤. 入爲左曹衛將軍,護軍都尉, 卒官.


| 註釋 | ○金城司馬 – 金城은 군명. 치소는 允吾縣(윤오현, 今 甘肅省 臨夏
回族自治州(市) 관할 永靖縣). 司馬는 職名. 大將軍, 將軍, 校尉, 衛尉, 中尉(執
金吾)의 속관. ○臨邛(임공) – 현명. 今 四川省 成都市 관할의 邛崍市(공래
시). ○連然長, 不韋令 – 連然(연연)의 縣長, 不韋(불위)의 縣令. 모두 雲南省
의 옛 현 이름. ○且同亭 – 郵亭(우정)의 이름. 亭은 문서 발송이나 관리 출
장의 편의를 제공하는 시설(驛站. 郵驛). 亭長을 두어 관리하였다. ○數責 –
하나씩 지적하며 책망하다. ○叱麾下令格之 – 叱은 질책하다. 麾下는 麾下
(휘하), 곧 部下. ○秩中二千石居 – 태수의 질록은 이천석인데 그보다 1단계

높은 中二千石을 받은 것은 특별한 우대이다. 9卿의 질록이 중이천석이다.
○賜爵左庶長 – 左庶長은 작위 이름.  ○天水 – 군명. 치소는 平襄縣(今 甘肅
省 天水市).  ○左曹衛將軍 – 左曹는 加官의 칭호. 조정의 정사 논의에 참여
할 수 있다.


[ 國譯 ]

　대장군 王鳳(왕봉)은 이에 金城郡의 사마인 陳立(진립)를 천거하여
장가군 태수에 임명하였다. 진립은 臨邛縣(임공현) 사람인데 그전에
連然(연연)의 縣長과 不韋(불위)의 현령을 역임하여 만이가 그를 두
려워하였다. 장가군에 부임하자 야랑왕의 興(흥)에게 타일렀으나 흥
이 말을 듣지 않자 진립은 처형을 상신하였다. 미처 회답이 내려오
기 전에 郡吏 수십 명을 거느리고 현을 순찰하였는데 흥의 영역 且
同亭(저동정)에 도착하여 흥을 소환하였다. 흥은 무리 수천 명을 거
느렸고 邑君 수십 명을 데리고 저동정에 들어와 진립을 만났다. 진
립은 조목조목 흥을 질책한 뒤에 바로 목을 잘랐다. 이에 읍군들이
말했다. "장군께서 무례한 자를 처형하여 백성을 위해 해악을 제거
하셨으니 밖에 나가서서 군중을 타일러 주십시오!" 진립은 흥의 잘
린 머리를 내보이자 모두 무기를 버리고 항복하였다.

　鉤町王(구정왕) 禹(우)와 漏臥侯(누와후) 兪(유)도 공포에 떨며 곡식
1천 斛(곡)과 소와 양을 보내 군사를 위로하였다. 진립은 군으로 돌
아왔는데 興의 장인인 翁指(옹지)와 興의 아들 邪務(야무)가 나머지
군사를 수습하고 근처 22개 마을을 협박하여 반기를 들었다. 겨울
이 되자 진립은 여러 만이의 족장이나 도위, 장사들과 함께 옹지를
공격할 군사를 모으겠다고 상주하였다. 옹지는 험한 곳에 보루를 구

축하였는데 진립은 비밀리에 병졸을 보내 그 군량 공급로를 막아버리고 反間(반간, 첩자)을 풀어 그 무리를 유인하였다. 이에 도위 萬年(만년)이 말했다. "오랫동안 대치하면서 비용을 다 감당할 수 없습니다." 그리고는 군사를 인솔하여 홀로 진격했다가 패주하여 진립의 진영으로 쫓겨 왔다. 진립은 노하며 부하들을 질책하며 다시 싸우게 하였다. 도위는 다시 나가 분전했고 진립도 군사를 이끌고 구원하였다. 그때는 날이 매우 가물었는데 진립은 그들의 물길을 막아버렸다. 이에 만이들은 옹지를 죽여 목을 갖고 나와 항복하였다. 진립이 서쪽 이민족을 평정한 뒤 부름을 받아 경사로 개선하였다. 마침 巴郡(파군)에 도적떼가 일어나자 다시 진립을 파군태수에 임명하고 질록은 중이천석으로 정하고 左庶長(좌서장)의 작위를 하사하였다. 나중에 天水太守로 옮겼는데 백성들에게 농상을 권장하여 최고의 실적을 거두었기에 (황제는) 황금 40근을 하사하였다. 조정에 들어와 左曹 衛將軍에 護軍都尉로 있다가 관직에 있으면서 죽었다.

原文

王莽簒位, 改漢制, 貶鉤町王以爲侯. 王邯怨恨, 牂柯大尹周欽詐殺邯. 邯弟承攻殺欽, 州郡擊之, 不能服. 三邊蠻夷愁擾盡反, 復殺益州大尹程隆. 莽遣平蠻將軍馮茂發巴, 蜀,犍爲吏士, 賦斂取足於民, 以擊益州. 出入三年, 疾疫死者什七, 巴,蜀騷動. 莽徵茂還, 誅之. 更遣甯始將軍廉丹與庸部牧史熊大發天水,隴西騎士, 廣漢,巴,蜀,犍爲吏民十萬

人, 轉輸者合二十萬人, 擊之. 始至, 頗斬首數千, 其後軍糧
前後不相及, 士卒饑疫, 三歲餘死者數萬. 而粵嶲蠻夷任貴
亦殺太守<u>枚根</u>, 自立爲<u>邛谷王</u>. 會<u>莽</u>敗<u>漢</u>興, 誅<u>貴</u>, 復舊號
云.

| 註釋 |  ○王莽簒位 - 왕망(前 45-서기 23)은 서기 8-23년 新의 황제로.
재위.  ○牂柯大尹 - 大尹은 太守의 개칭.  ○庸部牧史熊 - 庸部牧은 익주의
개칭. 史熊은 인명.

〔國譯〕

　王莽(왕망)은 찬위하고서 漢의 제도를 고쳤는데 鉤町王(구정왕)은
侯(후)가 되었다. 구정왕 邯(한)은 원한을 품었는데 장가군 大尹(太
守)인 周欽(주흠)이 邯(한)을 유인하여 죽였다. 한의 동생인 承(승)은
주흠을 공격하여 살해하자 州郡의 군사가 承을 공격했지만 이기지
못했다. 이에 주변의 만이들이 소요 속에 반란을 일으켰고 다시 益
州의 大尹인 程隆(정륭)을 죽였다. 왕망은 평만장군 馮茂(풍무)를 파
견하여 파군, 촉군, 건위군의 군사를 출동시켰고 백성들로부터 부세
를 넉넉하게 걷어 익주를 공격하였다. 그러나 3년이 지나면서 질병
으로 죽은 자가 10명에 7명이나 되자 파군과 촉군에서 소동이 일어
났다. 왕망은 풍무를 소환한 뒤 처형하였다. 그리고 다시 甯始將軍
(영시장군) 廉丹(염단)과 庸部牧(益州 태수) 史熊(사웅)을 파견하여 天
水郡과 隴西郡(농서군)의 기사를 대량으로 동원하고, 廣漢郡, 巴郡,
蜀郡, 犍爲郡(건위군)의 관리와 백성 10만 명과 수송 인부까지 총 20
만 명을 동원하여 공격하였다. 처음에는 공격하여 참수한 자가 수천

명에 달하였으나 나중에는 군량이 원활하게 공급되지 않아 사졸이 굶주리고 병들어 3년 동안에 아사자가 수만 명에 달했다. 또 粤嶲郡(월수군, 粤은 越로도 표기)의 만이인 任貴(임귀)도 태수인 枚根(매근)을 죽이고 자립하여 邛谷王(공곡왕)이라 하였다. 마침 왕망이 패망하고 후한이 건국되어 임귀를 주살하였고 옛 호칭을 회복하였다.

## 95-2. 兩越

原文

南粤王趙佗, 眞定人也. 秦並天下, 略定揚粤, 置桂林,南海,象郡, 以適徙民與粤雜處. 十三歲, 至二世時, 南海尉任囂病且死, 召龍川令趙佗語曰,"聞陳勝等作亂, 豪桀叛秦相立, 南海辟遠, 恐盜兵侵此. 吾欲興兵絶新道, 自備侍諸侯變, 會疾甚. 且番禺負山險阻, 南北東西數千里, 頗有中國人相輔, 此亦一州之主, 可爲國. 郡中長吏亡足與謀者, 故召公告之." 卽被佗書, 行南海尉事. 囂死, 佗卽移檄告橫浦,陽山,湟溪關曰,"盜兵且至, 急絶道聚兵自守." 因稍以法誅秦所置吏, 以其黨爲守假. 秦已滅, 佗卽擊幷桂林,象郡, 自立爲南粤武王.

| 註釋 | ○南粵王趙佗 - 粵은 땅이름 월. 越과 同. 부족 이름에서 국가 이름, 또 그들의 거주지를 지칭. 越人들의 분포는 五嶺 이남, 今 福建省, 廣東省, 廣西省, 북부 越南에 널리 분포. 廣東省과 廣西省을 보통 兩越(東越＋南越)이라 통칭. 趙佗(조타)는 《史記》에 尉佗(위타)로 기록. ○眞定 - 전국시대 趙의 현명. 今 河北省 石家莊市 관할의 正定縣. 뒷날 趙雲(常山 趙子龍)의 고향. ○揚粵 - 揚州의 越人. 長江 하류지역 남쪽에 살던 越人. ○桂林 - 군명. 치소는 今 廣西壯族自治區 중부 貴港市 관할의 桂平市. ○南海, 象郡 - 군명. ○適徙民 - 죄지은 백성을 이주시키다. 適은 謫. ○龍川令 - 용천 현령. 龍川은 今 廣東省 河源市 관할의 龍川縣. ○番禺(반우) - 현명. 南海郡의 치소. 今 廣東省 廣州市 番禺區. ○爲守假 - 군현의 관직을 임시로 대행케 하다. ○自立爲南粵武王 - 趙佗(조타)는 桂林郡 등 3郡을 평정하고 今 廣州에서 前203년에 南越王(武王)을 자칭. 前111년까지 존속. 도읍은 番禺(반우, 廣東省 廣州市). 영역은 지금의 廣東省과 廣西省에 해당.

[ 國譯 ]

南粵王(남월왕) 趙佗(조타)는 眞定縣(진정현) 사람이다. 秦은 천하를 차지하고 揚粵(양월)을 평정한 뒤 桂林, 南海, 象郡(상군) 등을 설치하고서 죄인들을 이주 시켜 월인들과 혼거하게 하였다. 13년이 지난 秦 2세 때 남해군 도위인 任囂(임효)가 병들어 죽게 되자 龍川(용천) 현령인 趙佗(조타)를 불러 말했다.

"듣기로는, 陳勝(진승) 등이 반란을 일으켰고 호걸들이 진에 반기를 들어 각자 자립하는데 남해 지역은 멀리 치우쳤지만 그래도 도적들이 이곳에 침입할 수도 있소. 나는 군사를 동원하여 새로 난 길을 막고 일단 제후들의 변화를 지켜보려고 했는데 지금은 병이 깊었소. 그리고 番禺(반우)는 험한 산을 등지고 남북과 동서가 수천 리이니 중국인의 적당한 보필만 있으면 한 고을의 주인이면서 나라로 자립할 수 있소. 군의 관리 중에 이를 함께 모의할 사람이 없어 공을 불러 말하는 것이요."

그리고 바로 위타에게 문서를 넘겨 남해군 도위 업무를 대행토록하였다. 임효가 죽자, 조타는 즉시 橫浦(횡포), 陽山(양산), 湟溪(황계)등의 관문에 격문을 보내 말했다.

"도적의 무리가 곧 들이닥칠 수 있으니 도로를 차단하고 군사를모아 자체 방어토록 하라." 그리고 서서히 秦의 관리들을 법으로 얽어 제거하면서 점차 자기편 사람으로 군현 업무를 대행토록 하였다.진이 망한 뒤에 조타는 바로 桂林郡과 象郡을 병합하였고 자립하여南粤(南越)의 武王이라 하였다.

原文

高帝已定天下, 爲中國勞苦, 故釋佗不誅. 十一年, 遣陸賈立佗爲南粤王, 與部符通使, 使和輯百粤, 毋爲南邊害, 與長沙接境.

| 註釋 | ○高帝已定天下 - 高帝와 高祖를 구분 없이 통용. 定天下는 前202년. ○十一年 - 漢王으로 즉위 11년, 곧 前196년. ○陸賈 - 고조의 공신, 說客. 43권, 〈酈陸朱劉叔孫傳〉 입전. ○長沙 - 제후국. 이성제후 吳芮(오예)를 봉한 나라.

고조는 천하를 평정한 뒤, 중국이 지치고 고생했다 하여 조타를
방치하고 토벌하지 않았다. 즉위 11년에 陸賈(육가)를 보내 조타를
南粵王(남월왕)에 봉하고 부절을 나누고 사절을 왕래시키고 모든 월
인들을 이끌고 남쪽을 시끄럽게 하지 말 것이며 長沙에서 접경토록
하였다.

原文

高后時, 有司請禁粵關市鐵器. 佗曰, "高皇帝立我, 通使
物, 今高后聽讒臣, 別異蠻夷, 隔絶器物, 此必長沙王計, 欲
倚中國, 擊滅南海並王之, 自爲功也." 於是佗乃自尊號爲南
武帝, 發兵攻長沙邊, 敗數縣焉. 高后遣將軍隆慮侯竈擊之,
會暑濕, 士卒大疫, 兵不能逾領. 歲餘, 高后崩, 即罷兵. 佗
因此以兵威財物賂遺閩粵,西甌駱, 役屬焉. 東西萬餘里. 乃
乘黃屋左纛, 稱制, 與中國侔.

| 註釋 | ○南武帝 – 南越 武帝. ○隆慮侯竈 – 隆慮侯 周竈(주조), 項羽 토
벌에 有功. ○逾領 – 五嶺산맥을 넘다. 오령산맥은 華南과 華中, 長江 水系
와 珠江 水系의 분수령. 동서로 달리는 대산맥이다. 領은 嶺. ○閩粵,西甌駱
– 閩粵(민월)은 閩越, 월족의 한 갈래. 閩은 今 福建省 일대. 西甌(서구)는 월
인의 한 갈래. 오령산맥 이남에 광범위하게 분포. 駱(락)은 부족 이름. ○侔
– 가지런할 모. 上等하다.

高后 시절에 담당 관리가 越에 대하여 關市에서 철기교역을 중단
해야 한다고 주청하였다. 이에 조타가 말했다.

"高皇帝께서 나를 책봉할 때 사절과 물자를 유통케 한다고 하였
는데 이제 고후가 참언하는 신하의 말에 따라 만이라고 차별하며 기
물 거래를 단절하는데, 이는 필시 長沙王의 계략으로 중국에 의지하
여 남해를 치고서 왕이 되어 자신의 공명을 이루려는 짓이다."

그래서 조타는 스스로를 남월 무제라 칭하면서 군사를 동원하여
장사의 국경을 공격하였고 여러 현을 빼앗았다.

高后는 장군인 隆慮侯 周竈(주조)를 보내 토벌하게 하였으나 날이
무덥고 습해 장졸이 병에 걸려 군사가 五嶺산맥을 넘지 못하였다.
그 1년 뒤 쯤, 고후가 붕어하자 곧 군사를 해산했다. 조타는 이후로
閩粵(민월)과 西甌(서구)와 駱(낙)에 무력을 과시하거나 재물을 보내
주며 복속케 하였다. 그 영역이 동서 1만여 리에 달했다. 조타는 황
색 수레 덮개에 수레 좌측에 纛旗(독기)를 세웠으며 稱制(칭제)하는
등 의례를 중국과 같이 하였다.

文帝元年, 初鎭撫天下, 使告諸侯四夷從代來卽位意, 諭
盛德焉. 乃爲佗親塚在眞定置守邑, 歲時奉祀. 召其從昆弟,
尊官厚賜寵之. 召丞相平擧可使粵者, 平言陸賈先帝時使
粵. 上召賈爲太中大夫, 謁者一人爲副使, 賜佗書曰, "皇帝

謹問南粵王, 甚苦心勞意. 朕, 高皇帝側室之子, 棄外奉北藩於代, 道里遼遠, 壅蔽樸愚, 未嘗致書. 高皇帝棄群臣, 孝惠皇帝卽世, 高后自臨事, 不幸有疾, 日進不衰, 以故詩暴乎治. 諸呂爲變故亂法, 不能獨制, 乃取它姓子爲孝惠皇帝嗣. 賴宗廟之靈, 功臣之力, 誅之已畢. 朕以王侯吏不釋之故, 不得不立, 今卽位. 乃者聞王遺將軍隆慮侯書, 求親昆弟, 請罷長沙兩將軍. 朕以王書罷將軍博陽侯, 親昆弟在眞定者, 已遣人存問, 修治先人塚. 前日聞王發兵于邊, 爲寇災不止. 當其時, 長沙苦之, 南郡尤甚, 雖王之國, 庸獨利乎! 必多殺士卒, 傷良將吏, 寡人之妻, 孤人之子, 獨人父母, 得一亡十, 朕不忍爲也. 朕欲定地犬牙相入者, 以問吏, 吏曰, '高皇帝所以介長沙土也', 朕不得擅變焉. 吏曰, '得王之地不足以爲大, 得王之財不足以爲富, 服領以南, 王自治之'. 雖然, 王之號爲帝. 兩帝並立, 亡一乘之使以通其道, 是爭也, 爭而不讓, 仁者不爲也. 願與王分棄前患, 終今以來, 通使如故. 故使賈馳諭告王朕意, 王亦受之, 毋爲寇災矣. 上褚五十衣, 中褚三十衣, 下褚二十衣, 遺王. 願王聽樂娛憂, 存問鄰國."

|註釋| ○文帝元年－前180년. ○從代來卽位意－문제는 고조와 薄姬 (박희) 소생으로 代王으로 있다가 呂后 사후에 등극. ○諭盛德焉－무력으로 통치하지 않음을 公布하다. ○棄外奉北藩於代－棄는 外藩의 侯王으로

나가 있었다는 뜻. 代國의 국도는 代縣〔今 河北省 張家口市 관할의 蔚縣(울현)〕.
○雍蔽樸愚(옹폐박우) - 식견이 좁고 우둔하다. 겸양의 표현. ○誖暴乎治 -
정치가 잘못되다. 誖는 어그러질 패. ○南郡尤甚 - 南郡의 치소는 江陵縣(今
湖北省 荊州市 관할 江陵縣). 尤는 더욱 우. ○庸獨利乎 - 庸은 어찌(豈, 何).
수고할 용. ○寡人之妻 - 남의(人) 妻를 과부가 되게 하다. 寡는 동사로 쓰
였다. ○欲定地犬牙相入者 - 제후국의 영지가 서로 들쑥날쑥 물려 있는 것
을 정리하려 하다. ○服領以南 - 服領은 長沙 남쪽의 고개 이름. 領은 嶺. 五
嶺산맥의 大庾嶺(대유령)이라는 주석도 있다. ○上褚 - 솜을 많이 두어 지은
옷. 褚는 솜옷 저.


[ 國譯 ]

　文帝 원년, 즉위하여 천하를 다스리며 제후와 사방 이민족에게
代王에서 즉위하게 되었음을 알리고 무력으로 통치하지 않겠다는
뜻을 공포하였다. 이어 조타 선친의 무덤이 있는 眞定縣(진정현)에
무덤을 관리하는 마을을 두고 때맞춰 제사토록 하였다. 그의 사촌
형제를 불러 관직과 후한 하사품을 내려주며 총애하였다. 승상 陳平
(진평)에게 越(월)에 사신으로 갈만한 사람을 묻자, 진평은 先帝 때
陸賈(육가)가 월에 사자로 갔었다고 말했다. 문제는 육가를 불러 太
中大夫에 임명하고 謁者(알자) 1명을 副使(부사)로 삼아 파견하며 조
타에게 국서를 내렸다.

　"황제가 삼가 남월왕에게 묻나니 얼마나 마음고생이 많으신가?
짐은 高皇帝의 側室(측실)의 아들로 제후인 代王이 되어 북방을 지
켰었는데 길도 멀고 식견이 좁고 우둔하여 서신조차 전하지 못했소.
고조께서 붕어하신 이후 혜제께서 재위하셨고 高后께서 정사를 돌
봐주시다가 불행히도 병이 들어 날로 나빠져서 그 때문에 통치에 약

간 어그러진 일이 있었도다. 그동안 呂氏가 변고를 일으켜 국법을 어지럽히며 독단으로 처리할 수 없자 다른 성씨의 아들을 혜제의 후사로 정하는 일까지 일어나게 되었도다. 그러나 종묘 신령의 도움과 공신들의 힘으로 그들은 이미 다 주살되었노라. 짐은 여러 왕과 제후와 관리의 추대를 받아 부득불 즉위하지 않을 수 없었기에 이번에 즉위하였노라. 그전에 듣자하니, 왕이 장군을 시켜 隆慮侯〔융려후, 周竈(주조)〕에 보낸 국서를 보면 육친의 형제를 찾고 長沙王의 두 장군을 파면해 달라고 하였소. 그래서 짐은 장사왕에게 국서를 보내 장군 博陽侯〔박양후, 陳濞(진비)〕를 파면케 하였으며 眞定(진정)에 친족 형제에게 사람을 보내 안부를 묻고 그대 선조의 무덤을 관리하게 하였소. 전날에 왕이 군사를 동원하여 변경을 침범하여 노략질을 그치지 않았다고 들었소. 그 때문에 장사왕이 고생을 하였고 남군의 폐해가 아주 많았는데 그렇다 하여 그대 나라라고 어찌 이득만 있었겠는가! 필시 사졸도 많이 죽었을 것이며, 장수나 관리도 부상을 입었으며, 남의 처를 과부로 만들고 남의 자식을 고아가 되게 하였고, 다른 사람 부모를 홀로 되게 하여 하나를 얻고 열을 잃었을 것이니 짐도 그런 일은 할 수 없을 것이요. 짐이 개의 이빨처럼 서로 물린 땅을 바로 잡으려고 관리에게 물었더니, 관리가 '고조께서 장사왕의 땅을 그 사이에 끼워 넣게 하였습니다.' 라고 말했기에 짐으로서는 그것을 바꿀 수가 없도다. 또 관리가 말하기를 '그대 남월의 땅을 차지한다 하여 나라가 더 커지는 것도 아니며 왕의 재물을 나의 것으로 한다 하여 부유해졌다고 할 수도 없는 것이니 오령 산맥 이남의 땅에 대해서는 남월왕이 다스리게 하십시오.' 라고 말했도다. 그러하다지만 왕은 제위를 호칭한다고 하였다. 중국에 두 명의 帝가 있다면 뜻대로 사절을 보낼 수 없어 이 때문에 다툼이 일어날 것이며 다투며 양보하지 않는 일은 仁者의 할 일은 아니다. 왕에게 바라노니 이전의 근심을 다 잊어버리고 오늘 이후로는 전처럼 사절이 왕래하기를 바라노라. 그래서 육가를 사신으로 보내 왕에게 짐을 뜻을 전하노니 왕이 따라주고 노략질을 하지 말기 바라오. 솜이 많은 옷 50벌, 중간인 솜 옷 30벌, 솜을 적게 둔 옷 30벌을 왕에게 보내노라. 왕은 풍악을 즐기며 근심을 잊고 이웃의 안부를 물으며 지내기 바라노라."

原文

陸賈至, 南粵王恐, 乃頓首謝, 願奉明詔, 長爲藩臣, 奉貢職. 於是下令國中曰"吾聞兩雄不俱立, 兩賢不並世. 漢皇帝賢天子. 自今以來, 去帝制黃屋左纛." 因爲書稱,

"蠻夷大長老夫臣佗昧死再拜上書皇帝陛下, 老夫故粵吏也, 高皇帝幸賜臣佗璽, 以爲南粵王, 使爲外臣, 時內貢職. 孝惠皇帝卽位, 義不忍絶, 所以賜老夫者厚甚. 高后自臨用事, 近細士, 信讒臣, 別異蠻夷, 出令曰, '毋予蠻夷外粵金鐵田器, 馬牛羊卽予, 予牡, 毋與牝.' 老夫處辟, 馬牛羊齒已長, 自以祭祀不修, 有死罪, 使內史藩, 中尉高, 御史平凡三輩上書謝過, 皆不反. 又風聞老夫父母墳墓已壞削, 兄弟宗族已誅論. 吏相與議曰, '今內不得振於漢. 外亡以自高異.' 故更號爲帝, 自帝其國, 非敢有害於天下也. 高皇后聞之大怒,

削去南粵之籍, 使使不通. 老夫竊疑長沙王讒臣, 故敢發兵以伐其邊. 且南方卑濕, 蠻夷中西有西甌, 其衆半羸, 南面稱王, 東有閩粵, 其衆數千人, 亦稱王, 西北有長沙, 其半蠻夷, 亦稱王. 老夫故敢妄竊帝號, 聊以自娛. 老夫身定百邑之地, 東西南北數千萬里, 帶甲百萬有餘, 然北面而臣事漢, 何也? 不敢背先人之故. 老夫處粵四十九年, 於今抱孫焉. 然夙興夜寐, 寢不安席, 食不甘味, 目不視靡曼之色, 耳不聽鐘鼓之音者, 以不得事漢也. 今陛下幸哀憐, 復故號, 通使漢如故, 老夫死骨不腐, 改號不敢爲帝矣! 謹北面因使者獻白璧一雙, 翠鳥千, 犀角十, 紫貝五百, 桂蠹一器, 生翠四十雙, 孔雀二雙. 昧死再拜, 以聞皇帝陛下."

| 註釋 | ○時內貢職 – 때맞춰 조공하고 알현하다. ○細士 – 小人. ○毋與牝 – 牝은 암컷 빈. ○齒已長 – 늙었다는 뜻. ○夙興夜寐 – 일찍 일어나고 늦게 자다. 열심히 일하다. ○桂蠹(계두) – 계수나무에 기생하는 벌레로 종묘에 올리는 음식의 일종.

〔國譯〕

육가가 도착하자 남월왕은 두려워 머리를 조아리고 사죄하면서 조서를 받들며 영원히 藩臣(번신)으로서 조공하며 직분을 다하겠다고 말했다. 그리고 나라에 명령하였다.

"내가 알기로, 두 영웅은 같은 자리에 있을 수 없고 두 현자는 처세를 같이 할 수 없다고 하였도다. 한 황제는 현명하신 천자로다. 오늘 이후로 황색 수레 휘장과 좌측 독기를 사용하지 않을 것이다."
그리고 국서를 올려 말했다.

"蠻夷(만이)의 어른인 늙은 신하 조타는 죽음을 무릅쓰고 황제 폐하께 재배하고 상서하오니 이 老夫는 옛날 越의 관리였는데 高帝께서 다행히 저에게 국새를 내려주시며 남월의 왕으로 임명하셨기에 外臣으로서 때에 맞춰 조공하고 직분을 다하였습니다. 혜제께서 즉위하시어 의리상 차마 단절할 수 없어 이 노부를 아주 후히 대하셨습니다. 그러나 高后께서 정사를 돌보면서 소인을 가까이 하고 아첨하는 신하의 말에 따라 만이를 차별하고 달리 대하면서 명령하시길 '만이인 남방 월인에게는 철제 농기구를 공급하지 말고 소나 말, 양을 주더라도 수컷을 주고 암컷은 보내주지 말라.'고 하였습니다. 이 노부는 외딴 곳에 거처하며 가축도 이미 늙었기에 조상의 제사를 받들 수도 없는 잘못을 저질렀는가 하여 內史인 藩(번)과 中尉인 高(고)와 어사인 平(평) 이 세 사람을 시켜 글을 올려 사과하였으나 아무 회답이 없었습니다. 또 풍문에 의하면, 노부의 부모 분묘가 이미 훼손되었으며 형제 종족이 죄에 걸려 죽었다고 하였습니다. 그래서 관리들과 상의하여 '지금 漢에 대항할 수는 없다. 밖에서 나를 높게 대우해 줄 사람도 없다.'고 생각하여 호칭을 바꿔 칭제하면서 나라 안에서만 스스로 황제 노릇을 하였지 천하에 해를 끼칠 생각은 없었습니다. 그러나 고황후가 듣고 대노하면서 신하로서의 남월의 명부를 없애며 사절도 통하지 못하게 하였습니다. 이에 노부는 장사왕이 저를 참소했기 때문이라 생각하여 군대를 동원하여 그 변경을 침략하였습니다. 또 남방은 지대가 낮고 습한데 만이중에 서쪽에 있는 西甌(서구)는 그 무리가 우리보다 반이나 적은데도 남면하며 왕이라 칭하고 동쪽에 있는 閩粵(민월)도 그 무리가 불과 수천인데도 역시 왕이라 칭하며, 서북쪽에 있는 장사국 인구의 절반은 만이인데도 역시 왕이라 칭했습니다. 노부는 망령되게 제호를 자칭하며 혼자 즐길 뿐이었습니다. 노부는 수많은 마을을 평정하여 동서남북이 수천 리에서 만 리나 되고 군사가 1백만이 넘는데도 북면하며 신하로 한을 섬기려 하였는데 왜 그랬겠습니까? 제 선조의 뜻을 위배할 수 없었기 때문입니다. 이제 노부가 월땅에 머문 것이 49년이나 되었고 지금은 손자도 있습니다. 그러나 일찍 일어나고 늦게 자면서도 자리가 편치 못하고, 먹어도 맛을 모르며, 눈으로는 화려한 것을 보지 못하고, 귀로는 여러 악기 음악을 듣지 못하는 것은 漢을 섬길 수 없기 때문이었습니다. 이제 폐하께서 노부를 불쌍히 여기시어 옛 호칭을 복구해주시고 예전처럼 한에 사절을 보낼 수 있게 해주시니 노부가 죽어 뼈가 썩지 않을 지라도 칭호를 바꿔 감히 帝(제)라 하지는 않을 것입니다! 삼가 북면한 신하로서 사자 편에 白璧(백벽) 1쌍과 물총새 깃털 1천 개, 무소 뿔 10개, 자줏빛 조개 5백 개, 桂蠹(계두) 1그릇, 박제한 비취새 40쌍, 공작새 2쌍을 바칩니다. 삼가 죽음을 무릅쓰고 재배하오며 황제 폐하께 올립니다."


原文

陸賈還報, 文帝大說. 遂至孝景時, 稱臣遣使入朝請. 然其居國, 竊如故號, 其使天子, 稱王朝命如諸侯.

| 註釋 | ○朝請 – 제후가 봄철에 입조하는 것을 朝, 가을에 입조하여 알

현하는 것을 請이라 하였다. ○竊如故號 – '竊號如故'가 되어야 함.

〔國譯〕

육가가 돌아와 보고하자 문제는 크게 기뻐하였다. 경제 때 이르러서도 칭신하며 사신을 보내 봄과 가을로 입조하였다. 그러나 그 나라 안에서는 몰래 옛 칭호를 사용하였으나 천자에게 사신을 보내면서는 왕이라 칭하고 조정의 명을 따르며 다른 제후와 같았다.

原文

至武帝建元四年, 佗孫胡爲南粵王. 立三年, 閩粵王郢興兵南擊邊邑. 粵使人上書曰, "兩粵俱爲藩臣, 毋擅興兵相攻擊. 今東粵擅興兵侵臣, 臣不敢興兵, 唯天子詔之." 於是天子多南粵義, 守職約, 爲興師, 遣兩將軍往討閩粵. 兵未逾領, 閩粵王弟餘善殺郢以降, 於是罷兵.

│ 註釋 │ ○建元四年 – 무제의 첫 연호, 前 137년. ○東粵 – 閩粵(민월).

〔國譯〕

武帝 建元 4년에 조타의 손자 趙胡가 남월왕이 되었다. 즉위 3년에 閩粵王(민월왕) 郢(영)이 군사를 일으켜 남쪽으로 (남월의) 변경을 공격하였다. 남월에서는 사자를 보내 상서하였다. "남월과 민월은 다 같은 藩臣(번신)으로 마음대로 군사를 동원해 공격할 수 없습니

다. 지금 동월이 멋대로 군사를 내어 臣의 나라를 공격하니 신은 군사를 동원하지 않을 수 없으니 천자께서 승낙해 주시기 바랍니다."

이에 천자는 남월의 의리와 본분을 잘 지킨 것을 칭찬하며 군사와 2명의 장군을 보내 민월을 토벌하게 하였다. 군사가 오령을 넘기 전에 민월왕의 동생인 餘善(여선)이 왕인 郢(영)을 죽이고 투항하자 군사를 해산하였다.


原文

天子使嚴助往諭意, 南粤王胡頓首曰, "天子乃興兵誅閩粤, 死亡以報德!" 遣太子嬰齊入宿衛. 謂助曰, "國新被寇, 使者行矣. 胡方日夜裝入見天子." 助去後, 其大臣諫胡曰, "漢興兵誅郢, 亦行以驚動南粤. 且先王言事天子期毋失禮, 要之不可以怵好語入見. 入見則不得復歸, 亡國之勢也." 於是胡稱病, 竟不入見. 後十餘歲, 胡實病甚, 太子嬰齊請歸. 胡薨, 謚曰, 文王.


| 註釋 | ○嚴助(엄조) – 武帝의 신하, 辭賦 작자로도 유명. 본명 莊助. 朱買臣, 淮南王 劉安과 교우. 劉安의 모반에 연루되어 처형되었다. 34권, 〈嚴朱吾丘主父徐嚴終王賈傳〉에 입전. ○宿衛 – 제후의 아들을 보내 천자를 호위케 하다. 인질의 성격. ○要之不可以怵好語入見 – 要之는 總之. 요컨대. 以怵好語는 좋은 말에 넘어가다. 怵은 꾈 술. 유인하다. 두려울 출.

무제는 嚴助(엄조)를 보내 조정의 뜻을 알리자 남월왕 趙胡는 머리를 숙이며 말했다. "천자께서 군사를 내어 민월을 징벌하셨으니 죽더라도 은혜를 다 갚지 못할 것입니다!" 그리고서는 태자인 嬰齊(영제)를 보내 숙위케 하였다. 그리고 엄조에게 말했다.

"나라가 침략당한 지 얼마 안 되었으니 사자께서는 먼저 돌아가십시오. 제가 가까운 일자에 행장을 꾸며 들어가서 천자를 알현하겠습니다."

엄조가 돌아간 뒤에 그 대신이 조호에게 충고하였다.

"漢이 군사를 내어 동월왕을 정벌한 것이나 왕께서 장안에 간다는 것은 남월에게도 큰일입니다. 그리고 선왕께서도 천자를 섬기되 예를 잃어서는 안 된다고 말씀하였습니다만, 요컨대 사신의 말에 넘어가 입조할 수는 없습니다. 입조한 다음에 다시 돌아오지 못한다면 나라가 망할 수 있습니다."

이에 조호는 병을 핑계 대며 끝내 입조하지 않았다. 그 1여 년 뒤에 조호가 실제로 병이 위독하자 태자인 영제가 돌아가겠다고 주청하였다. 조호가 죽자, 시호를 文王이라 하였다.

原文

嬰齊嗣立, 卽臧其先武帝,文帝璽. 嬰齊在長安時, 取邯鄲摎氏女, 生子興. 及卽位, 上書請立摎氏女爲后, 興爲嗣. 漢數使使者風諭, 嬰齊猶尙樂擅殺生自恣, 懼入見, 要以用漢

法, 比內諸侯, 固稱病, 遂不入見. 遣子次公入宿衛. 嬰齊薨,
諡曰, 明王.

| 註釋 |  ○卽臧其先武帝,文帝璽 – 武王 아닌 武帝, 文王 아닌 文帝라 하
였으니 帝號를 사용했다는 뜻. 臧은 보관하다. 璽는 도장 새. 國璽.

〔國譯〕

趙嬰齊(조영제)가 계승한 뒤에 선왕인 무제와 문제의 국새를 창고
에 보관하였다. 영제는 장안에 입시하면서 邯鄲(한단) 摎氏(규씨) 여
인을 얻어 아들 趙興(조흥)을 낳았다. 즉위한 뒤에 상서하여 규씨 여
인을 왕후로, 조흥을 후사로 세우겠다고 주청하였다. 한에서는 사자
를 보내 여러 번 입조를 권유했지만 조영제는 여전히 멋대로 사람을
죽였고, 천자를 알현하면 漢의 법에 따라 제약을 받고 다른 제후와
같이 대접 받을 것을 걱정하여 병을 핑계로 끝내 입조하지 않았다.
다른 아들 次公(차공)을 장안에 보내 숙위케 하였다. 조영제가 죽자,
시호를 明王이라 했다.

原文

太子興嗣立, 其母爲太后. 太后自未爲嬰齊妻時, 曾與霸
陵人安國少季通. 及嬰齊薨後, 元鼎四年, 漢使安國少季諭
王,王太后入朝, 令辯士諫大夫終軍等宣其辭, 勇士魏臣等
輔其決, 衛尉路博德將兵屯桂陽, 待使者. 王年少, 太后中

國人, <u>安國少季</u>往, 復與私通, 國人頗知之, 多不附太后. 太后恐亂起, 亦欲倚<u>漢</u>威, 勸王及幸臣求內屬. 卽因使者上書, 請比內諸侯, 三歲一朝, 除邊關. 於是天子許之, 賜其丞相<u>呂嘉</u>銀印, 及內史,中尉,太傅印, 餘得自置. 除其故黥,劓刑, 用<u>漢</u>法. 諸使者皆留塡撫之. 王,王太后飭治行裝重資, 爲入朝具.

| 註釋 | ○霸陵(패릉) – 현명. 文帝의 능. ○安國少季 – 安國은 姓, 少季는 字. ○元鼎四年 – 무제 연호. 前 113년. ○輔其決 – 決策을 돕다. ○衛尉路博德 – 衛尉는 궁궐 수비군 지휘. 9卿의 하나. 路博德(노박덕)은 55권, 〈衛靑霍去病傳〉에 附傳. ○桂陽 – 군명. 치소는 郴縣(침현, 今 湖南省 郴州市). ○劓刑 – 劓는 코 벨 의.

〔國譯〕

太子 趙興(조흥)이 뒤를 이어 즉위하였고 그 모친은 태후가 되었다. 태후는 영제의 처가 되기 이전에 霸陵縣(패릉현) 사람 安國少季(안국소계)와 사통했었다. 영제가 죽은 뒤 元鼎(원정) 4년에 漢에서는 安國少季를 사자로 보내 왕과 王太后의 입조를 권유하였는데 변사인 간대부 終軍(종군) 등은 황제의 뜻을 강조하였고, 용사인 魏臣(위신) 등은 그 결정을 독촉하였으며 衛尉(위위)인 路博德(노박덕)은 군사를 거느리고 桂陽郡(계양군)에서 사자를 기다렸다. 王은 나이가 어렸고 태후는 본래 중국 출신이었는데 安國少季가 가서는 다시 태후와 사통하였는데 이를 나라 사람들이 다 알게 되어 태후를 좋아하지 않는 사람이 많았다. 태후는 변란이 일어날까 걱정하면서 한의 위세

에 의지하려는 생각으로 왕과 가까운 신하들에게 漢에 복속할 것을 권유하였다. 그래서 즉시 사자를 통해 상서하기를 다른 제후와 같이 3년에 한 번씩 입조할 것이며 변방에 설치된 관소를 없애줄 것을 주청하였다. 이를 천자가 허락하면서 그 승상인 呂嘉(여가)에게는 은으로 된 관인을, 內史와 中尉, 그리고 太傅(태부)의 관인을 하사하였고 나머지는 남월에서 임명케 하였다. 남월의 黥刑(경형)과 劓刑(의형)을 없애고 漢法을 따르게 하였다. 또한 사절이 그대로 머물러 진무하게 하였다. 왕과 왕태후는 여장과 여러 조공품을 마련하며 입조할 준비를 하였다.

### 原文

相呂嘉年長矣, 相三王, 宗族官貴爲長吏七十餘人, 男盡尙王女, 女盡嫁王子弟宗室, 及蒼梧秦王有連. 其居國中甚重, 粤人信之, 多爲耳目者, 得衆心愈于王. 王之上書, 數諫止王, 王不聽. 有畔心, 數稱病不見漢使者. 使者注意嘉, 勢未能誅. 王, 王太后亦恐嘉等先事發, 欲介使者權, 謀誅嘉等. 置酒請使者, 大臣皆侍坐飮. 嘉弟爲將, 將卒居宮外. 酒行, 太后謂嘉, "南粤內屬, 國之利, 而相君苦不便者, 何也?" 以激怒使者. 使者狐疑相杖, 遂不敢發. 嘉見耳目非是, 卽趨出. 太后怒, 欲鏦嘉以矛, 王止太后. 嘉遂出, 介弟兵就舍, 稱病, 不肯見王及使者. 乃陰謀作亂. 王素亡意誅嘉, 嘉知之, 以故數月不發. 太后獨欲誅嘉等, 力又不能.

| 註釋 | ㅇ蒼梧秦王有連 – 蒼梧(창오)는 郡名. 여기서는 남월국에서 분봉한 왕국. 秦의 桂林郡의 일부였기에 그 왕을 秦王이라 했다. 진왕을 자처했다는 주석도 있다. 連은 혼인관계를 맺다(親婚也). ㅇ欲鏦嘉以矛 – 鏦은 찌를 총, 창 총(槍也). 지르다. 矛은 창 모.

〔國譯〕

　승상인 呂嘉(여가)는 나이가 많았고 남월의 왕을 3대나 모시었는데 그 종족으로 고관이 된 자가 70여 명이나 되었으며, 아들들은 왕녀와 맞이하였고 딸들은 모두 왕실의 자제와 결혼을 하여 蒼梧(창오)의 秦王(진왕)과도 혼인관계를 맺었다. 남월에서의 신망이 매우 두터웠는데 월인들은 그를 신뢰하면서 그의 귀나 눈이 되어 일하는 자도 많았으며 백성들의 신망이 왕을 능가할 정도였다. 남월왕이 漢에 상서하려 할 때마다 왕에게 중지할 것을 요구했으나 왕은 따르지 않았다. 여가는 반역할 마음을 품고 있으며 자주 칭병하면서 漢의 사자를 만나려 하지 않았다. 한의 사자는 여가에 주의하고 있었지만 아직 죽일만한 상황은 아니었다. 왕과 왕태후는 여가 등이 먼저 반역할 것을 걱정하여 漢의 사자의 힘에 의지하면서 여가 등을 주살할 계획을 세웠다. 이에 술자리를 마련하고 한의 사자를 초청하고 대신들도 모두 왕을 모시고 술을 마셨다. 여가의 동생은 장군으로 군졸을 거느리고 궁 밖에 있었다. 술이 들어가자 태후가 여가에게 "남월이 한의 제후로 예속하는 것이 나라에 유리하거늘 승상께서 불편하게 생각하시는 까닭이 무엇입니까?"라고 말하면서 한의 사자를 격노하게 만들었다. 그러나 한의 사자는 狐疑(호의)하며 서로 미루다가 결국 아무 일도 없었다. 여가는 분위기가 평상시와 다르다 생각하며 즉시 일어나 나갔다. 태후가 노하여 창으로 여가를 찌르려 하였으나 왕이 태후를 만류하였다. 여가는 밖에 나가 동생의 군사에 둘러싸여 집으로 갔고 병을 핑계대면서 왕과 한의 사자를 만나려 하지 않았다. 그러면서 반란을 모의하였다. 남월왕은 여가를 주살할 마음이 없었는데 여가도 알고 있어 몇 달이 지나도 일은 터지지 않았다. 태후는 여가를 주살하고 싶었지만 힘이 약해 어쩔 수 없었다.

## 原文

天子聞之, 罪使者怯亡決. 又以爲王, 王太后已附漢, 獨呂嘉爲亂, 不足以興兵, 欲使莊參以二千人往. 參曰, "以好往, 數人足, 以武往, 二千人亡足以爲也." 辭不可, 天子罷參兵. 郟壯士故濟北相韓千秋奮曰, "以區區粤, 又有王應, 獨相呂嘉爲害, 願得勇士三百人, 必斬嘉以報." 於是天子遣千秋與王太后弟摎樂將二千人往. 入粤境, 呂嘉乃遂反, 下令國中曰, "王年少, 太后中國人, 又與使者亂, 專欲內屬, 盡持先王寶入獻天子以自媚, 多從人, 行至長安, 虜賣以爲僮. 取自脫一時利, 亡顧趙氏社稷爲萬世慮之意."

乃與其弟將卒攻殺太后, 王, 盡殺漢使者. 遣人告蒼梧秦王及其諸郡縣, 立明王長男粤妻子術陽侯建德爲王. 而韓千秋兵之入也, 破數小邑. 其後粤直開道給食, 未至番禺四十里, 粤以兵擊千秋等, 滅之. 使人函封漢使節置塞上, 好爲謾辭謝罪, 發兵守要害處. 於是天子曰, "韓千秋雖亡成功, 亦軍鋒之冠. 封其子延年爲成安侯. 摎樂, 其姊爲王太后, 首願屬漢, 封其子廣德爲龑侯." 乃赦天下, 曰, "天子微弱, 諸侯力政, 讒臣不討賊. 呂嘉,建德等反, 自立晏如, 令粤人及江淮以南樓船十萬師往討之."

| 註釋 | ○怯亡決(겁무결) – 겁이 많고 決斷力이 없다. ○郟 – 현명. 今河南省 平頂山市 관할의 郟縣(겹현). ○開道給食 – 길을 비워주고 군량도 공급하며 내부로 깊숙이 유인하다. ○番禺(반우) – 남월의 국도. ○好爲謾辭謝罪 – 謾辭(만사)는 그럴듯한 말. 핑계. ○龑侯. – 龑은 龍의 古字. ○諸侯力政 – 力政은 무력으로 정벌하다. 政은 征. ○江淮以南樓船十萬師 – 江淮는 長江과 淮水. 樓船은 망루가 있는 戰船. 곧 水軍.

〖 國譯 〗

무제가 이를 알고서는 사자가 겁을 먹어 결단력이 없다고 처벌하였다. 또 왕과 왕태후가 한에 귀부하려 하고 승상 呂嘉(여가)만 난을 일으키려 한다면 대군을 동원할 필요가 없다고 생각하여 莊參(장삼)에게 2천의 군사를 주어 남월에 보내려 하였다. 그러자 장삼이 말했다. "좋은 일로 간다면 몇 사람이면 되지만 군사적인 일로 가야 한다면 2천 명으로는 부족하다고 생각합니다."라고 말하며 사양하자, 무제는 장삼의 군사를 없애버렸다. 그러자 郟縣(겹현) 출신의 장사이며 옛 濟北國(제북국)의 相이었던 韓千秋(한천추)가 분연히 말했다. "조그만 월나라이며 왕이 호응하고 오직 승상 여가만이 위험하다면 용사 3백 명만을 데리고 가서 틀림없이 여가를 참수하여 바치겠습니다." 그러자 무제는 한천추를 파견하면서 왕태후의 동생인 摎樂(규악)에게 2천 명을 따로 거느리고 가게 하였다. 남월의 국경에 들어가자 여가는 마침내 반란을 일으키고 나라 안에 명령을 내려 말했다.

"왕은 어리고 태후는 중국에서 온 사람이라서 한의 사자와 음란한 짓을 하면서 오로지 한에만 복속하여 선대왕들의 보배를 천자에게 바치면서 아부하려 했으며 많은 수행원을 데리고 장안에 가서 잡아 하인으로 팔아버리려고 하였다. 왕태후는 스스로 일시적 위기만 벗어나려 하였으며 조씨의 사직을 보살펴 영원토록 보전할 생각도 하지 않았다."

그리고서는 그 동생이 거느린 군사를 동원하여 태후와 왕과 한의 사자를 모두 죽였다. 또 사람을 보내 蒼梧(창오)의 秦王(진왕)과 기타 여러 군현에 이를 알리고 明王의 장남과 월인 아내에서 태어난 術陽侯(술양후) 趙建德(조건덕)을 왕으로 내세웠다. 한편 한천추의 군사는 월에 들어가면서 여러 작은 마을을 격파하였다. 그러자 월에서는 그냥 길을 내주며 군량을 공급해 주었는데 국도인 番禺(반우)에서 40리 정도까지 들어오자 남월의 대군으로 한천추 등을 공격하여 박멸하였다. 그리고 사람을 보내 한의 사자가 가지고 있던 부절을 상자에 넣어 국경에 보관하면서 그럴듯한 말로 사죄를 하면서도 군사를 동원하여 주요 거점을 수비하게 하였다.

이에 무제가 말했다. "한천추가 비록 공을 세우지는 못했지만 군의 선봉으로서는 으뜸이었도다. 그 아들 韓延年(한연년)을 成安侯(성안후)에 봉한다. 摎樂(규악)은 그 누이가 왕태후로 처음부터 한에 예속되기를 원하였으니 규악의 아들을 摎廣德(규광덕)을 龒侯(용후)에 봉하노라." 그리고 천하에 사면령을 내려 말했다.

"천자 권위가 미약하여 제후들이 서로 다툴 때 신하로서 적을 토벌하지 않았다면 비난을 받아야 한다. 여가와 조건덕 등은 반란을 일으키고도 자립하여 잘 지내고 있는데 월인과 장강과 회수 남쪽의 수군 10만을 동원하여 토벌에 나서도록 하라."

元鼎五年秋, 衛尉路博德爲伏波將軍, 出桂陽, 下湟水, 主爵都尉楊僕爲樓船將軍, 出豫章, 下橫浦, 故歸義粤侯二人爲戈船, 下瀨將軍, 出零陵, 或下離水, 或抵蒼梧, 使馳義侯因巴, 蜀罪人, 發夜郎兵, 下牂柯江, 咸會番禺.

| 註釋 | ○元鼎五年 – 前112년. ○桂陽 – 군명. 치소 郴縣(침현, 今 湖南省 郴州市). ○湟水(황수) – 今 廣東省 淸遠市 관할의 連州市에 있는 강. ○楊僕(양복) – 90권, 〈酷吏傳〉에 입전. 이 사람은 衛滿朝鮮 원정에도 참여. ○出豫章, 下橫浦 – 豫章은 군명. 今 江西省 南昌市, 橫浦(횡포)는 關所名. ○出零陵, 或下離水 – 零陵(영릉)은 군명. 치소는 零陵縣(今 廣西省 桂林市관할 全州縣, 湖南省과 접경). 離水(이수)는 今 廣西省 우측 桂江. ○蒼梧 – 군명. 치소는 廣信縣(今 廣西省 梧州市, 廣東省과 접경). ○馳義侯 – 越人. 名은 遺.

〔國譯〕

元鼎(원정) 5년 가을, 衛尉(위위)인 路博德(노박덕)은 伏波將軍(복파장군)이 되어 桂陽郡(계양군)에서 출동하여 湟水(황수)를 따라 공격하고, 주작도위인 楊僕(양복)은 樓船(누선)장군으로 豫章郡(예장군)에서 출동하여 橫浦關(횡포관)을 지나갔으며, 전에 歸義했던 越人 제후 두 사람은 戈船(과선)장군과 下瀨(하뢰)장군으로 零陵郡(영릉군)에서 출동하여 한 사람은 離水를 따라 내려가고 한 사람은 蒼梧(창오)로 진격하였으며, 馳義侯(치의후)로 하여금 巴郡과 蜀郡의 죄인들과 夜郎國(야랑국)의 군사를 거느리고 牂柯江(장가강)을 내려가 모두 남월의 도성인 番禺(반우)에 집결토록 하였다.

原文

六年冬, 樓船將軍將精卒先陷尋陿, 破石門, 得粤船粟, 因推而前, 挫粤鋒, 以粤數萬人待伏波將軍. 伏波將軍將罪人, 道遠後期, 與樓船會乃有千餘人, 遂俱進. 樓船居前, 至番禺, 建德, 嘉皆城守. 樓船自擇便處, 居東南面, 伏波居西北面. 會暮, 樓船攻敗粤人, 縱火燒城. 粤素聞伏波, 莫, 不知其兵多少. 伏波乃爲營, 遣使招降者, 賜印綬, 復縱令相招. 樓船力攻燒敵, 反驅而入伏波營中. 遲旦, 城中皆降伏波. 呂嘉, 建德以夜與其屬數百人亡入海. 伏波又問降者, 知嘉所之, 遣人追. 故其校司馬蘇弘得建德, 爲海常侯, 粤郎都稽得嘉, 爲臨蔡侯.

| 註釋 |　○尋陿(심협) - 今 廣東省의 지명.　○乃有~ - 乃는 겨우(僅).
○莫, 不知~ - 莫(저물 모)는 暮(날 저물 모)와 通.　○遲旦(지단) - 未明에.

○故其校司馬~ - 其故校尉司馬~. .

[ **國譯** ]

　元鼎 6년 겨울, 누선장군(楊僕)은 정병을 거느리고 먼저 尋陜(심협)을 함락시키고 石門(석문)을 격파하여 남월의 군량 배를 획득하고 계속 진격하여 남월의 예봉을 꺾고서 수만의 남월인을 거느리고 복파장군(路博德)을 기다렸다. 복파장군은 죄인들을 거느렸고 또 길이 멀어 약속 기일에 늦어 누선장군과 합류했었을 때 1천여 명뿐이었으나 나중에 함께 진격하였다. 누선장군은 앞으로 전진하여 番禺(반우)에 도달했는데 왕 趙建德(조건덕)과 승상 呂嘉(여가)가 함께 성을 지키고 있었다. 누선장군은 유리한 곳을 잡아 성의 동남쪽에 복파장군은 서북쪽에 주둔하였다. 마침 날이 어두워지자 누선 장군이 남월의 군사를 격파하며 성에 불을 질렀다. 남월의 군사도 복파장군을 알고 있었는데 날이 저물자 그 군사의 다소를 알 수도 없었다. 복파장군은 군영을 설치하고 투항자들을 받아들이고 인수를 하사하면서 다시 나가 동료를 불러오게 하였다. 누선장군이 역공하며 적진을 불태웠는데 이것이 남월의 군사를 복파장군의 진영으로 몰아준 것이 되었다.

　날이 새기도 전에 성 안에 있던 적들은 모두 복파장군에게 투항하였다. 승상 여가와 왕 조건덕은 밤에 그 친속 수백 명과 함께 도망쳐 바다로 나아갔다. 복파장군은 투항자에게 물어 여가가 간곳을 알아내고 군사를 보내 추격케 하였다. 예전에 교위사마이었던 蘇弘이 왕 조건덕을 생포하여 海常侯(해상후)가 되었다. 월랑인 都稽(도계)는 여가를 생포하여 臨蔡侯(임채후)가 되었다.

蒼梧王趙光與粤王同姓, 聞漢兵至, 降, 爲隨桃侯. 及粤揭陽令史定降漢, 爲安道侯. 粤將畢取以軍降, 爲膫侯. 粤桂林監居翁諭告甌駱四十餘萬口降, 爲湘城侯. 戈船,下瀨將軍兵及馳義侯所發夜郎兵未下, 南粤已平. 遂以其地爲儋耳,珠崖,南海,蒼梧,鬱林,合浦,交阯,九眞,日南九郡. 伏波將軍益封. 樓船將軍以推鋒陷堅爲將梁侯.

自尉佗王凡五世, 九十三歲而亡.

[ 國譯 ]

蒼梧王(창오왕)인 趙光(조광)은 남월왕과 동성인데 한의 군사가 들어온다는 것을 알고 투항하여 隨桃侯(수도후)가 되었다. 또 粤의 揭陽(게양) 현령인 史定(사정)은 漢에 투항하여 安道侯(안도후)가 되었다. 남월의 장군인 畢取(필취)는 군사를 이끌고 투항하여 膫侯(요후)가 되었다. 남월 桂林監(계림감)인 居翁(거옹)은 甌駱(구락)의 40여만 명을 설득하여 湘城侯(상성후)가 되었다. 과선장군과 하뢰장군의 군사와 치의후가 거느린 야랑국의 군사들이 도착하기도 전에 남월은 평정되었다. 마침내 남월의 땅에 儋耳(담이), 珠崖(주애), 南海(남해), 蒼梧(창오), 鬱林(울림), 合浦(합포), 交阯(교지), 九眞(구진), 日南(일남)의 9개 군을 설치하였다. 복파장군은 봉읍 추가로 받았다. 누선장군은 선봉에서 견고한 적을 격파하여 將梁侯(장량후)가 되었다.

尉佗(위타, 趙佗)가 왕이 된 뒤 5세 93년 만에 망했다.


原文

閩粤王無諸及粤東海王搖, 其先皆粤王勾踐之後也, 姓騶氏. 秦並天下, 廢爲君長, 以其地爲閩中郡. 及諸侯畔秦, 無諸, 搖率粤歸番陽令吳芮, 所謂番君者也, 從諸侯滅秦. 當是時, 項羽主命, 不王也, 以故不佐楚. 漢擊項籍, 無諸, 搖帥粤人佐漢. 漢五年, 復立無諸爲閩粤王, 王閩中故地, 都冶. 孝惠三年, 擧高帝時粤功, 曰, '閩君搖功多, 其民便附, 乃立搖爲東海王.' 都東甌, 世號曰, 東甌王.


| 註釋 | ㅇ閩粤王無諸 – 閩은 종족 이름 민. 今 福建省의 약칭. 粤은 종족, 나라, 지역 이름. 越과 同. 모든 월인을 百越이라 총칭. 無諸(무제)는 名. ㅇ粤東海王搖 – 東海는 今 浙江省 남부 해안지대. ㅇ粤王勾踐 – 춘추시대 越王 句踐(구천). 勾(갈고리 구)는 句(구절 구)와 通. ㅇ姓騶氏 – 騶는 騊이어야 한다는 주석이 있다. 甌駱(구락)은 지명으로 閩(민)과 다르다. ㅇ番陽令 吳芮 – 番陽(파양)은 현명. 番는 땅이름 파(蒲河反). 차례 번. 吳芮(오예, ?-前 202)는 秦朝에서 番陽令이 되었는데 민심을 얻고 있어 보통 番君이라 불렀다. 秦 2세 원년(前 209)은 오예는 사위 英布와 함께 陳勝의 起義에 호응하였고 前 206년에 項羽가 咸陽에 입성할 때 백월의 무리를 거느리고 항우를 도와 衡山王(형산왕)이 되었다. 오예는 臨江王 共敖(공오), 九江王 英布와 함께 郴州(빈주)에서 義帝를 격살하였다. 나중에 漢 高祖에 충성하여 長沙王이

되었다. 漢의 異姓諸侯로 오래 살아남았다. 34권, 〈韓彭英盧吳傳〉에 입전.
○都冶 − 東冶(동야)에 도읍하다.  ○東甌(동구) − 今 浙江省 남부 溫州市.


[ 國譯 ]

閩粵王(민월왕) 無諸(무제)와 粵(월) 땅의 東海王 搖(요)의 선조는
모두 越王 句踐(구천)의 후손으로, 성은 騶氏(추씨)이다. 秦이 천하를
차지했을 때 君長을 없애고 그 땅에 閩中郡(민중군)을 설치하였다.
여러 제후들이 진에 반기를 들 때, 無諸와 搖(요)는 월인 무리를 이끌
고 番陽(파양) 현령 吳芮(오예)에게 귀부하였는데, 오예는 番君(파군)
이라 불린 사람으로 여러 제후들과 함께 진을 멸망케 하였다. 그때
는 항우가 제후를 호령하였는데 무제와 요를 왕으로 삼지 않자 楚를
따르지 않았다. 漢이 項籍(항적, 항우)을 토벌하자 무제와 요는 월인
들을 이끌고 한을 도왔다. 漢 5년(前 202), 다시 무제를 閩粵王(민월
왕)으로 봉하여 민중군의 옛 땅의 왕으로 삼아 東冶(동야)에 도읍하
게 하였다. 혜제 3년(전 192)에 고조 때 월인들의 공적을 기려 말했
다. "閩君(민군)인 搖(요)의 공이 크고 그 백성들이 그를 잘 따르니 요
를 東海王으로 삼는다." 그리고 東甌(동구)에 도읍하였는데 세상에
서는 東甌王(동구왕)이라 불렀다.


原文

後數世, 孝景三年, 吳王濞反, 欲從閩粵, 閩粵未肯行, 獨
東甌從. 及吳破, 東甌受漢購, 殺吳王丹徒, 以故得不誅.

| 註釋 | ○孝景三年 - 前 156년.　○吳王濞反 - 劉濞(유비)는 고조 작은 형의 아들이니 친조카였다. 吳 도읍은 吳縣(今 江蘇省 蘇州市). 35권, 〈荆燕吳傳〉에 입전. 吳楚七國의 난.　○東甌受漢購 - 購는 重金으로 買收하다.　○丹徒(단도) - 현명. 今 江蘇省 鎭江市.

『國譯』

　그 후 몇 대가 지나, 경제 3년에 오왕 劉濞(유비)가 반란을 일으키며 민월도 따라오게 했으나 민월은 따르지 않았고 오직 東甌(동구)만 한 편이 되었다. 吳가 격파되자, 동구는 한에 매수되어 오왕 유비를 丹徒(단도)에서 죽였기에 나라가 없어지지는 않았다.

原文

　吳王子駒亡走閩粵, 怨東甌殺其父, 常勸閩粵擊東甌. 建元三年, 閩粵發兵圍東甌, 東甌使人告急天子. 天子問太尉田蚡, 蚡對曰, "粵人相攻擊, 固其常, 不足以煩中國往救也." 中大夫嚴助詰蚡, 言當救. 天子遣助發會稽郡兵浮海救之, 語具在〈助傳〉. 漢兵未至, 閩粵引兵去. 東粵請舉國徙中國, 乃悉與衆處江,淮之間.

| 註釋 | ○太尉田蚡 - 太尉는 형식상 무관 최고직. 승상 다음 자리. 비상설직. 田蚡(전분)은 景帝 王황후의 異父弟, 무제의 외삼촌. 52권, 〈寶田灌韓傳〉에 입전.　○嚴助 - 본명은 莊助.　○會稽(회계) - 군명. 치소는 吳縣. 會稽山에서 유래.　○〈助傳〉 - 64권, 〈嚴朱吾丘主父徐嚴終王賈傳〉.

　　吳王의 아들 駒(구)는 민월에 도망가서 東甌(동구)에서 부친 죽인 것에 원한을 품고 민월에게 동구를 공격하라고 자주 권유하였다. 무제 建元 3년에, 민월은 군사를 동원하여 동구를 포위하였는데 동구에서는 천자에게 사자를 보내 위급을 알렸다. 무제가 태위 전분에게 묻자, 전분이 대답하였다. "월인끼리 싸우는 일은 그들의 일상이니 중국에서 힘들여 구원할 일은 아닙니다." 그러나 中大夫인 嚴助(엄조)가 전분을 힐난하며 당연히 구원해야 한다고 말했다. 무제는 엄조를 보내 會稽郡(회계군)에서 군사를 동원하여 바닷길로 가서 구원하게 하였는데, 이는 〈엄조전〉에 실려 있다. 한의 군사가 도착하기 전에 민월은 군사를 철수하였다. 동월에서는 나라를 들어 중국에 이주를 주청하였는데 무리를 이끌고 들어와 長江과 회수 사이에 거주하였다.

　　六年, 閩粵擊南粵, 南粵守天子約, 不敢擅發兵, 而以聞. 上遣大行王恢出豫章, 大司農韓安國出會稽, 皆爲將軍. 兵未逾領, 閩粵王郢發兵距險. 其弟餘善與宗族謀曰, "王以擅發兵, 不請, 故天子兵來誅. 漢兵衆强, 卽幸勝之, 後來益多, 滅國乃止. 今殺王以謝天子, 天子罷兵, 固國完. 不聽乃力戰, 不勝卽亡入海." 皆曰, "善." 卽鏦殺王, 使使奉其頭致大行. 大行曰, "所爲來者, 誅王. 王頭至, 不戰而殞, 利莫大焉." 乃以便宜案兵告大司農軍, 而使使奉王頭馳報天子.
詔罷兩將軍兵, 曰, "<u>郢</u>等首惡, 獨<u>無諸孫繇君丑</u>不與謀."
乃使郎中將立<u>醜</u>爲<u>粵繇王</u>, 奉<u>閩粵</u>祭祀.

| 註釋 | ○大行王恢 – 大行令 왕회. 대행령은 大鴻臚(대홍려)로 개칭. 왕
회는 흉노 강공책을 건의한 사람. ○兵未逾領 – 領은 五嶺산맥. ○豫章 –
군명. 치소는 南昌縣(今 江西省 南昌市).

〔國譯〕

건원 6년(전 135), 閩粵(민월)이 南粵(남월)을 공격하자, 남월은 천
자와의 약속을 지키며 마음대로 군사를 동원하지 않고 천자에게 알
렸다. 무제는 대행령 王恢(왕회)를 파견하여 豫章郡(예장군)에서 출
동케 하고, 大司農인 韓安國은 會稽郡(회계군)에서 출동케 하면서 모
두 장군으로 임명하였다. 군사가 五嶺산맥을 넘기도 전에 민월왕 郢
(영)은 군사를 동원해 요지를 지켰다. 그러나 왕의 동생 餘善(여선)은
그 일족들과 협의하며 말했다.

"왕이 멋대로 군사를 일으키며 천자에게 보고도 하지 않아 천자
의 군사가 토벌하러 오고 있다. 한의 군사는 많고도 강하기에 행여
우리가 이긴다 하여도 뒤에 더 많은 군사가 내려올 것이고 결국 나
라는 망할 것이다. 이번에 왕을 죽여 천자에게 사죄한다면 천자는
군사를 해산할 것이고 나라는 온전할 수 있다. 우리 뜻을 수용하지
않으면 한과 싸워야 하고 싸워 이기지 못하면 바다에 빠져죽어야 한
다."

그러자 모두들 좋다고 하였다. 즉시 왕을 찔러 죽이고 사자를 보

내 왕의 머리를 갖다가 대행령에게 보냈다. 이에 대행령이 말했다.

"여기에 온 것은 왕을 징벌하기 위한 것이다. 왕의 머리가 왔으니 싸우지 않고 적을 죽인 것이니 이보다 더 큰 이득은 없다." 그리고 임의로 행군을 멈추고 대사농의 군에도 연락하고 사자를 보내 왕의 머리를 갖고 천자에게 보고하였다. 무제는 조서를 내려 두 장군의 군사를 해산시키며 말했다. "郢(영) 등이 원흉이며 무제의 손자 繇君(요군) 丑(축)은 가담하지 않았다." 그리고서는 낭중장을 보내 丑을 粵繇王(월 요왕)으로 삼아 민월의 선조 세사를 받들게 하였다.

餘善以殺郢, 威行國中, 民多屬, 竊自立爲王, 繇王不能制. 上聞之, 爲餘善不足復興師, 曰, "餘善首誅郢, 師得不勞." 因立餘善爲東粵王, 與繇王並處.

至元鼎五年, 南粵反, 餘善上書請以卒八千從樓船擊呂嘉等. 兵至揭陽, 以海風波爲解, 不行, 持兩端, 陰使南粵. 及漢破番禺, 樓船將軍僕上書願請引兵擊東粵. 上以士卒勞倦, 不許. 罷兵, 令諸校留屯豫章梅領待命.

| 註釋 | ○元鼎五年 – 무제, 전 112년. ○揭陽(게양) – 현명. 今 廣東省 동부 揭陽市. ○爲解 – 解는 핑계 대다. ○豫章梅領 – 매령은 산명. 今 江西省 중부 撫州市 관할 廣昌縣 소재.

餘善(여선)은 郢(영)을 죽인 뒤 나라에 위엄을 높여 백성이 많이 따르자 자립하여 왕이 되고자 하였는데 繇王(요왕)이 제압할 수 없었다. 무제가 이를 알고 여선 때문에 또 군사를 동원할 수 없다고 생각하여 말했다.

"여선은 원흉 郢(영)을 죽여 우리 군사가 힘들지 않았다." 그리고서는 여선을 東粵王으로 삼아 요왕과 대등하게 해 주었다.

원정 5년에 남월이 반기를 들자 여선은 상서하여 8천 군사로 누선장군 楊僕(양복)을 따라 呂嘉(여가)를 공격하겠다고 주청하였다. 한의 군사가 揭陽縣(게양현)에 도착했는데도 바다의 풍파를 핑계 대며 출발하지 않고 양쪽을 저울질했는데 한군이 (남월의) 番禺(반우)성을 격파하고서 누선장군 양복은 상서하여 군사를 이끌고 동월을 정벌하겠다고 주청하였다. 무제는 사졸이 지쳤다 하여 허락하지 않았다. 군사를 해산시키고 모든 교위들은 예장군의 매령에 주둔하며 대기하게 하였다.

原文

明年秋, 餘善聞樓船請誅之, 漢兵留境, 且往, 乃遂發兵距漢道, 號將軍騶力等爲吞漢將軍, 入白沙,武林,梅領, 殺漢三校尉. 是時, 漢使大司農張成,故山州侯齒將屯, 不敢擊, 卻就便處, 皆坐畏懦誅. 餘善刻'武帝'璽自立, 詐其民, 爲妄言. 上遣橫海將軍韓說出句章, 浮海從東方往, 樓船將軍僕

出武林, 中尉王溫舒出梅領, 粤侯爲戈船, 下瀨將軍出如邪,
白沙, 元封元年冬, 咸入東粤. 東粤素發兵距險, 使徇北將
軍守武林, 敗樓船軍數校尉, 殺長史. 樓船軍卒錢唐榬終古
斬徇北將軍, 爲語兒侯. 自兵未往.

| 註釋 | ○白沙,武林,梅領 – 今 江西省의 지명. 武林은, 今 江西省 上饒市
관할 餘干縣. ○大司農張成 – 무제 太初 원년(전 104)에 大農令을 大司農으
로 개칭. 이때는 대농령이어야 한다. ○山州侯齒 – 山州侯 劉齒. ○爲妄言
– 罔自尊大之言. ○句章 – 현명. 今 浙江省 寧波市 관할의 餘姚市(여요시).
○中尉王溫舒 – 대표적인 酷吏(혹리). 90권, 〈酷吏傳〉에 입전. ○錢唐榬終
古 – 錢唐(전당)은 현명. 今 浙江省 杭州市. 榬(원)은 姓, 이름은 終古.

〖 國譯 〗

　다음 해 가을, 여선은 누선장군이 동월 정벌을 주청하고 한의 군
사가 국경에 주둔하다가 들어올 것이라는 것을 알고서 군사를 동원
하여 한과 통하는 길을 막았으며 장군 騶力(추력) 등을 吞漢(탄한) 장
군이라 호칭하며 白沙, 武林, 梅領(매령) 등지에 침입하여 한의 교위
를 3명이나 죽였다. 이때 한에서는 大司農 張成(장성), 옛 山州侯(산
주후)인 劉齒(유치)를 장수로 삼아 주둔케 하였는데 과감히 공격하지
못하고 도리어 안전한 곳으로 물러났다 하여 겁먹어 나약한 죄로 모
두 처형하였다. 여선은 자칭 '武帝'라며 국새를 새겨 사용하며 백성
을 기만하며 큰 소리 망언을 일삼았다. 무제가 橫海將軍(횡해장군)
韓說(한열)을 보내 회계군 句章縣(구장현)에서 출동하여 바다를 따라
동쪽으로 진격하게 하였고 누선장군 양복은 武林에서, 中尉인 王溫

舒(왕온서)는 梅領에서, 粤侯(월후)로 戈船(과선)과 下瀨(하뢰)장군은 如邪〔여사, 若邪溪(약야계)〕와 白沙(백사)에서 출동하였다. 元封 원년 (전 110) 겨울에, 대군이 모두 동월에 진입하였다. 동월에서는 평소에 험지에서 저항하면서 그들의 徇北(순북)장군에게 武林를 막게 하여 누선장군의 교위 여러 명을 패퇴하게 하고 長史를 죽이기도 하였다. 그러나 누선장군의 군졸인 錢唐縣(전당현) 출신 轅終古(원종고)가 순북장군을 죽여 원종고는 語兒侯(어아후)가 되었다. 이때 아직 본진이 도착 전이었다.

原文

故粤衍侯吳陽前在漢, 漢使歸諭餘善, 不聽. 及橫海軍至, 陽以其邑七百人反, 攻粤軍於漢陽. 及故粤建成侯敖與繇王居股謀, 俱殺餘善, 以其衆降橫海軍. 封居股爲東成侯, 萬戶, 封敖爲開陵侯, 封陽爲卯石侯, 橫海將軍說爲按道侯, 橫海校尉福爲繚嫈侯. 福者, 城陽王子, 故爲海常侯, 坐法失爵, 從軍亡功, 以宗室故侯. 及東粤將多軍, 漢兵至, 棄軍降, 封爲無錫侯. 故甌駱將左黃同斬西于王, 封爲下酈侯.

　於是天子曰, "東粤狹多阻, 閩粤悍, 數反復." 詔軍吏皆將其民徙處江, 淮之間. 東粤地遂虛.

│註釋│ ○漢陽(한양) - 여기서는 今 福建省의 지명. ○〈兩粤傳〉은《史記 南越列傳 / 東越列傳》과 내용상 차이가 없다.

　　예전 粵 衍侯(월 연후)인 吳陽(오양)은 전에 漢에 살았었는데 한에
서는 그를 보내 여선을 설득하였으나 여선을 따르지 않았다. 횡해
장군이 들어오자 오양은 그 고을 백성 7백 명과 함께 반기를 들고
漢陽(한양)에서 동월 군사를 공격하였다. 또 예전 동월 建成侯(건성
후)인 敖(오)와 繇王(요왕)인 居股(거고)가 협의하여 함께 여선을 죽이
기로 하고 그 군중과 함께 횡해장군에게 투항하였다. 이에 居股(고
거)를 봉하여 東成侯(동성후)로 하고 식읍을 1만 호로 하였으며 敖
(오)를 開陵侯(개릉후)에 봉하고, 오양은 卯石侯(묘석후)에 봉하였으
며, 횡해장군 韓說(한열)은 按道侯(안도후)가 되었고, 횡해 교위인 劉
福(유복)은 繚嫈侯(요영후)에 봉했다. 유복은 城陽王(성양왕)의 아들
로 이전에 海常侯(해상후)이었다가 법에 걸려 작위를 잃었으며, 이
번 종군에서도 공을 세우지 못했으나 종실이기에 제후에 봉했다.
또 동월의 장수였던 多軍(다군)은 한의 군사가 들어오자 자기 군사
를 버리고 투항하여 無錫侯(무석후)가 되었다. 예전 甌駱(구락)의 장
수인 左黃同(좌황동)은 西于王(서우왕)의 목을 베어 下酈侯(하부후)에
봉해졌다.

　　이후에 무제가 말했다. "동월은 땅도 좁고 험한 곳이 많으며 민월
사람들은 사나워 자주 배반하였도다." 장군과 장교들에게 명하여
그 백성들을 거느리고 장강이나 회수 일대에 거처하게 하니 동월의
땅은 거의 텅 비게 되었다.

# 95-3. 朝鮮

原文

朝鮮王滿, 燕人. 自始燕時, 嘗略屬眞番,朝鮮, 爲置吏築障. 秦滅燕, 屬遼東外徼. 漢興, 爲遠難守, 復修遼東故塞, 至浿水爲界, 屬燕. 燕王盧綰反, 入匈奴, 滿亡命, 聚党千餘人, 椎結蠻夷服而東走出塞, 渡浿水, 居秦故空地上下障, 稍役屬眞番,朝鮮蠻夷及故燕,齊亡在者王之, 都王險.

| 註釋 | ○朝鮮王滿 － 衛滿朝鮮(위만조선)은 前 194-108년 존속. ○眞番,朝鮮 － 眞番(진번)은 군명이기 전에 나라 이름으로 쓰였다. 지금의 황해도와 경기 북부 일원. 朝鮮은 요령반도와 한반도의 북부지역을 지배한 국가. ○遼東外徼 － 遼東(요동)은 秦의 군명. 치소는 襄平縣(今 遼寧省 遼陽시). 外徼(외요)는 영역 밖의 땅. 徼는 순찰할 요. 변방의 경계. ○至浿水爲界 － 浿水(패수)가 鴨綠江 또는 淸川江을 지칭하느냐에 대한 異論이 많다. 漢魏시대의 浿水는 요동군의 동쪽 경계로 인식되었기에 압록강으로 보아야 타당하다. 浿는 강 이름 패. ○燕王盧綰反 － 고조와 한 마을에서 같은 날 출생한 노관은 연왕에 봉해졌다가 한을 배반하고 흉노로 도주. ○椎結蠻夷服 － 椎結은 상투를 틀다. 蠻夷服은 만이의 옷을 입다. 그렇다면 위만은 燕땅에 거주했던 朝鮮 사람이다. ○都王險 － 王儉城. 今 평양. 險은 검소할 검(儉과 通). 험할 험.

　朝鮮王 衛滿(위만)은 燕(연)나라 사람이다. 그전에 연나라에서는
眞番(진번)과 朝鮮(조선)의 땅을 경략하여 관리를 두고 성채를 설치
했었다. 秦이 연을 멸망시키자 요동군 경계 밖에 속하였다. 한이 건
국되고서는 거리가 멀어 지키기 어렵다 하여 요동군의 옛 방책을 복
구하며 浿水(패수, 압록강)를 경계로 하여 (제후국) 燕에 속했었다. 연
왕인 盧綰(노관)이 반기를 들고 흉노로 도주할 때 위만은 망명하며
무리 1천여 명을 모아 상투를 틀고 만이의 옷을 입고 동쪽으로 국경
을 지나고 浿水(패수, 압록강)를 건너 秦의 남북의 성채 사이 공지에
거주하면서 점차 진번과 조선의 만이와 燕(연)과 齊(제)에서 오는 사
람들을 복속시켜 지배하다가 王險城(왕검성)에 도읍하였다.

　會孝惠,高后天下初定, 遼東太守卽約滿爲外臣, 保塞外
蠻夷, 毋使盜邊, 蠻夷君長欲入見天子, 勿得禁止. 以聞, 上
許之, 以故滿得以兵威財物侵降其旁小邑, 眞番,臨屯皆來
服屬, 方數千里.

| 註釋 | ○塞外 – 長城 밖, 국경 밖. 변경　○臨屯(임둔) – 부족 국가 동예
의 지역. 강원도 북부와 함경남도 일대.

〖國譯〗

　혜제와 高后(呂后) 때 천하가 안정되면서 요동태수는 곧 위만을

外臣으로 삼아 약조하였는데 새외의 만이들을 단속하여 변경에서 노략질을 하지 못하게 하고 만이의 군장이 한의 천자를 알현하려 할 때 막지 못하게 하였다. 요동태수는 이를 보고했고 황제가 수락하였는데, 이로써 위만은 군사적 위세와 재물을 얻게 되어 그 주변 소읍들을 침략하여 항복시켰는데 眞番(진번)과 臨屯(임둔)이 다 복속하여 그 영역이 사방 수천 리가 되었다.

原文

傳子至孫右渠, 所誘漢亡人滋多, 又未嘗入見, 眞番, 辰國欲上書見天子, 又雍閼弗通. 元封二年, 漢使涉何譙諭右渠, 終不肯奉詔. 何去至界, 臨浿水, 使馭刺殺送何者朝鮮裨王長, 卽渡水, 馳入塞, 遂歸報天子曰, "殺朝鮮將." 上爲其名美, 弗詰, 拜何爲遼東東部都尉. 朝鮮怨何, 發兵襲攻, 殺何.

| 註釋 | ○右渠 – 우거왕. 渠 도랑 거. 크다. 衛滿의 손자. ○辰國 – 한강 이남의 부족 국가에 대한 총칭. ○雍閼弗通 – 雍은 壅(막다). 閼은 가로막을 알. ○譙諭右渠 – 譙諭(초유)는 질책하며 타이르다. ○朝鮮裨王長 – 조선의 부족장.

〖國譯〗

王位가 아들에 이어 손자인 右渠(우거)가 왕일 때, 漢의 도망자를 점점 많이 유인하였고 황제에게 입조하지도 않았으며, 진번이나 辰國(진국)에서 천자에게 상서하여 알현하려는 것을 막아 통하지 못하게 하였다. 元封 2년(前 109), 한은 涉何(섭하)를 보내 우거왕을 질책하며 회유케 하였으나 우거왕은 끝까지 詔命(조명)을 따르려 하지 않았다. 섭하가 돌아가면서 국경 패수에 이르렀는데 섭하는 어거하는 병졸을 시켜 전송 나온 조선의 부족장을 죽이고 곧장 강을 건너 달려 국경을 지나 돌아가 무제에게 "조선의 장수를 죽였습니다."라고 보고하였다. 무제는 그 명분을 높이 생각해서 힐난하지 않고 요동군의 동부도위에 임명하였다. 조선에서는 섭하에 대한 원한을 갖고 군대를 동원하여 기습공격으로 섭하를 죽였다.

天子募罪人擊朝鮮. 其秋, 遣樓船將軍楊僕從齊浮渤海, 兵五萬, 左將軍荀彘出遼東, 誅右渠. 右渠發兵距險. 左將軍卒多率遼東士兵先縱, 敗散. 多還走, 坐法斬. 樓船將齊兵七千人先至王險. 右渠城守, 窺知樓船軍少, 即出擊樓船, 樓船軍敗走. 將軍僕失其衆, 遁山中十餘日, 稍求收散卒, 復聚. 左將軍擊朝鮮浿水西軍, 未能破.

| 註釋 | ○荀彘(순체) – 인명. 彘은 돼지 체. ○誅右渠 – 誅는 討의 誤字.

〔國譯〕

天子는 죄인들을 모집하여 조선을 공격하였다 그해 가을 樓船將軍(누선장군) 楊僕(양복)은 齊(제)에서 渤海(발해)를 건넜고 5만의 병력을 거느린 좌장군 荀彘(순체)는 요동에서 출동하여 우거왕을 원정하였다. 우거왕도 군사를 내어 험지에서 저항하였다. 좌장군의 군졸인 多(다)는 요동의 사병을 거느리고 먼저 공격을 하였으나 패해 도망쳤다. 多(다)는 살아 귀환하였으나 법에 의거 참수되었다. 누선장군은 齊의 군사 7천을 거느리고 왕검성에 먼저 도착하였다. 우거왕은 성을 수비하면서 누선장군의 병력이 적은 것을 알고 즉시 출격하여 공격하자 누선 장군의 군사는 패주하였다. 누선장군은 그 부하를 잃고 산속에 10여 일이나 숨어 있으며 조금씩 흩어진 군사를 수습하여 다시 모았다. 좌장군 순체는 조선의 군사를 패수 서쪽에서 공격했지만 격파하지는 못했다.

原文

天子爲兩將未有利, 乃使衛山因兵威往諭右渠. 右渠見使者, 頓首謝, "願降, 恐將詐殺臣, 今見信節, 請服降." 遣太子入謝, 獻馬五千匹, 及饋軍糧. 人衆萬餘持兵, 方度浿水, 使者及左將軍疑其爲變, 謂太子已服降, 宜令人毋持兵, 太子亦疑使者左將軍詐之, 遂不度浿水, 復引歸. 山報, 天子誅山.

| 註釋 |  ○及饋軍糧 - 饋는 공급하다. 먹일 궤.

〖國譯〗

天子는 두 장수가 불리하다고 생각하여 바로 衛山(위산)을 보내서 군사력의 위엄을 보이며 우거왕을 회유하게 하였다. 우거왕은 사자를 만나 고개를 숙이며 말했다.

"항복하고자 해도 장군이 속여 죽일까 걱정했는데 이제 천자의 부절을 보았으니 항복하겠습니다." 그리고서는 태자를 보내 한에 가서 사죄하고 군마 5천 필과 원정군의 군량을 보내주기로 하였다. 그러나 조선의 군사 1만여 명이 무기를 지니고 패수를 건넌다면 사자와 좌장군은 혹시 변란을 일으킬까 걱정이 되어 태자에게 이미 항복하였으니 무기를 지닐 수 없다고 하였는데 태자 역시 사자와 좌장군을 의심하며 결국 패수를 건너지 않고 다시 돌아가 버렸다. 위산이 이를 보고하자 무제는 위산을 처형했다.

原文

左將軍破浿水上軍乃前至城下, 圍其西北. 樓船亦往會, 居城南. 右渠遂堅城守, 數月未能下.

左將軍素侍中, 幸, 將燕,代卒, 悍, 乘勝, 軍多驕. 樓船將齊卒, 入海已多敗亡, 其先與右渠戰, 困辱亡卒, 卒皆恐, 將心慚, 其圍右渠, 常持和節. 左將軍急擊之, 朝鮮大臣乃陰間使人私約降樓船, 往來言, 尙未肯決. 左將軍數與樓船期戰, 樓船欲就其約, 不會. 左將軍亦使人求間隙降下朝鮮, 不肯, 心附樓船. 以故兩將不相得. 左將軍心意樓船前有失軍罪, 今與朝鮮和善而又不降, 疑其有反計, 未敢發. 天子曰, "將率不能前, 乃使衛山諭降右渠, 不能顓決, 與左將軍

相誤, 卒沮約. 今兩將圍城又乖異, 以故久不決." 使故濟南
太守公孫遂往正之, 有便宜得以從事. 遂至, 左將軍曰, "朝
鮮當下久矣, 不下者, 樓船數期不會." 具以素所意告遂曰,
"今如此不取, 恐爲大害, 非獨樓船, 又且與朝鮮共滅吾軍."
遂亦以爲然, 而以節召樓船將軍入左將軍軍計事, 卽令左將
軍戲下執縛樓船將軍, 並其軍. 以報天子許遂.

| **註釋** |  ○侍中 – 가관의 칭호, 황제의 近侍.

〖 **國譯** 〗

左將軍은 패수 연안의 군사를 격파하고 왕검성 아래까지 진격하
여 그 서북을 포위하였다. 누선장군도 진격하여 성의 남쪽에서 합세
하였다. 우거왕이 성을 굳게 방어하여 몇 달이 지나도 함락시키지
못했다.

좌장군은 평소에 侍中으로 총애를 받았으며 燕(연)과 代郡(대군)
의 병졸은 용감하였으나 승세를 타 군사들이 많이 교만하였다. 그러
나 누선장군이 거느린 齊의 군졸은 바다를 통해 들어오면서 이미 많
이 도망쳤으며 먼저 우거왕과의 전투에서 곤욕을 치르며 많이 죽었
기에 병졸은 두려워했고 장수는 마음으로 부끄러워했는데 우거왕
을 포위하면서도 늘 조심스럽게 행동했다.

좌장군이 맹공을 가하자 조선의 대신이 은밀히 사람을 보내 누선
장군에게 사적인 투항을 약속하고 왕래하였지만 아직 결정이 나지
않았다. 左將軍은 여러 번 누선장군과 공격을 약속하려 했으나 누선
장군은 조선의 투항 약속을 받아내려고 좌장군과 만나지 않았다. 그

러면서 좌장군도 사람을 보내 조선의 항복을 이끌어낼 틈을 찾으려 했으나 좌장군 쪽을 따르지 않고 누선장군으로 기울어졌었다. 이때 문에 두 장수는 서로 불화하였다. 좌장군은 누선 장군이 전에 패전으로 군사를 잃은 죄를 지었고 지금 조선과 좋게 지내지만 조선이 항복하지 않는 것은 그 반란 계획이 있을 수 있다 의심하면서 말하지는 않았다.

무제는 "군사를 거느리고 성과가 없어 바로 衛山(위산)을 보내 우거왕의 투항을 권유했었는데 책임지고 처리하지 못했으며 좌장군과도 어긋나 결국 약조를 맺지 못했다. 이번에도 두 장군이 성을 포위하고서도 마음이 맞지 않아 오래도록 해결하지 못하는 것이다." 라고 생각하였다. 그래서 전에 濟南太守였던 公孫遂(공손수)를 사신으로 보내 사태를 바로 잡고 상황에 따라 일을 처리하게 하였다. 공손수가 도착하자 좌장군이 말했다.

"조선은 오래전에 함락되었어야 했는데 아직 함락되지 않은 것은 누선장군이 여러 번 기약을 지키지 않았기 때문입니다." 그러면서 그동안 마음에 있던 것을 공손수에게 말했다. "지금 일이 이런데도 잡아들이지 않으면 큰 해가 있을 것이니 비단 누선장군 혼자가 아니라 조선과 합세하여 함께 우리를 멸망시킬 것입니다." 공손수 역시 그렇게 생각하여 부절로 좌장군과 함께 계획을 세우자고 누선장군을 소환하여 바로 좌장군 휘하 병력으로 누선장군을 포박하였고 그 군사를 병합하였다. 그리고 보고하자 무제가 승낙하였다.

左將軍已並兩軍, 卽急擊朝鮮. 朝鮮相路人,相韓陶,尼谿
相參,將軍王唊相與謀曰, "始欲降樓船, 樓船今執, 獨左將
軍並將, 戰益急, 恐不能與, 王又不肯降." 陶,唊,路人皆亡
降漢. 路人道死. 元封三年夏, 尼谿相參乃使人殺朝鮮王右
渠來降. 王險城未下, 故右渠之大臣成已又反, 復攻吏. 左
將軍使右渠子長,降相路人子最, 告諭其民, 誅成已. 故遂定
朝鮮爲眞番,臨屯,樂浪,玄菟四郡. 封參爲澅淸侯, 陶爲秋苴
侯, 陶爲平州侯, 長爲幾侯. 最以父死頗有功, 爲沮陽侯. 左
將軍征至, 坐爭功相嫉乖計, 棄市. 樓船將軍亦坐兵至列口
當待左將軍, 擅先縱, 失亡多, 當誅, 贖爲庶人.

| 註釋 | ○朝鮮相路人 - 相이 승상인지 원로 고관인지 알 수 없다. 승상
이나 재상이라면 왕 아래 1인자라는 개념이 있어 승상을 3인이나 열거하기
는 부적절하다고 생각하였다. ○尼谿相參 - 尼谿가 어떤 지명인지 확실하
지 않다. ○王唊(왕협) - 사람 이름 협. 말 많을 겹. ○恐不能與 - 與는 대적
하다. 상대하다. ○列口 - 洌水 入口. 대동강 입구.

〔國譯〕

좌장군 순체는 양쪽 군사를 병합하고서 맹렬히 조선을 공격하였
다. 조선의 고관인 路人(노인), 고관 韓陶(한도), 尼谿(이계) 출신 고관
參(참), 장군인 王唊(왕협)이 서로 협의하며 말했다. "처음에 누선장
군에게 투항하려 했지만 누선은 지금 잡혀 있고 좌장군이 장수를 겸

하며 맹공하여 대적할 수 없는데도 왕은 항복할 생각이 없습니다."

그리고서는 한도, 왕협, 노인 등이 모두 도망쳐 한에 투항하였다. 노인은 투항하러 오는 길에서 죽었다. 元封 3년(전 108) 여름, 尼谿 相 參(이계상 참)은 곧 사람을 시켜 조선왕 우거를 죽이고 투항하였다. 그러나 왕검성이 아직 함락되지 않았기에 우거왕의 대신인 成已 (성이)가 다시 반발하면서 계속 관리들을 공격하였다. 좌장군은 우거왕의 아들 長(장)과 투항한 고관 路人의 아들 最(최)를 시켜 그 백성들을 회유하게 하고 成已(성이)를 죽였다. 그리하여 마침내 조선을 평정하고 眞番(진번), 臨屯(임둔), 樂浪(낙랑), 玄菟(현토)의 4군을 설치하였다. 參(참)을 澅淸侯(획청후)에 봉하고, 한도를 秋苴侯(추저후), 왕협을 平州侯(평주후)에 봉했으며, 우거왕의 아들 長(장)은 幾侯 (기후)가 되었다. 最(최)는 부친이 죽었고 공도 있어 沮陽侯(저양후)가 되었다. 좌장군은 원정에서 돌아와 공을 다투었고 서로 질투하며 일을 그르쳤다 하여 거리에서 처형되었다. 누선장군 역시 군사를 이끌고 列口에 도착해서 좌장군을 기다렸어야 하는데 마음대로 먼저 공격해서 군사를 많이 잃은 죄가 있어 당연히 처형되어야 했지만 속전을 내고 서인이 되었다.


原文

贊曰, 楚, 粵之先, 歷世有土. 及周之衰, 楚地方五千里, 而句踐亦以粵伯. 秦滅諸侯, 唯楚尙有滇王. 漢誅西南夷, 獨滇復寵. 及東粵滅國遷衆, 繇王居股等猶爲萬戶侯. 三方之開, 皆自好事之臣. 故西南夷發于唐蒙, 司馬相如, 兩粵起嚴助, 朱買臣, 朝鮮由涉何. 遭世富盛, 動能成功, 然已勤矣. 追觀太宗塡撫尉佗, 豈古所謂 '招攜以禮, 懷遠以德' 者哉!

| 註釋 | ○句踐亦以粵伯 – 伯(독음 패)는 霸와 同. ○三方之開 – 동쪽 조선, 남쪽 남월, 서쪽 서남이들에 대한 영토 확장. ○太宗 – 文帝의 廟號. ○'招攜以禮, 懷遠以德' – 招는 불러들이다. 攜(끌 휴)는 마음이 떠나간 자. 懷는 품에 안다. 遠은 멀고 지세가 험한 곳에 사는 자. 《左傳》僖公 7년의 구절.

〖 國譯 〗

班固의 論贊 : 楚와 粵(월)의 선조는 여러 대를 거치며 나라를 지켰다. 周室이 쇠약할 때도 초의 영역은 사방 5천 리나 되었고 句踐(구천)은 월국으로 패업을 이루었다. 秦이 제후들을 멸망시켰어도 楚의 후손으로 滇王(전왕)이 살아남았다. 漢이 서남이를 주살하였지만 그래도 滇(전)은 여전히 인정을 받았다. 동월은 나라가 망하고 백성을 이사시켰지만 繇王(요왕)인 居股(거고) 등은 그래도 1만 호의 제후였다. 동, 남, 서방에 대한 영토 확장은 모두 일 벌이기를 좋아하는 신하에서 시작되었다. 곧 서남이에 대한 원정은 唐蒙(당몽)과 司馬相如(사마상여)가 시작하였고, 양월에 대한 원정은 嚴助(엄조)와 朱買臣(주매신), 朝鮮은 涉何(섭하)가 일을 벌였다. 나라가 부유 강성한 때를 만났고 원정이 성공을 거두었다지만 그래도 너무 힘이 들었다. 太宗(文帝)가 尉佗(위타, 趙佗)를 회유한 것을 보면 그것이 예로부터 '마음이 떠나간 자는 禮로 끌어들이고, 먼 곳에 있는 자는 덕으로 품는다.' 는 그 말이 어찌 아니겠는가?

# 96 西域傳(上)
## 〔서역전〕(상)

原文

　西域以孝武時始通, 本三十六國, 其後稍分至五十餘, 皆在匈奴之西, 烏孫之南. 南北有大山, 中央有河, 東西六千餘里, 南北千餘里. 東則接漢, 厄以玉門,陽關, 西則限以蔥嶺. 其南山, 東出金城, 與漢南山屬焉. 其河有兩原, 一出蔥嶺出, 一出于闐. 于闐在南山下, 其河北流, 與蔥嶺河合, 東注蒲昌海. 蒲昌海, 一名鹽澤者也, 去玉門,陽關三百餘里, 廣袤三四百里. 其水亭居, 冬夏不增減, 皆以爲潛行地下, 南出於積石, 爲中國河云.

| 註釋 |　○〈西域傳〉–《史記 大宛列傳》의 내용은 《漢書 張騫李廣利傳》에 수록하고 〈西域傳〉은 班固가 새로 지었다. 西域의 域은 國과 상통한다. 漢代

의 서역은 玉門關과 陽關 서쪽 지역으로 협의의 서역은 西域都護府의 관할
지역이고, 廣義의 서역은 협의의 서역과 연관있는 지역을 포함한다. 상권에
는 28국, 하권에 25국 총 53국에 대하여 국명과 거리, 호구, 군사, 관제, 물산
등을 설명하였다. ○南北有大山 – 서역의 지리적 정의를 설명하였다. 서역
의 남쪽은 昆侖(곤륜, 쿤룬)산맥, 북쪽은 天山산맥에 둘러쌓인 지역이다.
○中央有河 – 타림(塔里木) 분지를 흐르는 타림강(塔里木河). ○東西六千餘
里, 南北千餘里 – 돈황에서 파미르 고원까지 실제 직선거리는 1,700km이고,
타클라마칸 사막의 남북은 약 500km 정도이다. ○厄以玉門,陽關 – 甘肅省
敦煌市의 서북쪽에 玉門關이 있어 天山北路로 이어지고 敦煌市의 서남쪽에
있는 陽關(양관)은 천산남로로 이어졌다. ○蔥嶺(총령) – 帕米爾(Pamir 파미
르) 고원과 喀喇昆侖(카라쿤룬) 산맥 서부의 산악지대. 中國과 塔吉克斯坦(타
지키스탄), 阿富汗(아프가니스탄)에 걸쳐 북남으로 이어진 대 산맥. 그 대부분
은 타지키스탄 영역. 喜馬拉雅山(히말라야 산맥)과 興都庫什(힌두쿠스) 산맥
등 여러 산맥과 연결되기에 아시아의 척추라고도 부른다. ○金城 – 군명.
치소는 允吾縣(今 甘肅省 臨夏市 관할의 永靖縣). 蘭州市 서쪽. ○漢南山屬焉
– 장안의 終南山. 곧 秦嶺山脈. ○于闐(우전) – 서역의 국명. 今 新疆省의
서남부 和田市 일대. ○其河北流 – 于闐(우전)에서 발원하는 강은 우전하라
고 한다. ○蒲昌海 – 羅布泊(롭 노르 Lop Nor). 지금 통용되는 중국 지도에
는 호수로 나타나 있지 않다. 곧 호수는 사라졌고 지명만 남았다. ○其水亭
居 – 물이 흐르지 않다. ○爲中國河云 – 中國의 黃河가 된다고 한다.


〖 國譯 〗

　西域(서역)은 무제 때 처음 왕래하였는데 본래 36국이었으나 점차
분열되어 50여 개 국가가 되었는데 흉노의 서쪽, 烏孫의 남쪽에 해
당한다. 남북으로는 큰 산맥이 있고, 중앙에는 강이 있으며 동서 6

천리 남북으로 1천여 리가 된다. 동쪽으로 漢과 연접하였지만 옥문관과 양관에서 막혔고 서쪽으로는 蔥嶺(총령)으로 차단되었다. 그 남산은 동쪽에 金城으로 연결되어 漢의 南山에 연결되었다. 그 강(塔里木河)에는 근원이 2곳인데, 하나는 총령에서 시작되고 다른 하나는 于闐(우전)에서 나온다. 우전은 南山(昆侖)에 있는데 그 강은 북쪽으로 흘러 총령에서 발원한 강(蔥嶺河)과 합쳐져(塔里木河) 동쪽으로 흘러 蒲昌海(포창해)로 들어간다. 포창해는 일명 鹽澤(염택)이라고 하는데 옥문관과 양관에서 3백여 리 떨어진 곳으로 넓이와 길이도 300여 리이다. 그 물은 흐르지 않으며 겨울과 여름에 늘어나거나 줄어들지 않고 전부 다 지하로 보이지 않게 흘러 남쪽의 積石(적석)에서 용출하여 황하가 된다고 한다.

---

原文

　自玉門,陽關出西域有兩道,　從鄯善傍南山北, 波河西行至莎車, 爲南道, 南道西逾蔥嶺則出大月氏,安息. 自車師前王廷隨北山, 波河西行至疏勒, 爲北道, 北道西逾蔥嶺則出大宛,康居,奄蔡焉耆.

│註釋│ ○鄯善(선선) − 옛 서역의 국명. 원래 국명은 樓蘭(누란). 국도는 扜泥城(우니성, 今 新疆省 동남부의 若羌(약강)). 현재 지도에는 新疆省 동부 吐魯番市 동쪽에 鄯善市가 따로 있다. ○波河 − 循河, 沿河, 강을 따라가다. ○莎車(사차) − 국명. 국도는 莎車城(今 新疆省 서쪽 끝 喀什市(카시시) 관할의 莎車縣). ○大月氏 − 古 부족명, 국명. ○安息 − 안식국, 柏提亞(파르티아, 波

斯) 왕국. 기원 전 3세기경에 독립국가로 발전한 이란(伊朗) 지방의 고대왕
국. ○車師前王廷－車師前國의 도읍. 王廷은 國都. 당시 이름은 交河城, 今
新疆省 吐魯番市 서쪽. ○疏勒(소륵)－고 왕국 이름. 국도는 疏勒城(소륵성,
今 新疆省 서쪽 끝의 喀什市(카시시)). ○大宛(대원)－宛은 나라 이름 원. 굽을
완. 영어로는 Ferghana. 國都는 貴山城. 汗血馬산지. 무제 때 복속, 宣帝 이
후 서역도호부에 속했다. 今 중앙아시아의 키르키즈스탄에 해당. ○康居－
지금의 중앙아시아 哈薩克斯坦(카자흐스탄), 영어로는 Sogdiana. 大宛(대원)
의 서북에 있던 나라. ○奄蔡焉耆－奄蔡(엄채)는 서역의 국명. 焉은 이에
언. 종결 어미. 耆(기)는 衍字(연자). 焉耆(언기)라는 國名이 아니다.


〖 國譯 〗

　　玉門關과 陽關을 나가 서역에 가는 길은 2개인데 鄯善(선선)에서
南山(곤륜산)의 북쪽으로 강을 따라 서쪽으로 가면 莎車(사차)에 이르
는 길이 南道인데, 南道로 서쪽의 蔥嶺(총령)을 넘으면 大月氏(대월
지)와 安息國(안식국)에 이른다. 車師前國의 王廷에서 北山을 끼고
강을 따라 서쪽으로 가면 疏勒(소륵)에 이르는 길이 北道이고, 北道
의 서쪽으로 총령을 넘으면 大宛(대원)과 康居(강거)와 奄蔡(엄채)이
다.


原文

　　西域諸國大率土著, 有城郭田畜, 與匈奴,烏孫異俗, 故皆
役屬匈奴. 匈奴西邊日逐王置僮僕都尉, 使領西域, 常居焉
耆,危須,尉黎間, 賦稅諸國, 取富給焉.

| 註釋 |  ○大率土著 – 大率(대솔)은 대부분. 土著은 土着. 定住.  ○有城郭田畜 – 정착생활을 하는 나라를 성곽 국가라 지칭. 유목민의 국가는 行國이라 분류. 田畜은 농사와 목축 병행.  ○日逐王(일축왕) – 흉노의 관직, 右賢王보다 하위직.  ○僮僕都尉 – 僮僕(동복)은 노예.  ○焉耆(언기) – 서역의 국가 이름. 國都는 員渠城(今 新疆省 중앙 庫爾勒市 동북 焉耆回族 자치현).  ○危須(위수) – 국도는 危須城(今 新疆省 중앙부 焉耆縣의 동북 烏什塔拉 부근).  ○尉黎(위려) – 국도는 尉黎城(今 新疆省 焉耆 서남 紫泥泉(자니천)).

〖 國譯 〗

　서역의 여러 나라는 대개 토착생활을 하며 성곽을 쌓고 농사와 목축을 하는데, 흉노나 오손과는 풍속을 달리하는데 대개 흉노에 복속했었다. 흉노 서쪽 영역을 통치하는 日逐王(일축왕) 아래 僮僕都尉(동복도위)를 두고 서역 국가를 관할하였는데, 일축왕은 焉耆(언기), 危須(위수), 尉黎(위려)를 돌며 여러 나라에 조세를 부과하여 재물을 걷어갔다.

原文

　自周衰, 戎狄錯居涇渭之北. 及秦始皇攘卻戎狄, 築長城, 界中國, 然西不過臨洮.

　漢興至於孝武, 事征四夷, 廣威德, 而張騫始開西域之跡. 其後驃騎將軍擊破匈奴右地, 降渾邪,休屠王, 遂空其地, 始築令居以西, 初置酒泉郡, 後稍發徙民充實之, 分置武威,張掖,敦煌, 列四郡, 據兩關焉. 自貳師將軍伐大宛之後, 西域震懼, 多遣使來貢獻. 漢使西域者益得職. 於是自敦煌西至鹽澤, 往往起亭, 而輪台,渠犁皆有田卒數百人, 置使者校尉領護, 以給使外國者.

〖 國譯 〗

　周나라가 쇠망한 이후 융적은 涇水(경수)와 渭水(위수)의 북쪽에 한인과 섞여 살았다. 진시황이 융적을 물리치고 장성을 쌓아 중국의 국경을 만들었지만 서쪽으로는 臨洮(임조)를 넘어가지는 못했다.

　한이 건국된 뒤에 무제 때 이르러 사방의 이민족을 정벌하며 위엄과 은덕을 널리 베풀었으니 張騫(장건)이 처음으로 서역에 자취를 남겼다. 그 뒤에 표기장군(곽거병)은 흉노의 우측을 격파하며 渾邪

王(혼야왕)과 休屠王(휴저왕)의 투항을 받고서 흉노를 몰아내어 처음
으로 令居縣(영거현)을 서쪽에 차지하고 최초로 酒泉郡을 설치한 뒤
에 차츰 백성들을 이사시켜 인구를 늘렸으며 연이어 武威(무위), 張
掖(장액), 敦煌(돈황)의 4군을 설치하고 2개의 관문(玉門關, 陽關)을
근거로 삼았다. 貳師將軍(이사장군, 李廣利)이 大宛(대원)을 정벌한 뒤
로 한의 위세에 서역은 두려워 떨며 많은 나라에서 사신을 보내고
공물을 바쳤다. 漢의 사신으로 서역에 나간 자는 임무를 잘 수행하
여 승진하였다. 이에 돈황에서부터 鹽澤(염택)에 이르기까지 곳곳에
亭(정)을 세우고 輪台(윤대)와 渠犁(거리)에는 둔전을 하는 병졸 수백
명이 있고 使者校尉(사자교위)를 배치하여 지키고 다스리게 하였으
며 외국에 가는 사신의 식량을 공급하였다.


原文

至宣帝時, 遣衛司馬使護鄯善以西數國. 及破姑師, 未盡
殄, 分以爲車師前後王及山北六國. 時漢獨護南道, 未能盡
並北道也. 然匈奴不自安矣. 其後日逐王畔單于, 將衆來降,
護鄯善以西使者鄭吉迎之. 旣至漢, 封日逐王爲歸德侯, 吉
爲安遠侯. 是歲, 神爵二年也. 乃因使吉並護北道, 故號曰,
都護. 都護之起, 自吉置矣. 僮僕都尉由此罷, 匈奴益弱, 不
得近西域. 於是徙屯田, 田於北胥鞬, 披莎車之地, 屯田校
尉始屬都護. 都護督察烏孫, 康居諸外國, 動靜有變以聞. 可
安輯, 安輯之, 可擊, 擊之. 都護治烏壘城, 去陽關二千七百

三十八里, 與渠犁田官相近, 土地肥饒, 於西域爲中, 故都護治焉.

| 註釋 | ○衛司馬 – 衛尉(위위) 소속의 司馬. 司馬는 武官 職名. 大將軍, 將軍, 校尉, 衛尉, 中尉(執金吾)의 속관. ○姑師 – 車師, 서역의 부족, 국가이름. ○車師前後王 – 車師前國과 後國. 宣帝(前 63년) 때 전후국으로 분열. ○鄭吉 – 최초의 西域都護. 70권, 〈傅常鄭甘陳段傳〉에 입전. 鄭吉은 前 60 – 48년까지 서역도호로 재직. ○神爵二年 – 前 60년. ○都護(도호) – 직명. 都는 모두, 합치다, 거느리다. ○北胥鞬 – 서역의 古 지명. 위치 미상. ○可擊, 擊之 – 격파할 수 있으면 격파하다. ○烏壘城 – 오루성, 今 新疆維吾爾自治區 중앙부의 庫爾勒市 서쪽 巴音郭楞蒙古自治州의 輪臺縣.

〖國譯〗

宣帝 때에 衛司馬(위사마)를 파견하여 鄯善(선선) 서쪽의 여러 나라를 감호하게 하였다. 姑師國(車師國)을 토벌했지만 완전히 없애지는 못했는데 車師前國과 後國, 그리고 천산 북쪽의 6국으로 분열되었다. 이때 漢은 天山南道만 관리하면서 山北을 병합하지는 못했다. 그리고 흉노는 자체적으로 불안해졌다. 그 뒤에 日逐王이 선우를 배반하고 무리를 이끌고 한에 투항하였는데 그때 鄯善(선선) 서쪽 지역을 지키던 사자 鄭吉(정길)이 그들을 영입하였다. 이들이 한에 들어오자 일축왕은 歸德侯(귀덕후)가 되었고 정길은 安遠侯(안원후)에 봉해졌다. 이 해가 선제 神爵(신작) 2년(前 60)이었다. 이에 정길로 하여금 천산북도 지역까지 함께 지키게 하였기에 都護(도호)라하였다. 都護는 鄭吉로부터 시작되었다. 이 때문에 흉노의 僮僕都

尉(동복도위)는 없어졌고, 흉노는 더욱 쇠약해져서 서역에 접근할 수
도 없었다. 이에 둔전병을 보내 北胥鞬(북서건)에서도 둔전이 이루어
져 莎車(사차)의 땅을 나누었으며 둔전교위는 서역도호에 소속되었
다. 서역도호는 오손과 康居(강거) 등 여러 나라들을 감독하며 변고
가 있으면 이를 보고하였다. 그래서 안정시킬 수 있다면 안전하게
지켜주고 격파할 수 있는 나라는 격파하였다. 도호의 치소는 烏壘城
(오루성)에 있었는데 陽關에서 2,738리 떨어졌으며 渠犁(거리)의 屯
田(둔전) 지역과도 가깝고 토지도 비옥하여 서역의 중심이 될 수 있
어 도호를 두어 다스리게 하였다.


原文

　至元帝時, 復置戊己校尉, 屯田車師前王庭. 是時, 匈奴
東蒲類王茲力支將人衆千七百餘人降都護, 都護分車師後
王之西爲烏貪訾離地以處之.

　自宣,元後, 單于稱藩臣, 西域服從. 其土地山川,王侯戶
數,道里遠近, 翔實矣.


│註釋│ ○戊己校尉(무기교위) - 원제 初元 원년(전 48) 설치. 서역도호의
속관으로 屯田을 관리. 위치는 車師前王庭. 무기교위를 戊校尉와 己校尉의
합칭인지 아니면 하나의 직분이 나중에 분리된 것인지 확실하지 않다. ○蒲
類 - 國名. 車師後國의 동쪽. ○道里遠近 - 도로의 거리나 원근. ○翔實矣
- 翔은 詳. 假借字로 통용.

[國譯]

　원제 때에는 다시 戊己校尉(무기교위)를 설치하여 車師前王庭에
서 둔전을 담당케 하였다. 이때, 흉노의 동쪽 蒲類王(포류왕)인 茲力
支(자력지)가 무리 1,700여 명을 거느리고 서역도후에게 투항하였는
데, 서역도호는 그들을 車師後王國의 서쪽인 烏貪訾離(오탐자리) 땅
에 나누어 거처하게 하였다.

　선제와 원제 이후 선우가 藩臣(번신)을 자처하자 서역도 복종하였
다. 그리하여 그 토지와 산천과 王侯나 호구 숫자, 원근의 거리 등이
상세하고 사실적으로 알려졌다.


# 96-1. 婼羌國


原文

　出陽關, 自近者始, 曰, 婼羌. 婼羌國王號去胡來王. 去陽
關千八百里, 去長安六千三百里, 辟在西南, 不當孔道. 戶
四百五十, 口千七百五十, 勝兵者五百人. 西與且末接. 隨畜
逐水草, 不田作, 仰鄯善,且末穀. 山有鐵, 自作兵, 後有弓,
矛,服刀,劍,甲. 西北至鄯善, 乃當道云.

| 註釋 |　○婼羌(야강) － 新疆省 동남부, 塔里木(타림) 분지 동부, 塔克拉瑪

干(타클라마칸) 사막의 동남에 위치. ○去胡來王 - '흉노를 떠나온 왕'이란 의미. ○不當孔道 - 孔道는 큰 길, 또는 산을 뚫어 만든 길. ○勝兵者 - 兵器(무기)를 잡을 수 있는 자. 兵卒. 勝은 감당하다. ○且末(차말) - 서역의 국명. 婼羌(야강)의 서쪽. 今 新疆省 남부 巴音郭楞 몽고족 자치주 관할의 且末縣. 현재는 사막지대. ○服刀 - 칼 이름. 허리에 찼을 때 허벅지에 닿는다는 주석이 있다.

〔國譯〕

　陽關(양관)을 나서서 가까운 곳부터 시작하면 婼羌(야강)이 있다. 야강국의 왕을 '去胡來王'이라고 부른다. 양관에서부터 1,800리, 장안에서부터 6,300리이며 서남쪽에 치우쳐 있어 큰길에 연접하지 않았다. 호구 수는 450호이고 인구는 1,750명, 무기를 잡을 수 있는 자는 5백여 명이다. 서쪽으로 且末(차말)과 연접했다. 가축을 몰아 수초를 찾아다니고, 농사를 짓지 않아 鄯善(선선)이나 且末(차말)의 곡식에 의존한다. 산에서는 철이 생산되어 무기를 만들어 나중에는 활과 창, 허리에 차는 칼(服刀). 양날의 칼, 갑옷 등을 사용했다. 서북으로 鄯善(선선)에 가야 큰 길과 접한다.

## 96-2. 鄯善國

鄯善國, 本名樓蘭, 王治扞泥城, 去陽關千六百里, 去長安
六千一百里. 戶千五百七十, 口萬四千一百, 勝兵二千九百
十二人. 輔國侯,卻胡侯,鄯善都尉,擊車師都尉,左右且渠,擊
車師君各一人, 譯長二人. 西北去都護治所千七百八十五
里, 至山國千三百六十五里, 西北至車師千八百九十里. 地
沙鹵, 少田, 寄田仰穀旁國. 國出玉, 多葭葦,檉柳,胡桐,白
草. 民隨率牧逐水草, 有驢馬, 多橐它. 能作兵, 與婼羌同.

| 註釋 |  ○扞泥城(우니성) - 今 新疆省 若羌縣 북쪽, 羅布泊의 서북쪽, 타
림강의 지류인 孔雀河의 남안. 扞泥城으로 된 판본도 있다.  ○譯長二人 - 譯
長은 통역관. 漢에서 역관은 大鴻臚의 속관이었다. 한과 관계가 많아지면서
서역 각국에도 漢語 통역관을 두었는데 龜玆(구자), 焉耆(언기) 같은 나라에
는 30명의 역장이 있었다.  ○山國 - 서역의 옛 나라 이름. 墨山國의 약칭으
로 보는 학자도 있다. 新疆省의 동부 庫魯克塔山格 산맥 중에 있었다는 주석
이 있다.  ○地沙鹵 - 땅이 모래가 많고 염분이 있다. 鹵는 소금 노. 塔里木
(타림) 분지 자체가 해면보다 낮은 지역이다.  ○白草 - 가을이 되면 잎이 흰
색으로 변하는데 가축의 사료로 이용된다.

〔國譯〕

鄯善國(선선국)은 본래 樓蘭(누란)이라 하였는데, 국도는 扞泥城(우

니성)으로 양관에서 1천6백 리, 장안에서 6천1백 리이다. 호구 수는 1,570호이고, 인구는 14,100명에 군사는 2,912명이다. 輔國侯(보국후), 卻胡侯(각호후), 鄯善都尉(선선도위), 擊車師都尉(격거사도위), 左右且渠(좌우차거), 擊車師君(격거사군)이 각각 1명이며 譯長(역장, 통역)은 2인이었다. 서북으로 서역도호부까지는 1,785리이고, 山國(墨山國)까지는 1,365리이며, 서북으로 車師(거사)까지는 1,890리이다. 그 땅은 모래에 염분이 많고 농지가 적어 이웃 국가의 농산물에 의존한다. 이 나라에서는 옥이 산출되며 葭葦(가위, 골풀), 檉柳(성류, 버드나무), 胡桐(호동, 오동나무), 白草(백초) 등이 나온다. 백성은 가축을 몰아 수초를 찾아다니는데 나귀와 말이 있고 낙타가 많다. 무기를 제조할 수 있는데 婼羌(야강)과 비슷하다.

原文

初, 武帝感張騫之言, 甘心欲通大宛諸國, 使者相望於道, 一歲中多至十餘輩. 樓蘭, 姑師當道, 苦之, 攻劫漢使王恢等, 又數爲匈奴耳目, 令其兵遮漢使. 漢使多言其國有城邑, 兵弱易擊. 於是武帝遣從票侯趙破奴將屬國騎及郡兵數萬擊姑師. 王恢數爲樓蘭所苦, 上令恢佐破奴將兵. 破奴與輕騎七百人先至, 虜樓蘭王遂破姑師, 因暴兵威以動烏孫, 大宛之屬. 還, 封破奴爲浞野侯, 恢爲浩侯. 於是漢列亭障至玉門矣.

| 註釋 | ○當道 - 길을 막다. ○趙破奴 - 55권, 〈衛靑霍去病傳〉에 附傳.
○將屬國騎 - 屬國의 기병을 거느리다. 속국은 한의 국경 인근 郡縣에 자신
의 본래 풍습을 유지하며 거주하는 이민족 집단. ○亭障(정장) - 교통 요지
에 설치한 보루.

〖國譯〗

처음에 무제는 張騫(장건)의 보고를 받고 마음이 움직여 大宛(대
원) 등 서역 여러 나라와 통교하려 하였는데 사절로 오가는 사람들
이 길에서 만날 정도로 1년에 10여 차례나 보냈다. 樓蘭(누란, 鄯善)
과 姑師(고사, 車師國)가 길을 가로막고 괴롭히며 漢의 사신 王恢(왕
회) 등을 공격, 약탈하였고 흉노를 위한 정보원이 되었으며 그 군사
를 빌려 한의 사절을 방해하였다. 한의 사절들은 그런 나라들이 성
읍은 있지만 군사력이 약해 쉽게 공격할 수 있다고 하였다. 이에 무
제는 從票侯인 趙破奴(조파노)에게 屬國(속국)의 기병과 군의 병력 수
만을 동원하여 고사국을 공격하게 하였다. 왕회는 여러 번 누란에게
고초를 겪었기에 무제는 왕회에게 조파노 장군의 군사지휘를 도우
라고 명했다. 조파노는 경무장 기병 7백 명을 거느리고 먼저 도착하
여 누란국 왕을 생포하고 고사국을 격파하였는데 이로써 한의 군사
적 위력이 오손과 대원국 등에 크게 떨칠 수 있었다. 이들이 회군하
자 조파노는 浞野侯(착야후)가 되었고, 왕회는 浩侯(호후)에 봉해졌
다. 그리고 한은 옥문관에서부터 곳곳에 亭障(정장, 보루)를 설치하
였다.

　樓蘭旣降服貢獻, 匈奴聞, 發兵擊之. 於是樓蘭遣一子質匈奴, 一子質漢. 後貳師軍擊大宛, 匈奴欲遮之, 貳師兵盛不敢當, 卽遣騎因樓蘭候漢使後過者, 欲絶勿通. 時漢軍正任文將兵屯玉門關, 爲貳師後距, 捕得生口, 知狀以聞. 上詔文便道引兵捕樓蘭王. 將指闕, 簿責王, 對曰, "小國在大國間, 不兩屬無以自安. 願徙國入居漢地." 上直其言, 遣歸國, 亦因使候司匈奴. 匈奴自是不甚親信樓蘭.

| 註釋 | ○質匈奴 – 흉노에 인질로 보내다. ○貳師軍 – 이사장군(李廣利)의 군사. ○後距 – 후미를 방어하다. ○簿責 – 장부 기록에 의거 힐책하다.

〔國譯〕

　樓蘭(누란, 鄯善)이 항복하고 조공을 했다는 사실을 알고서 흉노는 군사를 동원하여 누란을 공격하였다. 이에 누란에서는 아들 하나를 흉노에 인질로 보냈고, 다른 아들 하나는 漢에 보냈다. 뒤에 貳師(이광리)의 군사가 大宛國(대원국)을 원정하자 흉노가 귀환 길을 차단하려 했으나 이사장군의 군사가 강하여 차단할 수가 없자 흉노는 기병을 보내어 누란에서 기다리다가 후속부대를 차단하여 선두와 단절시키려고 하였다. 이때 한의 軍正인 任文(임문)은 군사를 거느리고 옥문관에 주둔하면서 이사장군의 후미를 방어하였는데 흉노인 포로를 통해 이를 알고 보고하였다. 무제는 임문에게 군사를 이끌고 빨리 진격하여 누란왕을 체포하라고 명령했다. 임문은 누란 궁궐에 들어가 조목조목 왕을 힐책하자 왕이 말했다. "소국이 큰 나라 사이에 끼어 양쪽에 복속하지 않으면 살 수가 없습니다. 차라리 나라를 옮겨 漢의 땅에서 살고 싶습니다."

무제는 그 말에 일리가 있다 하여 본국으로 귀환케 하고 흉노를 감시하게 하였다. 흉노는 이때부터 누란을 신뢰하지 않았다.

原文

　征和元年, 樓蘭王死, 國人來請質子在漢者, 欲立之. 質子常坐漢法, 下蠶室宮刑, 故不遣. 報曰, "侍子, 天子愛之, 不能遣. 其更立其次當立者." 樓蘭更立王, 漢復責其質子, 亦遣一子質匈奴. 後王又死, 匈奴先聞之, 遣質子歸, 得立爲王. 漢遣使詔新王, 令入朝, 天子將加厚賞. 樓蘭王后妻, 故繼母也, 謂王曰, "先王遣兩子質漢皆不還, 奈何欲往朝乎?" 王用其計, 謝使曰, "新立, 國未定, 願待後年入見天子." 然樓蘭國最在東垂, 近漢, 當白龍堆, 乏水草, 常主發導, 負水儋糧, 送迎漢使, 又數爲吏卒所寇, 懲艾不便與漢通. 後復爲匈奴反間, 數遮殺漢使. 其弟尉屠耆降漢, 具言狀.

| 註釋 |　○蠶室宮刑 – 잠실(누에 치는 방)에서 궁형을 집행하였다.　○樓蘭王后妻, 故繼母也 – 이 나라에서도 收繼婚(수계혼)이 이루어졌다.　○白龍堆 – 누란의 지명.

[ 國譯 ]

　征和(정화) 원년(前 92), 누란왕이 죽자, 그 귀족이 漢에 있는 인질 아들을 즉위시키려고 보내달라고 요청하였다. 그러나 인질은 이미 한에서 법을 어겨 잠실에 보내져 宮刑을 받았기에 보낼 수가 없었 다. 그래서 "侍子는 천자가 아끼는 사람이니 보낼 수가 없다. 그 다 음 순서가 되는 자를 옹립토록 하라."고 통보하였다. 누란에서는 다 른 자를 왕으로 즉위시키자 漢에서는 다시 인질을 보내게 하였고, 누란에서는 흉노에도 인질을 보냈다. 뒤에 왕이 죽자 이를 흉노에 먼저 알리고 인질을 돌려보내 달라하여 왕으로 즉위시켰다. 한에서 는 사신에게 조서를 내려 새 왕에게 입조하라고 하면서 많은 하사품 을 주려고 하였다. 누란왕이 입조하려 하자, 전 누란왕의 계모였던 후처가 왕에게 말했다. "先王께서 두 아들을 한에 인질로 보냈지만 아무도 돌아오지 못했는데도 왜 또 입조하려 합니까?"

　왕은 그 계책에 따라 사신에게 말했다. "금방 즉위하여 나라가 아 직 안정되지 않았으니 다음 해에 들어가 천자를 알현하겠습니다." 그렇지만 누란국은 서역의 동쪽 땅에 있어 한에 가까우며 白龍堆(백 룡퇴)에 연접하여 수초가 부족한데도 늘 한의 사절 길 안내를 담당하 고 물과 식량을 공급하며 한의 사신을 영접하면서 漢 軍吏의 착취를 당하기도 했기에 한과 통교하는 것을 불편하게 생각하였다. 그래서 나중에는 다시 흉노를 위해 첩자 역할을 하며 한의 사절을 자주 차 단하거나 죽였다. 왕의 동생인 尉屠耆(위도기)는 한에 투항한 뒤에 이를 자세히 말해주었다.

元鳳四年, 大將軍霍光白遣平樂監傅介子往刺其王. 介子
輕將勇敢士, 齎金幣, 揚言以賜外國爲名. 旣至樓蘭, 詐其
王欲賜之, 王喜, 與介子飮, 醉, 將其王屛語, 壯士二人從後
刺殺之, 貴人左右皆散走. 介子告諭以, "王負漢罪, 天子遣
我誅王, 當更立王弟尉屠耆在漢者. 漢兵方至, 毋敢動, 自
令滅國矣!" 介子遂斬王嘗歸首, 馳傳詣闕, 懸首北闕下. 封
介子爲義陽侯. 乃立尉屠耆爲王, 更名其國爲鄯善, 爲刻印
章, 賜以宮女爲夫人, 備車騎輜重, 丞相將軍率百官送至橫
門外, 祖而遣之. 王自請天子曰, "身在漢久, 今歸, 單弱, 而
前王有子在, 恐爲所殺. 國中有伊循城, 其地肥美, 願漢遣
一將屯田積穀, 令臣得依其威重." 於是漢遣司馬一人, 吏士
四十人, 田伊循以塡撫之. 其後更置都尉, 伊循官置始此矣.

| 註釋 | ○元鳳四年 – 昭帝의 연호. 前 77년. ○平樂監傅介子 – 상림원
平樂監(평락감)인 傅介子(부개자, ?-前 65). 駿馬廐監(준마구감)으로 대원국
의 사신을 자청했고 詔令에 따라 누란과 구자국의 사신을 맡아 흉노의 사신
을 죽이고 돌아와 평락궁의 관리인 평락감으로 승진하였다. 70권, 〈傅常鄭
甘陳段傳〉에 입전. ○將其王屛語 – 왕과 다른 사람은 물리친 뒤에 私語를
나누다. ○橫門 – 長安城 북면 성문의 하나 武朔門. ○祖而遣之 – 祖는 遠
行하는 사람을 위해 지내주는 路祭.

## 〔國譯〕

元鳳 4년, 대장군인 霍光(곽광)은 (황제에게) 보고하고 平樂監인 傅介子(부개자)를 파견하여 누란의 왕을 죽이게 했다. 부개자는 경무장한 용사를 데리고 황금과 비단을 가지고 가면서 외국에 선물할 것이라고 거짓말을 퍼트렸다. 누란국에 들어가서는 왕에게 선물하겠다고 거짓말을 하자 왕은 좋아하며 부개자와 술을 마셨는데, 술에 취하자 왕의 시종을 물리치고 은밀한 이야기를 하다가 장사 2명이 뒤에서 칼로 찔러 죽이자 측근의 귀인들이 모두 도망쳤다.

부개자가 소리쳐 말했다. "왕이 한에 지은 죄가 있어 천자가 나를 보내 왕을 주살하라고 하셨으며 응당 한에 있는 왕의 동생 尉屠耆(위도기)를 옹립할 것이다. 한의 군사가 곧 도착할 것이니 함부로 난동하여 나라를 망하게 하지 말라!"

부개자는 왕인 嘗歸(상귀)의 수급을 잘라 전령을 시켜 장안에 보내 대궐 문에 매달았다. 부개자는 돌아와 義陽侯에 봉해졌다. 부개자는 바로 위도기를 왕으로 옹립하고 그 나라 이름은 鄯善(선선)으로 고치고 인장을 새겨 주고 궁녀를 부인으로 하사하였으며 거마와 여러 가재도구와 병기 등을 준비해 주었으며 승상과 장군이 백관을 거느리고 橫門(횡문) 밖까지 나와 노제를 지내며 전송하였다. 이때 선선왕이 천자에게 자청하였다. "이 몸은 한에 오래 있다가 이번에 돌아가면 저 혼자이며 이전 왕의 아들이 살아 있어 피살당할까 걱정이 됩니다. 우리나라에 伊循城(이순성)이란 곳이 있는데 땅이 매우 기름지니 바라옵건대, 한에서 장수를 보내 둔전하며 곡식을 비축해 준다면 신은 그 위세에 의지할 수 있을 것입니다."

이에 한에서는 司馬 1명과 군리 40명을 보내 이순성에서 둔전하며 선선을 진무하게 하였다. 그 후에 다시 도위로 교체되었는데 이 순성에 관리를 파견하는 일은 이때 시작되었다.

## 96-3. 且末國 外

原文

鄯善當漢道沖, 西通且末七百二十里. 自且末以往皆種五穀, 土地草木, 畜産作兵, 略與漢同, 有異乃記云

且末國, 王治且末城, 去長安六千八百二十里. 戶二百三十, 口千六百一十, 勝兵三百二十人. 輔國侯, 左右將, 譯長各一人. 西北至都護治所二千二百五十八里, 北接尉犁, 南至小宛可三日行. 有蒲陶諸果. 西通精絶二千里.

| 註釋 | ○種五穀 – 種은 파종하다. 농사짓다. ○且末國 – 서역의 국명. 婼羌(야강)의 서쪽. 今 新疆省 남부 巴音郭楞 몽고족 자치주 관할 且末縣. 지금은 사막지대임. ○尉犁(위리) – 尉黎(위려). 國名. ○蒲陶(포도) – 葡萄(포도).

〔國譯〕

鄯善國은 漢의 교통로 요충에 있었는데 서쪽으로 720리에 있는

且末國(차말국)과 연결되었다. 차말부터 서쪽 여러 나라는 오곡을 파종하고 토지와 초목, 축산, 무기제조 등이 대략 한과 같았으나 다른 경우를 여기에 기록했다.

차말국의 도성은 차말성인데 장안에서 6,820리 떨어져 있다. 민호는 230호, 인구는 1,610명, 군사는 320명이었다. 輔國侯와 左右將 그리고 통역관이 각 1인씩 있었다. 서역도후부까지는 서북쪽으로 2,258리였고, 북으로는 尉犁(위리), 남으로는 小宛(소원)에 3일이면 갈 수 있었다. 蒲陶(포도) 등 여러 과일이 나온다. 서쪽으로 2천리를 가면 精絶(정절)에 닿았다.

原文

小宛國, 王治扜零城, 去長安七千二百一十里. 戶百五十, 口千五十, 勝兵二百人. 輔國侯,左右都尉各一人. 西北至都護治所二千五百五十八里, 東與婼羌接, 辟南不當道.

精絶國, 王治精絶城, 去長安八千八百二十里. 戶四百八十, 口三千三百六十, 勝兵五百人. 精絶都尉,左右將,譯長各一人. 北至都護治所二千七百二十三里, 南至戎盧國四日行, 地厄狹, 西通扜彌四百六十里.

| 註釋 | ○小宛國(소원국) – 大宛國(대원국)과 연관되는 국명. 小와 大가 나라의 크기와 상관없는 음역자라고 해석할 수 있으며 鄯善國에서 독립했을 것이라는 주석도 있다. ○扜零城(우령성) – 今 新疆省 남부 且末의 남쪽. ○精絶國 – 今 新疆省 서남부 和田市 民豊縣 북쪽.

小宛國(소원국)의 도읍은 扜零城(우령성)인데 장안에서 7,210리 거리이며 호구 수는 150호, 인구는 1,050명이고, 군사는 200명이었다. 輔國侯와 좌우 都尉 각 1인이 있었다. 서북쪽 서역도호부까지는 2,558리이고 동쪽으로는 婼羌國(야강국)과 연접했는데 남쪽에 치우쳐서 대로와 연접하지 않았다.

精絶國(정절국)의 국도는 精絶城(정절성)인데 장안에서 8,820리 떨어졌다. 호구는 480호에 인구는 3,360명이고, 군사는 5백 명이었다. 精絶都尉(정절도위)와 좌우 장수와 譯長(역장) 각 1명이 있었다. 북으로 서역도호부는 2,723리이고 남쪽으로는 4일 갈 거리에 戎盧國(융로국)이 있는데 정절국은 땅이 막혀 있고 서쪽으로 460리에 扜彌國(우미국)과 통한다.

原文

戎盧國, 王治卑品城, 去長安八千三百里. 戶二百四十, 口千六百一十, 勝兵三百人. 東北至都護治所二千八百五十八里, 東與小宛,南與婼羌,西與渠勒接, 辟南不當道.

扜彌國, 王治扜彌城, 去長安九千二百八十里. 戶三千三百四十, 口二萬四十, 勝兵三千五百四十人. 輔國侯,左右將,左右都尉,左右騎君各一人, 譯長二人. 東北至都護治所三千五百五十三里, 南與渠勒,東北與龜茲,西北與姑墨接, 西通于闐三百九十里. 今名寧彌.

○戎盧國(융로국) – 서역 국명. 今 新疆省 서남부 和田市 民豊縣 남쪽. ○扜彌國(우미국) – 扜彌(한미)로도 표기. 今 新疆省 남부 策勒縣 동 북. ○今名寧彌 – 후한시대의 이름은 寧彌(영미)이다.


[ 國譯 ]

　戎盧國(융로국)의 국도는 卑品城(비품성)으로 장안에서 8,300리이 다. 민호는 240호에 인구 1,610명, 군사는 3백 명이다. 동북쪽 서역 도호부까지는 2,858이고, 동쪽으로는 小宛(소원), 남으로는 婼羌(야 강), 서쪽으로는 渠勒(거륵)과 연접했으나 남쪽에 치우쳐 대로에 접 하지는 않았다.

　扜彌國(우미국)의 국도는 우미성인데 장안에서 9,280리이다. 민호 는 3,340호이고, 인구는 20,040명, 군사는 3,540명이다. 보국후와 좌우 장군, 좌우 都尉와 좌우 騎君(기군)이 각 1명씩이고 역관이 2명 이었다. 동북으로 서역도호부까지는 3,553리이고, 남쪽은 渠勒(거 륵), 동북으로는 龜玆(구자), 서북으로는 姑墨(고묵)과 접했고 서쪽 于 闐(우전)과는 390리이다. 지금 이름은 寧彌(영미)이다.


原文 ▮

　渠勒國, 王治鞮都城, 去長安九千九百五十里. 戶三百一 十, 口二千一百七十, 勝兵三百人. 東北至都護治所三千八 百五十二里, 東與戎盧,西與婼羌,北與扜彌接.

　于闐國, 王治西城, 去長安九千六百七十里. 戶三千三百, 口萬九千三百, 勝兵二千四百人. 輔國侯,左右將,左右騎君,東西城長, 譯長各一人. 東北至都護治所三千九百四十七里, 南與婼羌接, 北與姑墨接. 于闐之西, 水皆西流, 注西海, 其東, 水東流, 注鹽澤, 河原出焉. 多玉石. 西通皮山三百八十里.

| 註釋 | ○渠勒(거륵) – 서역 국명. 국도는 鞻都城(건도성), 今 新疆省 남부 和田市 우측의 策勒縣(책륵현) 남쪽. '鞻의 都城'으로 해석할 수도 있다. 鞻은 동개 건. 활과 화살을 넣어 등에 지는 것. ○于闐國 – 今 新疆省 남부 和田市 부근. 闐은 성할 전. 가득 차다. ○注西海 – 西海는 여러 가지 뜻이 있는데 우선 중국인들의 서해는 靑海省 靑海湖를 지칭한다. 이 청해호가 황하의 발원이라고 생각하였다. 그리고 일반적으로 막연한 서역을 지칭하는 뜻으로도 쓰인다. 여기서는 서역인들이 생각하는 바다, 곧 裏海(카스피해)나 鹹海(함해, Aral해), 아니면 페르시아만(波斯海)을 지칭한다. 이 서해를 靑海省 靑海湖로 해석하면 논리적 모순이다. ○注鹽澤 – 蒲昌湖, 곧 今 新疆省 동부의 羅布泊, 塔里木(타림) 분지의 동쪽 가장자리, 婼羌縣(야강현) 북쪽의 20세기에 완전히 말라버린 鹹水湖(함수호). ○河原出焉 – 지도로 확인하면 포창호가 黃河의 발원일 수 없으나 班固는 포창호와 청해호를 혼동한 것으로 생각된다.

〔國譯〕

渠勒國(거륵국)의 왕도는 鞻都城(건도성)인데 장안까지 9,950리이다. 민호는 310호이며 인구는 2,170명, 군사는 3백 명이다. 동북으로 서역도호부까지 3,852리이고, 동쪽으로는 융로국, 서쪽으로는 婼羌(야강), 북쪽으로는 扜彌(우미)와 접했다.

于闐國(우전국)의 왕도는 西城(서성)인데 長安에서 9,670리이다.

민호는 3,300호에 인구는 19,300명, 군사는 2,400명이다. 輔國侯(보국후), 좌우 장군, 좌우 騎君(기군), 동서의 城長, 역관이 각 1명씩이다. 동북으로 서역도호부까지는 3,947리이고, 남쪽은 婼羌(야강)과 접했고, 북으로는 姑墨(고묵)과 접했다. 우전국의 서쪽 강물은 모두 서쪽으로 흘러가서 西海로 들어가고 그 동쪽은 동으로 흘러 鹽澤(염택)에 들어가는데 황하의 원류가 거기서 나온다. 옥의 산출이 많다. 서쪽으로 皮山國(피산국)과 통하는데 380리이다.

## 96-4. 皮山國 外

原文

皮山國, 王治皮山城, 去長安萬五十里. 戶五百, 口三千五百, 勝兵五百人. 左右將,左右都尉,騎君,譯長各一人. 東北至都護治所四千二百九十二里, 西南至烏秅國千三百四十里, 南與天篤接, 北至姑墨千四百五十里, 西南當罽賓,烏弋山離道, 西北通莎車三百八十里.

┃註釋┃ ○皮山國 – 今 新疆省 서남부의 和田市 皮山縣 부근. ○天篤 – 身毒(견독), 天竺(천축)에 대한 音譯. ○姑墨(고묵) – 서역의 國名. 姑默, 亟墨으로도 표기. 今 新疆省 阿克蘇市 일대. ○罽賓國(계빈국) – 나라 이름. 罽

는 물고기 그물 계. 융단(絨緞). 모직물.　○烏弋山離(오익산리) – 국명. Alexandria(알렉산드리아)의 음역. 마케도니아 알렉산더 대왕의 페르시아 원정 이후 곳곳에 건립한 도시.

〚國譯〛

　　皮山國(피산국)의 王都는 皮山城인데 장안에서 10,500리이다. 호구는 5백, 인구는 3,500, 군사는 5백 명이다. 좌우 장군과 좌우 도위, 騎君(기군), 譯長(역장)이 각 1명씩이다. 동북 서역도호부까지는 4,292리이고, 서남으로 烏秅國(오차국)이 1,340리 떨어져 있고, 남쪽으로는 天篤(천독, 북인도)와 접했으며, 북쪽으로는 姑墨國(고묵국)이 1,450리에 있고, 서남으로는 罽賓國(계빈국), 烏弋山離國(오익산리국)으로 가는 대도에 접했으며 서북으로 380리에 莎車(사차)와 통한다.

原文

　　烏秅國, 王治烏秅城, 去長安九千九百五十里. 戶四百九十, 口二千七百三十三, 勝兵七百四十人. 東北至都護治所四千八百九十二里, 北與子合,蒲犂, 西與難兜接. 山居, 田石間. 有白草. 累石爲室. 民接手飮. 出小步馬, 有驢無牛. 其西則有縣度, 去陽關五千八百八十八里, 去都護治所五千二十里. 縣度者, 石山也, 溪谷不通, 以繩索相引而度云.

│註釋│　○烏秅國(오차국) – 서역의 나라 이름. 지금 新疆省 서남부 喀什市 莎車縣 서남. 秅는 벼 사백 단 차, 나라 이름 차.　○接手飮 – 손을 모아 물

을 먹다. ○縣度(현도) – 縣度는 줄을 매어 건너가다. 그 때문에 생긴 지명칭. 縣은 懸(매달 현)의 古字. 度는 渡.

[ 國譯 ]

烏秅國(오차국)의 왕도는 오차성인데 장안에서 9,950리이다. 가구는 490호이고 인구는 1,733명, 군사는 740명이다. 동북으로 서역도호부까지는 4,892리이고, 북으로는 子合國(자합국)과 蒲犁國(포리국)에 서쪽으로는 難兜國(난두국)에 접했다. 백성은 산속에 사는데 돌밭에서 농사를 짓는다. 白草가 생산되고 돌을 쌓아 집을 짓고 산다. 백성들은 손을 모아 물을 마신다. 짧은 보폭의 말이 있고 나귀는 있으나 소는 없다. 烏秅國(오차국)의 서쪽에는 縣度(현도)란 곳이 있는데 陽關(양관)에서 5,888리이고 서역도호부에서 5,020리이다. 현도란 이름은 돌산인데 계곡 때문에 갈 수 없어 밧줄을 매어 서로 당겨서 건너간다는 뜻이다.

[原文]

西夜國, 王號子合王, 治呼犍谷, 去長安萬二百五十里. 戶三百五十, 口四千, 勝兵千人. 東北到都護治所五千四十六里, 東與皮山, 西南與烏秅, 北與莎車, 西與蒲犁接. 蒲犁及依耐, 無雷國皆西夜類也. 西夜與胡異, 其種類羌氐行國, 隨畜逐水草往來. 而子合土地出玉石.

│ 註釋 │ ○西夜國 – 국명. 今 新疆維吾爾 자치구 喀什市 葉城縣 남쪽.

○依耐(의내) – 서역의 국명. ○羌氏行國 – 羌族(강족)이나 氏族(저족)의 유목국(유목민족). 行國은 이동하는 나라. 유목국가. 성곽이 없다. 行國의 상대적 개념은 城郭(성곽) 국가. 농사를 짓고 성곽을 갖춘 나라. 오아시스를 근거지로 정주 생활을 하는 국가.

[ 國譯 ]

西夜國(서야국)의 왕은 子合王(자합왕)이라 부르고, 왕도는 呼犍谷(호건곡)이며 장안에서 1만 250리 거리에 있다. 호구는 350호이며 인구는 4천에 군인은 1천 명이다. 동북으로 서역도호부까지 5,046리이며 동쪽으로는 피산국, 서남쪽으로는 烏秅(오차), 북쪽으로는 莎車(사차), 서쪽으로는 蒲犁國(포리국)과 접했다. 포리와 依耐(의내), 無雷國(무뢰국)이 모두 西夜(서야)와 같은 종족이다. 서야는 흉노와 다른 종족인데 그들은 강족이나 저족의 유목국가이고 가축을 몰고 물과 풀을 따라 왕래하며 자합왕의 땅에서는 옥석이 산출된다.

原文

蒲犁國, 王治蒲犁谷, 去長安九千五百五十里. 戶六百五十, 口五千, 勝兵二千人. 東北至都護治所五千三百九十六里, 東至莎車五百四十里, 北至疏勒五百五十里, 南與西夜, 子合接, 西至無雷五百四十里. 侯, 都尉各一人. 寄田莎車. 種俗與子合同.

| 註釋 | ○蒲犁國 – 서역의 국명. 今 新疆省 喀什市 莎車縣 서남쪽.

蒲犁國(포리국)의 왕도는 蒲犁谷(포리곡)인데 長安에서 9,550리이다. 650호에 인구 5천 명, 군사는 2천 명이다. 동북으로 서역도호부까지 5,396리이며 동쪽 사차국까지는 540리, 북쪽 疏勒國(소륵국)까지는 550리이고, 남쪽으로는 서야국의 자합과 접하며 서쪽으로 무뢰국까지는 540리이다. 侯(후)와 도위가 각 1명이다. 사차국의 농사에 의존한다. 종족과 풍속은 子合과 같다.

〔原文〕

依耐國, 王治去長安萬一百五十里. 戶一百二十五, 口六百七十, 勝兵三百五十人. 東北至都護治所二千七百三十里, 至莎車五百四十里, 至無雷五百四十里, 北至疏勒六百五十里, 南與子合接, 俗相與同. 少穀, 寄田疏勒,莎車.

│註釋│ ○依耐國 – 국명. 今 新疆省 서남부 喀什市 관할 英吉沙縣의 남쪽 산악지대.

〔國譯〕

依耐國(의내국)의 왕도는 장안에서 10,150리 거리에 있다. 125호에 인구 670명, 군사 350명이다. 동북으로 서역도호부까지는 2,730리이며 사차국까지는 540리, 無雷國(무뢰국)까지는 540리이며 북쪽으로 疏勒(소륵)까지는 650리이고, 남쪽으로는 子合(西夜國)과 접했고 풍속은 비슷하다. 곡식이 부족하여 소륵과 사차국에 의존한다.

無雷國, 王治無雷城, 去長安九千九百五十里. 戶千, 口七千, 勝兵三千人. 東北至都護治所二千四百六十五里, 南至蒲犁五百四十里, 南與烏秅, 北與捐毒, 西與大月氏接. 衣服類烏孫, 俗與子合同.

| 註釋 | ○無雷國 – 서역 국명. 今 帕米爾(파미르) 고원 일대. 왕도는 盧城(노성, 無雷城), 今 新疆省 喀什市 서쪽. 타지키스탄과의 접경 부근. ○捐毒(연독) – 서역의 국명. 今 新疆省 서부 克孜勒河 상류지역. 국도는 衍敦谷(今 新疆省 서남쪽 끝에 해당하는 克孜勒蘇柯爾克孜 자치주 관할의 烏恰縣 서북).

〔國譯〕

無雷國(무뢰국)의 왕도는 無雷城인데 장안에서 9,950리이다. 1천호에 인구 7천, 군사는 3천 명이다. 동북 서역도호부까지는 2,465리이고, 남으로 蒲犁(포리국)은 540리이며 남쪽으로 烏秅(오차), 북으로는 捐毒(연독), 서쪽으로는 大月氏(대월지)와 접했다. 의복은 烏孫(오손)과 비슷하고, 습속은 子合(西夜國)과 같다.

難兜國, 王治去長安萬一百五十里. 戶五千, 口三萬一千, 勝兵八千人. 東北至都護治所二千八百五十里, 南至無雷三百四十里, 西南至罽賓三百三十里, 南與婼羌, 北與休循, 西與<u>大月氏</u>接. 種五穀,蒲陶諸果. 有金,銀,銅,鐵, 作兵與諸國同, 屬<u>罽賓</u>.

| 註釋 |  ○難兜國(난두국) – 파미르고원 서쪽의 나라로 추정.  ○王治去長安~ – 국도 이름 누락.  ○休循(휴순) – 蔥嶺(파미르고원)의 서부 지역의 국가 이름.

〖 國譯 〗

　難兜國(난두국)의 국도는 장안에서 10,150리이다. 5천 호에 인구 31,000명, 군사 8천 명이다 동북으로 서역도호부까지 2,850리이고 남으로 무뢰국까지는 340리, 서남으로 罽賓(계빈국)까지는 330리이며, 남쪽으로는 婼羌(야강), 북쪽으로는 休循(휴순), 서쪽으로는 대월지와 접했다. 오곡 농사를 짓고 포도 등 여러 과일이 있다. 금은과 구리와 철이 생산되고 무기를 만드는 것은 다른 나라와 같으며 계빈국에 복속되었다.

## 96-5. 罽賓國

原文

　罽賓國, 王治<u>循鮮城</u>, 去<u>長安</u>萬二千二百里. 不屬都護.

戶口勝兵多, 大國也. 東北至都護治所六千八百四十里, 東至烏秅國二千二百五十里, 東北至難兜國九日行, 西北與大月氏,西南與烏弋山離接.

| 註釋 | ○罽賓國(계빈국) – 罽는 고기 그물 계, 융단. 인도 북부 興都庫什山(힌두쿠시 산맥) 이남, 克什米爾(카시미르) 일대의 국가로 추정.   ○循鮮城(순선성) – 脩鮮으로도 표기.

〖國譯〗

罽賓國(계빈국)이 왕도는 循鮮城(순선성)이고 장안에서 12,200리 떨어져 있다. 서역도호에 복속하지 않았다. 민호와 인구, 군사가 많은 대국이다. 동북쪽으로 서역도호부까지는 6,840리이며, 동쪽 烏秅國(오차국)까지는 2,350이며, 동북 난두국까지는 9일이 걸리며 서북쪽으로는 大月氏(대월지), 서남쪽으로는 烏弋山離國(오익산리국)가 연접했다.

原文

昔匈奴破大月氏, 大月氏西君大夏, 而塞王南君罽賓. 塞種分散, 往往爲數國. 自疏勒以西北,休循,捐毒之屬, 皆故塞種也.

罽賓地平, 溫和, 有目宿,雜草,奇木,檀,櫰,梓,竹,漆. 種五穀,蒲陶諸果, 糞治園田. 地下濕, 生稻, 冬食生菜. 其民巧,雕文刻鏤, 治宮室, 織罽, 刺文繡, 好酒食. 有金,銀,銅,錫, 以爲器. 市列. 以金銀爲錢, 文爲騎馬, 幕爲人面. 出封牛, 水牛,象,大狗,沐猴,孔爵,珠璣,珊瑚,虜魄,璧流離. 它畜與諸 國同.

| **註釋** | ○大夏(대하) – 중앙아시아의 국명. 박트리아(前 246-139년). 지금 阿富汗(아프가니스탄)에 그리스인의 주축이 되어 건국한 나라. 대월지에게 망했다. ○塞王 – 중앙아시아 伊犁(이리)강 유역의 이란계 유목민족(Saka 족, 스키타이족). 대월지의 압력을 받자 일부가 계빈국을 지배하게 된다. ○目宿 – 苜蓿(목숙), 거여목. 개자리. 가축사료용 풀. ○市列 – 시장에 늘어놓다. 점포가 줄을 지어 있다. ○文爲騎馬, 幕爲人面 – 전면(文)에는 기마를 새겼고, 뒷면(幕)에는 사람 얼굴을 새겼다. ○沐猴, 孔爵 – 沐猴(목후)는 원숭이. 孔爵(공작)은 孔雀(공작). 爵은 새 작(雀). 술잔 작. 작위. ○珠璣 – 진주. 璣는 구슬 기. ○虜魄(노백) – 琥珀(호박). ○璧流離 – 보석 이름. 여러 색의 보석. 璧은 둥근 옥 벽.

[ **國譯** ]

예전에 흉노가 大月氏(대월지)족을 격파하자, 대월지는 서쪽으로 나가 大夏를 통치했고, 塞族(색족, 스키타이족)의 왕은 남하하여 罽賓 (계빈)을 지배하였다. 색족은 부족이 나뉘었는데 가는 곳에서 여러 나라를 세웠다. 疏勒(소륵)국에서부터 서북쪽으로 休循(휴순)이나 捐 毒(연독) 같은 나라들이 모두 색족이었다.

罽賓國(계빈국)은 평지이고 기후가 온화하며 目宿(목숙)이나 여러 잡초, 기이한 나무, 박달나무(檀), 홰나무(櫰), 가래나무(梓), 대나무,

옻나무(漆) 등이 나왔다. 오곡을 농사짓고 포도 등 여러 과일이 나오고 인분을 밭에 뿌린다. 땅에 수분이 많고 벼농사도 지으며 겨울에도 채소를 먹을 수 있다. 그 백성들은 손재주가 좋아서 무늬를 놓거나 새기기를 잘하고 집을 잘 지었으며, 모직물을 짜고 수를 놓았으며, 좋은 술과 음식을 즐겼다. 금과 은, 구리나 주석으로 각종 용기를 제조하였다. 점포가 줄을 지었다. 금은으로 돈을 만들었는데 앞면에는 騎馬가 뒷면에는 사람 얼굴을 새겼다. 특산으로 등이 솟은 소와 물소, 코끼리, 큰 개, 원숭이 공작, 진주와 같은 구슬, 산호, 호박, 색깔 있는 보석 등이 나왔다. 기타 동물은 다른 나라와 같았다.

原文

自武帝始通罽賓, 自以絶遠, 漢兵不能至, 其王烏頭勞數劋殺漢使. 烏頭勞死, 子代立, 遣使奉獻. 漢使關都尉文忠送其使. 王復欲害忠, 忠覺之, 乃與容屈王子陰末赴共合謀, 攻罽賓, 殺其王, 立陰末赴爲罽賓王, 授印綬. 後軍候趙德使罽賓, 與陰末赴相失, 陰末赴鎭琅當德, 殺副已下七十餘人, 遣使者上書謝. 孝元帝以絶域不錄, 放其使者於縣度, 絶而不通.

| 註釋 | ○容屈王子陰末赴 – 그리스인 이름의 음역. ○軍候(군후) – 漢의 武官 직명. 중대장 정도의 계급. ○鎭琅當 – 琅當(사슬)로 묶다. 銀鐺(낭당). 鎖鏈(쇄련). ○不祿 – 상관하지 않다. 祿은 錄. 다스리다. 단속하다. 統領.

　　武帝 때 계빈국과 처음 통교한 이후로 계빈국은 그들이 외진 곳 멀리에 있어 한의 군사가 올 수 없다 하여 그 왕인 烏頭勞(오두로)는 한의 사신을 자주 겁략하였다. 오두로가 죽고 아들이 뒤를 이어 즉위하자 사신을 보내 토산품을 바쳤다. 한은 관도위인 文忠(문충)을 시켜 그 사신을 보내주게 하였다. 계빈의 왕이 문충을 해치려 생각하자, 문충은 그걸 짐작하고 容屈王(용굴왕)의 아들 陰末赴(음말부)와 같이 모의하고서 계빈을 공격하여 왕을 죽이고 음말부를 왕으로 즉위시켰으며 印綬(인수)도 주었다. 뒤에 軍候(군후)인 趙德(조덕)이 계빈에 사신으로 갔지만 음말부와 사이가 나빠졌는데 음말부는 조덕을 쇠사슬로 묶고 副使 이하 70여 명을 죽였는데 나중에 사신을 보내 사과하였다. 원제 이후에는 아주 먼 지역이라서 거느리려 하지 않고 그 사자도 줄을 매어 건너가야 하는 縣度(현도)에서 보내주게 하고 단절하며 왕래하지 않았다.

原文

　　成帝時, 復遣使獻謝罪, 漢欲遣使者報送其使, 杜欽說大將軍王鳳曰, "前罽賓王陰末赴本漢所立, 後卒畔逆. 夫德莫大於有國子民, 罪莫大於執殺使者, 所以不報恩, 不懼誅者, 自知絕遠, 兵不至也. 有求則卑辭, 無慾則驕嫚, 終不可懷服. 凡中國所以通厚蠻夷, 恢快其求者, 爲壤比而爲寇也. 今縣度之厄, 非罽賓所能越也. 其鄕慕, 不足以安西域, 雖不附, 不能危城郭. 前親逆節, 惡暴西城, 故絶而不通, 今悔過來, 而無親屬貴人, 奉獻者皆行賈賤人, 欲通貨市買, 以獻爲名, 故煩使者迭至縣度, 恐失實見欺. 凡遣使送客者, 欲爲防護寇害也. 起皮山南, 更不屬漢之國四五, 斥候士百餘人, 五分夜擊刁斗自守, 尙時爲所侵盜. 驢畜負糧, 須諸國稟食, 得以自瞻. 國或貧小不能食, 或桀黠不肯給, 擁强漢之節, 餒山谷之間, 乞匃無所得, 離一二旬則人畜棄捐曠野而不反. 又歷大頭痛,小頭痛之山, 赤土,身熱之阪, 令人身熱無色, 頭痛嘔吐, 驢畜盡然. 又有三池,盤石阪, 道狹者尺六七寸, 長者徑三十里. 臨崢嶸不測之深, 行者騎步相持, 繩索相引, 二千餘里乃到縣度. 畜隊, 未半坑谷盡靡碎, 人墮, 勢不得相收視. 險阻危害, 不可勝言. 聖王分九州, 制五服, 務盛內, 不求外. 今遣使者承至尊之命, 送蠻夷之賈, 勞吏士之衆, 涉危難之路, 罷弊所恃以事無用, 非久長計也. 使者業已受節, 可至皮山而還."

於是鳳白從欽言. 罽賓實利賞賜賈市, 其使數年而一至云.

| **註釋** | ○杜欽 – 王鳳의 참모로 당세에 이름이 있었다. 60권, 〈杜周傳〉에 附傳. ○有國子民 – 나라를 다스리며 백성을 자식처럼 지켜주다. 子는 동사로 쓰였다. ○愜快 – 마음에 들고 통쾌하다. 愜 마음에 맞을 협. ○更不屬~ – 更은 통과하다. 지나가다. ○擊刁斗自守 – 낮에는 취사도구로 쓰고 밤에는 두드려 소리를 내는 한 말(斗)들이 容器. 刁는 바라 조. ○曠野 – 曠

은 空.  ○大頭痛,小頭痛之山 – 독기가 뿜어져 여름에는 다닐 수 없고 겨울에만 다닐 수 있다는 주석이 있다.  ○乞匄無所得 – 乞匄(걸개)는 구걸하다. 빌리다.  ○道狹者尺六七寸 – 漢代에 1자는 약 23cm이니 40cm 정도의 길.  ○臨崢嶸不測之深 – 崢嶸(쟁영)은 가파른 절벽.  ○五服 – 경기로부터 5백 리 단위로 지역을 구분하고, 이를 五服이라 하였다. 甸服(전복), 侯服(후복), 綏服(수복), 要服(요복), 荒服(황복).

〔 國譯 〕

成帝 때 (계빈국에서) 다시 사신을 보내 토산물을 바치고 사죄하자 한에서는 사자를 보내 사신을 호송해주려 했는데 杜欽(두흠)이 대장군인 王鳳(왕봉)에게 건의하였다.

"전에 계빈왕 음말부는 우리가 즉위시켰는데도 나중에는 결국 반역하였습니다. 나라를 다스리며 백성을 자식처럼 지켜주는 것보다 더 큰 덕이 없고, 사신을 죽이는 것보다 더 큰 죄가 없는데도 (계빈국이) 은덕에 보답하지도 않았고, 사신을 죽이고도 두려워하지 않는 것은 아주 먼 곳이라 군사가 오지 못하는 것을 알기 때문입니다. 얻을 것이 있으면 비굴하게 아첨하고 바랄 것이 없다면 교만하게 놀아 끝내 회유하여 굴복시킬 수 없을 것입니다. 대체로 우리 중국은 이민족에게 통교하며 후대하여 그들이 얻으려는 것을 마음에 흡족하게 주는 것은 이웃 땅에서 침략하기 때문입니다. 지금 그 나라는 縣度(현도)로 막혀 있기에 계빈국이 건너올 수 없습니다. 그들이 우리를 흠모한다지만 서역을 안전하게 하는데 도움이 되지 않고 우리한테 붙지 않는다 하여 성곽 국가들을 위협하지도 못합니다. 그전에 그들이 먼저 우리를 배반했고 그 흉악함이 서역에 알려졌기에 단절하고 왕래하지 않았던 것인데 이제 지난 일을 후회하며 사신을 보냈지만 왕족이나 귀족이 없고 바치려 온 자도 장사하는 천인이며 재물을 얻어 장사할 뜻으로 헌납은 명분뿐이기에 힘들여서 사자를 보내 현도까지 전송해도 실익은 없고 속임수에 당할까 걱정이 됩니다. 우리가 사람을 보내 사절을 호송해주는 것은 노략질을 당할까 지켜주는 것입니다. 皮山國(피산국) 남쪽에서부터 우리 漢에 복속하지 않은 4, 5개국을 지나가야 하고 보초서는 병졸 100여 명이 밤을 다섯으로 나누어 刁斗(조두)를 치며 지켜도 때로 공격을 당합니다. 나귀 같은 짐승으로 군량을 운반하는데 여러 나라의 공급이 있어야 겨우 자족할 수 있습니다. 작은 나라여서 식량을 대주지도 못하거나 거칠고 사나운 나라에서는 주려고 하지 않으면 한의 부절을 가지고서도 산골짝에서 굶주리거나 빌릴 수도 없는 곳에서 열흘이나 20여 일씩 당하게 되면 사람이나 짐승은 광야에 버려지고 돌아오지도 못합니다. 또 大頭痛과 小頭痛의 산이나 赤土나 身熱이 나는 곳을 지나야 하는데 두통과 구토를 하며 나귀 같은 짐승도 쓰러집니다. 또 三池(삼지)와 盤石阪(반석판)이란 곳은 겨우 폭이 1자 6치 좁은 길로 30리를 가야합니다. 깊이를 알 수 없는 절벽을 지나며 사람이나 나귀를 서로 의지하며 줄을 매어 서로 당겨가며 2천 리 길을 가야 縣度(현도)에 도착합니다. 구덩이나 골짜기 절반도 떨어지기 전에 박살이 나고 사람이 추락해도 도와주지도 못하고 바라만 보아야 합니다. 그 험한 장애와 위험은 이루 다 말할 수도 없습니다. 성왕이 九州를 나누고 五服(오복)의 제도를 마련하여 통치를 달리하는 것은 내부를 번영케한 것이지 외지를 얻으려 하지 않았습니다. 지금 황제의 명을 따라 사자를 보내 이민족의 상인을 지켜주려는 것은 많은 군리를 고

생시키고 위험한 길을 건너게 하는 것은 나라를 지켜줄 백성만 피폐케 하며 아무 쓸모도 없으며 나라를 오래 보존할 방법도 아닙니다. 사신은 이미 명령을 받았으니 피산국까지만 갔다가 돌아오게 해야 합니다.”

이에 왕봉은 두흠의 의견을 따랐다. 계빈국은 하사품을 시장에 팔아 이득을 챙길 수 있어 몇 년에 한 번씩 왔다고 한다.


## 96-6. 烏弋山離國

原文

烏弋山離國, 王去長安萬二千二百里. 不屬都護. 戶口勝兵, 大國也. 東北至都護治所六十日行, 東與罽賓,北與撲挑,西與犁靬,條支接.

行可百餘日, 乃至條支. 國臨西海, 暑濕, 田稻. 有大鳥, 卵如甕. 人衆甚多, 往往有小君長, 安息役屬之, 以爲外國. 善眩. 安息長老傳聞條支有弱水,西王母, 亦未嘗見也. 自條支乘水西行, 可百餘日, 近日所入云.

| 註釋 | ○烏弋山離國 – 알렉산더의 동방 원정 이후 건립된 그리스인의 식민국가의 음역.   ○撲挑,西與犁靬,條支 – 撲挑(박도)는 서역의 국명. 安息

國의 별칭이라는 주석도 있다. 犁軒(이간)은 古 羅馬(Rome, 大秦國)의 음역.
條支(조지)는 중동 伊拉克(이라크, Iraq) 지역의 국가. ○有大鳥 - 駝鳥(타조)
로 추정. ○善眩(선현) - 마술을 잘하다. 眩은 어질 현. ○弱水(약수) - 崑崙
山, 또는 대진국에 있다는 호수. 약수는 기러기 털도 가라앉는다고 한다. 실
제 그런 곳이 있다면 流砂 지역일 것이다. 西王母는 神話 속 서왕모가 아닌
險地의 명칭.


〔國譯〕

　烏弋山離國(오익산리국)은 장안에서 1만 2천 리를 가야 한다. 서역
도호에 복속하지 않았다. 호구와 군사가 많은 큰 나라이다. 동북으
로 서역도호부까지 60일 거리이며 동쪽으로는 계빈국, 북쪽으로는
撲挑(박도), 서쪽으로는 犁軒(이간), 條支(조지)와 접했다.

　거기서 1백여 일을 가면 條支(조지)에 이른다. 그 나라는 西海에
닿았는데 날씨가 무더우며 벼농사를 짓는다. 큰 새가 있는데 그 알
이 항아리만 하다. 백성이 아주 많고 곳곳에 작은 군장이 있는데 안
식국에 복속된 속국이다. 마술을 잘 한다. 안식국의 장로에 의하면
조지에는 弱水(익수)라는 강과 서왕모가 사는 곳이 있으나 아직 보
지 못했다고 한다. 조지에서 바다를 따라 서쪽으로 갈 수 있는데 1
백여 일을 가면 해가 지는 곳에 가깝다고 한다.


原文

　烏弋地暑熱莽平, 其草木,畜産,五穀,果菜,食飮,宮室,市
列,錢貨,兵器,金珠之屬皆與罽賓同, 而有桃拔,師子,犀牛.

俗重妄殺. 其錢獨文爲人頭, 幕爲騎馬. 以金銀飾杖. 絶遠,
漢使希至. 自玉門,陽關出南道, 歷鄯善而南行, 至烏弋山
離, 南道極矣. 轉北而東得安息.

| 註釋 | ○市列 - 商街. ○桃拔(도발) - 영양. 뿔이 하나 있거나 둘이 있
는 것도 있다고 한다. ○俗重妄殺 - 함부로 저지르는 살인을 꺼리다. 重은
어려워하다. 難也.

〔 國譯 〕

　　오익산리국의 땅은 무덥고 풀이 우거진 평지로 그곳에는 초목,
가축, 오곡, 과일과 채소, 음료, 저택, 상가, 돈(錢貨), 무기, 금이나 구
슬 등은 계빈국과 같으며 그리고 영양(桃拔), 사자(師子, 獅子), 물소
(犀牛) 등이 있다. 그 풍속에 함부로 하는 살인을 아주 꺼려한다. 그
나라의 돈은 사람 얼굴 하나만을 새겼고 뒷면은 騎馬(기마)를 새겼
다. 지팡이를 금은으로 장식하다. 너무 먼 곳이라서 漢의 사절이 가
끔 왕래한다. 玉門關과 陽關에서 南道를 택해 鄯善(선선)을 경유하
여 남행하면 오익산리국이 남도의 끝이다. 북쪽으로 방향을 바꿔 동
쪽으로 가면 安息國(안식국)이 있다.

# 96-7. 安息國

原文

安息國, 王治番兜城, 去長安萬一千六百里. 不屬都護.
北與康居,東與烏弋山離,西與條支接. 土地風氣, 物類所有,
民俗與烏弋,罽賓同. 亦以銀爲錢, 文獨爲王面, 幕爲夫人
面. 王死輒更鑄錢. 有大馬爵. 其屬小大數百城, 地方數千
里, 最大國也. 臨嬀水, 商賈車船行旁國. 書革, 旁行爲書
記.

| 註釋 |  ○安息國 – 지금 이란(伊朗) 북동부에 존재했던 나라. Parthia.
○番兜城(번두성) – 지금 이란의 지명.  ○有大馬爵 – 有大馬大爵으로 해석.
○嬀水(규수) – 힌두쿠시 산맥에서 발원하는 중앙아시아의 鹹海(함해, Aral
Sea, 아랄해)로 흘러들어가는 阿姆河(아무르강). ○旁行 – 橫行. 횡서하다.

〔國譯〕

安息國(안식국)의 왕도는 番兜城(번두성)인데 장안에서 11,600리
떨어져 있다. 서역도호부에 복속하지 않았다. 북으로는 康居(강거),
동쪽으로는 烏弋山離(오익산리), 서쪽으로는 條支(조지)와 연접했다.
토지와 기후와 산출되는 물산, 민속은 오익산리나 계빈국과 같다.
은으로 돈을 만드는데 앞쪽에는 왕의 얼굴을 새기고 뒤쪽에는 여인
의 얼굴을 새겼다. 왕이 죽으면 그때마다 새 돈을 주조한다. 큰 말과

큰 새(타조)가 있다. 크고 작은 수백 개의 성이 있으며 땅은 수천 리에 달하는 큰 나라이다. 嬀水(규수, 아무르 강)에 연접했고 상인들은 수레나 배로 이웃나라를 왕래한다. 가죽에 글을 쓰고 글씨는 옆으로 쓴다.

武帝始遣使至安息, 王令將將二萬騎迎於東界. 東界去王都數千里, 行比至, 過數十城, 人民相屬. 因發使隨漢使者來觀漢地, 以大鳥卵及犁軒眩人獻於漢, 天子大悅. 安息東則大月氏.

| 註釋 | ○相屬 – 교대로 이어가다. ○犁軒眩人 – 犁軒(이간, Rome)의 마술사(眩人). 바싹 붙은 눈썹에 높은 코, 흩어진 두발에 말려 붙은 수염을 가진 사람.

〖 國譯 〗

武帝가 처음 安息國(안식국)에 사신을 보내자 안식왕은 2만 명의 기병을 동쪽 경계까지 보내 사신을 맞이했다. 동쪽 경계에서 왕도까지 수천 리인데 가는 도중에 수십 개의 성을 지났는데 백성들이 줄을 이었다. 이어 한의 사신을 따라 사절을 보내 한나라를 보게 하였는데 타조의 알과 犁軒(이간, Rome인) 마술사를 漢에 헌상하였는데 무제가 크게 기뻐하였다. 안식국의 동쪽은 大月氏(대월지)이다.

# 96-8. 大月氏國

大月氏國, 治監氏城, 去長安萬一千六百里. 不屬都護.
戶十萬, 口四十萬, 勝兵十萬人. 東至都護治所四千七百四
十里, 西至安息四十九日行, 南與罽賓接. 土地風氣, 物類
所有, 民俗錢貨, 與安息同. 出一封槖駝.

| 註釋 | ○月氏(월지, yuèzhī)는 甘肅省 일대에서 유목생활을 하던 티베
트 계통의 부족. 흉노의 공격을 받아 서쪽으로 이동하여 伊犁河(이리하) 지
역으로 이동한 월지는 大月氏, 甘肅省과 靑海省 일대에 남은 월지족은 小月
氏라 칭한다. 大月氏는 실크로드의 서쪽 끝에서 동서 무역으로 번성하였다.
○監氏城 – 古城名. 阿富汗(아프가니스탄) 지역. ○一封槖駝 – 단봉낙타. 槖
駝(탁타)는 駱駝.

〖國譯〗

大月氏國(대월지국)의 치소는 監氏城(감씨성)으로 장안에서 11,600
리 떨어져 있고 서역도호부에 복속하지 않았다. 10만 호에 인구는 40
만이고 군사는 10만 명이었다. 동쪽으로 서역도호부까지는 4,740리
이고, 서쪽 안식국은 49일을 가야 하며 남쪽으로는 계빈국에 접했
다. 토지와 기후, 산출되는 물산과 민속, 화폐 등은 안식국과 같으며
단봉낙타가 있다.

大月氏本行國也, 隨畜移徙, 與匈奴同俗. 控弦十餘萬, 故强輕匈奴. 本居敦煌, 祈連間, 至冒頓單于攻破月氏, 而老上單于殺月氏, 以其頭爲飮器, 月氏乃遠去, 過大宛, 西擊大夏而臣之, 都嬀水北爲王庭. 其餘小衆不能去者, 保南山羌, 號小月氏.

| 註釋 | ○行國 – 이동하는 나라. 유목국가. 성곽이 없다. ○祈連 – 祈連山(흉노 언어의 뜻은 天山). 靑藏高原의 북쪽. 靑海省에서 동쪽으로 甘肅省의 蘭州지역으로 연결되는 산맥. 평균 해발 4천m의 고원으로 2천 km에 달하는 산맥. ○南山羌 – 南山(祈連山)의 羌族(강족).

〔國譯〕

대월지는 본래 行國으로 가축을 따라 이동하는 흉노와 같은 풍속이었다. 활을 당길 수 있는 군사가 10여 만이나 되는 강국으로 흉노를 경시했었다. 본거지는 敦煌(돈황)과 祈連山(기련산맥) 일대였는데 冒頓(묵독) 선우는 월지를 격파했고 老上(노상) 선우는 월지족장을 죽여 그 해골을 飮器(음기, 술잔)으로 사용했는데 월지는 멀리 이동하여 大宛(대원)을 지나 서쪽으로 진출하여 大夏(대하)를 치고 신하로 거느렸으며 嬀水(규수) 북쪽에 王庭을 두었다. 그중 남아있는 작은 무리는 이동하지 못하고 南山 羌族(강족)의 보호를 받게 된 월지는 小月氏라 하였다.

大夏本無大君長, 城邑往往置小長, 民弱畏戰, 故月氏徙
來, 皆臣畜之, 共稟漢使者. 有五翕侯, 一曰 休密翕侯, 治
和墨城, 去都護二千八百四十一里, 去陽關七千八百二里.
二曰 雙靡翕侯, 治雙靡城, 去都護三千七百四十一里, 去陽
關七千七百八十二里. 三曰 貴霜翕侯, 治護澡城, 去都護
五千九百四十里, 去陽關七千九百八十二里. 四曰 肹頓翕
侯, 治薄茅城, 去都護五千九百六十二里, 去陽關八千二百
二里. 五曰 高附翕侯, 治高附城, 去都護六千四十一里, 去
陽關九千二百八十三里. 凡五翕侯, 皆屬大月氏.

| 註釋 | ◦翕侯(흡후) – 토착 세력자. 翕侯(흡후)와 同. ◦高附城 – 今 아
프카니스탄 수도 喀布爾(카불)로 추정.

『國譯』

大夏는 본래 대군장이 없고 성읍에 따라 곳곳에 작은 족장이 있
었으며 백성들은 전투를 두려워하였기에 월지족이 이주하면서 이
들을 모두 굴복시켜 거느렸다. 이들은 한의 사자에게도 식량을 공급
했다. 대하에는 5명의 翕侯(흡후)가 있었는데, 첫째 休密翕侯(휴밀흡
후)는 和墨城(화묵성)을 통치했는데 도호부에서 2,841리이고 陽關에
서는 7,802리이다. 두 번째 雙靡翕侯(쌍미흡후)는 雙靡城(쌍미성)을
통치하는데 도호부에서 3,741리 떨어져 있고 양관에서는 7,782리
이다. 세 번째 貴霜翕侯(귀상흡후)는 護澡城(호조성)을 다스렸는데 도

호부에서 5,940리 떨어져 있고 양관에서는 7,982리이다. 네 번째 肦頓翕侯(힐돈흡후)는 薄茅城(박모성)을 통치했는데 도호부에서 5,962리 떨어졌고 양관에서는 8,202리이다. 다섯 번째, 高附翕侯(고부흡후)는 高附城(고부성)을 통치하는데 도호부에서 6,041리 떨어졌고 양관에서는 9,283리이다. 총 5흡후는 모두 대월지에 복속했다.

## 96-9. 康居國

原文

康居國, 王冬治樂越匿地. 到卑闐城. 去長安萬二千三百里. 不屬都護. 至越匿地馬行七日, 至王夏所居蕃內九千一百四里. 戶十二萬, 口六十萬, 勝兵十二萬人. 東至都護治所五千五百五十里. 與大月氏同俗. 東羈事匈奴.

| 註釋 | ○康居 – 지금의 중앙아시아 哈薩克斯坦(카자흐스탄), 大宛國(대원국)의 서북에 있던 나라. 영어로는 Sogdiana. ○樂越匿地 – 낙월특지. 樂은 衍字. 越匿(월닉)으로 된 판본도 있다. 위치 미상. ○到卑闐城 – 누락된 글자가 있을 것이다. 비전성. 康居의 변경 지명으로, 대략 烏玆別克斯坦(우즈베키스탄)의 塔什干(타시간) 일대로 추정.

　康居國(강거국) 국왕의 겨울 국도는 樂越匿(낙월특) 땅이다. 卑闐
城(비전성)에 이른다. 장안에서 12,300리 거리이다. 서역도호에 복
속하지 않았다. 越匿(월특) 땅까지는 말로 7일을 가야 하고 왕의 여
름 거소가 있다고 한다. 蕃內(번내)까지는 9,104리이다. 12만 호에 인
구는 60만 명이고 군사는 12만 명이다. 동쪽으로 서역도호부까지는
5,550리이다. 대월지와 습속이 같다. 동쪽 흉노에 견제당하고 있다.

原文

　宣帝時, 匈奴乖亂, 五單于並爭, 漢擁立呼韓邪單于, 而郅
支單于怨望, 殺漢使者, 西阻康居. 其後都護甘延壽,副校尉
陳湯發戊己校尉西域諸國兵至康居, 誅滅郅支單于, 語在
〈甘延壽,陳湯傳〉. 是歲, 元帝建昭三年也.

│註釋│ ○匈奴乖亂 – 흉노가 분열하다. 乖는 어그러질 괴. ○〈甘延壽,陳
湯傳〉 – 70권,〈傅常鄭甘陳段傳〉. ○元帝建昭三年 – 前 36년.

〔國譯〕

　宣帝 때 흉노에 내부 분란이 일어나 5명의 선우가 나란히 분쟁했
는데 한이 呼韓邪單于(호한야선우)를 옹립하자 郅支單于(질지선우)는
이에 원한을 품고 한의 사신을 죽이고 서쪽 강거국에서 저항하였다.
그 뒤에 서역도호인 甘延壽(감연수)와 부교위인 陳湯(진탕)이 戊己校
尉(무기교위)의 군사와 서역 여러 나라의 군사를 동원하여 강거국에

들어가 질지선우를 주살하였는데, 이는 〈甘延壽, 陳湯傳〉에 있다.
이 해가 元帝 建昭 3년이었다.

原文

　　至成帝時, 康居遣子侍漢, 貢獻, 然自以絶遠, 獨驕嫚, 不
肯與諸國相望. 都護郭舜數上言, "本匈奴盛時, 非以兼有烏
孫,康居故也, 及其稱臣妾, 非以失二國也. 漢雖皆受其質
子, 然三國內相輸遺, 交通如故, 亦相候司, 見便則發, 合不
能相親信, 離不能相臣役. 以今言之, 結配烏孫竟未有益,
反爲中國生事. 然烏孫旣結在前, 今與匈奴俱稱臣, 義不可
距. 而康居驕黠, 訖不肯拜使者. 都護吏至其國, 坐之烏孫
諸使下, 王及貴人先飮食已, 乃飮啗都護吏, 故爲無所省以
誇旁國. 以此度之, 何故遣子入侍? 其欲賈市爲好, 辭之詐
也. 匈奴百蠻大國, 今事漢其備, 聞康居不拜, 且使單于有
自下之意, 宜歸其侍子, 絶勿復使, 以章漢家不通無禮之國.
敦煌,酒泉小郡及南道八國, 給使者往來人,馬,驢,橐駝食, 皆
苦之. 空罷耗所過, 送迎驕黠絶遠之國, 非至計也."
　　漢爲其新通, 重致遠人. 終羈縻而未絶.

| 註釋 | ○竟未有益 – 竟은 끝내. 끝에 가서는. 竟은 다할 경. ○飮啗都
護吏 – 飮啗(음담)은 음식을 먹게 하다. ○今事漢其備 – 선제 때 호한야선우
가 직접 한에 입조한 것. 備는 신하가 갖춰야 할 예를 다하다. ○重致遠人 –

먼 나라 사신의 招致(초치)를 중히 여기다. ◦ 羈縻(기미) - 고삐로 가축을 길들이고 통제하듯 주변 이민족에 대한 통제 정책.

## 〖 國譯 〗

成帝 때 와서 康居(강거) 국왕은 아들을 보내 入侍(입시)케 하며 토산물을 바쳤으나 너무 멀리 있다 하여 홀로 교만하며 다른 나라와 같은 관계를 맺으려 하지 않았다. 이때 서역도호인 郭舜(곽순)이 여러 번 상서하였다.

"본래 흉노 전성기에도 오손과 강거를 모두 점령하지도 않았으며 흉노가 稱臣(칭신)한 것은 오손과 강거를 잃었기 때문도 아닙니다. 한에서 그들 나라의 인질을 받아들였지만 그들 세 나라는 내부적으로 서로 주고받으며 전처럼 왕래를 계속하면서 기회를 보아 유리할 때에는 공격해올 것이며, 그들은 연합하더라도 서로 믿지 못하고 분리되더라도 상대를 굴복시키지 않을 것입니다. 지금 한에서 오손에 옹주를 시집보내더라도 끝까지 유익하지도 않으며 오히려 우리 중국에 일거리를 만들어 줄 것입니다. 그렇지만 오손은 이미 한의 옹주와 결혼하였고 흉노도 칭신하였기에 의리상 우리가 거절할 수도 없습니다. 그러나 강거는 교방하고 거칠어 한의 사신에게 절을 하지 않으며, 도호의 관리가 가면 오손 등 여러 나라 사신보다 아래 자리에 앉히고 왕이나 귀족들이 먼저 식사를 마친 뒤에야 도호의 관리에게 음식을 주며 잘 대우해 주지 않아도 된다는 식으로 이웃나라에 과시하고 있습니다. 이를 헤아려 본다면, 왜 그들이 아들을 보내 입시하게 하겠습니까? 그것은 장사하기 위해 말로 속이는 것입니다. 흉노는 모든 만이의 우두머리인 대국이지만 漢에 아주 공손한데 강거국이 한의 사자에게 배례하지 않는다는 것을 알면 선우로 하여금 스스로 부끄러운 생각을 갖게 하려는 것이니 한 황실에서는 그들의 입시하겠다는 아들을 돌려보내고 다시 사신을 보내지 않으면서 무례한 나라와 왕래하지 않겠다는 뜻을 알려줘야 합니다. 敦煌(돈황)과 酒泉(주천) 같은 작은 군이나 南道의 8개국은 사자나 왕래자의 음식과 말, 나귀, 낙타의 사료를 공급하느라 모두 고생을 하고 있습니다. 그들이 지나는 곳에 소모가 많아 피폐해지니 교만방자한 먼 나라 사신을 접대 전송하는 것은 좋은 방책이 아닙니다."

그러나 漢에서는 새로운 통교라 생각하며 먼 나라 사신의 왕래를 중시하였다. 때문에 끝까지 羈縻(기미) 정책에 따라 관계를 단절하지는 않았다.


原文

其康居西北可二千里, 有奄蔡國. 控弦者十餘萬人. 與康居同俗. 臨大澤, 無崖, 蓋北海云.

康居有小王五, 一曰, 蘇䴏王, 治蘇䴏城, 去都護五千七百七十六里, 去陽關八千二十五里, 二曰, 附墨王, 治附墨城, 去都護五千七百六十七里, 去陽關八千二十五里, 三曰, 窳匿王, 治窳匿城, 去都護五千二百六十六里, 去陽關七千五百二十五里, 四曰, 罽王, 治罽城, 去都護六千二百九十六里, 去陽關八千五百五十五里, 五曰, 奧鞬王, 治奧鞬城, 去都護六千九百六里, 去陽關八千三百五十五里. 凡五王, 屬

# 康居.

| 註釋 |  ○奄蔡國(엄채국) – 今 鹹海(아랄해)와 裏海(카스피해) 주변 초원 지대에 있던 나라.  ○無崖 – 산이 없다. 崖는 언덕 애. 물 가. 절벽.  ○蓋北海云 – 아마 北海(카스피해, 裏海)일 것이다. 카스피해는 아시아와 유럽의 경계. 러시아, 아제르바이잔, 이란, 투르크메니스탄, 카자흐스탄에 둘러싸였다.  ○蘇䪾王(소해왕) – 䪾는 염교 해. 백합과에 속하는 여러해살이 풀 이름.  ○窳匿王(유익왕) – 窳는 삐뚤 유. 匿 숨을 닉.

〔 國譯 〕

康居國 서북 2천 리쯤에 奄蔡國(엄채)이 있다. 활을 쏠 수 있는 자가 10여만 명이다. 강거국과 습속이 같다. 큰 호수가 끝이 없다 하니 아마 北海(카스피해)일 것이다.

康居에 5명의 小王이 있는데, 첫째는 蘇䪾王(소해왕)으로 蘇䪾城(소해성)을 다스리는데 서역도호부에서 5,776리를 가야 하고 양관에서 8,025리를 가야 한다. 두 번째는 附墨王(부묵왕)으로 부묵성을 다스리는데 도호부에서 5,767리이고, 양관에서는 8,025리 떨어져 있다. 세 번째 窳匿王(유익왕)으로 유익성을 다스리고 도호부에서 5,266리이고, 양관에서는 7,525리이다. 네 번째는 罽王(계왕)으로 계성을 다스리는데 도호부에서 6,296리를 가야 하고, 양관에서는 8,555리이다. 다섯 째는 奧鞬王(오건왕)으로 오건성을 다스리는데 도호에서 6,906리를 가야 하고, 양관에서는 8,355리를 가야 한다. 5명의 소왕은 모두 강거국에 복속되었다.

## 96-10. 大宛國

原文

大宛國, 王治貴山城, 去長安萬二千五百五十里. 戶六萬, 口三十萬, 勝兵六萬人. 副王,輔國王各一人. 東至都護治所四千三十一里, 北至康居卑闐城千五百一十里, 西南至大月氏六百九十里. 北與康居,南與大月氏接, 土地風氣物類民俗與大月氏,安息同. 大宛左右以蒲陶爲酒, 富人藏酒至萬餘石, 久者至數十歲不敗. 俗耆酒, 馬耆目宿.

| 註釋 | ○大宛國(대원국) – 宛 굽을 완. 나라 이름 원. 서역의 국명. 宛은 나라 이름 원. 굽을 완. 영어로는 Ferghana. 國都는 貴山城(今 우즈베키스탄 사마르칸트 서북쪽). 汗血馬 산지. 무제 때 복속, 宣帝 이후 서역도호부에 속했다. 今 중앙아시아의 키르키즈스탄에 해당.

〖國譯〗

大宛國(대원국)의 왕도는 貴山城(귀산성)으로 장안에서 12,550리 거리이다. 6만 호에 인구는 30만, 군사는 6만 명이다. 副王(부왕)과 輔國王(보국왕)이 각 1명이다. 동쪽으로 서역도호부까지 4,031리이며, 북으로 康居國 卑闐城(비전성)은 1,510리, 서남으로 대월지까지는 690리이다. 북으로는 강거국과 남으로는 대월지와 접했으며 토지와 기후, 산물과 민속은 대월지나 안식국과 비슷하다. 대월국 주변에서는 포도로 술을 담그는데 부자는 수만 석의 포도주를 담그고 오래된 것은 수십 년이 되어도 변하지 않는다. 습속이 술을 좋아하고 말은 目宿(苜蓿, 목숙)을 잘 먹는다.

宛別邑七十餘城, 多善馬. 馬汗血, 言其先天馬子也.

張騫始爲武帝言之, 上遣使者持千金及金馬, 以請宛善馬. 宛王以漢絶遠, 大兵不能至, 愛其寶馬不肯與. 漢使妄言, 宛遂攻殺漢使, 取其財物. 於是天子遣貳師將軍李廣利將兵前後十餘萬人伐宛, 連四年. 宛人斬其王毋寡首, 獻馬三千匹, 漢軍乃還, 語在〈張騫傳〉. 貳師旣斬宛王, 更立貴人素遇漢善者名昧蔡爲宛王. 後歲餘, 宛貴人以爲'昧蔡諂, 使我國遇屠', 相與共殺昧蔡, 立毋寡弟蟬封爲王, 遣子入侍, 質於漢, 漢因使使賂賜鎭撫之. 又發使十餘輩, 抵宛西諸國求奇物, 因風諭以伐宛之威. 宛王蟬封與漢約, 歲獻天馬二匹. 漢使采蒲陶, 目宿種歸. 天子以天馬多, 又外國使來衆, 益種蒲陶, 目宿離宮館旁, 極望焉.

| 註釋 |  ○張騫(장건, ? - 前 114) - 61권, 〈張騫李廣利傳〉에 입전.  ○貳師將軍(이사장군) - 貳師는 대원국의 성 이름. 李廣利(? - 前 88). 武帝 龍姬인 李夫人의 오빠. 前 104년 貳師장군이 되어 大宛(대원) 원정에 실패. 太初 3년에 재 원정하여 겨우 성공. 海西侯에 피봉. 후에 흉노에 투항, 나중에 피살당했

다. ○毋寡(무과) – 대원의 왕 이름. 70권, 〈傅常鄭甘陳段傳〉의 陳湯傳(진탕전)에서는 '毋鼓'로 기록되었다.

## 〖國譯〗

대원국에는 작은 성읍 70여 개가 있고 좋은 말이 많다. 피 같은 땀이 나는 말은 그 뿌리가 天馬의 종자라고 하였다.

張騫(장건)이 처음에 이 말을 무제에게 보고하자, 무제는 사신을 보내 천금과 황금 말 조각을 가지고 가서 대원의 좋은 말을 얻으려 하였다. 대원의 왕은 漢이 아주 먼 곳에 있어 대군이 올 수 없을 것이라 생각했고 아끼는 말을 주려 하지 않았다. 한의 사자가 왕에게 무례한 말을 했다고 대원에서는 한의 사신을 공격 살해하고 그 재물을 탈취하였다. 이에 무제는 貳師將軍(이사장군) 李廣利(이광리)에게 2차례에 걸쳐 10여 만 군사를 거느리고 가서 대원을 정벌하였는데 전후 4년이 걸렸다. 대원 사람들은 그 왕인 毋寡(무과)의 목을 베었고 말 3천 필을 바치자 한은 회군하였는데, 이는 〈張騫傳〉에 실려 있다. 이사장군이 대원의 왕을 죽이고 다시 귀족으로 평소에 한에 우호적이던 昧蔡(매채)를 대원왕으로 옹립하였다. 일 년 뒤에 대원의 귀족들은 '매채가 한에 아첨하여 우리나라를 도륙하게 하였다.' 하여 여럿이서 함께 매체를 죽였고 왕 무과의 동생인 蟬封(선봉)을 왕으로 세웠는데 왕은 아들을 보내 입시케 하며 한에 인질로 보내자 한에서는 사신을 보내 재물을 하사하고 그들을 위무하였다. 또 사신을 10여 차례 대원 서쪽 여러 나라에서 기이한 물건을 구해오게 하면서 대원을 정벌한 무력을 널리 알리게 하였다. 대원왕 선봉은 한과 약조를 맺어 해마다 천마 2필을 헌상하기로 약속하였다. 한의 사

자는 포도와 목숙의 종자를 구해왔다. 천자는 천마의 수를 늘리려
했고 외국 사절이 많이 왕래하기에 이궁 주변에 포도와 목숙을 많이
심어 끝이 안 보일 정도였다.


原文

　自宛以西至安息國, 雖頗異言, 然大同, 自相曉知也. 其
人皆深目, 多鬚鬢. 善賈市, 爭分銖. 貴女子, 女子所言, 丈
夫乃決正. 其地無絲漆, 不知鑄鐵器. 及漢使亡卒降, 敎鑄
作它兵器. 得漢黃白金, 輒以爲器, 不用爲幣.


|註釋|　○分銖(분수) – 아주 적은 양. 漢代에는 1斤(248g)은 16兩, 1兩
(15.5g)은 24銖(수). 1銖는 0.65g이었다.　○丈夫乃決正 – 남편은 그것이 옳
다고 생각하다.　○絲漆 – 비단과 칠기.　○黃白金 – 금과 은.　○不用爲幣 –
여기서 幣는 교역 수단.


〔國譯〕

　대원에서 서쪽 안식국까지 비록 그들 언어가 다르지만 대체로 비
슷하여 서로 그 뜻을 알 수 있었다. 그 사람들은 눈이 깊숙하고 수염
이 많았다. 장사를 잘했고 작은 이익을 다투었다. 여자를 귀히 여겨
여자가 말한 것을 남편은 옳다고 여겼다. 그 땅에서는 비단과 칠기
가 없고 철기 주조를 알지 못했다. 한의 사신이 도망치거나 병졸이
투항하면 그들과 다른 무기를 주조하게 하였다. 한의 금이나 은을
얻으면 곧 그릇으로 만들어 썼으나 화폐로 쓰지는 않았다.

原文

自烏孫以西至安息, 近匈奴. 匈奴嘗困月氏, 故匈奴使持
單于一信到國, 國傳送食, 不敢留苦. 及至漢使, 非出幣物
不得食, 不市畜不得騎, 所以然者, 以遠漢, 而漢多財物, 故
必市乃得所欲. 及呼韓邪單于朝漢, 後咸尊漢矣.

| 註釋 |  ○留苦 – 대접을 소홀히 하거나 괴롭히다.  ○故必市~ – 市는
물건을 사다.

[ 國譯 ]

오손에서 서쪽 安息國 지역은 흉노와 인접했다. 匈奴가 예전에
월지를 공격한 이후로 흉노의 사자가 선우의 신표를 하나 가지고 가
면 그들 나라에서는 음식을 보내주며 감히 억류하지 못했다. 漢의
사자는 돈이 될 만한 것을 내놓지 않으면 음식을 얻을 수 없고 가축
을 사지 않으면 탈 수가 없었는데 그렇게 된 것은 한이 멀기도 하거
니와 재물이 많다고 생각하였기에 반드시 사야만 원하는 것을 가질
수 있었다. 호한야선우가 한에 입조한 이후로는 모든 나라에서 한을
존중하였다.

## 96-11. 休循國 外

原文

桃槐國, 王去長安萬一千八十里. 戶七百, 口五千, 勝兵千
人.

休循國, 王治鳥飛谷, 在蔥嶺西, 去長安萬二百一十里.
戶三百五十八, 口千三十, 勝兵四百八十人. 東至都護治所
三千一百二十一里, 至捐毒衍敦谷二百六十里, 西北至大宛
國九百二十里, 西至大月氏千六百一十里. 民俗衣服類烏
孫, 因畜隨水草, 本故塞種也.

|註釋| ○桃槐國 – 위치 미상. 파미르고원의 소국으로 추정. ○休循國
– 파미르고원 서부 지역에 있던 나라. 국도 鳥飛谷은 今 吉爾吉斯斯坦(키르
키즈스탄) 지역. ○蔥嶺 – 帕米爾(Pamir, 파미르)고원. 실크로드의 중요한 길
목. 그 산이 높으나 산 위에 파(蔥)가 자란다 하여 붙여진 이름. 中國과 塔吉
克斯坦(타지키스탄), 阿富汗(아프가니스탄)에 걸쳐 북남으로 이어진 대 산맥.
그 대부분은 타지키스탄 영역. 喜馬拉雅山(히말라야산맥)과 興都庫什(힌두쿠
스)산맥 등 여러 산맥과 연결되기에 아시아의 척추라고도 부른다.

[國譯]

桃槐國(도괴국)의 왕도는 장안에서 11,080리 거리이다. 7백 호에
인구는 5천이며 군사는 1천 명이다.

休循國(휴순국)의 왕도는 鳥飛谷(조비곡)인데 蔥嶺(파령)의 서쪽인

데 장안에서 10,210리이다. 358호에 인구는 1,030명이고 군사는 480명이다. 동쪽 도호부까지는 3,121리이며, 捐毒國(연독) 衍敦谷(연돈곡)까지는 260리, 서북으로 대원국까지는 920리, 서쪽으로 대월지까지는 1,610리이다. 민속과 의복은 오손과 비슷하고 가축을 몰고 물과 풀을 따라 이동하는데 본래 옛 塞種(색종, 스키타이족)이다.

原文

捐毒國, 王治衍敦谷, 去長安九千八百六十里. 戶三百八十, 口千一百, 勝兵五百人. 東至都護治所二千八百六十一里. 至疏勒. 南與蔥領屬, 無人民. 西上蔥領, 則休循也. 西北至大宛千三十里, 北與烏孫接. 衣服類烏孫, 隨水草, 依蔥領, 本塞種也.

| 註釋 | ○捐毒衍敦谷 – 捐毒(연독)은 국명. 衍敦谷(연돈곡)은 城 이름. 今 新疆省 서남 克孜勒蘇柯爾克孜 자치주의 烏恰縣(오흡현) 서북. ○疏勒(소륵) – 국명. ○蔥領 – 蔥嶺.

[ 國譯 ]

捐毒國(연독국)의 왕도는 衍敦谷(연독곡)인데 장안에서 9,860리 거리이다. 380호에 인구는 1,100명, 군사는 5백 명이다. 동쪽으로 서역도호부까지는 2,861리이다. 疏勒(소륵)에 갈 수 있다. 남쪽은 蔥嶺(총령)에 이어지지만 사람이 살지 않는다. 서쪽 총령으로 올라가면 휴순국이다. 서북으로 대원국까지는 1,030리이고 북쪽으로는 오손과 접했다. 의복은 오손 사람들과 비슷하고 물과 풀을 따라 이동하고 총령에 의지해 사는데 본래 색족이었다.

原文

莎車國, 王治莎車城, 去長安九千九百五十里. 戶二千三百三十九, 口萬六千三百七十三, 勝兵三千四十九人. 輔國侯, 左右將, 左右騎君, 備西夜君各一人, 都尉二人, 譯長四人. 東北至都護治所四千七百四十六里, 西至疏勒五百六十里, 西南至蒲犂七百四十里. 有鐵山, 出靑玉.

| 註釋 | ○莎車(사차) - 국명. 국도는 莎車城(今 新疆省 서쪽 끝 喀什市(카시시) 莎車縣).

〖國譯〗

莎車國(사차국)의 왕도는 사차성인데 長安에서 9,950리이다. 2,339호에 인구 16,373명이며 군사는 3,409명이다. 輔國侯와 좌우장군, 좌우 騎君, 備西夜君(비서야군)이 각 1명이며 都尉 2인, 譯長이 4명이다. 동쪽 서역도호부까지는 4,746리이고 서쪽 소륵까지는 560리, 서남쪽 蒲犂國(포리국)까지는 740리이다. 철광산이 있고 靑玉(청옥)이 산출된다.

宣帝時, 烏孫公主小子萬年, 莎車王愛之. 莎車王無子,
死, 死時萬年在漢. 莎車國人計欲自托於漢, 又欲得烏孫心,
卽上書請萬年爲莎車王. 漢許之, 遣使者奚充國送萬年. 萬
年初立, 暴惡, 國人不說. 莎車王弟呼屠徵殺萬年, 並殺漢
使者, 自立爲王, 約諸國背漢. 會衛候馮奉世使送大宛客,
卽以便宜發諸國兵擊殺之, 更立它昆弟子爲莎車王. 還, 拜
奉世爲光祿大夫. 是歲, 元康元年也.

| 註釋 | ○烏孫公主(오손공주) − 烏孫國王 昆莫(오손왕의 칭호)에게는 처
음에 江都王 劉建의 딸 細君을 무제 元封 연간에 보내 주었다(烏孫公主). 왕
이 죽자 그들 습속대로 아들 獵驕靡(엽교미)가 차지했는데 오손공주가 죽자
두 번째로 楚王 劉戊의 孫女인 解憂公主를 오손에 시집보냈다. 여기의 오손
공주는 두 번째로 출가해 온 解憂公主이다. 96권 〈西域傳〉(下) 참고. ○衛
候馮奉世 − 衛候(위후)는 무관 직명. 풍봉세는 79권, 〈馮奉世傳〉에 입전. ○元
康元年 − 선제의 연호. 前 65년.

[ 國譯 ]

宣帝 때 烏孫公主(오손공주)의 막내아들 萬年(만년)을 莎車王(사차
왕)이 아껴주었다. 사차왕은 아들이 없이 죽었는데 왕이 죽을 때 만
년은 漢에 있었다. 사차국 사람이 한에 의지하면서 또 오손공주의
환심을 사려고 바로 상서하여 만년을 사차왕으로 보내달라고 주청
하였다. 漢이 허락하고 사자 奚充國(해충국)을 파견하여 만년을 보내
주었다. 만년은 즉위하면서 포악해서 나라 사람들이 좋아하지 않았

다. 사차왕의 동생인 呼屠徵(호도미)가 만년과 한의 사자를 모두 죽이고 왕으로 자립하면서 여러 나라와 한을 배반하기로 약속하였다. 그때 衛候(위후)인 馮奉世(풍봉세)는 대원국의 사신을 전송하고 있었는데 서역 다른 나라의 군사를 임의로 동원하여 오손왕을 죽이고 다른 형제의 아들을 사차왕으로 옹립하였다. 돌아와서 풍봉세는 광록대부가 되었다. 이때가 宣帝 元康 원년(前 65)이었다.

原文

疏勒國, 王治疏勒城, 去長安九千三百五十里. 戶千五百一十, 口萬八千六百四十七, 勝兵二千人. 疏勒侯,擊胡侯,輔國侯,都尉,左右將,左右騎君,左右譯長各一人. 東至都護治所二千二百一十里, 南至莎車五百六十里. 有市列, 西當大月氏,大宛,康居道也.

| 註釋 |  ○疏勒國(소륵국) – 서역 왕국 이름. 국도는 疏勒城〔今 新疆省 서남부 서쪽 맨 끝의 도시인 喀什市(카시시)〕. 帕米爾(파미르)고원과 塔里木(타림) 분지의 연결 지점.

〖 國譯 〗

疏勒國(소륵국)의 왕도는 疏勒城(소륵성)으로 장안에서 9,350리 거리에 있다. 1,510호에 인구는 18,647명, 군사는 2천 명이다. 疏勒侯(소륵후), 擊胡侯(격호후), 輔國侯(보국후), 都尉(도위), 좌우 將(장), 좌우 騎君, 좌우 譯長이 각 1인이다. 동쪽 서역도호부까지는 2,210리

이고 남쪽 사차국까지는 560리이다. 시장이 있고 서쪽 大月氏와 大
宛(대원), 康居(강거)로 통하는 길에 접했다.


原文

尉頭國, 王治尉頭谷, 去長安八千六百五十里. 戶三百, 口
二千三百, 勝兵八百人. 左右都尉各一人, 左右騎君各一人.
東至都護治所千四百一十一里, 南與疏勒接, 山道不通, 西
至捐毒千三百一十四里, 逕道馬行二日. 田畜隨水草, 衣服
類烏孫.


| 註釋 |  ○尉頭國(위두국) – 영역은 지금 新疆省 서쪽 克孜勒蘇柯爾克孜
자치주 관할의 阿合奇縣 일대.


〖國譯〗

尉頭國(위두국)의 왕도는 尉頭谷(위두곡)인데 장안에서 8,650리 거
리에 있다. 3백 호에 인구는 2,300명이고 군사는 800명이다. 좌우
도위가 각 1명, 좌우 騎君(기군)이 각 1명이 있다. 동쪽 서역도호부
까지는 1,411리이고 남쪽으로 소륵국에 접했지만 산길로는 통하지
못한다. 서쪽으로 1,300리를 가면 捐毒(연독)에 닿는데 지름길로 말
을 타고 가면 2일 걸린다. 가축을 기르고 물과 풀을 따라 이동하는
데 의복은 오손과 비슷하다.

# 96 西域傳(下)
〔서역전〕(하)

## 96-12. 烏孫國

原文

烏孫國, 大昆彌治赤谷城, 去長安八千九百里. 戶十二萬, 口六十三萬, 勝兵十八萬八千八百人. 相, 大祿, 左右大將二人, 侯三人, 大將,都尉各一人, 大監二人, 大吏一人, 舍中大吏二人, 騎君一人. 東至都護治所千七百二十一里, 西至康居蕃內地五千里. 地莽平, 多雨, 寒. 山多松樠, 不田作種樹, 隨畜逐水草, 與匈奴同俗. 國多馬, 富人至四五千匹. 民剛惡, 貪狼無信, 多寇盜, 最爲强國. 故服匈奴, 後盛大, 取羈屬, 不肯往朝會. 東與匈奴,西北與康居,西與大宛,南與城郭諸國相接. 本塞地也, 大月氏西破走塞王, 塞王南越縣度. 大月氏居其地. 後烏孫昆莫擊破大月氏, 大月氏徙西臣大夏, 而烏孫昆莫居之, 故烏孫民有塞種, 大月氏種云.

| 註釋 | ○昆彌(곤미) - 오손 국왕의 호칭. 昆莫으로도 표기. 宣帝 때부터 大小 昆彌의 구분이 생겼다. ○赤谷城 - 今 新疆省 서북쪽 阿克蘇河 상류, 지금의 吉爾吉斯斯坦(키르키즈스탄) 영역 내. ○大祿(대록) - 오손 고유의 관직명. ○康居蕃內 - 강거국 영역 내. 蕃은 울타리 번. ○松檞(송만) - 소나무와 느릅나무. ○不田作種樹 - 田作은 농사. 種樹는 나무를 심다. ○取羈屬 - 통제만 받다. 견제만 당하다. 羈는 굴레 기. ○城郭諸國 - 行國의 상대적 개념. 농사를 짓고 성곽을 갖춘 나라. 오아시스를 근거지로 정주 생활을 하는 국가.

〚國譯〛

烏孫國(오손국)의 大昆彌(대곤미)는 赤谷城에서 다스리는데 장안에서 8,900리이다. 12만 호에 인구는 63만, 군사는 18만 8천8백 명이다. 相(상)과 大祿(대록), 左右의 大將이 2명, 侯가 3인, 大將과 都尉가 각 1명, 大監이 2명, 大吏 1명, 舍中大吏 2명, 騎君 1명이 있었다. 동쪽 서역도호까지는 1,721리이고, 서쪽 강거국 영역의 땅까지는 5천 리이다.

땅은 풀이 많고 평평하며 비가 많이 내리고 날씨는 차갑다. 산에는 소나무와 느릅나무가 많으며 농사를 짓거나 나무를 심지 않으며 가축을 몰고 물과 풀을 따라 다녔고 흉노와 풍속이 비슷하였다. 나라에 말이 많은데 부자는 4~5천 필에 달했다. 백성들은 억세고 간악하며 욕심이 많고 신의가 없으며 도둑이 많은 아주 강한 나라였다. 나중에 강성해진 뒤 흉노의 견제는 받지만 입조는 하지 않으려 했다. 동쪽으로는 흉노와 서북쪽으로는 강거, 서쪽으로는 대원, 남쪽으로는 여러 성곽 국가와 접했다.

오손의 그 땅은 본래 塞族(색족)의 땅이었는데 大月氏가 서쪽으로 진출하며 塞王(색왕)을 쫓아버리자 색왕은 남쪽으로 縣度(현도)로 건너갔고 대월지가 그 땅을 차지하였다. 뒤에 오손의 昆莫(곤막, 곤미)이 대월지를 격파하자 대월지는 서쪽으로 이주하며 大夏를 정복하였고, 오손의 곤막이 차지하게 된다. 따라서 오손의 백성에는 塞族과 대월지족이 섞여있다.

原文

始張騫言烏孫本與大月氏共在敦煌間, 今烏孫雖强大, 可厚賂招, 令東居故地, 妻以公主, 與爲昆弟, 以制匈奴, 語在〈張騫傳〉. 武帝卽位, 令騫繼金幣住. 昆莫見騫如單于禮, 騫大慚, 謂曰, "天子致賜, 王不拜, 則還賜." 昆莫起拜, 其它如故.

| 註釋 | ○與爲昆弟 - 昆弟는 兄弟. ○武帝卽位 - 位는 衍字라는 주석에 따른다. ○繼金幣住 - 繼는 齎. 가져가다. ○見騫如單于禮 - 장건에게 선우를 알현하는 예를 요구하다.

〔國譯〕

그전에 張騫(장건)은 무제에게 오손은 본래 대월지와 함께 돈황

일대에 살았으며, 지금 오손이 비록 강대하지만 많은 재물로 초치하며 동쪽 옛 땅에 살게 하고 한의 공주를 아내로 주며 형제가 된다면 흉노를 제압할 수 있다고 말했는데, 이는 〈張騫傳〉에 실려 있다. 武帝는 바로 장건을 시켜 황금과 비단을 보냈다. 곤막이 장건에게 선우를 알현할 때의 예를 요구하자 장건은 크게 어이없어 하며 말했다. "천자께서 하사하는 물건인데 왕이 배례하지 않는다면 하사품을 가지고 가겠소."

이에 곤막은 일어나 배례했고 다른 예는 선우를 알현하는 예와 같이 하였다.

原文

初, 昆莫有十餘子, 中子大祿彊, 善將, 將衆萬餘騎別居. 大祿兄太子, 太子有子曰, 岑陬. 太子蚤死, 謂昆莫曰, "必以岑陬爲太子." 昆莫哀許之. 大祿怒, 乃收其昆弟, 將衆畔, 謀攻岑陬. 昆莫與岑陬萬餘騎, 令別居, 昆莫亦自有萬餘騎以自備. 國分爲三, 大總羈屬昆莫. 騫旣致賜, 諭指曰, "烏孫能東居故地, 則漢遣公主爲夫人, 結爲昆弟, 共距匈奴, 不足破也." 烏孫遠漢, 未知其大小, 又近匈奴, 服屬日久, 其大臣皆不欲徙. 昆莫年老國分, 不能專制, 乃發使送騫, 因獻馬數十匹報謝. 其使見漢人衆富厚, 歸其國, 其國後乃益重漢.

| **註釋** | ○中子大祿彊 – 中子로 大祿(관직명). 彊(강)은 강력하다. ○씅
隊(잠추) – 관직명. 인명으로 혼동하기 쉽다. 씅은 봉우리 잠. 隊는 모퉁이
추. ○令別居 – 내분에 의한 別居가 아니라 성년에 따른 分家로 생각된다.

〖國譯〗

　그전에 昆莫(곤막, 오손 왕)에게 10여 명 아들이 있었는데 仲子로
大祿(대록, 관직명)은 강하며 뛰어난 장수로 1만여 기병을 거느리고
다른 곳에 주둔하고 있었다. 大祿의 형이 태자였는데 태자의 아들은
씅隊(잠추, 관직명)이었다. 太子가 일찍 죽었는데 죽으면서 오손왕에
게 "꼭 잠추를 태자로 정해주십시오"라고 말했고, 곤막은 불쌍한 생
각에서 수락하였다. 이에 대록은 화를 내며 다른 형제들을 모아 무
리를 거느리고 반기를 들며 잠추를 공격할 모의를 하였다. 왕은 잠
추에게 1만 기병을 거느리고 별거하게 하였고, 왕 자신도 1만 기병
을 거느리고 자체 방어를 하였다. 나라가 삼분된 상태에서 모두가
왕의 견제를 받고 있었다. 장건은 곤막에게 하사품을 주고 황제가
취할 방책을 말해주었다.

　"오손은 전에 살던 동쪽 땅에 거처한다면 한에서는 공주를 아내
로 보내줄 것이며 형제가 된다면 함께 흉노를 막을 수 있고 격파되
지 않을 것입니다."

　오손에게 한은 멀리 있고 대소를 알 수 없으며, 흉노는 가까웁고
오랫동안 복속했었기에 오손의 대신들은 옮겨가는 것을 원치 않았
다. 곤막은 나이도 많고 나라의 분열로 마음대로 정할 수도 없어 사
신을 보내 장건을 전송하면서 말 수십 필을 사례로 보냈다. 오손 사
자는 한의 많은 인구와 부유한 모습을 보고 돌아가자 오손에서는 한

을 더욱 중요시하였다.

匈奴聞其與漢通, 怒欲擊之. 又漢使烏孫, 乃出其南, 抵大宛,月氏, 相屬不絶. 烏孫於是恐, 使使獻馬, 願得尙漢公主, 爲昆弟. 天子問群臣, 議許, 曰,‘必先內聘, 然後遣女’. 烏孫以馬千匹聘. 漢元封中, 遣江都王建女細君爲公主, 以妻焉. 賜乘輿服御物, 爲備官屬宦官侍御數百人, 贈送甚盛. 烏孫昆莫以爲右夫人. 匈奴亦遣女妻昆莫, 昆莫以爲左夫人.


| 註釋 | ○必先內聘 − 內는 들일 납(納과 通). 聘은 장가들다. 납폐의 예물(聘禮. 彩禮). ○元封中 − 무제 연호. 前 110-105년. ○江都王建 − 江都王 劉建. 景帝의 손자. 江都國의 국도는 廣陵縣(今 江蘇省 揚州市 서북). ○左夫人 − 오손은 右보다 左를 높였다.


〖國譯〗

흉노는 오손이 漢과 통교하는 것을 알고 화를 내며 공격하려고 하였다. 거기다 한에서 오손과 그 남쪽 길로 대원국과 월지까지 보내는 사신이 계속 이어져 끊이지 않았다. 오손은 이에 한을 두려워하면서 사신을 보내 말을 바치면서 한의 공주와 결혼하여 형제가 되고자 하였다. 무제가 이를 여러 신하에게 묻자, 허락하자고 의논하며 ‘필히 먼저 (오손이) 빙례를 행한다면 그 뒤에 딸을 보내야 한다.’고 하였다. 오손에서는 말 1천 필을 보내 빙례로 보냈다. 한에서는 무제 元封 연간에 江都王 劉建(유건)의 딸 細君을 公主라 하여 아내로 삼게 주었다. 수레와 의복과 황실 물품을 하사하고 필요한 관리와 환관과 시중까지 수백 명을 갖추어 보냈고 보내는 물건이 매우 성대하였다. 오손의 곤막은 한 공주를 우부인으로 맞이했다. 흉노도 딸을 곤막의 아내로 보냈는데 곤막은 좌부인으로 삼았다.


原文

　　公主至其國, 自治宮室居, 歲時一再與昆莫會, 置酒飮食, 以幣,帛賜王左右貴人. 昆莫年老, 言語不通, 公主悲愁, 自爲作歌曰, "吾家嫁我兮天一方, 遠托異國兮烏孫王. 穹廬爲室兮旃爲牆, 以肉爲食兮酪爲漿. 居常土思兮心內傷, 願爲黃鵠兮歸故鄕." 天子聞而憐之, 間歲遣使者持帷帳錦繡給遺焉.


| 註釋 |　○自治宮室居 – 오손공주가 중국식 저택을 짓고 거주했다는 뜻.
○歲時一再與昆莫會 – 곤막은 유목 이동하기에 일 년에 한두 번 만났다는 뜻.　○穹廬(궁려) – 둥근 천막.　○酪爲漿 – 酪은 진한 우유 즙 낙. 말이나 양의 젖을 가공한 음식.　○間歲 – 격년으로.


〔國譯〕

　　公主는 오손에 도착해서 자체의 궁실을 짓고 거처했는데 일 년에 한두 번 곤막과 만났으며 술과 음식을 준비하여 여러 재물과 비단을 왕 좌우의 귀족에게 나눠주었다. 곤막은 이미 연로하였으며 언어도 불통하여 공주는 슬픔 속에서 시가를 지어 불렀다.

'내 집에선 나를 하늘 끝에 시집보냈는데,

먼 먼 이국 오손의 왕이로다.

천막이 집이고 깃발이 담장이며

육식에다 발효한 젖이 국물이로다.

살면서 고향 그려 마음만 아픈데

누런 고니가 되어 고향 가고파라.'

무제는 이를 듣고 불쌍히 여겨 격년으로 사신을 시켜 휘장과 수 놓은 비단 등을 보냈다.

昆莫年老, 欲使其孫岑陬尙公主. 公主不聽, 上書言狀, 天子報曰, "從其國俗, 欲與烏孫共滅胡." 岑陬遂妻公主. 昆莫死, 岑陬代立. 岑陬者, 官號也, 名軍須靡. 昆莫, 王號也, 名獵驕靡. 後書'昆彌'云. 岑陬尙江都公主, 生一女少夫. 公主死, 漢復以楚王戊之孫解憂爲公主, 妻岑陬. 岑陬胡婦子泥靡尙小, 岑陬且死, 以國與季父大祿子翁歸靡, 曰, "泥靡大, 以國歸之."

| 註釋 | ○從其國俗 – 國俗은 受繼婚을 말함. 곧 父死子繼, 兄終弟及이지만 실제는 그 지위의 계승자에게 승계되었다. 강도공주는 곤막 獵驕彌((엽교미)가 죽은 뒤 지위를 계승한 엽교미의 손자 岑陬(잠추, 이름은 軍須彌(군수미))에게 收繼되었다. 강도공주가 죽자 군수미는 楚 戊王의 손녀인 해우공주를 다시

맞이했고, 군수미가 죽자 해우공주는 군수미의 지위를 이은 翁歸彌(옹귀미)의 소유가 된다. ○生一女少夫－少夫는 人名. ○公主死－江都공주는 오손에 간 지 4~5년 만에 죽었다는 주석이 있다. ○楚王戊之孫－楚王 劉戊(유무, ?-전 154)는 楚 元王 劉交(고조의 막냇동생)의 손자. 吳楚七國亂에 적극 가담. 병패 후 자살.

## 〔國譯〕

昆莫(곤막)은 연로하여 손자인 岑陬(잠추)가 공주를 데리고 살기를 원했다. 공주는 그에 따르지 않고 상서하여 상황을 설명했고 무제는 "그 나라의 풍속을 따를 것이니 오손과 함께 흉노를 칠 것이다."라고 회답하였다. 곤막이 죽자 잠추가 강도공주를 아내로 삼았다. 岑陬(잠추)란 官號인데, 이름은 軍須靡(군수미)이다. 昆莫(곤막)은 국왕에 대한 호칭이며, 이름은 獵驕靡(엽교미)이다. 나중에는 '昆彌(곤미)'라고 하였다. 잠추는 강도공주와 결혼하여 少夫(소부)라는 딸을 하나 낳았다. 강도공주가 죽자 漢에서는 다시 楚王 劉戊(유무)의 손녀인 解憂(해우)를 공주로 하여 잠추에게 아내로 주었다. 잠추의 흉노 부인 소생 泥靡(니미)는 아직 어렸는데 잠추는 죽기 직전에 나라를 작은 아버지 大祿(대록, 관직명)의 아들인 翁歸靡(옹귀미)에게 인계하며 말했다. "니미가 성장하면 나라를 물려주도록 하라."

## 原文

翁歸靡旣立, 號肥王, 復尙楚主解憂, 生三男兩女, 長男曰, 元貴靡, 次曰, 萬年, 爲莎車王, 次曰, 大樂, 爲左大將,長女弟史爲龜茲王絳賓妻, 小女素光爲若呼翕侯妻.

| 註釋 |　○復畇楚主解憂 − 岑陬(잠추)에 이어 楚의 解憂(해우)공주를 다시 아내로 맞이하다(尙). ○若呼翕侯 − 翕侯(흡후)는 토착 제후.

〔國譯〕

　翁歸靡(옹귀미)가 즉위하자 肥王(비왕)이라 불렸는데, 다시 楚의 해우공주를 아내로 맞이하여 3남2녀를 낳았는데 장남은 元貴靡(원귀미)이고, 차남은 萬年(만년)으로 莎車王(사차왕)이며, 막내는 大樂(대락)으로 좌대장이 되었고, 장녀 弟史(제사)는 龜茲王(구자왕) 絳賓(강빈)의 처가 되었고, 막내딸 素光(소광)은 若呼翕侯(약호흡후)의 처가 되었다.

原文

　昭帝時, 公主上書, 言, "匈奴發騎田車師, 車師與匈奴爲一, 共侵烏孫, 唯天子幸救之!" 漢養士馬, 議欲擊匈奴. 會昭帝崩, 宣帝初卽位, 公主及昆彌皆遣使上書, 言, "匈奴復連發大兵侵兵烏孫, 取車延,惡師地, 收人民去, 使使謂烏孫趣持公主來, 欲隔絶漢. 昆彌願發國半精兵, 自給人馬五萬騎, 盡力擊匈奴. 唯天子出兵以救公主,昆彌." 漢兵大發十五萬騎, 五將軍分道並出. 語在〈匈奴傳〉. 遣校尉常惠使持節護烏孫兵, 昆彌自將翕侯以下五萬騎從西方入, 至右谷蠡

王庭, 獲單于父行及嫂,居次,名王,犂汗都尉,千長,騎將以下
四萬級, 馬,牛,羊,驢,橐駝七十餘萬頭, 烏孫皆自取所虜獲.
還, 封惠爲長羅侯. 是歲, 本始三年也. 漢遣惠持金幣賜烏
孫貴人有功者.

| 註釋 | ○昭帝時 – 재위 前 86-74년. ○發騎田車師 – 기병을 동원하여
車師에서 사냥을 하다. 田은 畋(사냥할 전). 이들은 유목민족으로 사냥은 곧
군사 훈련이다. ○車延,惡師 – 車延(거연)과 惡師(악사). 모두 지명. 車延은
居延城, 今 新疆省 阿克蘇市의 庫車縣 동쪽. 惡師는 정확한 위치는 미상이나
姑墨이 있던 今 新疆省 阿克蘇(Aksu)로 추정. ○校尉常惠 – 蘇武(소무)를
따라 서역에 사신으로 갔다가 흉노에게 억류, 소무와 함께 귀국했던 사람.
長羅侯에 봉해졌고 右將軍까지 승진. 70권, 〈傳常鄭甘陳段傳〉에 입전. ○名
王 – 흉노의 관직명. ~王. 고급 首領.

〔國譯〕

昭帝 때 해우공주가 상서하여 말했다.

"흉노가 기병을 출동시켜 車師(거사)에서 사냥을 하였는데 거사
와 흉노가 하나가 되어 함께 오손을 침략하니 오직 천자만이 구원하
실 수 있습니다."

한에서는 군사를 동원과 흉노 격파를 의논하였다. 마침 소제가
붕어하였고 宣帝가 새로 즉위하자 오손의 공주와 곤미가 함께 사신
을 보내 상서하였다.

"흉노가 다시 대군을 출동시켜 오손을 공격하였고 車延(거연)과
惡師(악사)의 땅을 차지하고 백성을 잡아갔는데 그들이 사신을 보내
오손은 빨리 공주를 데리고 내조하라면서 漢과의 관계를 단절시키

려 합니다. 곤미는 정병 절반을 동원하고 군마 5만 필을 동원하여 흉노 격퇴에 진력하고 있습니다. 천자께서 출병하시어 공주와 곤미를 구원해 주시기 바랍니다."

이에 한에서는 15만 대군을 동원하여 5명 장군이 5곳에서 출동케 하였는데, 이는 〈匈奴傳〉에 있다. 漢은 校尉 常惠(상혜)로 하여금 황제의 지절을 갖고 가서 오손의 군사를 엄호케 하였고 곤미가 거느리는 翕侯(흡후) 이하 5만의 기병을 통솔하여 서쪽에서 흉노 땅으로 진격하여 흉노의 右谷蠡王(우녹리왕)의 근거지에 이르렀으며 선우 부친의 형제 항렬 사람과 형수나 居次(거차, 공주), 名王, 犁汙都尉(이우도위), 千長, 騎將 이하 4만 명을 생포하였으며 우마와 양, 나귀와 낙타 70여만 두를 노획하였는데 오손은 노획품을 모두 차지하였다. 상혜는 귀국하여 長羅侯(장라후)에 봉해졌다. 이 해가 本始 3년(前 71)이었다. 뒤에 漢은 다시 상혜에게 재물과 비단을 갖고가서 공을 세운 오손의 귀인들에게 나누어 주게 하였다.

原文

元康二年, 烏孫昆彌因惠上書, "願以漢外孫元貴靡爲嗣, 得令復尙漢公主, 結婚重親, 畔絶匈奴, 願聘馬,騾各千匹." 詔下公卿議, 大鴻臚蕭望之以爲, "烏孫絶域, 變故難保, 不可許." 上美烏孫新立大功, 又重絶故業, 遣使者至烏孫, 先迎取聘. 昆彌及太子,左右大將,都尉皆遣使, 凡三百餘人, 入漢迎取少主. 上乃以烏孫主解憂弟子相夫爲公主, 置官屬

侍御百餘人, 舍上林中, 學烏孫言. 天子自臨平樂觀, 會匈
奴使者,外國君長大角抵, 設樂而遣之. 使長羅侯光祿大夫
惠爲副, 凡持節者四人, 送少主至敦煌. 未出塞, 聞烏孫昆
彌翁歸靡死, 烏孫貴人共從本約, 立岑陬子泥靡代爲昆彌,
號狂王. 惠上書, "願留少主敦煌, 惠馳至烏孫責讓不立元貴
靡爲昆彌, 還迎少主." 事下公卿, 望之復以爲, "烏孫持兩
端, 難約結. 前公主在烏孫四十餘年, 恩愛不親密, 邊竟未
得安, 此已事已驗也. 令少主以元貴靡不立而還, 信無負於
夷狄, 中國之福也. 少主不止, 徭役將興, 其原起此." 天子
從之, 徵還少主.

| 註釋 | ○元康二年 − 선제의 연호. 전64년. ○元貴靡 − 해우공주와 肥
王(비왕)인 翁歸靡(옹귀미) 사이 3남2녀 중 장남. ○大角抵 − 角抵(각저)는
씨름. 서역인들의 레슬링. ○泥靡(니미) − 잠추와 흉노 공주 소생. 잠추가 죽
으면서 옹귀미에게 니미가 장성하면 나라를 물려주라고 유언했었다.

〔國譯〕

元康 2년, 오손의 곤미가 常惠(상혜)를 통해 상서하였다.

"한의 외손 元貴靡(원귀미)를 후사로 정하고 다시 한의 공주를 맞
이하는 겸 결혼으로 흉노와의 관계를 단절하고자 말과 나귀 각 1천
마리를 빙례로 보냅니다."

이에 조서로 공경의 의논에 부쳤는데 大鴻臚(대홍려)인 蕭望之(소
망지)는 "오손은 아주 외진 곳에 있어 변고가 일어날 경우 지키기 어

러우니 허락할 수 없을 것입니다."라고 말했다. 그러나 선제는 오손이 전에 없이 큰 공을 세운 것을 가상히 여겼고 지난 인연을 단절하기 어렵다 하여 사자를 보내 먼저 빙례를 취하라고 하였다. 이에 오손에서는 곤미와 태자 과우 대장과 도위가 모두 사신을 보내니 총 3백여 명이 한에 공주를 영접하겠다고 들어왔다. 선제는 이에 오손에 보낸 해우공주 동생의 딸인 相夫를 公主라 하여 속관과 시종 등 1백여 명을 골라 상림원에 머물게 하면서 오손의 말을 먼저 배우게 하였다. 천자는 상림원 平樂館에 친림하시어 흉노의 사신과 외국의 군장들과 함께 모여 큰 경기를 벌이고 연회를 베풀어 주었다. 長羅侯인 광록대부 상혜는 지절을 가진 4인을 副使로 삼아 공주를 데리고 敦煌(돈황)에 도착하였는데 오손의 곤미인 翁歸靡(옹귀미)가 죽고 오손의 귀족들이 본래의 약조에 따라 岑陬(잠추)의 아들 泥靡(니미)를 후계로 삼았다는 소식을 들었는데, 이를 狂王(광왕)이 불렀다. 상혜가 상서를 올려 "공주를 돈황에 머물게 하고 신 惠(혜)가 직접 오손에 달려가 원귀미를 곤미로 세우지 않은 것을 책망하고 돌아와 공주를 모시겠습니다."라고 하였다. 이 일을 공경에게 의논하게 하자, 소망지가 다시 말했다.

"烏孫은 양쪽의 눈치를 보고 있기에 맹약을 체결하기가 어렵습니다. 이전의 공주가 오손에 40여 년을 지내는 동안 恩愛를 베풀었어도 친밀하지 않고 변경도 안전하지 못한 것은 이미 겪었습니다. 원귀미가 즉위하지 못했기에 공주를 돌아오게 하여도 이적에게 신의를 저버린 것이 아니니 우리에게는 다행한 일입니다. 공주를 데려오지 많으면 요역을 계속 감당해야 하는데 이것이 근원이 될 것입니다."

이에 선제는 그 의견에 따라 공주를 불러들였다.

狂王復尚楚主解憂, 生一男鴟靡, 不與主和, 又暴惡失衆.
漢使衛司馬魏和意,副候任昌送侍子, 公主言狂王爲烏孫所
患苦, 易誅也. 遂謀置酒會, 罷, 使士拔劍擊之. 劍旁下, 狂
王傷, 上馬馳去. 其子細沈瘦會兵圍和意,昌及公主於赤谷
城. 數月, 都護鄭吉發諸國兵救之, 乃解去. 漢遣中郎將張
遵持醫藥治狂王, 賜金二十斤, 采繒. 因收和意,昌係鎖, 從
尉犁檻車至長安, 斬之. 車騎將軍長史張翁留驗公主與使者
謀殺狂王狀, 主不服, 叩頭謝, 張翁捽主頭罵詈. 主上書, 翁
還, 坐死. 副使季都別將醫養視狂王, 狂王從十餘騎送之.
都還, 坐知狂王當誅, 見便不發, 下蠶室.

| 註釋 | ○副候任昌 - 副衛候任昌. 副는 副使. ○劍旁下 - 칼이 빗나가
다. 제대로 찌르지 못하다. ○鄭吉(정길) - 前60-48년까지 최초의 서역도
호로 재직. 70권, 〈傅常鄭甘陳段傳〉에 입전. ○下蠶室 - 잠실에 넣다. 궁형
에 처하다.

[ 國譯 ]

狂王(광왕)은 다시 楚 해우공주를 아내로 삼아 아들 鴟靡(치미)를
얻었는데 공주와 사이가 안 좋고 또 포악하여 인심을 잃었다. 한의
사신인 衛司馬인 魏和意(위화의)와 부사 衛候(위후) 任昌(임창)의 오
손의 시자를 돌려보내게 하였는데 해우공주가 사신에게 오손인들
이 고통을 받고 있으니 쉽게 죽일 수 있을 것이라고 말했다. 마침내

술자리를 만들었다가 끝날 때 군사를 시켜 칼로 죽이기로 모의를 하였다. 그러나 칼이 빗나가 광왕은 상처만 입고 말을 타고 도주하였다. 광왕의 아들인 細沈瘦(세침수)는 군사를 모아 위화의와 임창, 해우공주를 적곡성에 포위하였다. 몇 달이 지나 서역도호인 鄭吉(정길)이 여러 나라의 군사를 동원하여 구출하고 군사를 해산하였다. 한에서는 中郎將 張遵(장준)을 시켜 의약을 가지고 가서 광왕을 치료케 하고 황금 20근과 채색 비단을 하사하였다. 그리고 위화의와 임창을 잡아 족쇄를 채우고 尉犁(위리, 지명)에서부터 檻車(함거)에 실어 장안에 데려와 참수하였다. 車騎將軍의 長史인 張翁(장옹)은 남아서 공주와 사신이 광왕을 살해하려한 모의를 조사하게 하였는데 공주가 죄를 인정하지 않고 머리를 조아리며 변명을 하자, 장옹은 공주의 머리를 잡아채며 욕을 하였다. 공주가 이를 상서하자, 장옹은 소환되어 법에 의거 처형되었다. 副使인 季都(계도)는 따로 의원을 데리고 가서 광왕을 돌보게 하였는데 광왕이 10여 기병을 보내 호송해주었다. 계도가 돌아오자 광왕이 주살되어야 하는데도 아무런 조치를 취하지 않았다 하여 궁형에 처했다.

原文

初, 肥王翁歸靡胡婦子烏就屠, 狂王傷時驚, 與諸翕侯俱去, 居北山中, 揚言母家匈奴兵來, 故衆歸之. 後遂襲殺狂王, 自立爲昆彌. 漢遣破羌將軍辛武賢將兵萬五千人至敦煌, 遣使者案行表, 穿卑鞮侯井以西, 欲通渠轉穀, 積居盧倉以討之.

**│註釋│** ○遣使者案行表 – 사자를 보내 조사하고 표지를 세우다. ○卑鞮
侯井(비제후정) – 古 오아시스 이름. 今 新疆省 羅布泊 동쪽. ○通渠 – 大井.
渠 물도랑 거. 운하.

〖國譯〗

그전에, 肥王(비왕) 翁歸靡(옹귀미)의 흉노부인 소생 아들인 烏就
屠(오취도)는 狂王(광왕)이 부상을 당할 때 놀라 여러 翕侯(흡후)들과
함께 도망가서 북쪽 산중에 머물고 있으면서 외가의 흉노 군사들이
들어올 것이라고 큰 소리를 쳤기에 많은 무리들이 그에게 모여들었
다. 그 뒤에 결국 광왕을 습격하여 죽이고 자립하여 昆彌(곤미)가 되
었다. 한에서는 破羌將軍(파강장군)인 辛武賢(신무현)을 보냈는데,
(신무현은) 군사 1만 5천을 거느리고 돈황에 도착하여 사자를 보내
길을 조사하며 표지를 세웠고 卑鞮侯井(비제후정)의 서쪽 물길을 뚫
어 군량을 전운할 수 있는 운하를 개통하고 居廬倉(거려창)에 군량을
비축한 뒤에 오손을 토벌하려고 하였다.

原文

初, 楚主侍者馮嫽能史書, 習事, 嘗持漢節爲公主使, 行賞
賜於城郭諸國, 敬信之, 號曰, 馮夫人. 爲烏孫右大將妻, 右
大將與烏就屠相愛, 都護鄭吉使馮夫人說烏就屠, 以漢兵方
出, 必見滅, 不如降. 烏就屠恐, 曰, "願得小號." 宣帝徵馮

夫人, 自問狀. 遣謁者竺次,期門甘延壽爲副, 送馮夫人. 馮
夫人錦車持節, 詔烏就屠詣長羅侯赤谷城, 立元貴靡爲大昆
彌, 烏就屠爲小昆彌, 皆賜印綬. 破羌將軍不出塞還. 後烏
就屠不盡歸諸翕侯民衆, 漢復遣長羅侯惠將三校屯赤谷, 因
爲分別其人民地界, 大昆彌戶六萬餘, 小昆彌戶四萬餘, 然
衆心皆附小昆彌.

| 註釋 | ○馮嫽(풍료) – 人名. 嫽는 예쁠 요(료). ○能史書 – 공문서를 잘
짓다. 史書는 관리의 문서. 공문서. 속리 글씨체인 隸書. ○期門甘延壽 – 期
門은 郞官에 준하는 황제 호위병, 정원 무, 전한 말에 虎賁郞으로 개명. 甘延
壽(감연수)는 70권, 〈傅常鄭甘陳段傳〉에 입전. ○三校屯赤谷 – 3명의 교위.
교위는 단위부대 지휘관. 교위의 질록은 이천석. 군 태수와 동급이었다. 北
軍에는 8교위가 있어 장안을 수비하였다.

〔 國譯 〕
　그전에 楚(초) 해우공주의 시녀인 馮嫽(풍료)는 공문서를 잘 짓고
업무에 익숙하여 일찍부터 漢 황제의 부절을 가지고 다니며 여러 성
곽 국가에 상을 전달하여 공경과 신임을 받으며 馮夫人(풍부인)이라
고 불렸다. 오손 右大將의 처가 되었는데, 우대장과 烏就屠(오취도)
는 서로를 아껴주었기에 서역도호인 鄭吉(정길)은 풍부인을 시켜 오
취도에게 한의 군사가 곧 출동하면 틀림없이 주살될 것이니 미리 투
항하는 것이 좋을 것이라고 말하게 하였다. 오취도는 겁을 먹고 "낮
은 칭호를 받고자 합니다." 라고 말했다.
　선제는 풍부인을 불러 실정을 물었다. 그리고 謁者(알자)인 竺次

(축차)를 파견하며 期門(기문)인 甘延壽(감연수)를 副使로 삼아 풍부인을 호송케 하였다. 풍부인은 비단을 둘러친 수레에 부절을 세우고 돌아가서 조서로 오취도에게 赤谷城(적곡성)으로 長羅侯(장라후) 常惠(상혜)를 찾아보고 元貴靡를 大昆彌(대곤미)로, 烏就屠(오취도)를 소곤미로 하고 그에 따른 인수를 받으라고 하였다. 그러자 破羌將軍(파강장군)은 국경을 나서지 않고 돌아갔다. 나중에 오취도는 여러 翕侯(흡후)의 민중을 (대곤미에게) 돌려주지 않고 있었다. 이에 한에서는 다시 장라후 常惠(상혜)로 하여금 3명의 교위를 거느리고 적곡성에 주둔케 하자 그때서야 그 백성과 영역을 갈랐는데 대곤미의 호구는 6만여 호, 소곤미는 4만여 호가 되었는데 백성들 마음은 여전히 소곤미를 추종하였다.


[原文]

元貴靡, 鴟靡皆病死, 公主上書言年老土思, 願得歸骸骨, 葬漢地. 天子閔而迎之, 公主與烏孫男女三人俱來至京師. 是歲, 甘露三年也. 時年且七十, 賜以公主田宅, 奴婢, 奉養甚厚, 朝見儀比公主. 後二歲卒, 三孫因留守墳墓云.


| 註釋 |  ○甘露三年也 – 선제 연호. 前 51년.


[國譯]

원귀미와 鴟靡(치미)가 모두 병사하자 해우공주는 상서하여 나이도 많아 고향이 그리우니 돌아가 해골이라도 한에 묻히기를 바란다고 하였다. 선제는 가련히 여겨 맞이하게 하니 공주와 오손 남녀 3인이 함께 장안에 돌아왔다. 이 해가 선제 甘露(감로) 3년이었다. 해우공주는 막 70세였는데 공주에게 내리는 전택과 노비를 하사하고 매우 후하게 봉양하며 조정에서 알현할 때 공주의 의례와 같게 하였다. 돌아온 지 2년 뒤에 죽었는데, 손자 3인이 분묘를 지켰다고 한다.

**原文**

元貴靡子星靡代爲大昆彌, 弱, 馮夫人上書, 願使烏孫鎭撫星靡. 漢遣之, 卒百人送焉. 都護韓宣奏, 烏孫大吏,大祿, 大監皆可以賜金印紫綬, 以尊輔大昆彌, 漢許之. 後都護韓宣復奏, 星靡怯弱, 可免, 更以季父左大將樂代爲昆彌, 漢不許. 後段會宗爲都護, 招還亡畔, 安定之.

| 註釋 | ○韓宣 – 前 48-46년에 서역도호. ○段會宗(前 84-10) – 원제 竟寧 원년(전 33)과 成帝 陽朔 연간(前 24-21)에 서역도호 역임. 70권, 〈傅常鄭甘陳段傳〉 입전.

〖國譯〗

元貴靡(원귀미)의 아들 星靡(성미)가 뒤를 이어 대곤미가 되었지만 나약하여 풍부인이 상서하여 오손에 사신으로 나가서 성미를 안정시키겠다고 말했다. 이에 한에서는 풍부인을 보냈는데 사졸 100여 명이 호송하였다. 서역도호인 韓宣(한선)이 상주하여 오손의 大吏,

大祿, 大監 등에게 모두 한의 금인이나 자색 인수를 하사하여 대곤
미를 존중하며 보필토록 하겠다고 건의하자 조정에서 허락하였다.
이후에 도호 한선이 다시 상주하여 성미가 너무 겁약하니 면직케 하
고 숙부인 좌대장 大樂(대락)을 대곤미 삼자고 건의하였으나 한에서
는 허락하지 않았다. 뒤에 段會宗(단회종)이 서역도호가 되어 망명한
반역자들을 다 돌려보내며 오손을 안정시켰다.

星靡死, 子雌栗靡代. 小昆彌烏就屠死, 子拊離代立, 爲
弟日貳所殺. 漢遣使者立拊離子安日爲小昆彌. 日貳亡, 阻
康居. 漢徙己校屯姑墨, 欲候便討焉. 安日使貴人姑莫匿等
三人詐亡從日貳, 刺殺之. 都護廉褒賜姑莫匿等金人二十
斤, 繒三百匹.

| 註釋 | ○己校 – 己校尉. 戊己校尉를 무교위와 기교위의 합칭으로 보고
己校尉라는 주석이 있다. ○繒三百匹 – 繒은 비단 증. 견직물의 총칭.

〔國譯〕

星靡(성미)가 죽고, 아들 雌栗靡(자율미)가 뒤를 이었다. 소곤미인
烏就屠(오취도)가 죽고 아들 拊離(부리)가 뒤를 이었는데, 동생 日貳
(일이)에게 피살되었다. 漢에서는 사신을 보내 부리의 아들 安日(안
일)을 소곤미로 옹립하였다. 그러자 일이는 도망쳐 康居(강거)로 가
서 저항하였다. 漢에서는 己校尉(기교위)를 姑墨(고묵)으로 이동, 주

둔시키며 기회를 보아 토벌하라고 하였다. 안일은 귀족 姑莫匿(고막익) 등 3인을 거짓으로 일이에게 도망쳐 따르는 척하다가 일이를 찔러 죽였다. 서역도호 廉褒(염포)는 고막익 등에게 사람마다 황금 20근과 비단 3백 필을 하사했다.

原文

後安日爲降民所殺, 漢立其弟末振將代. 時大昆彌雌栗靡健, 翕侯皆畏服之, 告民牧馬畜無使入牧, 國中大安和翕歸靡時. 小昆彌末振將恐爲所並, 使貴人烏日領詐降刺殺雌栗靡. 漢欲以兵討之而未能, 遣中郎將段會宗持金幣與都護圖方略, 立雌栗靡季父公主孫伊秩靡爲大昆彌. 漢沒入小昆彌侍子在京師者. 久之, 大昆彌翕侯難棲殺末振將, 末振將兄安日子安犁靡代爲小昆彌. 漢恨不自誅末振將, 復使段會宗卽斬其太子番丘. 還, 賜爵關內侯. 是歲, 元延二年也.

| 註釋 | ○無使入牧 – 대곤미의 직할 영역에 들어가지 못하게 하다. ○沒入 – 죄인의 재산을 몰수하다. 죄인 자식을 노비로 만들다. ○關內侯 – 열후 다음의 작위. 주로 군공을 세운 자에게 수여. 封邑은 없지만 관내의 민호를 식읍으로 받아 경제적으로 윤택했고 장안을 떠나지 않아도 되었다. ○元延二年 – 성제의 연호. 前 11년.

〖 國譯 〗

후에 安日(안일)은 투항한 사람에게 피살되었는데 한에서는 그 동생인 末振將(말진장)이 직위를 계승하게 하였다. 그때 대곤미인 雌栗靡(자율미)는 건장하여 토착 흡후들이 두려워 복속하였는데 가축을 기르는 백성에게는 대곤미 목축 지역에 들어가지 못하게 하였으며 나라는 옹귀미 때처럼 크게 안정되었다. 소곤미인 말진장은 대곤미에게 병합될 것이 두려워 귀족인 烏日領(오일령)을 거짓으로 투항케 하여 자율미를 찔러 죽였다. 한에서는 군사를 보내 말진장을 토벌하려 했으나 실행하지 못했는데 중랑장 단회종에게 재물을 가지고 가서 서역도호와 방책을 협의한 뒤에 자율미 숙부이자 해우공주의 손자인 伊秩靡(이질미)를 대곤미로 세웠다. 그리고 한에서는 소곤미의 아들로 장안에 머물던 시자를 노비로 만들었다. 얼마 뒤에 대곤미의 흡후인 難棲(나서)가 말진장을 죽였고, 말진장의 형인 安日(안일)의 아들 安犂靡(안리미)가 뒤를 이어 소곤미가 되었다. 한에서는 이미 말진장을 죽이지 못한 것을 후회했었기에 다시 段會宗을 보내 그 태자인 番丘(번구)를 참수하였다. 단회종이 돌아오자 관내후의 작위를 하사하였다. 이 해가 成帝 元延 2년이었다.

　會宗以翕侯難棲殺末振將, 雖不指爲漢, 合於討賊, 奏以爲堅守都尉. 責大祿,大吏,大監以雌栗靡見殺狀, 奪金印紫綬, 更與銅墨云. 末振將弟卑爰寠本共謀殺大昆彌, 將衆八萬餘口北附康居, 謀欲借兵兼幷兩昆彌. 兩昆彌畏之, 親倚都護.

| 註釋 |  ○更與銅墨云 – 銅印墨綬(구리 직인에 검은색 인끈)를 수여하다.
직급과 대우의 강등을 뜻함.  ○卑爰寁(비원치) – 인명. 寁는 미끄러질 치. 꼭
지 체.

〖國譯〗

단회종은 흡후인 難棲(난서)가 말진장을 살해한 것을 보고 비록
漢을 위한 일은 아니지만 반적을 토벌한다는 뜻에 합당하다 생각하
여 한에 주청하여 堅守都尉(견수도위)에 임명하였다. 그리고 오손의
大祿(대록), 대리, 대감 등을 견책하고 자률미가 피살된 상황을 알려
주며 金印紫綬(금인자수)를 박탈하고 銅印墨綬(동인묵수)를 수여했
다. 말진장의 동생 卑爰寁(비원치)는 본래 대곤미를 살해하려고 공모
했었는데 무리 8만여 명을 이끌고 북쪽 강거로 가서 군사를 빌려 대
소 곤미를 살해하려고 하였다. 그러자 대소 곤미는 두려워하며 더욱
서역도호에 의지하였다.

原文

哀帝元壽二年, 大昆彌伊秩靡與單于並入朝, 漢以爲榮.
至元始中, 卑爰寁殺烏日領以自效, 漢封爲歸義侯. 兩昆彌
皆弱, 卑爰寁侵陵, 都護孫建襲殺之. 自烏孫分立兩昆彌後,
漢用憂勞, 且無寧歲.

| 註釋 |  ○至元始中 – 元始는 平帝의 연호. 서기 1-5년.  ○憂勞 – 걱정
과 노고.

哀帝 元壽 2년(前 1), 대곤미인 伊秩靡(이질미)와 선우가 함께 입
조하였는데, 漢은 이를 좋은 일이라 여겼다. 平帝 元始 연간에는 비
원치가 烏日領(오일령)을 죽이고 스스로 투항하자 한에서는 歸義侯
(귀의후)에 봉했다. 오손의 대 소곤미가 모두 약하였기에 비원체가
침입하였는데 서역도호 孫建(손건)이 공격해서 죽였다. 오손이 대
소곤미로 분열된 이후 번잡한 일만 생겨 漢은 편안한 해가 없었다.

## 96-13. 姑墨國 外

原文┃

姑墨國, 王治南城, 去長安八千一百五十里. 戶二千二百,
口二萬四千五百, 勝兵四千五百人. 姑墨侯,輔國侯,都尉,左
右將,左右騎君各一人, 譯長二人. 東至都護治所二千二十
一里, 南至于闐馬行十五日, 北與烏孫接. 出銅,鐵,雌黃. 東
通龜茲六百七十里. 王莽時, 姑墨王丞殺溫宿王, 並其國.

┃註釋┃ ○姑墨國 – 姑默, 亟墨. 今 新疆省 중서부 阿克蘇市 일대. ○雌黃
(자황) – 주황색을 띤 유황과 砒素(비소)의 화합물. 광물. 염료로 사용.

〚國譯〛

姑墨國(고묵국)의 왕도는 南城(남성)인데 장안에서 8,150리이다. 2,200호에 인구 24,500명, 군사는 4,500명이다. 고묵후, 보국후, 도위, 좌·우장, 좌·우기군이 각 1명, 역장이 2명이다. 동쪽 서역도호부까지는 2,021리이고, 남쪽 于闐國(우전국)까지는 말을 타고 15일이 걸리며 북쪽으로는 오손과 접경했다. 구리와 철과 자황이 산출된다. 동쪽으로 670리에 龜茲國(구자국)과 통한다. 왕망 때에 고묵왕 丞(승)이 溫宿王을 죽이고 그 나라를 병합했다.

原文

溫宿國, 王治溫宿城, 去長安八千三百五十里, 戶二千二百, 口八千四百, 勝兵千五百人. 輔國侯,左右將,左右都尉,左右騎君,譯長各二人. 東至都護治所二千三百八十里, 西至尉頭三百里, 北至烏孫赤谷六百一十里. 土地物類所有與鄯善諸國同. 東通姑墨二百七十里.

│ 註釋 │ ○溫宿城 – 今 新疆維吾爾 자치구 중서부 阿克蘇市 서쪽의 烏什縣. ○尉頭 – 국명. 今 新疆省 서부 克孜勒蘇柯爾克孜 자치주 관할의 阿合奇縣 일대.

〚國譯〛

溫宿國(온숙국)의 왕도는 온숙성인데 장안에서 8,350리인데 2,200호에 인구 8,400명, 군사는 1,500명이다. 보국후, 좌우장, 좌우도위, 좌우기군, 역장이 각 2명이다. 동쪽 도호부는 2,380리이고, 서쪽 尉頭國(위두국)은 3백 리이며, 북쪽 610리에 오손국 적곡성이 있다. 토지나 물산은 鄯善(선선)의 여러 나라와 같다. 동쪽으로 270리를 가면 고묵국과 통한다.


# 96-14. 龜茲國


原文

龜茲國, 王治延城, 去長安七千四百八十里. 戶六千九百七十, 口八萬一千三百一十七, 勝兵二萬一千七十六人. 大都尉丞,輔國侯,安國侯,擊胡侯,卻胡都尉,擊車師都尉,左右將,左右都尉,左右騎君,左右力輔君各一人, 東西南北部千長各二人, 卻胡君三人, 譯長四人. 南與精絶,東南與且末,西南與扜彌,北與烏孫,西與姑墨接. 能鑄冶, 有鉛. 東至都護治所烏壘城三百五十里.

| 註釋 | ○龜茲國(구자국, Qiūcí) - 前 3세기에서 14세기까지 존속한 서역의 綠洲(녹주, Oasis) 국가. 丘慈, 邱慈, 歸茲로도 표기. 今 新疆省 중서부 阿克蘇市와 巴音郭楞蒙古自治州 일대에 해당. 뒷날 唐의 安西都護府가 있던 곳. ○扜彌(우미) - 扜彌. 今 新疆省 남부 策勒縣 동북.

龜茲國(구자국)의 왕도는 延城(연성)으로 장안에서 7,480리에 있다. 6,970호에 인구는 8,1317명이고, 군사는 21,076명이다. 대도위 승, 보국후, 안국후, 격호후, 각호도위, 격거사도위, 좌우장, 좌우도위, 좌우기군, 좌우력보군이 각 1명씩 있고 동서남북부의 千長이 각 2명씩이고 각호군은 3인, 역장은 4인이 있다. 南쪽에 精絶國, 東南에 且末國(차말국), 서남으로는 扜彌(우미), 북에는 烏孫, 西는 姑墨과 접경했다. 광물 주조와 제련기술이 우수하고 鉛(연, 납)이 생산된다. 東쪽 서역도호부 烏壘城(오루성)까지는 350리이다.

烏壘, 戶百一十, 口千二百, 勝兵三百人. 城都尉, 譯長各一人. 與都護同治. 其南三百三十里至渠犁.

渠犁, 城都尉一人, 戶百三十, 口千四百八十, 勝兵百五十人. 東北與尉犁, 東南與且末, 南與精絶接. 西有河, 至龜茲五百八十里.

│註釋│ ○烏壘城 — 今 新疆 巴音郭楞蒙古 자치주(庫爾勒市)의 서쪽 輪臺縣. 서역도호부의 치소. ○渠犁(거리) — 서역 국명. 渠犁. 今 新疆省 중앙부 庫爾勒(쿠르러)市 남쪽 尉犁縣(위리현), 塔里木河(孔雀河)와 塔里木(타림) 분지와 연접.

烏壘國(오루국)은 110호에 인구 1,200명 군사 3백 명이다. 성도위
와 역장이 각 1명이 있다. 서역도호가 같이 통치한다. 그 남쪽 330
리에 渠犁國(거리국)이 있다.

渠犁國(거리국)에는 성도위 1인이 있고 130호에 인구 1,480명, 군
사는 150명이다. 동북으로는 尉犁(위리), 동남으로는 且末(차말), 남
으로는 精絶(정절)과 접했다. 서쪽에 강(타림강)이 있고 구자국까지
는 580리이다.

原文

自武帝初通西域,置校尉, 屯田渠犁. 是時, 軍旅連出, 師
行三十二年, 海內虛耗. 征和中, 貳師將軍李廣利以軍降匈
奴. 上旣悔遠征伐, 而搜粟都尉桑弘羊與丞相御史奏言, "故
輪臺以東捷枝,渠犁皆故國, 地廣, 饒水草, 有漑田五千頃以
上, 處溫和, 田美, 可益通溝渠, 種五穀, 與中國同時孰. 其
旁國少錐刀, 貴黃金釆繒, 可以易穀食, 宜給足不乏. 臣愚
以爲可遣屯田卒詣故輪臺以東, 置校尉三人分護, 各擧圖地
形, 通利溝渠, 務使以時益種五穀, 張掖,酒泉遣騎假司馬爲
斥候, 屬校尉, 事有便宜, 因騎置以聞. 田一歲, 有積穀, 募
民壯健有累重敢徙者詣田所, 就畜積爲本業, 益墾漑田, 稍
築列亭, 連城而西, 以威西國, 輔烏孫, 爲便. 臣謹遣征事臣
昌分部行邊, 嚴敕太守,都尉明燧火, 選士馬, 謹斥候, 蓄茭

草. 願陛下遣使使西國, 以安其意. 臣昧死請."

| 註釋 |  ○武帝初通西域,置校尉 – 서역으로 진출하기 시작한 것은 장건에 의해 서역의 사정이 알려진 太初 3년(전 102)이었고, 이광리의 원정 이후 교위를 설치하고 渠犁(거리)에서 둔전을 시작했다. 70권, 〈傅常鄭甘陳段傳〉중 鄭吉傳 참고. ○師行三十二年 – 元光 2년 馬邑 사건 이후 太初 3년까지. ○征和中 – 무제, 前 92-89년, ○李廣利以軍降匈奴 – 征和 3년(前 90), 이광리는 당시 7만 기병을 거느리고 五原郡에서 출정하여 흉노를 공격하며 郅居水(질거수)를 건넜다. (이광리는) 兵敗하여 匈奴에 투항하였는데, 이는 前 91년의 '무고의 화'에 이광리가 연좌되었기 때문이었다. ○捷枝(첩지) – 서역의 국명. 위치는 輪臺 동쪽으로 추정. ○騎假司馬 – 기병 副司馬. 사마는 군사 업무 담당자. ○因騎置以聞 – 역마로 보고하다. 騎置는 驛馬. ○有累重 – 처자와 家屬이 있는 사람. ○蓄茭草 – 乾草(馬草)를 비축하다. 茭는 꼴교. 牛馬의 먹이.

〖 國譯 〗

武帝 때 처음 서역과 왕래하면서 교위를 설치하고 渠犁(거리)에서 둔전을 시작하였다. 그때 나라는 연속 원정에 나서 무력 동원 32년에 경제적으로 국고가 고갈되었다. 征和(정화) 연간에, 貳師將軍 李廣利가 군을 들어 흉노에 투항하였다. 무제는 이미 원정을 후회하고 있었는데 당시 搜粟都尉(수속도위)인 桑弘羊(상홍양)과 승상, 어사가 상주하였다.

"예전, 輪臺(윤대)의 동쪽인 捷枝(첩지)와 渠犁(거리)는 모두 서역의 옛 나라로 땅이 넓고 물과 풀이 풍부하여 5천 頃(경) 이상에 물을 댈 수 있으며 기후도 온화하고 비옥한 토지에 운하를 만들 수 있고

5곡을 심을 수 있으며 중국과 비슷한 계절에 수학할 수 있습니다. 그 주변국들은 무기나 칼 등이 부족하며 황금이나 비단을 귀하게 여기므로 그런 것들과 식량을 교환할 수 있어 군량이 부족하지는 않을 것입니다. 臣의 우견이지만 둔전할 군사를 윤대 동쪽에 파견하되 교위 3인에게 분할하여 방호하게 하고 지형에 따라 운하를 만들어 통하게 하며 계절에 맞춰 5곡을 농사지으면서 張掖(장액), 酒泉(주천) 郡에서 副司馬를 파견하여 斥候(척후)로 삼아 교위의 소속으로 하면 업무가 원활할 것이며 역마로 보고할 수 있을 것입니다. 1년 농사를 지으면 곡식을 비축할 수 있으며 건장하면서도 처자식을 거느린 백성을 골라 둔전하는 곳에 데려다가 농사를 본업으로 하면서 개간하고 관개하며 점차 초소를 이어가 서쪽으로 성을 늘리면 서역 여러 나라에 위엄을 보일 수 있고 오손을 지원하기도 편할 것입니다. 臣이 삼가 원정 관련 업무 담당자인 昌(창)을 파견하여 변방 군을 순시하면서 태수의 직무를 엄히 감독하고 도위는 봉화를 제대로 통신하게 하였으며, 군마를 보충하고 척후를 신중히 하며 건초를 비축케 하였습니다. 폐하께서 서역 여러 나라에 사신을 보내실 때 이런 뜻을 고려해 주시기를 신들은 죽음을 무릅쓰고 주청합니다."

原文

上乃下詔, 深陳旣往之悔, 曰,

「前有司奏, 欲益民賦三十助邊用, 是重困老弱孤獨也. 而今又請遣卒田輪臺. 輪臺西於車師千餘里, 前開陵侯擊車師時, 危須,尉犁,樓蘭六國子弟在京師者皆先歸, 發畜食迎漢

軍, 又自發兵, 凡數萬人, 王各自將, 共圍車師, 降其王. 諸
國兵便罷, 力不能復至道上食漢軍. 漢軍破城, 食至多, 然
士自載不足以竟師, 彊者盡食畜產, 羸者道死數千人. 朕發
酒泉驢, 橐駝負食, 出玉門迎軍. 吏卒起張掖, 不甚遠, 然尚
廝留其衆. 曩者, 朕之不明, 以軍候弘上書言‘匈奴縛馬前後
足, 置城下, 馳言秦人, 我匄若馬.’ 又漢使者久留不還, 故
興遣貳師將軍, 欲以為使者威重也. 古者卿大夫與謀, 參以
蓍龜, 不吉不行. 乃者以縛馬書遍視丞相御史二千石諸大夫
郎為文學者, 乃至郡屬國都尉成忠, 趙破奴等, 皆以‘虜自縛
其馬, 不祥甚哉!’ 或以為‘欲以見彊, 夫不足者視人有餘’.
《易》之卦得〈大過〉, 爻在九五, 匈奴困敗. 公車方士, 太史
治星望氣, 及太卜龜蓍, 皆以為吉, 匈奴必破, 時不可再得
也. 又曰, ‘北伐行將, 於鬴山必克’. 卦諸將, 貳師最吉. 故
朕親發貳師下鬴山, 詔之必毋深入. 今計謀卦兆皆反繆. 重
合侯得虜候者, 言, “聞漢軍當來, 匈奴使巫埋羊牛所出諸道
及水上以詛軍. 單于遺天子馬裘, 常使巫祝之. 縛馬者, 詛
軍事也.” 又卜‘漢軍一將不吉’. 匈奴常言, ‘漢極大, 然不能
飢渴, 失一狼, 走千羊.’ 乃者貳師敗, 軍士死略離散, 悲痛常
在朕心. 今請遠田輪臺, 欲起亭隧, 是擾勞天下, 非所以優
民也. 今朕不忍聞. 大鴻臚等又議, 欲募囚徒送匈奴使者,
明封侯之賞以報忿, 五伯所弗能為也. 且匈奴得漢降者, 常
提掖搜索, 問以所聞. 今邊塞未正, 闌出不禁, 障候長吏使

卒獵獸, 以皮肉爲利, 卒苦而烽火乏, 失亦上集不得, 後降者來, 若捕生口虜, 乃知之. 當今務在禁苛暴, 止擅賦, 力本農, 修馬復令, 以補缺, 毋乏武備而已. 郡國二千石各上進畜馬方略補邊狀, 與計對.」

由是不復出軍. 而封丞相<u>車千秋</u>爲<u>富民侯</u>, 以明休息, 思富養民也.

| 註釋 | ◦深陳旣往之悔 – 아래의 조서를 특히 〈輪臺罪己詔〉라 한다. 이 조서는 征和 4년(前 89년)에 발표되었는데 이후 무제는 대외원정을 포기하고 富國休養의 정책으로 전환하였다. 그러나 무제는 그 2년 뒤에 붕어했으니 결국 후회가 너무 늦은 셈이다. 공식적으로 황제 자신의 과오를 인정한 이 조서는 內容이 풍부하고 온전하게 보전 전승되었다. 이후 조정에서 위기에 봉착하거나 천재지변이나 사직의 안위에 관계되는 일이 있을 때 제왕들은 자신의 허물을 스스로 책망하는 조서를 발표하였다. ◦欲益民賦三十助邊用 – 民賦는 田租 이외의 세금. 이는 인두세의 성격을 띠고 있다. 고조 때는 1인 120전을 징수했는데 文帝 때 1/3로 감면하여 1인 40전을 내게 하였다. 이에 다시 30전을 늘린다면 1인 70전이 되는 셈이다. ◦開陵侯擊車師時 – 開陵侯는 흉노의 항장 成娩(성만). 天漢 3년에 성만을 시켜 거사국을 공격했으나 실패했고 다시 征和 4년(전 89년)에 車師國을 원정했다. ◦然尙廝留其衆 – 廝留(시류)는 떨어지다. 낙오하다. ◦我匈若馬 – 우리가 너희에게 (若) 말을 빌려주겠다. 발을 묶은 말은 저주의 수단이고, 이를 한에서 데려다가 사용하면 한군에게 저주를 내린다는 뜻. ◦蓍龜(시귀) – 점을 치다. ◦〈大過〉 – 64괘의 하나. '澤風大過' 澤(☱)이 위에 있고 그 아래 風(☴)으로 이루어진 괘. 九五의 爻辭는 '枯楊生華 何可久也.'이다. ◦公車方士 – 公車는 待詔公車. 어명으로 공거에서 대기하는 사람. 方士는 術士. ◦酈山(부산) –

山名. 위치 미상. 釃는 釜와 同.  ○重合侯 − 馬通, 거사국의 항복을 받은 장
수.  ○車千秋 − 田千秋. 66권, 〈公孫劉田王楊蔡陳鄭傳〉에 입전.


[國譯]

　무제는 이에 조서를 내려 지난 일에 대한 깊은 후회를 토로하였
다.

　〈輪臺罪己詔〉*

「이전에 담당자가 백성의 부세를 30전을 늘려 변방의 비용을 충
당하자고 했는데, 이는 노약자나 고독한 빈민만을 힘들게 할 것이
다. 그리고 지금 다시 서역 輪臺(윤대)에 사졸을 파견하여 둔전할 것
을 주청하였다. 윤대는 車師國에서도 서쪽으로 1천여 리 떨어진 곳
인데 전에 開陵侯(개릉후)를 시켜 車師國(거사국)을 공격할 때 危須
(위수), 尉犁(위리), 樓蘭(누란) 등 六國의 자제로 경사에 머물던 자들
을 모두 귀국시켜 비축된 군량을 내어 한의 군사를 맞이하게 했었으
며 또 자발적으로 수만 명을 동원하면서 국왕 자신들이 직접 지휘하
여 거사를 포위했고 결국 거사왕의 항복을 받았었다. 서역 여러 나
라의 군사는 곧 해산했지만 귀국하는 한나라 군사에게 군량을 공급
할 수가 없었다. 한의 군사가 성을 격파했을 때는 군량이 충분했지
만 군사들이 스스로 운반하는 것만으로는 귀국할 때까지 먹기에는
부족하였으니 강한 자들은 가축을 먹어치웠지만 약한 자 수천 명은
귀국하는 도중에 죽어야 했다. 짐이 주천군의 나귀나 낙타에 군량을
실어 옥문관을 나가 맞이하게 했었다. 이졸들은 장액군에서 출발하
였기에 아주 멀지는 않았지만 그래도 서역에 낙오한 자는 매우 많았
다. 지난 날 짐이 몰랐는데 軍의 斥候(척후)인 弘(홍)은 '흉노인들이

말의 앞뒤 발을 묶어 장성 아래 놓아두고서 달려와 말하기를, 중국인이여 우리가 너희에게 말을 빌려주겠다고 말합니다.' 라고 상서했었다. 또 한의 사자로서 억류되어 오랫동안 돌아오지 못하는 자도 많았기에 군사를 동원하고 이사장군을 파견하여 한에서 보내는 사자의 위엄을 높이려 했었다. 예전에 경이나 대부들과 미리 원정을 논의하면서 점괘를 참조하여 불길하면 원정하지 않았었다. 지난번에 말의 발을 묶었다는 글을 승상과 어사, 이천석의 여러 大夫와 낭관 문학자들에게 두루 보여주었으며 또 그때 장안에 왔던 속국도위인 成忠(성충)과 趙破奴(조파노) 등에게도 보여주자, 모두가 그들이 말을 스스로 묶었다는 것은 아주 상서롭지 못한 일이라고 말했으며 혹 어떤 자는 '흉노 자신이 강하다는 것을 보여주려는 뜻이겠지만 부족한 자가 여유 있게 보이려는 것' 이라고 말하였다. 《易》으로 점을 쳐서 〈大過〉괘를 얻었고 爻(효)는 九五를 얻어 흉노는 곤궁하여 패할 것이라고 했었다. 公車에 있는 方士나 별을 보고 望氣하는 太史나 점을 치는 太卜이 모두 우리가 유리하며 흉노는 필히 격파되며 이렇게 좋은 시운은 다시 얻기 어렵다고 했었다. 그리고 또 '北伐이 이루어진다면 틀림없이 䴙山(부산)에서 승리할 것' 이라고 하였다. 여러 장수에 대해 점을 쳤는데 이사장군(李廣利)가 가장 길했었다. 그래서 짐은 친히 이사장군을 䴙山(부산)으로 친히 전송하면서 적진 깊이 들어가지 말라고 명령도 했었다. 그런데 이제 보니 같이 방략을 세웠던 사람이나 점을 치는 자들이 모두 틀렸도다. 重合侯(馬通)이 생포한 포로는 "漢軍이 공격한다는 말을 듣고 흉노는 무당을 시켜 양과 소를 파묻고 여러 갈래 길과 강에서 한군을 저주한다. 또 선우가 천자에게 말과 가죽을 보낼 때도 그들 무당을 시켜 저주하게 하며 말을 묶어 두었다는 것은 한군을 저주하기 위한 것이다." 라고 말했다고 한다. 또 그들이 점을 치기를 '漢軍의 장수 한 사람이 불길하다.' 라고 했다. 흉노들이 늘 하는 말로는 '漢이 아주 강성하지만 飢渴(기갈)을 견디지 못하고, 한 마리 늑대가 사라지면 천 마리의 양을 잃는다.' 라고 했다. 지난번에 이사장군이 패전하며 군사는 포로로 잡혀갔거나 흩어졌으니 비통한 마음은 늘 짐에게 있었다. 이제 먼 곳 輪臺(윤대)에서의 둔전을 주청하며 초소를 세우고 길을 내자고 하는데, 이 또한 천하 백성을 고생시키는 것이며 백성을 걱정하며 돕는 길이 아닐 것이다. 지금으로서는 짐이 수락할 수 없도다. 대홍려 등이 또 의논하기로는 죄수를 모아 흉노로 가는 사신을 호송케 하자는데, 이는 작위를 하사하는 기준을 분명히 하여 백성의 원한을 보상하자는 뜻이나 이는 五伯(오패, 五霸) 시절에도 실행하기 어려운 일이었다. 게다가 흉노들은 한의 투항자를 받으면 늘 팔을 들어 올리게 하여 몸을 수색하고 알고 있는 바를 심문한다고 하였다. 지금 변방이 아직 안정되지 않았는데 국경 밖 출입을 금하지 않을 수 없도다. 초소의 장리들은 병졸을 시켜 짐승을 사냥케 하여 그 짐승의 고기나 가죽으로 이득을 취하지만 병졸은 고생만 하고 봉화 감시도 게을리 하며 나쁜 일이 있어도 보고가 올라오지 않다가 나중에 포로 심문을 통해 알게 된다고 하였다. 지금은 가혹한 폭압을 금지하는데 힘써야 하고 함부로 징세를 금지하고 본업인 농사에 힘써야 하며 말 사육을 장려하는 법을 보충하고 방어와 비축에 힘쓸 뿐이다. 각 군국 2천석 이상은 각자 말과 가축을 늘리고 변방 상황을 보강할 계획을 올리며 함께 대책을 논의토록 할지어다.」

이후로는 다시 출병하지 않았다. 그리고 승상 車千秋(차천추)를

富民侯(부민후)에 봉해 백성을 휴식케 하며 백성을 부유하게 양생하겠다는 뜻을 밝혔다.


原文

初, 貳師將軍李廣利擊大宛, 還過杆彌, 杆彌遣太子賴丹
爲質於龜茲. 廣利責龜茲曰, "外國皆臣屬於漢, 龜茲何以得
受杆彌質?" 卽將賴丹入至京師. 昭帝乃用桑弘羊前議, 以
杆彌太子賴丹爲校尉, 將軍田輪臺, 輪臺與渠犁地皆相連
也. 龜茲貴人姑翼謂其王曰, "賴丹本臣屬吾國, 今佩漢印綬
來, 迫吾國而田, 必爲害." 王卽殺賴丹, 而上書謝漢, 漢未
能征.

| 註釋 | ○外國 – 중국 이외의 나라. 여기서는 서역의 여러 나라. ○卽將
賴丹入至京師 – 이는 태초 4년(전 101)의 일이었다. ○桑弘羊前議 – 윤대에
서 둔전을 해야 한다고 주장한 桑弘羊(상홍양)의 논의.


〔國譯〕

그전에, 이사장군 이광리가 대원국을 원정하고 돌아오며 杆彌國
(우미국)에 들렸는데 우미국에서 태자 賴丹(뇌단)을 인질로 龜茲(구
자)에 보냈다는 것을 알았다. 이광리가 구자국을 책망하였다. "外國
은 모두 漢에 臣屬(신속)하였는데 구자국에서 어찌 우미국의 인질을
받아들일 수 있나?" 그리고서는 태자 뇌단을 데리고 장안으로 돌아

왔다.

나중에 昭帝는 桑弘羊(상홍양)의 둔전 논의를 생각하고 우미국의 태자 뇌단을 교위에 임명하여 군사를 거느리고 윤대에서 둔전하게 시켰는데 윤대와 渠犁(거리)는 모두 서로 연접하였다. 그때 구자국의 귀인인 姑翼(고익)이 그 왕에게 말했다.

"뇌단은 본래 우리의 속국민이었는데 지금 한의 인수를 차고 와서 우리 가까운 곳에서 둔전을 하니 틀림없이 해로울 것입니다."

구자왕은 즉시 뇌단을 죽이고서 상서하여 한에 사죄하였는데 한에서는 구자를 정벌하지 못했다.

原文

宣帝時, 長羅侯常惠使烏孫還, 便宜發諸國兵, 合五萬人攻龜茲, 責以前殺校尉賴丹. 龜茲王謝曰, "乃我先王時爲貴人姑翼所誤, 我無罪." 執姑翼詣惠, 惠斬之. 時烏孫公主遣女來至京師學鼓琴, 漢遣侍郎樂奉送主女, 過龜茲. 龜茲前遣人至烏孫求公主女, 未還. 會女過龜茲, 龜茲王留不遣, 復使使報公主, 主許之. 後公主上書, 願令女比宗室入朝, 而龜茲王絳賓亦愛夫人, 上書言得尙漢外孫爲昆弟, 願與公主女俱入朝. 元康元年, 遂來朝賀. 王及夫人皆賜印綬. 夫人號稱公主, 賜以車騎旗鼓, 歌吹數十人, 綺繡雜繒琦珍凡數千萬. 留且一年, 厚贈送之. 後數來朝賀, 樂漢衣服制度, 歸其國, 治宮室, 作徼道周衛, 出入傳呼, 撞鐘鼓, 如漢家儀.

外國胡人皆曰, "驢非驢, 馬非馬, 若龜茲王, 所謂騾也." 絳
賓死, 其子丞德自謂漢外孫, 成,哀帝時往來尤數, 漢遇之亦
甚親密. 東通尉犁六百五十里.

| 註釋 |  ○便宜發諸國兵 – 상황에 맞춰 마음대로 서역 여러 나라의 군사
를 동원하다.  ○執姑翼詣惠, 惠斬之 – 70권, 〈傳常鄭甘陳段傳〉의 常惠傳 참
고.  ○烏孫公主遣女 – 해우공주는 그 딸 弟史를 한에 보내 음률을 익히게
하였고 이 딸이 나중에 구자국왕 絳賓(강빈)의 왕비가 된다.  ○元康元年 –
선제의 연호, 前65년.  ○作徼道周衛 – 徼道는 순찰을 목적으로 만든 도로.
徼는 순찰할 요, 구할 요.

〖國譯〗

宣帝 때 장라후 常惠(상혜)는 오손에 사신으로 갔다가 돌아오면서
마음대로 여러 나라의 군사를 내어 총 5만의 군사로 龜茲(구자)를 공
격하여 전에 교위 뇌단을 살해한 죄를 문책하였다. 구자왕이 사죄하
며 말했다. "그 일은 나의 선왕 때 귀인 고익의 잘못으로 저는 죄가
없습니다." 그러면서 고익을 상혜 앞에 데려오자 상혜는 고익을 참
수하였다.

그때 오손공주(해우공주)는 딸을 장안에 보내 琴을 배우게 하였
는데, 漢에서는 侍郎 樂奉(악봉)을 시켜 공주의 딸을 호송케 하여 구
자국에 들렀다. 구자에서는 그전에 사자를 오손에 보내 해우공주의
딸을 얻고자 하였는데 사신이 돌아오지 않았다. 그런데 마침 공주의
딸이 구자국에 들리게 되자 구자국에서는 만류하고 보내지 않으면
서 다시 사자를 해우공주에게 보냈고 공주는 허락하였다. 뒷날 해우

공주는 漢에 상서하여 자신의 딸을 한의 종친과 같은 자격으로 입조시키겠다 하였고, 구자왕 絳賓(강빈)도 그 부인을 사랑하며 한에 상서하여 漢의 외손녀와 결혼하여 형제가 되었으니 공주의 딸과 함께 입조하겠다고 하였다.

선제 元康 원년에 장안에 와서 입조 하례하였다. 구자왕과 부인은 모두 인수를 하사받았다. 구자왕 부인은 공주라고 불리었고 거기와 깃발과 북, 그리고 가수와 악사 수십 명, 수놓은 비단과 여러 진기한 물건 등 수천만전을 하사받았다 1년을 머무르는데 후한 선물을 주어 보냈다. 그 뒤에도 여러 번 와서 입조하였으며 한의 복식과 제도를 즐겨하여 구자국에 돌아가서는 궁궐을 짓고 주위를 에워싸는 순찰용 길을 만들었으며, 출입에 전달하고 복창케 하였으며, 종이나 북을 울리는 등 한실과 같은 의식을 행하였다. 이에 서역 여러 나라 사람들은 모두 "나귀인데도 나귀 같지 않고, 말인데도 말이 아니니, 구자왕과 같은 이를 노새라고 해야 한다." 라고 말했다.

왕 강빈이 죽자, 그 아들 丞德(승덕)은 스스로 한의 외손이라 하며 성제와 애제 때 더욱 자주 왕래하였고 한에서도 아주 친밀하게 대우하였다.

구자국에서 동쪽 650리에 尉犁國(위리국)이 있다.

# 96-15. 尉犂國 外

原文

尉犂國, 王治尉犂城, 去長安六千七百五十里. 戶千二百, 口九千六百, 勝兵二千人. 尉犂侯,安世侯,左右將,左右都尉, 擊胡君各一人, 譯長二人. 西至都護治所三百里, 南與鄯善, 且未接.

危須國, 王治危須城, 去長安七千二百九十里. 戶七百, 口四千九百, 勝兵二千人. 擊胡侯,擊胡都尉,左右將,左右都尉,左右騎君,擊胡君,譯長各一人. 西至都護治所五百里, 至焉耆百里.

| 註釋 | ◦尉犂城 – 今 新疆省 중앙부 庫爾勒市 남쪽 尉犂縣(위리현). ◦危須國(위수국) – 今 新疆省 중앙부 庫爾勒市 동북 烏什塔拉縣.

〖國譯〗

尉犂國(위리국)의 왕도는 위리성인데 장안에서 6,750리이다. 200호에 인구는 9,600호이며 군사는 2천 명이다. 尉犂侯(위리후), 安世侯(안세후), 左·右將, 左·右都尉, 擊胡君(격호군)이 각 1명이며 譯長은 2명이다. 서쪽 도호부까지는 3백 리이고, 남으로는 鄯善(선선), 且未(차말)과 접했다.

危須國(위수국)의 왕도는 위수성인데 장안에서 7,290리이다. 7백호에 인구는 4,900명이고, 군사는 2천 명이다. 擊胡侯(격호후), 격호도위,

좌·우장, 좌·우도위, 좌·우기군, 격호군, 역장이 각 1명씩이다. 서쪽 서역도호부까지는 5백 리이고 1백 리를 가면 焉耆(언기)에 도달한다.


原文

焉耆國, 王治員渠城, 去長安七千三百里. 戶四千, 口三萬二千一百, 勝兵六千人. 擊胡侯,卻胡侯,輔國侯,左右將,左右都尉,擊胡左右君,擊車師君,歸義車師君各一人, 擊胡都尉,擊胡君各二人, 譯長三人. 西南至都護治所四百里南至尉犂百里, 北與烏孫接. 近海水多魚.


| 註釋 | ◦焉耆國 – 國都 員渠城(원거성), 今 新疆省 중앙 庫爾勒市 동북 焉耆回族 자치현.   ◦近海水~ – 今 新疆省 중앙 庫爾勒市 동북 博斯滕湖(보스텅호).


〔國譯〕

焉耆國(언기국)의 왕도는 員渠城(원거성)인데 장안에서 7,300리이다. 4,000호에 인구는 32,100명이고, 군사는 6천 명이다. 擊胡侯(격호후), 卻胡侯(각호후), 輔國侯(보국후), 左·右將, 左·右都尉, 擊胡左·右君, 擊車師君(격거사군), 歸義車師君(귀의거사군)이 각 1명이고, 擊胡都尉(격호도위)와 擊胡君(격호군)은 각 2인이며, 역장은 3인이다. 서남쪽 서역도호부까지는 4백 리이고, 남쪽 尉犂國(위리국)까지는 1백 리이며 북으로는 오손과 접했다. 근처 호수(博斯滕湖)에는 물고기가 많다.

烏貪訾離國, 王治于婁谷, 去長安萬三百三十里. 戶四十一, 口二百三十一, 勝兵五十七人. 輔國侯,左右都尉各一人. 東與單桓,南與且彌,西與烏孫接.

| 註釋 | ○烏貪訾離國(오탐자리국) – 영역은, 今 新疆省 昌吉市(新疆省 省都인 烏魯木齊市 서북). ○且彌(차미) – 東,西且彌國 구분. 지금 新疆省 烏魯木齊 및 和靖 일대.

〖國譯〗

烏貪訾離國(오탐자리국)의 왕도는 于婁谷(우루곡)인데 長安에서 10,330리이다. 41호에 인구 231명, 군사는 57명이다. 輔國侯, 左,右都尉가 각 1명이다. 동쪽으로는 單桓(단환), 남쪽으로는 且彌(차미), 서쪽으로는 오손과 접했다.

原文 ▌

卑陸國, 王治天山東乾當國, 去長安八千六百八十里. 戶二百二十七, 口千三百八十七, 勝兵四百二十二人. 輔國侯, 左右將,左右都尉,左右譯長各一人. 西南至都護治所千二百八十七里.

卑陸後國, 王治番渠類谷, 去長安八千七百一十里. 戶四百六十二, 口千一百三十七, 勝兵三百五十人. 輔國侯,都尉,

譯長各一人, 將二人. 東與郁立師,北與匈奴,西與劫國,南與
車師接.

|註釋| ○卑陸國(비륙국) – 今 新疆省 烏魯木齊市 북쪽 阜康市(부강시).
○乾當國 – 乾當谷. ○卑陸後國 – 今 新疆省 烏魯木齊市 북쪽 부강시의 서
쪽. ○西與劫國 – 今 新疆省 省都인 烏魯木齊市 부근.

〖國譯〗

　　卑陸國(비륙국)의 왕도는 天山의 동쪽 乾當谷(건당곡)인데 장안에
서 8,680리이다. 227호에 인구는 1,387명이고, 군사는 422명이다.
보국후, 좌우장, 좌우도위, 좌우역장이 각 1명이다. 서남쪽 서역도
호부까지는 1,287리이다.

　　비륙후국의 왕도는 番渠類谷(번거류곡)으로 장안에서 8,710리이
다. 462호에 인구는 1,137명이고, 군사는 350명이다. 輔國侯(보국
후), 도위, 역장이 각 1인, 將은 2인이다. 동쪽은 郁立師(욱립사), 北은
흉노, 西는 劫國(겁국), 남쪽은 車師(거사)와 접했다.

原文

　　郁立師國, 王治內咄谷, 去長安八千八百三十里. 戶百九
十, 口千四百四十五, 勝兵三百三十一人. 輔國侯,左右都尉,
譯長各一人, 東與車師後城長,西與卑陸,北與匈奴接.

　　單桓國, 王治單桓城, 去長安八千八百七十里. 戶二十
七, 口百九十四, 勝兵四十五人. 輔國侯,將,左右都尉,譯長

各一人.

|註釋| ○郁立師(육립사) - 今 新疆省 昌吉回族 자치주 관할의 奇臺縣 일원. ○車師後城長 - 국명. 車師後國 서쪽. ○單桓國 - 여러 주장이 있는 데, 今 新疆省 약간 북부의 昌吉市, 또는 准噶爾(준가르)분지 남쪽, 昌吉市 서 쪽의 石河子市 등으로 추정.

〖國譯〗

郁立師國(육립사국)의 왕도는 內咄谷(내돌곡)인데 장안에서 8,830리이다. 호수는 190호, 인구 1,445명, 군사는 331명이다. 보국후, 좌우도위, 역장이 각 1인이다. 동쪽은 車師後城長國과 서쪽은 비륙국, 북쪽은 흉노와 접했다.

單桓國(단환국)의 왕도는 단환성인데 장안에서 8,870리이다. 호구는 27호, 인구 194명, 군사는 45명이다. 보국후, 將(장), 좌우도위, 역장이 각 1인이다.

原文

蒲類國, 王治天山西疏榆谷, 去長安八千三百六十里. 戶三百二十五, 口二千三十二, 勝兵七百九十九人. 輔國侯,左右將,左右都尉各一人. 西南至都護治所千三百八十七里.

蒲類後國, 王去長安八千六百三十國. 戶百, 口千七十, 勝兵三百三十四人, 輔國侯,將,左右都尉,譯長各一人.

| 註釋 |  ○蒲類國 - 今 新疆省 북동부의 哈密(hāmì)市의 북서쪽 巴里坤 哈薩克自治縣 일대. ○蒲類後國 - 今 新疆省 巴里坤(파리곤) 서쪽으로 추정.

【 國譯 】

蒲類國(포류곡)의 왕도는 天山의 서쪽 疏楡谷(소유곡)으로 장안에서 8,360리이다. 325호에 인구는 2,032명, 군사는 792명이다. 보국후, 좌우장, 좌우도위가 각 1인이다. 서남쪽 서역도호부까지는 1,387리이다.

蒲類後國(포류후국)의 왕도는 장안에서 8,630리이다. 1백 호에 인구는 1,070명, 군사는 334명이며 보국후, 將(장), 좌우도위, 역장이 각 1인이다.

## 96-16. 西且彌國 外

原文

西且彌國, 王治天山東于大谷, 去長安八千六百七十里. 戶三百三十二, 口千九百二十六, 勝兵七百三十八人. 西且彌侯,左右將,左右騎君各一人. 西南至都護治所千四百八十七里.

東且彌國, 王治天山東兌虛谷, 去長安八千二百五十里.

戶百九十一, 口千九百四十八, 勝兵五百七十二人. 東且彌
侯,左右都尉各一人. 西南至都護治所千五百八十七里.

| 註釋 | ○西且彌國 – 今 新疆省 烏魯木齊市 서북.   ○東且彌國 – 今 新
疆省 중앙 烏魯木齊市 동남.

〖國譯〗

西且彌國(서차미국)의 왕도는 天山 동쪽 于大谷(우대곡)으로 장안
에서 8,670리이다. 호구 332호에 인구 1,926명, 군사 738명이다. 서
차미후, 좌우장, 좌우기군이 각 1인이다. 서남쪽 도호부까지는 487
리이다.

東且彌國(동차미국)의 왕도는 天山 동쪽의 兌虛谷(태허곡)으로 장
안에서 8,250리이다. 호구 91호에 인구 1,948명, 군사 572명이다.
동차미후와 좌우도위가 각 1인이다. 서남쪽 도호부까지는 587리이
다.

原文

劫國, 王治天山東丹渠谷, 去長安八千五百七十里. 戶九
十九, 口五百, 勝兵百一十五人. 輔國侯,都尉,譯長各一人.
西南至都護治所千四百八十七里.

狐胡國, 王治車師柳谷, 去長安八千二百里. 戶五十五, 口
二百六十四, 勝兵四十五人. 輔國侯,左右都尉各一人. 西至

都護治所千一百四十七里, 至焉耆七百七十里.

| 註釋 | ○劫國 – 今 新疆省 烏魯木齊市 부근. ○狐胡國 – 今 新疆省 吐
魯番市(투루판시, 烏魯木齊市의 동남, 哈密市의 서쪽).

〖國譯〗

劫國(겁국)의 왕도는 天山의 동쪽 丹渠谷(단거곡)으로 장안에서
8,570리이다 호구는 99호, 인구 5백 명, 군사 115명이다. 보국후, 도
위, 역장이 각 1인이다. 서남쪽 도호부까지는 487리이다.

狐胡國(호호국)의 왕도는 車師柳谷(거사류곡)으로 장안에서 8,200
리이다. 호구는 55호, 인구는 264명, 군사는 45명이다. 보국후와 좌
우도위가 각 1명이다. 서쪽 도호부까지는 1,147리이고, 언기국까지
는 770리이다.

原文

山國, 王去長安七千一百七十里. 戶四百五十, 口五千, 勝
兵千人. 輔國侯,左右將,左右都尉,譯長各一人. 西至尉犁二
百四十里, 西北至焉耆百六十里, 西至危須二百六十里, 東
南與鄯善,且末接. 山出鐵, 民出居, 寄田糴穀於焉耆,危須.

| 註釋 | ○山國 – 今 新疆省 吐魯番 분지 南 庫魯克산맥. ○糴穀(적곡) –
糴 사들일 적.

山國(산국)은 장안에서 7,170리이다. 호구는 450호, 인구는 5천, 군사는 1천 명이다. 보국후, 좌우장, 좌우도위, 역장이 각 1명이다. 서쪽으로는 尉犁(위리)까지 240리, 서북으로 언기국까지는 160리, 서쪽으로 危須(위수)까지는 260리이며, 동남쪽으로는 鄯善(선선)과 且末(차말)과 접했다. 산국에서는 철이 생산되며 백성은 산속에서 사는데 언기국과 위수국에서 식량을 사들인다.

原文

車師前國, 王治交河城. 河水分流繞城下, 故號交河. 去長安八千一百五十里. 戶七百, 口六千五十, 勝兵千八百六十五人. 輔國侯,安國侯,左右將,都尉,歸漢都尉,車師君,通善君,鄉善君各一人, 譯長二人. 西南至都護治所千八百七里, 至焉耆八百三十五里.

車師後國, 王治務塗谷, 去長安八千九百五十里. 戶五百九十五, 口四千七百七十四, 勝兵千八百九十人. 擊胡侯,左右將,左右都尉,道民君,譯長各一人. 西南至都護治所千二百三十七里.

車師都尉國, 戶四十, 口三百三十三, 勝兵八十四人.

車師後城長國, 戶百五十四, 口九百六十, 勝兵二百六十人.

| 註釋 |  ○交河城 – 최초 서역도호인 鄭吉의 기록(70권, 〈傅常鄭甘陳段傳〉)에 나오는 兜訾城(두자성). 今 新疆維吾爾自治區 吐魯番市의 서쪽. 白楊河와 阿拉沟河의 합류지점.  ○車師後國, 務塗谷(무도곡) – 今 新疆省 중부 昌吉市 관할의 奇臺縣과 吉木薩爾縣 일대.(吐魯番市의 북쪽).  ○車師後城長國 – 新疆省 昌吉市 관할의 吉木薩爾縣 일대.

〖國譯〗

車師前國(거사전국)의 왕도는 交河城(교하성)이다. 강물이 나뉘어 흐르면서 성을 에워싸고 있어 交河라 하였다. 장안에서 8,150리이다. 700호에 인구 6,050명, 군사는 1,865명이다. 輔國侯, 安國侯, 좌우장, 도위, 歸漢都尉(귀한도위), 車師君, 通善君, 鄕善君이 각 1명이고 역장은 2명이다. 서남쪽 도호부까지는 1,807리이고, 언기국까지는 835리이다.

車師後國(거사후국)의 왕도는 務塗谷(무도곡)으로 장안에서 8,950리이다. 595호에 인구는 4,774호이고, 군사는 1,890명이다. 擊胡侯(격호후), 좌우장, 좌우도위, 道民君(도민군), 역장이 각 1인이다. 서남쪽으로 도호부까지는 1,237리이다.

車師都尉國(거사도위국)은 40호에 인구 333명이고, 군사는 84명이다.

車師後城長國(거사후성장국)은 154호에 인구 960명, 군사는 260명이다.

武帝天漢二年, 以匈奴降者介和王爲開陵侯, 將樓蘭國兵
始擊車師, 匈奴遣右賢王將數萬騎救之, 漢兵不利, 引去.
征和四年, 遣重合侯馬通將四萬騎擊匈奴, 道過車師北, 復
遣開陵侯將樓蘭,尉犂,危須凡六國兵別擊車師, 勿令得遮重
合侯. 諸國兵共圍車師, 車師王降服, 臣屬漢.

| 註釋 | ○征和四年 – 무제의 연호. 前 89년.

[國譯]

武帝 天漢 2년(전 99), 전에 흉노에서 투항한 介和王(개화왕)을 開
陵侯(개릉후)에 봉했었는데, 樓蘭國(누란국)의 군사를 거느리고 車師
國(거사국)을 공격하게 하였는데 흉노는 우현왕을 보내 수만 기병으
로 구원하자 한군은 불리하여 퇴각하였었다. 정화 4년(전 89)에 중
합후 馬通(마통)은 4만 기병을 거느리고 흉노를 공격하게 했는데, 길
이 거사국을 지나가게 되자 다시 개릉후를 보내 누란과 尉犂(위리),
危須(위수) 등 모두 6개국 군사를 거느리고 별도로 거사국을 공격하
여 거사국이 중합후가 거느린 漢 군사의 길을 막지 못하게 하였다.
여러 나라의 군사가 거사를 포위하자 거사왕은 항복했고 漢에 臣屬
(신속)했다.

昭帝時, 匈奴復使四千騎田車師. 宣帝卽位, 遣五將將兵
擊匈奴, 車師田者驚去, 車師復通於漢. 匈奴怒, 召其太子
軍宿, 欲以爲質. 軍宿, 焉耆外孫, 不欲質匈奴, 亡走焉耆.
車師王更立子烏貴爲太子. 及烏貴立爲王, 與匈奴結婚姻,
敎匈奴遮漢道通烏孫者.

| 註釋 | ○騎田車師 – 거사국에 기병을 보내 둔전하다. ○宣帝卽位 – 前
73년. ○遣五將將兵擊匈奴 – 田廣明, 趙充國, 田順, 范明友, 韓增 등 五將.
94권, 〈匈奴傳〉(上) 참고.

〖國譯〗

昭帝(소제) 때, 흉노가 다시 4천 기병을 보내 車師國에서 둔전을
일으켰는데 宣帝가 즉위한 뒤에 5명의 장수를 보내 흉노를 토벌케
하자 거사에서 둔전을 하던 자들이 놀라 도주하였고 거사는 다시 한
과 통교하였다. 흉노가 노하여 거사국의 태자 軍宿(군숙)을 소환하
여 인질로 잡으려 했다. 군숙은 언기국의 외손이었는데 흉노의 인질
로 가기 싫어 언기로 망명도주하였다. 거사왕은 다른 아들 烏貴(오
귀)를 태자로 세웠다. 나중에 오귀가 왕이 되어 흉노와 혼인을 맺고
흉노로 하여금 한에서 오손으로 통하는 길을 막게 하였다.

原文 ▌

地節二年, 漢遣侍郎鄭吉, 校尉司馬喜將免刑罪人田渠犁,

積穀, 欲以攻車師. 至秋收穀, 吉,喜發城郭諸國兵萬餘人,
自與所將田士千五百人共擊車師, 攻交河城, 破之. 王尙在
其北石城中, 未得, 會軍食盡, 吉等且罷兵, 歸渠犁田. 收秋
畢, 復發兵攻車師王於石城. 王聞漢兵且至, 北走匈奴求救,
匈奴未爲發兵. 王來還, 與貴人蘇猶議欲降漢, 恐不見信.
蘇猶教王擊匈奴邊國小蒲類, 斬首, 略其人民, 以降吉. 車
師旁小金附國隨漢軍後盜車師, 車師王復自請擊破金附.

| 註釋 | ○小蒲類(소포류) – 위치 미상. ○金附國 – 今 新疆省 중부 吐魯
番市 동남.

〔國譯〕

宣帝 地節 2년(前 68), 漢에서는 시랑인 鄭吉(정길)과 校尉 司馬喜
(사마희)를 보내어 형이 면제된 죄인을 거느리고 渠犁國(거리국)에서
둔전을 하였는데, 이는 군량을 비축하여 車師國(거사국)을 공격할 뜻
이었다. 가을 추수할 무렵에 정길과 사마희는 여러 성곽 국가의 군
사 1만여 명을 동원하고 둔전하던 병사 1,500명과 함께 거사국을 토
벌하며 교하성을 공격, 격파하였다. 그러나 거사왕은 그 북쪽의 石
城(석성)에 있어 아직 생포하지 못했는데 마침 군량이 떨어져 군사
를 해산한 뒤, 거리국의 둔전으로 돌아왔다. 추수를 다 마치자 다시
군사를 동원하여 석성의 거사왕을 공격하였다. 거사왕은 한의 군사
가 다시 공격한다는 소식을 듣고 북으로 달아나 흉노에 원병을 청했
으나 흉노는 아직 군사를 출동시키지 않았다. 거사왕은 돌아와서 귀
족인 蘇猶(소유) 등과 한에 투항할 의논을 하였는데 한이 투항을 믿

지 않을까 걱정하였다. 소유는 왕에게 흉노의 변방 속국인 小蒲類 (소포류)를 공격하게 건의하자, 거사왕은 소포류 왕을 죽이고 그 백성을 노략질한 뒤 정길에게 투항하였다. 거사국 옆에 있던 작은 나라 金附國(금부국)은 한의 군사를 따라 들어와 거사국을 노략질하였는데 거사왕은 금부국을 격파하겠다고 자청하였다.


原文

匈奴聞車師降漢, 發兵攻車師, 吉,喜引兵北逢之, 匈奴不敢前. 吉,喜卽留一候與卒二十人留守王, 吉等引兵歸渠犁. 車師王恐匈奴兵復至而見殺也, 乃輕騎奔烏孫, 吉卽迎其妻子置渠犁. 東奏事, 至酒泉, 有詔還田渠犁及車師, 益積穀以安西國, 侵匈奴. 吉還, 傳送車師王妻子詣長安, 賞賜甚厚, 每朝會四夷, 常尊顯以示之. 於是吉始使吏卒三百人別田車師. 得降者, 言單于大臣皆曰, "車師地肥美, 近匈奴, 使漢得之, 多田積穀, 必害人國, 不可不爭也." 果遣騎來擊田者, 吉乃與校尉盡將渠犁田士千五百人往田, 匈奴復益遣騎來, 漢田卒少不能當, 保車師城中. 匈奴將卽其城下謂吉曰, "單于必爭此地, 不可田也." 圍城數日乃解. 後常數千騎往來守車師, 吉上書言, "車師去渠犁千餘里, 間以河山, 北近匈奴, 漢兵在渠犁者勢不能相救, 願益田卒." 公卿議以爲道遠煩費, 可且罷車師田者. 詔遣長羅侯將張掖,酒泉騎出車師北千餘里, 揚威武車師旁. 胡騎引去, 吉乃得出, 歸渠犂, 凡三校尉屯田.

| 註釋 | ○留一候 – 候는 軍候. 校尉의 속관.  ○間以河山 – 間은 막다.
○長羅侯 – 常惠.

〖國譯〗

　흉노는 거사국이 漢에 투항했다는 소식을 듣고 군사를 내어 거사국을 공격하자, 鄭吉(정길)과 司馬喜(사마희)는 북으로 진출하여 맞서니 흉노가 감히 남하하지 못했다. 정길과 사마희는 軍候(군후) 1명에 군사 20명을 남겨 왕을 지키게 하고 군사를 이끌고 渠犂國(거리국)으로 돌아왔다. 거사왕은 흉노가 다시 침입하면 피살될까 두려워 경기병을 거느리고 오손국으로 도주했는데, 정길은 그 처자를 데려다가 거리국에 머물게 했다. 정길이 업무보고 차 동쪽으로 나와 주천군에 도착하자 거리국과 거사국에 돌아가 둔전하여 군량을 비축하여 서역 국가를 흉노의 침략에서 보호하라는 조서를 받았다. 정길은 거리국으로 돌아갔고 거사왕의 처자는 장안에 보내졌는데 하사품이 아주 많았으며 주변 이민족의 조회를 받을 때마다 늘 눈에 띄게 우대해 주었다.

　그리고 정길은 처음으로 3백 명의 부하를 거사국에 보내 별도로 둔전을 시작하였다. 흉노의 투항자를 잡았는데 흉노 선우는 언제나 그의 대신들에게 말하기를 "거사국은 땅이 비옥하고 흉노에 가깝기에 한이 차지하고 둔전하여 군량을 비축한다면 우리에게 아주 위험하기에 싸우지 않을 수 없다."라고 하였다. 과연 흉노가 기병을 보내 둔전하는 군사를 공격하자, 정길은 교위와 함께 둔전하는 병력 1,500명을 모두 인솔하여 둔전을 계속했고 흉노는 더 많은 기병을 보내 공격했다. 한의 둔전 병력은 맞서 싸우지 못하고 거사국 도성으로 피신하였다. 흉노 장수는 성 아래에 와서 정길에게 "선우께서 이곳을 기어이 차지할 것이니 너희는 둔전을 못할 것이다."라고 말했다. 흉노는 며칠 동안 성을 포위했다가 돌아갔다. 이후에도 자주 수천 기병을 보내 거사국을 포위하자 정길이 상주하였다.

"거사국은 渠犁國(거리국)에서 천여 리나 떨어졌고 강과 산이 막혔으며 흉노에 가까운 곳이라서 한군이 거리국에 있어서는 서로 도울 수가 없으니 둔전하는 병력을 증강시켜 주기 바랍니다." 이를 공경들이 논의하였는데 거사국이 길이 멀고 비용 지출이 많으니 거사의 둔전을 중지하는 것이 좋다고 하였다. 그러나 조서로 長羅侯(장라후, 常惠)에게 장액군과 주천군의 기병을 거느리고 거사국 북쪽 1천여 리 되는 곳에 출병하여 거사 주변국에 한의 군사력을 과시하게 하였다. 이에 흉노가 군사를 철수하자 정길은 거사국에서 나와 거리국으로 돌아올 수 있었는데 3명의 교위는 둔전을 계속하였다.

原文

車師王之走烏孫也, 烏孫留不遣, 遣使上書, 願留車師王, 備國有急, 可從西道以擊匈奴. 漢許之. 於是漢召故車師太子軍宿在焉耆者, 立以爲王, 盡徙車師國民令居渠犁, 遂以車師故地與匈奴. 車師王得近漢田官, 與匈奴絶, 亦安樂親漢. 後漢使侍郞殷廣德責烏孫, 求車師王烏貴, 將詣闕, 賜第與其妻子居. 是歲, 元康四年也. 其後置戊己校尉屯田, 居車師故地.

〖 國譯 〗

거사왕이 오손으로 도주했을 때 오손에서는 왕을 억류하고 보내 주지 않으면서 한에 사신을 보내 거사왕을 머물게 했다가 나중에 위급한 상황이면 서쪽에서 흉노를 공격하겠다고 말했다. 한은 이를 수락하였다. 그리고서는 전에 거사국의 태자로 언기국에 가 있던 軍宿(군숙)을 데려다가 왕으로 세우고 그 백성을 모두 데려다가 거리국에 살게 하면서 거사국의 옛 땅은 흉노에게 내주었다. 거사왕은 한의 둔전관에 의지하고 흉노와 단절하면서 안락하게 한과 가까이 하였다. 뒤에 한에서는 시랑인 殷廣德(은광덕)을 사신으로 보내 오손에서 거사왕 烏貴(오귀)를 데려다가 장안으로 보냈고 장안에서 저택을 하사하여 처자와 함께 살게 해 주었다. 이 해가 元康 4년이었다. 그후 戊己校尉(무기교위)를 설치하고 둔전하며 거사국의 옛 땅을 회복했다.

原文

元始中, 車師後王國有新道, 出五船北, 通玉門關, 往來差近, 戊己校尉徐普欲開以省道里半, 避白龍堆之厄. 車師後王姑句以道當爲拄置, 心不便也. 地又頗與匈奴南將軍地接, 曾欲分明其界然後奏之, 召姑句使證之, 不肯, 繫之. 姑句數以牛羊賕吏, 求出不得. 姑句家矛端生火, 其妻股紫陬謂姑句曰, "矛端生火, 此兵氣也, 利以用兵. 前車師前王爲都護司馬所殺, 今久繫必死, 不如降匈奴." 卽馳突出高昌壁, 入匈奴.

| 註釋 | ○元始中 – 平帝의 연호. 서기 1–5년. ○五船 – 車師國 동남의 지명. 今 新疆省 哈密에서 吐魯番 중간의 지명. ○白龍堆之厄 – 사막 이름. 간칭 '龍堆', 今 甘肅省 敦煌에서 新疆省 羅布泊 사이의 험로. ○以道當爲拄置 – 길이 개통되면 한의 사절을 위해 장막을 설치해야 한다. 拄는 떠받칠 주. 굄대를 세우다. ○以牛羊賕吏 – 牛羊으로 관리에게 뇌물을 주다. 賕 뇌물 구. ○高昌壁 – 서역성 이름. 今 新疆省 吐魯番 동남, 高昌城 터.

〔國譯〕

平帝 元始 연간에, 車師後王國(거사후왕국)에 새 길이 뚫렸는데 五船(오선)의 북쪽에서 나와 玉門關(옥문관)으로 통하는데 왕래에 약간 가까웠다. 戊己校尉(무기교위)인 徐普(서보)는 거리를 반으로 줄일 수 있고 白龍堆(백룡퇴)의 험로를 피할 수 있다고 이를 개통하려 했다. 그러나 車師後王인 姑句(고구)는 길이 개통되면 한의 사절을 위한 시설을 해줘야 하기에 불편하게 생각했다. 또 그 길이 흉노 南將軍(남장군)의 영역과 가까워 서보는 그 경계를 분명히 정한 다음에 보고하려고 고구를 불러 확증을 받으려 하였으나 고구가 따르지 않자

고구를 체포하였다. 고구는 여러 번 소나 양을 뇌물로 주려 했지만 나올 수가 없었다. 그런데 고구의 집에 있던 矛(창)의 끝에서 불꽃(火花)이 튀었는데 그 아내 股紫陬(고자추)가 고구에게 말했다. "창끝에서 불꽃이 튄 것은 전쟁의 기운이니 군사를 내는 것이 이로울 것입니다. 그전에 車師前王(거사전왕)이 오래 갇혀 있다가 도호인 사마씨에게 피살되었는데 지금처럼 오래 갇히면 오래지 않아 죽게 될 것이니 흉노에 항복하는 것이 낫습니다." 고구는 즉시 말을 달려 高昌壁(고창벽)을 넘어 흉노 땅으로 들어갔다.

原文

又去胡來王唐兜, 國比大種赤水羌, 數相寇, 不勝, 告急都護. 都護但欽不以時救助, 唐兜困急, 怨欽, 東守玉門關. 玉門關不內, 卽將妻子人民千餘人亡降匈奴. 匈奴受之, 而遣使上書言狀. 是時, 新都侯王莽秉政, 遣中郎將王昌等使匈奴, 告單于西域內屬, 不當得受. 單于謝屬. 執二王以付使者. 莽使中郎王萌待西域惡都奴界上逢受. 單于遣使送, 因請其罪. 使者以聞, 莽不聽, 詔下會西域諸國王, 陳軍斬姑句, 唐兜以示之.

| 註釋 | ○去胡來王 – 婼羌國(야강국)의 왕을 '去胡來王'이라고 부른다. ○國比大種赤水羌 – 比는 가깝다. 大種은 큰 부족. 赤水羌(적수강)은 강족의 일부. 今 靑海省 서북부와 新疆省 남부 일대에 거주. ○東守玉門關 – 守는

두드리다(敏也).   ○執二王~ － 二王은 전에 망명한 車師後王인 姑句(고구)
와 이번에 망명한 去胡來王 唐兜(당두).   ○西域惡都奴 － 지명. 위치 미상.
○逢受 － 만나서 인수하다.   ○因請其罪 － 죄에 대한 사면을 요청하다.

### 〖 國譯 〗

　　그리고 去胡來王(거호래왕, 야강국왕)인 唐兜(당두)는 그 나라가 큰
종족인 赤水羌(적수강)과 가까워서 여러 번 서로 노략질을 했으나 이
기지 못하자 서역도호에게 구원을 요청했다. 서역도호인 但欽(단흠)
이 제때에 도와주지 않자 당두는 위급한 상황에서 단흠을 원망하면
서 동쪽으로 나가 옥문관에 들어가려고 하였다. 옥문관에서 받아주
지 않자 바로 처자와 백성 1천여 명을 거느리고 흉노로 도망가 투항
하였다. 흉노는 이들을 받아들이고 사신을 보내 상황을 설명하였
다.

　　이때는 신도후 王莽(왕망)이 정권을 장악하고 있었는데 중랑장 王
昌(왕창)을 흉노에 사신으로 보내 선우에게 서역은 이미 한의 속국
이니 망명을 받아들일 수 없다고 알렸다. 이에 선우는 사과하며 고
구와 당두 일행을 잡아다가 사자에게 넘겨주었다. 왕망은 중랑장 王
萌(왕맹)을 시켜 惡都奴(오도노) 경계에서 만나 인수받기로 하였다.
선우는 사자를 시켜 이들을 보내면서 그들의 죄를 사면해달라고 부
탁하였다. 왕맹이 이를 보고했으나 왕망은 수락하지 않고 서역 여러
나라의 국왕을 조서로 불러 모은 뒤 군사를 도열시키고 고구와 당도
를 참수하여 위세를 과시했다.

至莽簒位, 建國二年, 以廣新公甄豐爲右伯, 當出西域.
車師後王須置離聞之, 與其右將股鞮,左將屍泥支謀曰, "聞
甄公爲西域太伯, 當出, 故事給使者牛,羊,穀,芻茭, 導譯, 前
五威將過, 所給使尙未能備. 今太伯復出, 國益貧, 恐不能
稱." 欲亡入匈奴. 戊己校尉刀護聞之, 召置離驗問, 辭服,
乃械致都護但欽在所埒婁城. 置離人民知其不還, 皆哭而送
之. 至, 欽則斬置離. 置離兄輔國侯狐蘭支將置離衆二千餘
人, 驅畜産, 擧國亡降匈奴.

| 註釋 |  ○至莽簒位 – 新 건국은 初始 원년(서기 8). (始)建國 원년은 서
기 9년.  ○右伯 – 왕망은 陝縣(섬현)을 기준으로 左·右伯을 두었다.  ○刀
護(도호) – 인명. 〈王莽傳〉에는 '刁護(조호)'.  ○埒婁城(날루성) – 위치 미상.

〖國譯〗

왕망이 찬위한 뒤, 建國 2년(서기 10)에 廣新公 甄豐(견풍)을 右伯
(우백)에 임명하였기에 견풍은 서역으로 부임해야 했다. 車師後王(거
사후왕)인 須置離(수치리)가 이를 알고서는 그의 右將인 股鞮(고제)와
左將인 屍泥支(시니지)와 함께 모의하며 말했다.

"甄公(견공)이 서역의 太伯(태백)이 되어 부임할 것인데, 예전에는
사자에게 소나 양, 곡식과 사료를 공급하고 향도와 역관 등을 내주
어야 하는데 전에도 五威將(오위장)이 지나갈 때에 사자들에게 공급
이 충분하지 못했었다. 이번에 태백이 통과하게 되면 나라는 더욱

가난해지고 마음에 들게 공급할 수가 없다."

그러면서 흉노로 망명하려고 했다. 무기교위인 刀護(도호)가 이를 알고 수치리를 불러 심문하였는데 수치리가 자백하자 그를 묶어서 서역도호 但欽(단흠)이 있는 埒婁城(날루성)으로 보냈다. 수치리의 백성들은 살아 돌아오지 못할 것을 알고 울면서 전송했다. 수치리가 도착하자 단흠은 바로 참수하였다. 그러자 수치리의 형인 보국후 狐蘭支(호란지)는 수치리의 백성 2천여 명을 거느리고 가축을 몰아 나라를 들어 흉노에 망명했다.

原文

是時, 莽易單于璽, 單于恨怒, 遂受狐蘭支降, 遣兵與共寇擊車師, 殺後城長, 傷都護司馬, 及狐蘭兵復還入匈奴. 時戊己校尉刀護病, 遣史陳良屯桓且谷備匈奴寇. 史終帶取糧食, 司馬丞韓玄領諸壁, 右曲候任商領諸壘, 相與謀曰, "西域諸國頗背叛, 匈奴欲大侵. 要死. 可殺校尉, 將人衆降匈奴." 卽將數千騎至校尉府, 脅諸亭令燔積薪, 分告諸壁曰, "匈奴十萬騎來人, 吏士皆持兵, 後者斬!" 得三四百人, 去校尉府數里止, 晨火燃. 校尉開門擊鼓收吏士, 良等隨入, 遂殺校尉刀護及子男四人, 諸昆弟子男, 獨遺婦女小兒. 止留戊己校尉城, 遣人與匈奴南將軍相聞, 南將軍以二千騎迎良等. 良等盡脅略戊己校尉吏士男女二千餘人入匈奴. 單于以良, 帶爲烏賁都尉.

| 註釋 | ○莽易單于璽 - '匈奴單于璽'를 '新匈奴單于章'으로 바꾸었다. 94권, 〈匈奴傳〉(下) 참고. ○桓且谷 - 지명. 위치 미상. ○要死 - 어쨌든 죽어야 한다. ○晨火羹 - 晨火는 새벽에 올리는 봉화. 羹은 탈 연(燃)과 同.

[ 國譯 ]

이때, 왕망은 선우의 국새를 바꿨는데 선우는 크게 원망하며 분노하고 있어 거사후국 狐蘭支(호란지)의 투항을 받아들였고 군사를 보내 함께 거사국을 약탈 공격하여 後城의 우두머리를 죽이고 서역 도호의 司馬(사마)에게 부상을 입히고서 호란지의 군사들은 다시 흉노로 돌아갔다. 이때 무기교위인 刀護(도호)는 병이 들었는데 속관 陳良(진량)을 보내 桓且谷(환차곡)에 둔전하며 흉노의 노략질에 대비케 하였다. 또 속리인 終帶(종대)에게는 군량을 확보하게 시켰고 司馬丞인 韓玄(한현)에게는 여러 성벽을 감독케 하고, 右曲候(우곡후)인 任商(임상)에게는 여러 보루를 감독하라 분부하였는데 이들이 함께 모여 모의하며 말했다.

"서역의 여러 나라는 배반하려 하고 흉노는 대거 침입할 것이다. 우리는 어쨌든 죽어야 한다. 차라리 무기교위를 죽이고 무리를 이끌고 흉노에 투항합시다."

이들은 즉시 수천 기병을 이끌고 무기교위부로 달려가면서 여러 초소에 쌓아둔 장작에 불을 지르게 하고 다른 성이나 보루에 소리 질러 말했다. "흉노의 십만 기병이 쳐들어오니 관리나 백성은 모두 무기를 들고 나오되 늦는 자는 죽여 버리겠다." 그렇게 하여 3, 4백 명을 더 합세시키고 교위부에서 몇 리를 더 가서 멈춘 뒤에 새벽 봉화를 올렸다. 무기교위가 성문을 열고 북을 치며 관리와 군사를 불러 모으자 진량 등은 따라 들어가서 교위인 刀護(도호)와 4명의 아들, 그 형제의 아들까지 죽이고 부녀자와 어린아이만 남겨놓았다. 이들은 무기교위의 성에 머물면서 사람을 보내 흉노의 南將軍에게 사태를 알렸고 흉노의 남장군은 2천 기병을 거느리고 들어와 진량 등을 맞이하였다. 진량 등은 무기교위부의 관리와 병사 남녀 2천여 명을 모두 협박하여 흉노 땅으로 들어갔다. 선우는 진량과 종대 등을 烏賁都尉(오분도위)에 임명하였다.

原文

　後三歲, 單于死, 弟烏纍單于咸立, 復與莽和親. 莽遣使者多繼金幣賂單于, 購求陳良,終帶等. 單于盡收四人及手殺刀護者芝音妻子以下二十七人, 皆械檻車付使者. 到長安, 莽皆燒殺之. 其後莽復欺詐單于, 和親遂絶. 匈奴大擊北邊, 而西域瓦解. 焉耆國近匈奴, 先叛, 殺都護但欽, 莽不能討.

| 註釋 |　○後三歲, 單于死 – 烏珠留若鞮單于(오주류약제선우)는 재위 21년, 建國 5년(서기 13)에 죽었다. ○西域瓦解 – 瓦解(와해)는 분열하다.

〔國譯〕

3년 뒤, 烏珠留若鞮單于(오주류약제선우)가 죽고 동생인 烏纍單于(오류선우) 咸(함)이 즉위하자, 다시 왕망과 화친하였다. 왕망은 사자에게 많은 금과 비단을 갖고 가 선우에게 뇌물로 주면서 진량과 종대 등을 넘겨달라고 매수하였다. 선우는 진량 등 4인을 모두 체포하고 刀護(도호)를 직접 죽인 芝音(지음)과 그들의 처자 27명 모두에게 형구를 채우고 수레에 실어 사자에게 넘겨주었다. 이들이 장안에 도착하자 왕망은 모두를 태워 죽였다. 그 뒤에 왕망은 거짓말로 선우를 다시 속이자 화친은 단절되었다. 흉노는 북쪽 국경에 대거 침입하였고 서역은 와해되었다. 焉耆國(언기국)은 흉노에 가까워 먼저 반란을 일으키며 서역도호인 但欽(단흠)을 죽였는데도 왕망은 그들을 토벌하지 못했다.

原文

　天鳳三年, 乃遣五威將王駿,西域都護李崇將戊己校尉出西域, 諸國皆郊迎, 送兵穀, 焉耆詐降而聚兵自備. 駿等將莎車,龜慈兵七千餘人, 分爲數部入焉耆, 焉耆伏兵要遮駿. 及姑墨,尉犁,危須國兵爲反間, 還共襲擊駿等, 皆殺之. 唯戊己校尉郭欽別將兵, 後至焉耆. 焉耆兵未還, 欽擊殺其老弱, 引兵還. 莽封欽爲劋胡子. 李崇收餘士, 還保龜茲. 數年莽死, 崇遂沒, 西域因絶.

| 註釋 | ○天鳳三年 – 왕망의 연호. 서기 16년. ○反間 – 諜者. ○劋胡子(삼호자) – 劋은 끊을 삼. 滅絶(멸절)하다. 胡는 흉노.

天鳳 3년에, 오위장인 王駿(왕준)과 서역도호 李崇(이숭)을 보내 무기교위의 군사를 거느리고 서역에 출병케 하자 서역의 여러 나가가 교외에서 영접하며 군사와 군량을 지원해주었는데 언기국은 거짓으로 투항하면서 군사를 모아 자체 방어를 하였다. 왕준 등은 莎車(사차)와 龜慈(구자)의 군사 7천여 명을 거느리고 몇 개 부대로 나누어 언기국에 진입하였는데 언기국은 요새에 복병을 두어 왕준의 군사를 막았다. 그리고 姑墨(고묵), 尉犁(위리), 危須國(위수국)의 병사들은 모두 反間(반간)이 되어 방향을 돌려 왕준 등을 공격하여 모두 죽였다. 다만 무기교위인 郭欽(곽흠)은 별도로 군사를 거느리고 늦게 언기에 진입하였다. 그때는 언기국의 군사가 되돌아오기 전이라서 곽흠은 노약자들만 죽이고 군사를 이끌고 돌아왔다. 왕망은 곽흠을 '흉노를 없앤 사람'이라고 하였다. 李崇(이숭)은 나머지 군사를 모아 구자국에 들어가 피신했다. 몇 년 뒤 왕망이 죽자 이숭도 몰락했고 한과 서역은 단절되었다.

原文

最凡國五十. 自譯長,城長,君,監,吏,大祿,百工,千長,都尉, 且渠,當戶,將,相至侯,王, 皆佩漢印綬, 凡三百七十六人. 而 康居,大月氏,安息,罽賓,烏弋之屬, 皆以絶遠不在數中, 其來 貢獻則相與報, 不督錄總領也.

| 註釋 |  ○最凡 – 모두. 都凡. 最는 撮(모을 촬)의 의미.

[ 國譯 ]

　西域傳의 나라는 모두 50개국이다. 譯長(역장)에서부터 城長, 君, 監, 吏, 大祿, 百工, 千長, 都尉, 且渠(차거), 當戶, 將, 相에서 侯(후)나 王까지 모두 한에서 내려준 인수를 패용한 사람이 총 376명이었다. 康居(강거)나 大月氏(대월지), 安息(안식), 罽賓(계빈), 烏弋山離(오익산리) 같은 나라는 너무 멀어 숫자에 포함시키지 않았으며 그들이 토산품을 바치면 그에 상응하여 하사하였으며 그들을 감독하거나 통솔하며 거느리지는 않았다.

原文

　贊曰, 孝武之世, 圖制匈奴, 患其兼從西國, 結黨南羌, 乃表河曲, 列四郡, 開玉門, 通西域, 以斷匈奴右臂, 隔絶南羌, 月氏. 單于失援, 由是遠遁, 而幕南無王庭.

| 註釋 |  ○圖制匈奴 – 圖는 도모하다. 시도하다.  ○兼從西國 – 서역 각국을 兼竝聯合하다.  ○乃表河曲 – 表는 개발하다. 河曲은 河西지역. 武威, 酒泉, 張掖, 敦煌의 4군을 설치하였다.  ○幕南無王庭 – 사막 남쪽. 王庭은 선우의 직할지.

[ 國譯 ]

　班固의 論贊 : 孝武帝가 흉노를 제압하려 시도할 때, 흉노가 서역 여러 나라를 종속케 하고 남쪽 羌族(강족)과 결합할 것을 걱정하여 먼저 河西를 영역으로 만들고 4개 군을 설치하였으며, 옥문관을 개설하여 서역과 교통하면서 흉노의 오른 팔을 잘라 南羌이나 월지국을 흉노에서 분리시켰다. 원군을 잃은 선우는 이로써 멀리 도망쳐서 고비사막 남쪽에는 선우의 직할지가 없었다.

原文

遭值文,景玄默, 養民五世, 天下殷富, 財力有餘, 士馬强盛. 故能睹犀布,瑇瑁則建珠崖七郡, 感枸醬,竹杖則開牂柯, 越巂, 聞天馬,蒲陶則通大宛,安息. 自是之後, 明珠,文甲,通犀,翠羽之珍盈於後宮, 蒲梢,龍文,魚目,汗血之馬充於黃門, 鉅象,師子,猛犬,大雀之群食於外囿. 殊方異物, 四面而至. 於是廣開上林, 穿昆明池, 營千門萬戶之宮, 立神明通天之臺, 興造甲乙之帳, 落以隨珠和璧, 天子負黼依, 襲翠被, 馮玉几, 而處其中. 設酒池肉林以饗四夷之客, 作〈巴兪〉都盧, 海中〈碭極〉, 漫衍魚龍, 角抵之戲以觀視之. 及賂遺贈送, 萬里相奉, 師旅之費, 不可勝計. 至於用度不足, 乃榷酒酤, 管鹽鐵, 鑄白金, 造皮幣, 算至車船, 租及六畜. 民力屈, 財力竭, 因之以凶年, 寇盜並起, 道路不通, 直指之使始出, 衣繡杖斧, 斷斬於郡國, 然後勝之. 是以末年遂棄輪臺之地, 而下哀痛之詔, 豈非仁聖之所悔哉! 且通西域, 近有龍堆,

遠則蔥嶺, 身熱,頭痛,縣度之厄. 淮南,杜欽,揚雄之論, 皆以
爲此天地所以界別區域, 絶外內也.《書》曰, ‘西戎卽序’, 禹
卽就而序之, 非上威服致其貢物也.

| 註釋 | ○文,景玄默 – 文帝와 景帝의 淸靜無爲의 治. ○犀布,瑇(玳)瑁 –
犀布는 犀象, 瑇瑁는 玳瑁(대모). ○珠崖七郡 – 珠崖郡(주애군) 등 7개 군, 양
월의 땅에 설치한 7개 군. ○牂柯,越嶲 – 장가군(今 貴州省 지역)과 월수군
(치소는 邛都縣, 今 四川省 서남부의 西昌市). ○通犀(통서) – 물소 뿔의 한 종
류. ○翠羽(취우) – 파랑새의 푸른 깃털. ○蒲梢(포초) – 駿馬의 이름. ○龍
文,魚目,汗血之馬 – 모두 준마 이름. ○黃門 – 황색 궁문. 대궐. ○千門萬戶
之宮 – 建章宮을 지칭. ○神明通天之臺 – 神明臺는 建章宮, 通天臺는 甘泉宮
의 누각. ○甲乙之帳 – 온갖 보석으로 치장한 커튼. 甲帳과 乙帳. ○落以隨
珠和璧 – 落은 絡, 비단. 隨侯의 珠와 和氏璧(화씨벽). 최고의 보옥. ○黼依
– 흑백의 斧(부)를 무늬 놓은 병풍. ○〈巴兪〉都盧,海中〈碭極〉 –〈巴兪〉는
舞樂의 이름. 都盧는 원래 남방 지역 명칭인데, 그곳 사람은 건장하여 막대
를 잘 타고 올라갔는데 그것이 일종의 잡기가 되었다. ○〈碭極〉 – 악곡명.
○漫衍魚龍 – 百戲의 이름. ○榷酒酤 – 술을 전매하다. 榷은 도거리 할 각.
전매하다. 酤는 술 살 고. ○管鹽鐵 – 소금과 철을 국가가 관리하다(전매하
다). ○直指之使始出 – 황제의 특명을 받은 繡衣御使(수의어사). ○《書》曰
–《尙書 禹貢》.

〖國譯〗

문제와 경제 시대의 無爲의 정치를 통해 백성에게는 五世(고조~
무제) 기간의 휴식이 주어져 천하는 부유하고 나라 재정에 여유가 있
었으며 군사력도 강해졌다. 그리하여 코뿔소의 뿔, 상아, 대모를 보

고서는 남쪽 珠崖郡〔주애군, 치소는 賈都縣(심도현). 今 海南省 海口市 남쪽〕
등 七郡을 설치하였고, 枸醬(구장)과 竹杖(죽장)을 보고서는 牂柯郡
(장가군)과 越雟郡(월수군)을 설치하였고, 天馬와 蒲陶(포도)가 있다는
것을 알고서는 대원국, 安息國과 교통하였다. 이후로는 明珠와 文甲
(문갑, 대모), 通犀(통서, 무소뿔), 翠羽(취우)와 같은 진귀한 물건이 후
궁을 장식하였고, 蒲梢(포초), 龍文(용문), 魚目(어목), 汗血馬(한혈마)
등이 궁궐 안에 있었으며, 鉅象(거상, 코끼리), 師子(獅子), 猛犬(맹견),
大雀(孔雀)이 떼를 지어 동산에서 사육되었다. 먼 곳의 특별한 물건
들이 사방에서 모여들었다. 이에 上林苑(상림원)을 확장하고 昆明池
(곤명지)를 파고, 建章宮 같은 큰 궁궐을 지었으며, 神明臺와 通天臺
를 세웠고 甲乙의 帷帳(유장)을 장식했으며, 隨侯珠(수후주)나 和氏璧
(화씨벽)으로 꾸몄고 천자는 黼依(보의)의 병풍 앞에 玉의 안석에 기
대어 생활하였다. 酒池肉林의 연회를 열어 四夷의 빈객을 대접하였
으며 〈巴兪(파유)〉의 음악과 都盧(도노)의 잡기, 海中의 〈碭極(탕
극)〉, 漫衍魚龍(만연어료)과 같은 잡희와 角抵(각저)의 놀이를 보고 즐
기었다.

　답례로 내려준 물자나 만 리 먼 길을 오가는 부담과 군사비용은
이루 다 헤아릴 수가 없었다. 결국 용도가 부족해지자 술과 소금과
철을 전매하고 銀塊(은괴)를 주조하고 가죽과 비단을 주조 판매하였
으며 수레와 배, 가축에도 과세하였다. 백성의 노동력과 재력이 고
갈된 상태에서 흉년의 곤경에 처하게 되자 도적떼가 일어나고 도로
가 막히자 황제의 특명을 받은 御使(어사)를 내보냈는데 비단옷에
도끼를 들고 郡國을 감독하며 처단한 뒤에야 겨우 제압할 수 있었
다. 이 때문에 무제 말년에는 輪臺(윤대)의 땅을 포기해야만 했고, 애

통해 하는 윤대의 조서를 발표하였으니 어찌 仁聖한 제왕의 후회라
아니할 수 있겠는가?

그리고 서역과 왕래하려면 가까이에는 白龍堆(백룡퇴)의 험로가,
멀리에는 蔥嶺(파령)이 있고, 身熱(신열), 頭痛(두통)이 나며, 縣度(현도)
의 험로가 있었다. 그래서 淮南王 劉安, 杜欽(두흠), 揚雄(양웅) 같은
사람들이 간쟁하면서 이런 것들은 천지의 경계가 되어 안과 밖을 구
분하는 뜻이라고 하였다.《書經》에서도 '西戎에 질서가 섰다' 하였
는데, 禹(우)의 노력으로 질서가 잡힌 것이니 위엄이 없는데 그들이
공물을 바치지는 않았을 것이다.


原文

西域諸國, 各有君長, 兵衆分弱, 無所統一, 雖屬匈奴, 不
相親附. 匈奴能得其馬畜旃罽, 而不能統率與之進退. 與漢
隔絶, 道里又遠, 得之不爲益, 棄之不爲損. 盛德在我, 無取
於彼. 故自建武以來, 西域思漢威德, 咸樂內屬. 唯其小邑
鄯善, 車師, 界迫匈奴, 尙爲所拘. 而其大國莎車, 于闐之屬,
數遣使置質於漢, 願請屬都護. 聖上遠覽古今, 因時之宜,
羈縻不絶, 辭而未許. 雖大禹之序西戎, 周公之讓白雉, 太
宗之卻走馬, 義兼之矣, 亦何以尙茲!

| 註釋 | ○建武以來 – 建武는 後漢 光武帝의 연호. 以來. ○聖上~ – 후
한 광무제 劉秀. ○周公之讓白雉 – 周公이 聖王을 보좌할 때 越 땅에서 여

러 단계 통역을 통해 白雉(백치, 흰 꿩)를 바쳤지만 주공은 받을 명분이 없기에 받기를 사양했다. ○太宗之卻走馬 – 太宗은 文帝. 문제에게 천리마를 바치겠다는 사람이 있었으나 문제는 사양하고 받지 않았다. 64권, 〈嚴朱吾丘主父徐嚴終王賈傳〉의 賈捐之(가연지) 傳 참고.

[ 國譯 ]

西域의 여러 나라에 각자 군장이 있지만 군사는 분열되고 약하여 하나로 통일된 적이 없었으며 비록 흉노에 복속했지만 서로 친밀한 관계는 아니었다. 흉노는 말이나 가축 모직물을 얻기만 하였지 서역 여러 나라와 진퇴를 함께할 수 없었다. 서역과 한은 산천이 막히고 거리도 멀어 서역의 땅을 얻었다 하여 이익이 없고, 잃었다고 손해가 되지도 않았다. 훌륭한 덕은 나 자신에 있는 것이지 상대방에서 취하는 것은 아니다. 建武(後漢 건국) 이후로 서역 여러 나라는 한의 위엄과 은덕을 사모하며 모두가 기꺼이 예속되기를 원했다. 그러나 오직 작은 읍락인 鄯善(선선)과 車師(거사)는 그 지역이 흉노와 가까웠기에 예속되었다. 그리고 큰 나라라 할 수 있는 莎車(사차)와 于闐(우전) 같은 나라에서는 자주 사신을 통해 한에 인질을 보냈고 도호부를 설치하도록 청원하였다. 光武帝는 고금의 사적을 친히 열람하면서 시의에 맞게 羈縻(기미) 정책을 중단하지 않았으며 때로는 사양하거나 수락하지 않았다. 비록 위대한 禹(우)가 서융의 질서를 잡아주었고, 周公이 白雉(백치, 흰 꿩)을 사양한 것이나 太宗(文帝)이 준마를 받지 않았던 것은 모두 그런 道義가 있었던 것이니, 무엇이 이보다 더 고귀하겠는가!

# 97 外戚傳(上)
## 〔외척전〕(상)

原文

自古受命帝王及繼體守文之君, 非獨內德茂也, 蓋亦有外戚之助焉. 夏之興也以塗山, 而桀之放也用末喜, 殷之興也以有娀又有娎, 而紂之滅也嬖妲己, 周之興也以姜嫄及太任,太姒, 而幽王之禽也淫褒姒. 故《易》基〈乾〉〈坤〉,《詩》首〈關雎〉,《書》美釐降,《春秋》譏不親迎. 夫婦之際, 人道之大倫也. 禮之用, 唯昏姻爲兢兢. 夫樂調而四時和, 陰陽之變, 萬物之統也, 可不愼與! 人能弘道, 末如命何. 甚哉妃匹之愛, 君不能得之臣, 父不能得之子, 況卑下乎! 旣歡合矣, 或不能成子姓, 成子姓矣, 而不能要其終, 豈非命也哉! 孔子罕言命, 蓋難言之. 非通幽明之變, 惡能識乎性命!

| **註釋** | ○〈外戚傳〉(上) - 高祖 呂皇后부터 孝宣王皇后까지 16명을 立傳. ○繼體守文之君 - 繼體는 嗣位(사위). 守文은 법도를 따르다. 武功에 의지하지 않다. ○夏之興也以塗山 - 禹는 塗山氏(도산씨)의 딸을 맞아 아들 啓(2대 왕)를 얻었다. ○桀之放也用末喜 - 夏 桀王(걸왕)은 末喜(말희)에 빠져 난음하다가 商의 湯王에게 방출되었다. ○以有娀又有娀 - 有娀(유융) 씨의 딸인 簡狄(간적)은 제비의 알을 삼켜 임신하여 卨(설)을 낳고, 이가 殷의 先祖가 되었다. 有娀氏(유신씨)는 湯王의 妃. ○紂之滅也嬖妲己 - 殷의 마지막 왕인 폭군 紂王(주왕)은 周 武王에게 패해 자살하였다. 嬖는 사랑할 폐. 妲己(달기)는 有蘇氏의 딸. ○以姜嫄及太任, 太姒 - 姜嫄(강원)은 거인의 발자국을 밟아 임신하여 周의 선조인 后稷(후직)을 낳았다. 太任(태임)은 文王의 모친, 太姒(태사)는 무왕의 모친. ○幽王之禽也淫襃姒 - 西周의 末王 幽王(유왕). 禽은 擒也. 襃姒(포사)는 봉화로 제후를 희롱한 왕비. ○基〈乾〉〈坤〉 - 基는 시작하다. 〈乾卦〉와 〈坤卦〉. ○《書》美釐降 -《書經 虞書》'釐降二女于嬀汭, 嬪于虞.' 堯는 자신의 두 딸을 舜에게 내려 보내다. 美는 칭송하다. 釐(다스릴 이)는 理也. ○唯昏姻爲兢兢 - 昏姻은 婚姻. 兢兢(긍긍)은 두려워 조심하다. ○人能弘道, 末如命何 - '人能弘道, 非道弘人.' 이는《論語 衛靈公》의 구절. 末如命何는 子曰, "道之將行也與, 命也, 道之將廢也與, 命也. 公伯寮其如命何!"《論語 憲問》의 인용. 末은 無也. ○或不能成子姓 - 혹 자녀를 낳고 기를 수도 없을 것이다. 姓은 生. ○罕言命 - '子罕言利與命與仁.'《論語 子罕》. 罕은 罕(드물 한, 希也). ○惡能~ - 惡는 何. |

**［國譯］**

　　예로부터 천명을 받은 제왕이나 뒤를 이어 문치를 펴는 주군은 훌륭한 心德이 있을 뿐만 아니라 대개의 경우 외척의 도움을 받았다. 夏(하)의 흥기와 융성은 塗山氏(도산씨)를 맞이하면서 시작되었고 (夏의) 桀王(걸왕)이 내쫓긴 것은 末喜(말희) 때문이며, 殷(은)의 융성에는 有娀(유융)과 有孾(유신)이 있었고, 紂王(주왕)의 멸망은 妲己(달기)를 사랑했기 때문이었다. 周의 발흥에는 姜嫄(강원)과 太任(태임), 그리고 太姒(태사)가 있었고, 幽王(유왕)의 몰락에는 음란한 褒姒(포사)가 있었다.

그러하기에 《易經》은 〈乾卦〉와 〈坤卦(곤괘)〉로 시작하고, 《詩經》의 첫 머리는 〈關睢(관저)〉이며, 《書經》에서도 堯가 딸을 내려준 것을 칭송하였고, 《春秋》에서도 정식 혼례를 치루지 않은 것을 비판하였다. 부부의 관계는 人道의 大倫(대륜)이다. 禮의 실천에서도 혼인은 아주 조심해야 할 예법이다. 부부가 화락하면 四時도 조화롭고 음양의 변화로 만물을 통솔하나니 신중하지 않을 수 있겠는가! 인간이 도를 실천하지만 그 천명을 알 수 없는 것이다. 부부의 정은 아주 중요하나니 주군은 신하를 얻을 수 없고 아비는 자식을 둘 수도 없으니, 이를 어찌 경시하겠는가! 기꺼이 合歡(합환)해야 하나니 안 그러하면 자식을 낳을 수 없고, 자식이 없으면 偕老(해로)할 수도 없으니 이 어찌 천명이라 아니할 수 있겠는가!

공자께서 천명에 대하여 거의 말하지 않은 것은 그만큼 말하기가 어려웠기 때문일 것이다. 幽明(유명, 生死)의 변화에 통달하지 못했다면 어찌 본성과 천명을 알 수 있겠는가!


原文

漢興, 因秦之稱號, 帝母稱皇太后, 祖母稱太皇太后, 適(嫡)稱皇后, 妾皆稱夫人. 又有美人, 良人, 八子, 七子, 長使,

少使之號焉. 至武帝制倢伃,娙娥,傛華,充依, 各有爵位, 而
元帝加昭儀之號, 凡十四等云. 昭儀位視丞相, 爵比諸侯王.
倢伃視上卿, 比列侯. 娙娥視中二千石, 比關內侯. 傛華視
眞二千石, 比大上造. 美人視二千石, 比少上造. 八子視千
石, 比中更. 充依視千石, 比左更. 七子視八百石, 比右庶
長. 良人視八百石, 比左庶長. 長使視六百石, 比五大夫. 少
使視四百石, 比公乘. 五官視三百石. 順常視二百石. 無涓,
共和,娛靈,保林,良使,夜者皆視百石. 上家人子,中家人子視
有秩斗食云. 五官以下, 葬司馬門外.

| 註釋 | ○適稱皇后 – 適은 嫡. 正室. 天은 皇天, 地를 后土라 하였으니
황후는 천자의 짝이 된다. ○八子,七子 – 질록의 차이로 붙인 이름. 長使 少
使는 담당 업무로 붙인 이름. ○凡十四等云 – 황후를 제외한 14등급. ○昭
儀位視丞相 – 昭儀는 황후 다음 지위. 천자 아래 丞相이 최고위직이니 소의
와 승상이 동급이라는 의미. ○倢伃視上卿 – 倢(첩)은 천자의 총애를 받았
다는 뜻. 伃(여)는 미칭. ○娙娥(형아) – 娙은 예쁠 형. 娥는 예쁠 아. ○傛華
視眞二千石 – 傛華(용화)는 혁혁한 모양. 傛은 女官 용. ○眞二千石 – 漢代의
관리 녹봉은 곡식의 石(120斤)으로 정해졌지만 녹봉은 곡식으로 받지 않고
錢으로 받았다. 中二千石(월 180斛, 년 2,160석)은 매월 4만전을 받았다고
한다. 참고로, 眞이천석은 월 150곡에 年 1,800석, 이천석은 月 120곡에 연
1,140석, 比이천석은 月 100곡에 연 1,200석이었다. ○大上造 – 작위 20작
위 중 16등. ○中更 – 작위 13등. ○比右庶長 – 11등급 작위. ○家人子 –
입궁한 양가의 여인으로 아직 칭호를 받지 않은 자. ○斗食 – 佐史, 연봉 1
백석 이하. 1일 1斗2升. ○司馬門 – 황제 능묘의 司馬門.

漢은 건국 이후, 秦의 칭호를 답습하여 황제의 모친을 皇太后, 조
모를 太皇太后, 正室을 皇后라 하고, 妾은 모두 夫人이라고 하였다.
그리고 美人, 良人, 八子, 七子, 長使, 少使의 칭호가 있었다. 무제 때
에 이르러 婕仔(첩여), 娙娥(형아), 傛華(용화), 充依(충의)를 제정했는
데 각각의 작위가 있었고, 元帝 때 昭儀(소의)의 칭호를 두어 모두 14
등급이었다. 昭儀의 지위를 승상으로 보고 작위는 諸侯의 왕과 같았
다. 婕仔(첩여)는 上卿으로 대우하되 列侯와 동급이었다. 娙娥(형아)
는 중이천석 대우에 관내후와 동급이었다. 傛華(용화)의 대우는 眞
이천석으로 大上造와 동급이었다. 美人은 2천석 대우에 少上造와
동급이었다. 八子는 1천석 대우에 中更과 동급이었다. 充依(충의)는
1천석 대우에 左更(좌경)과 동급이었다. 七子는 8백석 대우에 右庶
長과 동급이었다. 良人은 八百石 대우에 左庶長과 동급이었다. 長
使는 6백석 대우에 五大夫와 동급이다. 少使는 4백석 대우에 公乘
(공승)과 동급이었다. 五官은 3백석, 順常(순상)은 2백석 대우였다.
그 외 無涓(무연), 共和(공화), 娛靈(오령), 保林(보림), 良使(양사), 夜者
(야자)는 모두 1백석 대우였다. 上家人子나 中家人子는 斗食과 같은
대우였다. 五官 이하의 女官은 司馬門 밖에다 장례했다.

## 97-1. 高祖 呂皇后

原文

高祖呂皇后, 父呂公, 單父人也, 好相人. 高祖微時, 呂公
見而異之, 乃以女妻高祖, 生惠帝,魯元公主. 高祖爲漢王,
元年封呂公爲臨泗侯, 二年立孝惠爲太子.

後漢王得定陶戚姬, 愛幸, 生趙隱王如意. 太子爲人仁弱,
高祖以爲不類己, 常欲廢之而立如意, ‘如意類我.’ 戚姬常
從上之關東, 日夜啼泣, 欲立其子. 呂后年長, 常留守, 希見,
益疏. 如意且立爲趙王, 留長安, 幾代太子者數. 賴公卿大
臣爭之, 及叔孫通諫, 用留侯之策, 得無易.

| 註釋 | ○單父(선보) – 현명. 今 山東省 菏澤市 관할의 單縣(선현, 單은
Shàn). ○定陶戚姬 – 定陶는 현명. 今 山東省 西南部 菏澤市 관할의 定陶市.
○以爲不類己 – 자신을 닮지 않았다고 생각하다. ○關東 – 함곡관 동쪽을
관동이라 통칭. 楚漢戰의 무대는 관동이었다. 後漢에서는 潼關(동관)을 건립
한 뒤에 그 동쪽을 관동이라 하였다. ○及叔孫通諫, 用留侯之策 – 叔孫通(숙
손통)은 43권, 〈酈陸朱劉叔孫傳〉에 입전. 留侯는 張良. 40권, 〈張陳王周傳〉
에 입전.

〔國譯〕

高祖 呂皇后(여황후)의 부친은 呂公으로 單父(선보) 사람인데 관상
을 잘 보았다. 고조가 미천할 때 여공이 고조를 보고 특별하게 생각

하여 딸을 고조에게 아내로 주었고 여황후는 혜제와 魯元公主를 낳았다. 高祖가 漢王이 되자, 원년에 呂公을 臨泗侯(임사후)에 봉했고 2년에 혜제를 태자로 책립하였다.

뒤에 漢王이 定陶縣(정도현) 출신의 戚姬(척희)를 사랑하여 趙 隱 王 如意(여의)를 낳았다. 태자는 어질고 나약한 사람이라 고조는 자신을 닮지 않았다고 생각하여 태자를 폐하여 여의를 세우려 '여의가 나를 닮았다' 고 말했다. 척희는 늘 한왕을 시종하며 관동에 가서 밤낮으로 눈물을 흘리며 아들을 태자로 세우려 하였다. 여후는 연장자라고 늘 장안을 지켰기에 고조를 거의 만나지 못하여 더욱 소원해졌다. 여의가 조왕으로 책립되었지만 장안에 머물면서 여러 번 거의 태자를 대신할 뻔했었다. 그러나 대신과 공경의 논의나 叔孫通(숙손통)의 간쟁과 留侯(유후, 張良)의 방책에 따라 태자가 바뀌지는 않았다.

原文

呂后爲人剛毅, 佐高帝定天下, 兄二人皆爲列將, 從征伐. 長兄澤爲周呂侯, 次兄釋之爲建成侯, 逮高祖而侯者三人. 高祖四年, 臨泗侯呂公薨.

高祖崩, 惠帝立, 呂后爲皇太后, 乃令永巷囚戚夫人, 髡鉗衣赭衣, 令春. 戚夫人春且歌曰, "子爲王, 母爲虜, 終日春薄幕, 常與死爲伍! 相離三千里, 當誰使告女?" 太后聞之大怒, 曰, "乃欲倚女子邪?" 乃召趙王誅之. 使者三反, 趙相周昌不遣. 太后召趙相, 相徵至長安. 使人復召趙王, 王來. 惠帝慈仁, 知太后怒, 自迎趙王霸上, 入宮, 挾與起居飲食. 數月, 帝晨出射, 趙王不能蚤起, 太后伺其獨居, 使人持鴆飲之. 遲帝還, 趙王死. 太后遂斷戚夫人手足, 去眼熏耳, 飲瘖藥, 使居鞠域中, 名曰, '人彘'. 居數月, 乃召惠帝視'人彘'. 帝視而問, 知其戚夫人, 乃大哭, 因病, 歲餘不能起. 使人請太后曰, "此非人所爲. 臣爲太后子, 終不能復治天下!" 以此日飲爲淫樂, 不聽政, 七年而崩.

| 註釋 |  ○剛毅 – 剛强堅毅(강강견의).  ○高祖崩, 惠帝立 – 前 195년. ○永巷 – 궁중의 긴 복도. 후궁의 감옥. 后妃나 궁녀의 옥사를 관장하는 永巷令.  ○髡鉗 – 髡은 머리 깎을 곤. 鉗은 칼 겸.  ○赭衣(자의) – 죄수의 옷. 赭는 붉은 흙 자.  ○乃欲倚女子邪 – 乃는 너(你). 女는 汝. 邪(야)는 의문어기사(耶也).  ○三反 – 三回.  ○遲帝還 – 遲는 當.  ○飲瘖藥 – 약을 먹여 벙어리로 만들다. 瘖 벙어리 음.  ○鞠域 – 窟室(굴실. 지하실).  ○'人彘' – 彘는 돼지 체.

〔 國譯 〕

   呂后는 강직하고 굳센 사람이라서 고조의 천하 평정에 도움을 주었고 두 오빠가 장수로 고조의 정벌에 수행하였다. 큰오빠인 呂澤(여택)은 周呂侯(주려후)이고, 작은오빠 呂釋之(여석지)는 建成侯(건성후)이었는데 3인이 고조 덕분에 제후가 되었다. 고조 4년에 臨泗侯(임사후) 呂公이 죽었다.
   高祖가 죽고, 惠帝가 즉위하자 呂后는 皇太后가 되었는데 永巷令

(영항령)을 시켜 척부인을 죄수로 만들어 머리를 깎이고 칼을 씌웠으며 赭衣(자의, 붉은 옷)을 입혀 방아를 찧게 하였다. 척부인은 방아를 찧으며 노래를 불렀다.

"아들은 왕이나 어미는 죄수라네.

종일 어둡도록 방아를 찧나니, 죽어야만 같이 지내겠네!

서로 떨어져 삼천리이니, 누굴 시켜 너에게 알려주겠나?"

태후가 이를 알고 화를 내며 말했다. "너는 네 아들에게 의지하려 하는가?" 그리고서는 趙王을 불러 죽이려 하였다. 使者가 세 번이나 갔으나 趙相인 周昌(주창)은 조왕을 보내지 않았다. 太后가 趙相을 소환하자 趙相으로 장안에 왔다. 태후는 사자를 보내 다시 조왕을 소환했고 왕이 장안에 왔다. 인자한 혜제는 태후의 분노를 알고 있었기에 직접 霸上(패상)에 나가서 조왕을 데리고 들어와 기거와 음식을 조왕과 같이하였다. 몇 달 뒤, 혜제가 새벽에 사냥을 나가자 조왕은 일찍 일어나지 못했는데 태후는 조왕이 홀로 있는 것을 알고 사람을 시켜 독약을 먹였다. 혜제가 돌아왔을 때 조왕은 죽어 있었다. 태후는 마침내 척부인의 수족을 자르고 눈을 파내고 귀를 멀게 하였으며 약을 먹여 말을 못하게 하고 지하에 살게 하면서 '人彘(사람 돼지)'라고 불렀다. 몇 달 뒤에 혜제를 불러 人彘(인체)를 보게 했다. 혜제가 보고 물어 척부인인 줄 알고서는 통곡했고 병이 나서 1년 이상 일어나지 못했다. 그리고 사자를 보내 태후에게 주청했다.

"이는 사람이 할 짓이 아닙니다. 제가 태후의 아들이지만 이제는 다시 나라를 다스리지 못할 것입니다."

이후로는 날마다 술을 마시거나 淫樂(음락)에 빠져 정사를 돌보지 않다가 재위 7년에 죽었다.

太后發喪, 哭而泣不下. 留侯子張辟彊爲侍中, 年十五, 謂丞相陳平曰, “太后獨有帝, 今哭而不悲, 君知其解未?” 陳平曰, “何解?” 辟彊曰, “帝無壯子, 太后畏君等. 今請拜呂台,呂産爲將, 將兵居南北軍, 及諸呂皆軍, 居中用事. 如此則太后心安, 君等幸脫禍矣!” 丞相如辟彊計請之, 太后說, 其哭乃哀. 呂氏權由此起. 乃立孝惠後宮子爲帝, 太后臨朝稱制. 復殺高祖子趙幽王友,共王恢及燕王建子. 遂立周呂侯子台爲呂王, 台弟産爲梁王, 建城侯釋之子祿爲趙王, 台子通爲燕王, 又封諸呂凡六人皆爲列侯, 追尊父呂公爲呂宣王, 兄周呂侯爲悼武王.

太后持天下八年, 病犬禍而崩, 語在〈五行志〉. 病困, 以趙王祿爲上將軍居北軍, 梁王産爲相國居南軍, 戒産,祿曰, “高祖與大臣約, 非劉氏王者, 天下共擊之. 今王呂氏, 大臣不平. 我卽崩, 恐其爲變, 必據兵衛宮, 愼毋送喪, 爲人所制.” 太后崩, 太尉周勃,丞相陳平,朱虛侯劉章等共誅産,祿, 悉捕諸呂男女, 無少長皆斬之. 而迎立代王, 是爲孝文皇帝.

| 註釋 | ○哭而泣不下 – 소리로만 내고 눈물을 흘리지 않다. 건성으로 울다. ○君知其解未 – 그 뜻을 아는가 모르는가? ○南北軍 – 京師 주둔군. 남군은 미앙궁을 수비, 북군은 장락궁을 수비. 文帝 때 북군으로 통합. ○稱制 – 태후가 황제권을 행사하다. 천자의 명령은 制書와 詔書가 있는데 制書는 제도에 관계되는 명령으로 황태후의 명령일 수 없기에 稱制라 하였다. ○病

犬禍而崩 － 犬禍는 狂犬病, 또는 口舌病. 눈에 백태가 끼는 병 등 요상한 액운의 발생을 犬禍라 하여 재해의 일종으로 생각하였다. 高后 8년(前 180년) 3월에 呂后가 재해를 없애달라고 기도하고 돌아오는 중에 검은 개처럼 생긴 물체가 태후의 겨드랑이를 물고 갑자기 사라졌고 이후 병을 앓다가 7월에 죽었다.(高后八年三月, 祓霸上, 還過枳道, 見物如倉狗, 樴高后掖, 忽而不見. 卜之, 趙王如意作祟. 遂病掖傷而崩.〈五行志 第七 中之上〉) ○朱虛侯 劉章 － 고조 庶長子인 齊 悼惠王 劉肥의 아들. 高祖의 庶孫. 38권,〈高五王傳〉에 附傳.

〔國譯〕

太后는 惠帝를 發喪하면서 울어도 눈물을 흘리지 않았다. 留侯(유후)인 張辟彊(장벽강)은 15세에 侍中(시중)이었는데 승상 陳平에게 말했다.

"太后에게는 惠帝뿐이었으나 울지만 슬퍼하지 않는데, 승상은 그 뜻을 알고 있습니까? 모르십니까?" 그러자 진평이 말했다. "무슨 뜻인가?" 그러자 장벽강이 말했다.

"혜제에게는 장성한 아들도 없어 태후는 승상 등을 두려워하고 있습니다. 지금 呂台(여태)와 呂產(여산)을 장군으로 임명하여 각각 남북군을 거느리게 하자고 주청하면 여씨들이 군을 장악하고 그러면서 권력을 행사할 수 있어 태후는 마음이 편할 것이고 승상은 화를 면할 것입니다."

승상은 장벽강의 계략에 따라 주청하자 태후는 기뻐하면서 이후 슬피 통곡하였다. 여씨의 권력은 이때부터 강해졌다. 그리고 혜제 후궁의 소생을 제위에 올리고 태후가 조회하며 칭제하였다. 이후로 고조 아들인 趙 幽王 劉友, 共王 劉恢 및 燕王 劉建의 아들을 죽였

다. 이어 周呂侯(주여후, 呂澤)의 아들 呂台(여태)를 呂王으로, 여태의
동생 呂産(여산)을 梁王(양왕)에 봉하였고, 건성후 呂釋之(여석지)의
아들 呂祿(여록)을 趙王(조왕)에, 여태의 아들 呂通(여통)을 燕王(연왕)
으로 삼으니 여씨 일족으로 6人이 모두 列侯(열후)가 되었으며, 여태
후 선친 呂公을 呂宣王(여선왕)으로, 周呂侯(주여후)를 悼武王(도무왕)
으로 추존하였다.

太后가 천하를 다스리기 8년에, 犬禍(견화)를 당해 앓다가 붕어하
였는데, 이는〈五行志〉에 기록했다. 병이 위독하자 趙王 呂祿을 상
장군으로 삼아 北軍을 거느리고, 梁王 呂産(여산)을 相國에 임명하
여 南軍을 지휘하게 하면서 여산과 여록에 훈계하였다.

"高祖는 유씨가 아닌 자가 왕이 되면 천하가 함께 토벌하라고 大
臣들과 약조하였다. 지금 여씨 일족이 왕이 되자 대신들은 불평하고
있다. 내가 만약 죽는다면 변란이 일어날 수 있으니 필히 군사를 장
악하고 궁을 지키되 내 장례를 치른다고 남에게 제압당하지 말라."

太后가 붕어하자 태위 周勃(주발), 승상 陳平(진평), 朱虛侯 劉章
등이 함께 여산과 여록 등을 죽이고 모든 여씨 일족 남녀를 체포하
여 어른이나 아이 할 것 없이 모두 죽였다. 그리고서 代王을 영입하
니, 이가 文帝이다.

## 97-2. 孝惠張皇后

原文

孝惠張皇后. 宣平侯敖尙帝姊魯元公主, 有女. 惠帝卽位,
呂太后欲爲重親, 以公主女配帝爲皇后. 欲其生子, 萬方終
無子, 乃使陽爲有身, 取後宮美人子名之, 殺其母, 立所名子
爲太子.

| 註釋 | ○宣平侯敖 − 張敖(장오, ? − 前 182). 張耳의 아들, 高祖의 사위.
○魯元公主(? − 前 187) − 呂后 所生 長女. 名 不詳. 惠帝의 누나. 張敖(장오)
와 노원공주가 낳은 딸이 惠帝의 皇后. 重婚. ○名之 − 황후의 아들이라 한
다.

〔國譯〕

孝惠帝 張皇后는 宣平侯 張敖(장오)의 딸이다. 장오는 혜제의 여
동생인 魯元公主와 결혼하여 딸을 얻었다. 혜제가 즉위하자, 呂太后
는 重親이 되고자 공주의 딸을 혜제의 배필로 하여 황후로 맞이하였
다. 아들 낳기를 바랐지만 온갖 수에도 끝내 자식이 없자 거짓으로
임신한 척했고 후궁 미인의 자식을 데려다가 아들이라 하면서 그 생
모를 죽였고, 그 아들을 태자로 삼았다.

惠帝崩, 太子立爲帝, 四年, 乃自知非皇后子, 出言曰,
"太后安能殺吾母而名我! 我壯卽爲所爲." 太后聞而患之,
恐其作亂, 乃幽之永巷, 言帝病甚, 左右莫得見. 太后下詔
廢之, 語在〈高后紀〉. 遂幽死, 更立恒山王弘爲皇帝, 而以
呂祿女爲皇后. 欲連根固本牢甚, 然而無益也. 呂太后崩,
大臣正之, 卒滅呂氏. 少帝恒山,淮南,濟川王, 皆以非孝惠
子誅. 獨置孝惠皇后, 廢處北宮, 孝文後元年薨, 葬安陵, 不
起墳.

| 註釋 | ○我壯卽爲所爲 – 내가 장성하면 변란을 일으키겠다. 生母의 원
한을 풀어주겠다. ○恒山王弘 – 劉弘, 두 번째 少帝. ○固本牢甚 – 牢甚은
堅甚. ○淮南,濟川王 – 淮南은 淮陽의 착오. 淮陽王 劉武. 濟川王은 劉大(史
記에는 劉太). ○獨置孝惠皇后 – 置는 留. 살려두다. ○北宮 – 미앙궁 북쪽
의 궁궐. ○孝文後元年薨 – 文帝 후원 원년은 前 163년. ○安陵 – 惠帝의 능.

〖國譯〗

惠帝가 붕어하자, 태자가 황제로 즉위하였다. 재위 4년에 자신의
張황후의 아들이 아니라는 것을 알게 되자 이에 말했다. "太后가 어
떻게 내 생모를 죽이고 나를 아들이라 했는가! 내가 성인이 되면 할
일을 하겠다." 태후가 듣고서는 걱정이 되어 황제를 영항에 가두고
황제의 병이 심하다고 말하며 측근이라도 만나볼 수가 없었다. 이에
태후의 조서로 폐위시켰는데, 이는 〈高后紀〉에 있다. 결국 유폐되
어 죽자 다시 恒山王 劉弘을 황제로 즉위시키고 呂祿의 딸을 황후로

맞이하였다. 뿌리를 연결하며 줄기를 건실하게 하려 했지만 아무 소용이 없었다. 여태후가 붕어하자, 대신들이 거짓을 바로 잡아 마침내 여씨 일족을 멸했다. 少帝인 恒山王, 淮南(淮陽)王, 濟川王이 모두 혜제의 아들이 아니라 하여 죽여 버렸다. 다만 혜제의 황후만 살려 북궁에 유폐하였는데 효문제 후원 원년에 죽어 安陵에 장사했지만 봉분을 만들지는 않았다.

## 97-3. 高祖薄姬

原文

　高祖薄姬, 文帝母也. 父吳人, 秦時與故魏王宗女魏媼通, 生薄姬. 而薄姬父死山陰, 因葬焉. 及諸侯畔秦, 魏豹立爲王, 而魏媼內其女於魏宮. 許負相薄姬, 當生天子. 是時, 項羽方與漢王相距滎陽, 天下未有所定. 豹初與漢擊楚, 及聞許負言, 心喜, 因背漢而中立, 與楚連和. 漢使曹參等虜魏王豹, 以其國爲郡, 而薄姬輸織室. 豹已死, 漢王入織室, 見薄姬, 有詔內後宮, 歲餘不得幸.

| 註釋 | ○吳 - 縣名. 今 江蘇省 蘇州市. ○魏媼 - 魏氏 夫人. 媼은 할머니 또는 기혼 여인에 대한 통칭. ○山陰 - 현명. 今 浙江省 북부 紹興市. ○魏

豹(위표, ?-前 204) - 戰國 말기 魏國의 종실, 項羽에 의해 西魏王으로 봉해졌다. 叛服(반복)이 무상하여 漢將 周苛(주가)에게 피살. 33권, 〈魏豹田儋韓王信傳〉에 입전.　○許負 - 유명한 관상가.　○滎陽(형양) - 현명. 秦의 三川郡. 今 河南省의 鄭州市 근처의 滎陽市. 楚漢 격전지.　○輸織室 - 織室에 보내다. 織室은 궁중에 필요한 의복을 제조하는 곳.

[ 國譯 ]

高祖의 薄姬(박희)는 文帝의 모친이다. 생부는 吳縣 사람인데, 秦 시절에 옛 魏 종실 여인인 魏媼(위온)과 通情하여 박희를 낳았다. 박희의 부친은 산음현에서 죽어 거기에 묻혔다. 여러 제후들이 진에 반기를 들 때 魏豹(위표)는 자립하여 왕이 되었고, 위온은 자신의 딸(薄姬)을 魏王의 궁궐에 보냈다. 許負(허부)는 薄姬(박희)의 관상을 본 뒤 틀림없이 天子를 낳을 것이라고 말했다. 이때 항우는 한창 漢王과 滎陽(형양)에서 세력을 다툴 때라서 천하 향배는 정해진 바가 없었다. 위표는 처음에 한과 협력하여 楚를 공격하였지만 허부의 말을 듣고 마음으로 기뻐하며 한을 배신하고 중립을 지키며 초와 강화하였다. 한왕의 사자 曹參(조참) 등이 위왕 위표를 사로잡은 뒤 그 영지를 魏郡으로 만들었고 薄姬(박희)는 織室(직실)에 보내졌다. 위표는 이미 죽은 뒤였는데 한왕이 직실에 들렀다가 박희를 보고 불러 후궁 처소에 보냈지만 1년이 넘도록 가까이 하지 않았다.

原文

始姬少時, 與管夫人, 趙子兒相愛, 約曰, '先貴毋相忘!'

已而管夫人,趙子兒先幸漢王. 漢王四年, 坐河南成皐靈臺,
此兩美人侍, 相與笑薄姬初時約. 漢王問其故, 兩人俱以實
告. 漢王心淒然憐薄姬, 是日召, 欲幸之. 對曰, "昨暮夢龍
據妾胸." 上曰, "是貴徵也, 吾爲汝成之." 遂幸, 有身. 歲中
生文帝, 年八歲立爲代王. 自有子後, 希見. 高祖崩, 諸幸姬
戚夫人之屬, 呂后怒, 皆幽之不得出宮. 而薄姬以希見故,
得出從子之代, 爲代太后. 太后弟薄昭從如代.

| 註釋 |   ○河南成皐靈臺 - 河南郡(치소는 洛陽縣) 成皐縣(성고현, 今 河南
省 滎陽市 서북). 靈臺는 전각 이름.   ○代 - 侯國名. 국도는 代縣. 今 河北省
북부 張家口市 관할 蔚縣(울현).

〖國譯〗

그전에 薄姬(박희)가 젊었을 때 管夫人(관부인), 趙子兒(조자아)와
함께 친했는데 '먼저 높아지더라도 서로를 잊지 말자!'고 약속했었
다. 얼마 뒤에 관부인과 조자아는 먼저 漢王의 사랑을 받았다. 漢王
4년(前 203), 河南 成皐(성고)의 靈臺(영대)에 머물 때 두 미인은 시중
을 들면서 박희와의 예전 약속을 생각하며 웃었다. 한왕이 웃는 까
닭을 묻자, 두 사람은 사실대로 이야기를 했다. 한왕은 마음속으로
박희를 불쌍하다 생각하며 그날 밤에 박희를 불러 사랑을 주려고 했
다. 그러자 박희가 말했다. "엊저녁 꿈에 제 가슴으로 용을 품었습
니다." 그러자 한왕은 "이는 높이 오를 징조이니 내가 네 뜻을 이뤄
주겠다."라고 말하며 사랑을 주어 임신시켰다.

그 해에 문제를 낳았고 8살이 되자 代王에 봉해졌다. 그리고 아들을 낳은 뒤로는 가끔 불려갔다. 고조가 죽은 뒤 고조의 총애를 받은 후궁들은 척부인 편이었기에 여태후는 분노하며 궁 밖(지방)으로 내보내지 않았다. 그러나 박희는 가끔 불려갔었기에 아들을 따라 代國에 가서 대왕의 태후가 되었다. 태후의 동생인 薄昭(박소)도 함께 代國으로 갔다.

代王立十七年, 高后崩. 大臣議立後, 疾外家呂氏强暴, 皆稱薄氏仁善, 故迎立代王爲皇帝, 尊太后爲皇太后, 封弟昭爲軹侯. 太后母亦前死, 葬櫟陽北, 乃追尊太后父爲靈文侯, 會稽郡致園邑三百家, 長丞以下使奉守寢廟, 上食祠如法. 櫟陽亦置靈文夫人園, 令如靈文侯園儀. 太后蚤失父, 其奉太后外家魏氏有力, 乃召復魏氏, 賞賜各以親疏受之. 薄氏侯者一人.

太后後文帝二歲, 孝景前二年崩, 葬南陵. 用呂后不合葬長陵, 故特自起陵, 近文帝.

| 註釋 | ○高后崩 – 前 180년. ○疾外家~ – 外家는 외조부모의 家. 여자가 출가한 후 자신의 친정을 외가라 지칭했다. ○軹侯 – 軹(굴대머리 지)는 侯國名. 今 河南省 濟源市 동남. 洛陽市 북쪽, 黃河 이북. ○長丞以下~ – 長과 丞(부책임자). ○乃召復魏氏 – 復은 부세를 면제하다. ○景帝前二年 –

무제 이전은 연호를 사용하지 않았다. 문제 때는 前元, 後元으로, 景帝 때는 前元, 中元, 後元을 사용하였다. 경제 前元 2년은 前 155년. ○南陵 – 박태후의 묘. 문제의 황릉인 覇陵(패능)에 가깝다.

### 〖 國譯 〗

　代王으로 책립되어 17년에 高后가 죽었다. 대신들이 후사를 의논할 때, 친정이 포악했던 여씨를 증오하면서 薄氏(박씨)가 어질고 착하다고 모두가 칭찬하면서 代王을 황제로 옹립하였는데 박태후를 황태후로 모시었으며 동생인 薄昭(박소)를 軹侯(지후)에 봉했다. 박태후의 모친은 이미 죽어 櫟陽縣(역양현) 북쪽에 묻혔는데 박태후의 부친을 靈文侯(영문후)로 추존하여 회계군에 園邑(원읍) 3백 호를 두고 長과 丞(승) 이하의 관리로 하여금 무덤을 관리하게 하면서 규정대로 사당에 上食토록 하였다. 역양현에도 마찬가지로 靈文夫人園(영문부인원)이라 하여 영문후원의 예와 같게 하였다. 태후는 어려서 일찍 부모를 여의었기에 태후의 외가로는 魏氏(위씨)가 유력했는데 위씨 일가를 찾아 부세를 면제해주고 친소에 따라 하사품을 나누어 주었다. 박씨로 제후가 된 사람은 1인이었다.

　태후는 문제 사후 2년, 효경제 前元 2년에 죽어 南陵(남릉)에 묻혔다. 呂后를 長陵(高祖 능)에 합장하지 않은 예를 따라 따로 능을 썼는데 文帝의 능에 가까운 곳에 썼다.

## 97-4. 孝文竇皇后

原文

孝文竇皇后, 景帝母也, 呂太后時以良家子選入宮. 太后出宮人以賜諸王各五人, 竇姬與在行中. 家在淸河, 願如趙, 近家, 請其主遣宦者吏'必置我籍趙之伍中.' 宦者忘之, 誤置籍代伍中. 籍奏, 詔可. 當行, 竇姬涕泣, 怨其宦者, 不欲往, 相强乃肯行. 至代, 代王獨幸竇姬, 生女嫖, 孝惠七年, 生景帝.

| 註釋 | ○家在淸河 – 군명. 치소는 淸河縣. 今 河北省 邢台市 관할의 淸河縣(山東省 접경 지역). ○願如趙 – 如는 往. 趙國의 도읍 邯鄲(한단), 今 河北省 남부 邯鄲市(한단시). ○孝惠七年 – 前 188년.

[ 國譯 ]

孝文帝의 竇皇后(두황후)는 景帝의 모친인데, 呂太后 때에 良家子로 선발되어 입궁하였다. 여태후가 궁인들을 여러 왕가에 5명씩 보내주었는데 竇姬(두희)도 보낼 사람 명단에 들었다. 두희는 본가가 淸河郡(청하군)이기에 趙(조)나라에 가기를 원하면서 담당 환관에게 '나를 꼭 趙에 가는 명단에 넣어 달라.'고 부탁하였다. 그러나 환관이 잊어버리고 代國에 가는 명단에 올렸다. 명단이 상주되고 결재가 났다. 떠날 때 두희는 울면서 그 환관을 원망하며 아니 가려 했지만 여럿이 권하자 마지못해 갔다. 代國에 도착하자 代王은 오직 두희만을 총애하여 딸 嫖(표)를 낳았고, 혜제 7년에 경제를 낳았다.

原文

代王王后生四男, 先代王未入立爲帝而王后卒, 乃代王爲帝后, 王后所生四男更病死. 文帝立數月, 公卿請立太子, 而竇姬男最長, 立爲太子. 竇姬爲皇后, 女爲館陶長公主. 明年, 封少子武爲代王, 後徙梁, 是爲梁孝王.

| 註釋 | ○更病死 – 更은 또한, 되풀이해서, 더욱. ○館陶長公主(?-전 116) – 館陶(관도)는 현명. 今 河北省 館陶縣, 長公主는 맏이란 뜻. 文帝 때는 공주라 했다가 나중에 景帝 때부터 長公主, 武帝 때는 大長公主라 칭했다. 景帝의 친누나. 堂邑侯 陳午에게 출가했기에 堂邑長公主라고도 부른다. 武帝의 고모. 장공주 소생의 딸이 무제의 첫 번째 황후인 陳皇后이다. ○後徙梁 – 梁의 국도는 定陶縣, 今 山東省 荷澤市 관할의 定陶縣.

〖國譯〗

代王의 왕후는 네 아들을 낳았는데 대왕이 황제로 즉위하기 전에 왕후가 죽었고 대왕이 제위에 오른 뒤로는 왕후 소생의 4남이 모두 죽었다. 문제가 즉위한 몇 달 뒤 공경들이 태자 책봉을 주청했고 두희가 난 아들이 가장 연장이어서 태자가 되었다. 두희는 황후가 되었고 딸은 館陶長公主(관도장공주)라 하였다. 그 다음 해 작은 아들 劉武를 代王으로 봉했고 뒤에 梁으로 옮겼는데, 이가 梁 孝王이다.

竇皇后親蚤卒, 葬觀津. 於是薄太后乃詔有司追封竇后父 爲安成侯, 母曰, 安成夫人, 令淸河置園邑二百家, 長丞奉 守, 比靈文園法.

| 註釋 | ○觀津 - 현명. 치소는 今 河北省 衡水市 武邑縣.

[ 國譯 ]

竇皇后(두황후)의 부모는 일찍 죽어 觀津縣(관진현)에 묻혔다. 이 에 薄太后(박태후)는 담당자에게 명해서 두황후의 부친을 安成侯(안 성후), 모친을 안성부인으로 추존하고 청하현에 원읍 2백 호를 두고 관리를 두어 靈文園(영문원)의 법제에 따라 제사하게 하였다.

원문

竇后兄長君. 弟廣國字少君, 年四五歲時, 家貧, 爲人所 略賣, 其家不知處. 傳十餘家至宜陽, 爲其主人入山作炭. 暮臥岸下百餘人, 岸崩, 盡厭殺臥者, 少君獨脫不死. 自卜, 數日當爲侯. 從其家之長安, 聞皇后新立, 家在觀津, 姓竇 氏. 廣國去時雖少, 識其縣名及姓, 又嘗與其姊採桑, 墮, 用 爲符信, 上書自陳. 皇后言帝, 召見問之, 具言其故. 果是. 復問其所識, 曰, "姊去我西時, 與我決傳舍中, 匃沐沐我, 已, 飯我, 乃去." 於是竇皇后持之而泣, 侍御左右皆悲. 乃

厚賜之, 家於長安. 絳侯,灌將軍等曰,"吾屬不死, 命乃且縣
此兩人. 此兩人所出微, 不可不爲擇師傅, 又復放呂氏大事
也." 於是乃選長者之有節行者與居. 竇長君,少君由此爲退
讓君子, 不敢以富貴驕人.

| 註釋 | ○宜陽 – 현명. 今 河南省 洛陽市 관할의 宜陽縣. ○入山作炭 –
산에 들어가 숯을 만들다. 炭을 석탄(煤)으로 해석하기에는 무리가 있다. 다
음 구절의 岸은 웅덩이, 또는 벼랑(절개지)로 풀이할 수 있다. ○盡厭殺臥者
– 厭은 눌릴 압, 엎드릴 엽, 싫을 염. 여기서는 눌릴 압(壓). ○數日當爲侯 –
數日은 몇일 후. 數曰(수왈)로 보면 점을 쳐보고 말하다. 數는 卜數의 뜻. ○匄
沐沐我 – 匄는 빌 개(丐와 동). 匈(오랑캐 흉)이 아님. 沐은 머리 감을 목. 沐
具. 쌀뜨물로 머리를 감았다고 한다. ○絳侯,灌 – 絳侯(강후) 周勃(주발), 40
권, 〈張陳王周傳〉 입전. 灌은 灌嬰(관영), 41권, 〈樊酈滕灌傅靳周傳〉 입전.
○又復放~ – 放은 본받다(仿也).

〔國譯〕
竇(두)황후의 큰동생은 長君이다. 작은동생은 廣國으로, 字는 少
君인데 나이 4~5세에 집이 가난하여 다른 사람에게 잡혀가 팔렸는
데 그 집에서는 어디에 있는지 몰랐다. 10여 집을 옮겨 다니다가 宜
陽縣에 와서 주인을 위해 산에 들어가 숯을 만들고 있었다. 저녁에
벼랑 아래 백여 명이 누웠는데 벼랑이 무너져 누워있던 사람 모두가
압살당했지만 두소군만은 혼자 빠져나와 살았다. 나중에 점을 쳐보
니 제후가 된다고 하였다. 주인집을 따라 장안에 갔을 때, 황후가 새
로 책봉되었는데 집이 관진현이고, 성이 두씨라는 말을 들었다. 두

광국은 집을 떠날 때 비록 어렸지만 그 현과 성씨는 알고 있었으며, 또 누나와 뽕을 따다가 나무에서 떨어져 생긴 흉터를 증거로 글을 올려 자신에 대해 말했다. 皇后가 문제에게 말해 불러 물었는데, 그 사연을 다 말하니 과연 그대로였다. 그리고 또 생각나는 것이 있는가 묻자 대답하였다.

"누나가 우리와 헤어져 서쪽으로 가려고 나와 傳舍(전사)에서 헤어질 때 목욕물을 얻어 내 머리를 감겨주었고 마치고서는 밥을 먹여주고 떠나갔습니다."

그러자 두황후는 동생을 붙잡고 통곡하자 좌우의 시녀들도 모두 슬피 울었다. 이어 하사품을 많이 주고 장안에 살게 하였다. 絳侯(강후) 주발과 灌嬰(관영) 장군 등이 말했다.

"우리들이 죽지 않으려면 명줄이 이 두 사람에게 달렸다. 이 두 사람 출신이 미천하여 스승을 골라 가르치지 않을 수 없으니 다시 呂氏를 본받는다면 큰일이로다."

그리고서는 행실이 바른 사람을 골라 같이 기거하게 하였다. 이후로 竇長君(두장군)과 少君은 겸양을 아는 군자가 되어 부귀를 누렸지만 남에게 교만하지는 않았다.


原文

竇皇后疾, 失明. 文帝幸邯鄲愼夫人, 尹姬, 皆無子. 文帝崩, 景帝位, 皇后爲皇太后, 乃封廣國爲章武侯. 長君先死, 封其子彭祖爲南皮侯. 吳, 楚反時, 太后從昆弟子竇嬰俠, 喜士, 爲大將軍, 破吳, 楚, 封魏其侯. 竇氏侯者凡三人.

寶太后好黃帝,老子言, 景帝及諸寶不得不讀《老子》尊其術. 太后後景帝六歲, 凡立五十一年, 元光六年崩, 合葬霸陵. 遺詔盡以東宮金錢財物賜長公主嫖. 至武帝時, 魏其侯寶嬰爲丞相, 後誅.

| 註釋 | ○吳,楚反時 - 경제 때, 吳楚七國의 난. 전 153년. ○寶嬰(두영) - 52권, 〈寶田灌韓傳〉에 입전. ○太后後景帝六歲 - 경제가 죽고서 6년 후이면 무제 建元 6년(전 135)이다. 이 해에 두태후가 붕어했다. ○凡立五十一年, 元光六年崩 - 두태후는 총 46년간 황후와 태후, 황태후로 재위하였다. 51년은 착오이다. 武帝 元光 6년은 전 129년으로 경제가 죽은 지 12년이다. 원광 6년은 건원 6년의 착오가 확실하다. 경제가 죽고 6년 후에 죽은 것으로 바로잡아 국역한다.

〔國譯〕

두황후는 병이 나서 실명했다. 文帝는 邯鄲(한단) 출신 愼夫人(신부인)이나 尹姬(윤희)를 총애하였으나 모두 아들을 두지 못했다. 문제가 붕어하고 경제가 즉위하자 두황후는 황태후가 되었고, 두광국은 章武侯(장무후)가 되었다. 두장군은 먼저 죽었는데, 그 아들 寶彭祖(두팽조)는 南皮侯(남피후)가 되었다. 吳와 楚가 반란을 일으켰을 때 두태후의 사촌 동생 아들 寶嬰(두영)은 협객으로 무사를 좋아했으며 대장군이 되어 오와 초를 격파하여 魏其侯(위기후)에 봉해졌다. 두씨로 제후가 된 사람은 3명이었다.

두태후는 黃帝(황제)와 老子(노자)의 학설을 좋아하였기에 景帝와 여러 두씨들은 《老子》를 읽고 그 학설을 존중하지 않을 수 없었다.

태후는 경제가 죽은 6년 후에 죽었는데, 총 46년을 재위하고 建元 6년에 붕어하였고 霸陵(패릉)에 합장하였다. 遺詔(유조)로 東宮(태후궁)의 모든 금전과 재물을 長公主 嫖(표)에 주었다. 무제 때에 이르러 위기후 두영은 승상이 되었지만 나중에 주살되었다.

## 97-5. 孝景王皇后 外

原文

孝景薄皇后, 孝文薄太后家女也. 景帝爲太子時, 薄太后取以爲太子妃. 景帝立, 立薄妃爲皇后, 無子無寵. 立六年, 薄太后崩, 皇后廢. 廢後四年薨, 葬長安城東平望亭南.

孝景王皇后, 武帝母也. 父王仲, 槐里人也. 母臧兒, 故燕王臧荼孫也, 爲仲妻, 生男信與兩女. 而仲死, 臧兒更嫁爲長陵田氏婦, 生男蚡, 勝. 臧兒長女嫁爲金王孫婦, 生一女矣, 而臧兒卜筮曰, 兩女當貴, 欲倚兩女, 奪金氏. 金氏怒, 不肯與決, 乃內太子宮. 太子幸愛之, 生三女一男. 男方在身時, 王夫人夢日入其懷, 以告太子, 太子曰, "此貴徵也." 未生而文帝崩, 景帝卽位, 王夫人生男. 是時, 薄皇后無子. 後數歲, 景帝立齊栗姬男爲太子, 而王夫人男爲膠東王.

| 註釋 | ㅇ槐里 – 현명. 今 陝西省 咸陽市 관할의 興平市. ㅇ臧荼(장도, ?
-前 202) – 燕王 韓廣의 部將, 項羽에 협력하여 燕王에 봉해졌다가 나중에 遼
東王 韓廣을 치고 옛 燕國을 통일했다. 한에 반기를 들었으나 고조에게 패망
하였다. ㅇ田蚡(전분, ?-前 131) – 田蚡의 同母異父의 여동생 王氏가 景帝의
2번째 皇后가 되었고 그 소생인 劉徹이 武帝로 즉위하자 전분은 무제의 외
숙으로 武安侯에 봉해졌고, 太尉를 거쳐 丞相에 올랐다. 대단한 추남에 속했
으나 文辭가 뛰어났었다. 52권, 〈竇田灌韓傳〉에 입전. ㅇ膠東王(교동왕) –
膠東은 지금 山東半島 남부, 원래 齊의 일부.

〖國譯〗

孝景帝 薄皇后(박황후)는 孝文帝 薄太后(박태후) 집안의 딸이다.
경제가 태자로 있을 때 박태후가 골라 태자비가 되었다 경제가 즉위
하자, 박비를 박황후로 책립하였지만 아들도 없었고 총애도 받지 못
했다. 황후가 되어 6년에 황후를 폐위했고, 폐위된 지 4년 만에 죽어
장안성의 동쪽 平望亭 남쪽에 장례하였다.

孝景帝 王皇后는 武帝의 모친이다. 왕황후 부친은 王仲(왕중)인데
槐里縣(괴리현) 사람이다. 왕황후 모친 臧兒(장아)는 예전 燕王 臧荼
(장도)의 손녀로 왕중의 처가 되어 아들 王信과 두 딸을 낳았다. 왕중
이 죽자, 장아는 다시 長陵縣 田氏의 아내가 되어 아들 田蚡(전분)과
田勝(전승)을 낳았다. 장아의 큰딸은 결혼하여 金王孫의 아내가 되
어 딸을 하나 낳았는데 장아가 점을 쳐보니 두 딸이 아주 귀한 자리
에 오를 것이며 두 딸에게 의지할 것이라는 점괘가 나왔다. 이에 장
아는 김씨에게서 딸을 빼앗았다. 김씨가 화를 내며 내주려하지 않았
으나 장아는 딸을 태자궁에 들여보냈다. 태자가 총애하여 3녀와 1
남을 낳았다. 아들을 임신하였을 때 왕부인은 해를 품에 안는 꿈을

꾸었는데, 이를 태자에게 말하자 태자가 대답하였다. "이는 아주 귀한 징조로다." 임신 중에 문제가 붕어하여 경제가 즉위하였고 王夫人은 아들을 낳았다. 이때도 薄皇后는 아들이 없었다. 몇 년 뒤 경제는 齊 출신 栗姬(율희) 소생의 아들을 태자로 세웠고, 왕부인이 낳은 아들은 膠東王(교동왕)이 되었다.

原文

長公主嫖有女, 欲與太子爲妃, 栗姬妒, 而景帝諸美人皆因長公主見得貴幸, 栗姬日怨怒, 謝長主, 不許. 長主欲與王夫人, 王夫人許之. 會薄皇后廢, 長公主日譖栗姬短. 景帝嘗屬諸姬子, 曰, "吾百歲後, 善視之." 栗姬怒不肯應, 言不遜, 景帝心銜之而未發也.

| 註釋 |  ○長公主嫖 － 文帝와 竇皇后 소생의 관도장공주.  ○栗姬 － 齊國人, 美貌出衆, 景帝와 사이에 劉榮(율태자) 외 2명의 아들을 출산했다.  ○景帝嘗屬諸姬子 － 屬은 囑. 諸姬子는 여러 미인들이 낳은 아들. 景帝는 14명의 아들을 두었다. 53권, 〈景十三王傳〉 참고.

〖國譯〗

관도장공주 嫖(표)에게 딸이 있었는데 태자의 비로 삼으려 했지만 이를 (태자 생모인) 율희가 싫어하였다. 경제의 여러 미인들은 모두 장공주를 통해 경제의 총애를 받았는데, 율희는 날마다 장공주에게 원한을 품고 있었기에 장공주의 부탁을 사절하며 수락하지 않았다.

장공주는 王夫人 소생(교동왕)과 결혼시키려 하였고, 이를 왕부인은 수락했다. 그때 경제의 薄皇后가 폐위되었는데 장공주는 날마다 율희의 단점을 참소하였다. 경제는 여러 미인 소생 아들들에게 "내가 죽은 뒤에도 율태자를 잘 돌봐주기 바란다."라고 말했다. 율희는 화가 나서 응답하려 하지 않았고 언사도 불손하였는데 경제는 이를 마음속에 품고 있었지만 드러내지는 않았다.

原文

長公主日譽王夫人男之美, 帝亦自賢之. 又耳曩者所夢日符, 計未有所定. 王夫人又陰使人趣大臣立栗姬爲皇后. 大行奏事, 文曰, "子以母貴, 母以子貴. 今太子母號宜爲皇后." 帝怒曰, "是乃所當言邪!" 遂案誅大行, 而廢太子爲臨江王. 栗姬愈恚, 不得見, 以憂死. 卒立王夫人爲皇后, 男爲太子. 封皇后兄信爲蓋侯.

| 註釋 | ○又耳曩者所夢日符 – 耳는 귀로 들었던 말을 기억하다. 曩者(양자)는 지난 날. 所夢日符은 해를 품는 꿈을 꿈의 징조와 부합하다. ○趣大臣 ~ – 趣은 재촉하다. 趣은 재촉할 촉. 달릴 취. ○大行奏事 – 大行은 관직이름. 이때는 典客이라는 직명이었다. 大行令으로 고친 것은 景帝 中元 6년이었다. ○廢太子爲臨江王 – 栗姬(율희) 소생의 景帝의 長子, 劉榮. 太子에서 폐위되어(前150) 臨江王으로 강등되었다. 臨江國의 국도는 江陵縣(今 湖北省 江陵縣). ○卒立王夫人爲皇后 – 王夫人(武帝의 생모)을 皇后로 책봉하다. ○王信 – 왕황후의 친형제.

長公主는 날마다 王夫人 소생 아들(교동왕)의 좋은 점을 칭송했고 경제 역시 (교동왕이) 현명하다고 생각했다. 또 지난 날 들었던 해를 품었다는 말에 맞는다고 생각했지만 방책을 정하지는 않았다. 그리고 王夫人은 은밀히 사람을 시켜 대신들에게 율희를 황후로 세울 것을 건의하라고 재촉하였다. 大行(典客)이 국사를 상주하는 글에 "아들은 모친 따라 귀해지고, 모친도 아들을 따라 귀해진다고 하였습니다. 지금 태자의 모친을 황후로 칭해야 마땅합니다." 그러자 경제가 화를 내며 말했다. "이것이 네가 말해야 할 일이냐!" 그리고 끝내 대행을 법에 따라 처형하고 태자를 폐위하여 臨江王(임강왕)으로 강등시켰다. 율희는 더욱 분노하며 경제를 만나지도 못하다가 울분으로 죽었다. 결국 왕부인을 황후로 책봉하고, 아들 교동왕을 태자로 정했다. 황후의 오빠인 王信(왕신)을 蓋侯(개후)에 봉했다.

原文

初, 皇后始入太子家, 後女弟兒姁亦復入, 生四男. 兒姁蚤卒, 四子皆爲王. 皇后長女爲平陽公主, 次南宮公主, 次隆慮公主.

皇后立九年, 景帝崩. 武帝卽位, 爲皇太后, 尊太后母臧兒爲平原君, 封田蚡爲武安侯, 勝爲周陽侯. 王氏,田氏侯者凡三人. 蓋侯信好酒, 田蚡,勝貪, 巧於文辭. 蚡至丞相, 追尊王仲爲共侯, 槐里起園邑二百家, 長丞奉守. 及平原君薨,從田氏葬長陵, 亦置園邑如共侯法.

| 註釋 | ○生四男 – 王夫人(왕황후 여동생, 兒姁)은 廣川惠王 越, 膠東康王 寄, 淸河哀王 乘, 常山憲王 舜을 낳았다. 53권, 〈景十三王傳〉참고. ○景帝 崩 – 景帝는 재위 16년, 전 141년에 죽었다. ○田蚡(전분) – 왕태후의 異父 同母弟. 왕태후의 생모 臧兒(장아)가 長陵縣의 田氏에게 개가하여 낳은 아 들.

〖 國譯 〗

　　그전에, 왕황후가 처음 太子宮에 들어갈 때 뒤를 따라 여동생 兒 姁(아후)도 입궁하였는데 아들 넷을 낳았다. 아후는 일찍 죽었지만 4 명 아들은 모두 왕이 되었다. 왕황후의 장녀는 平陽公主이고, 차녀 는 南宮公主(남궁공주), 막내는 隆慮公主(융려공주)이다.

　　皇后로 책봉된 9년 만에 경제가 죽었다. 무제가 즉위하자, 황태후 가 되었고 황태후의 모친 臧兒(장아)를 平原君으로 높였으며 田蚡(전 분)을 武安侯로, 田勝(전승)을 周陽侯에 봉했다. 王氏나 田氏로 제후 에 봉해진 사람은 모두 3인이다. 蓋侯(개후)인 王信은 술을 좋아했 고, 전분과 전승은 탐욕이 많았으나 文辭가 뛰어났었다. 전분이 승 상이 되면서 王仲(왕중, 왕태후 부친)은 共侯(공후)로 추존되었고 槐里 縣(괴리현)에 園邑 2백 호를 두고 長과 丞(승)이 관리토록 하였다. 이 어 平原君(臧兒)이 죽자 田氏와 같이 고향 長陵縣(장릉현)에 장례하 고, 園邑(원읍)은 공후의 법도와 같게 하였다.

**原文**

初, 皇太后微時所爲金王孫生女俗, 在民間, 蓋諱之也.
武帝始立, 韓嫣白之. 帝曰, "何爲不蚤言?" 乃車駕自往迎
之. 其家在長陵小市, 直至其門, 使左右入求之. 家人驚恐,
女逃匿. 扶將出拜, 帝下車立曰, "大姊, 何藏之深也?" 載至
長樂宮, 與俱謁太后, 太后垂涕, 女亦悲泣. 帝奉酒, 前爲壽.
錢千萬, 奴婢三百人, 公田百頃, 甲第, 以賜姊. 太后謝曰,
"爲帝費." 因賜湯沐邑, 號修成君. 男女各一人, 女嫁諸侯,
男號修成子仲, 以太后故, 橫於京師. 太后凡立二十五年,
後景帝十五歲, 元朔三年崩, 合葬陽陵.

| 註釋 | ○所爲金王孫生女俗 – 왕황후가 미천할 때 金王孫(인명)과 결혼
하여 낳은 딸. 俗은 이름. 왕황후의 모친 臧兒(장아)가 김왕손에게서 딸을 빼
앗아다가 태자궁에 들여보냈다. 俗은 武帝의 同母異父 누나인 셈이다. ○韓
嫣(한언) – 字는 王孫(왕손)으로, 弓高侯 韓頹當(한퇴당)의 손자이다. 武帝가
膠東王(교동왕)일 때, 한언은 교동왕과 함께 글을 배우면서 서로 아껴주었
다. 교동왕은 태자가 된 뒤에도 더욱 한언을 가까이하였다. 93권,〈佞幸傳〉
에 입전. ○爲帝費 – "황제께서 과용하셨습니다." 황제의 많은 재물 하사에
대한 치사. ○陽陵(양릉) – 景帝의 능.

[ 國譯 ]

　그전에, 왕태후가 미천할 때 金王孫(김왕손)에게 시집가서 俗(속)
이라는 딸을 낳았는데 민간에 사는 것을 대략 숨기고 있었다. 무제
가 즉위하자, 韓嫣(한언)이 이런 사실을 말했다. 무제는 "왜 일찍 말

446 漢書(九)

하지 않았는가?" 하고서는 바로 수레를 타고 직접 찾으러 갔다. 그 집은 장릉현의 작은 마을에 있었는데 바로 문 앞에까지 가서 측근에게 들어가 데려오게 하였다. 집안사람들이 놀랐고 딸은 숨었다. 데리고 나와 절을 올리게 하자, 무제가 수레에서 내려와 말했다. "누님은 어찌 이리 깊이 숨어 있었소?" 함께 장락궁으로 돌아와 태후를 뵙자 태후는 눈물을 흘렸고 딸도 슬피 울었다. 무제가 술을 따라 올리며 축수를 하였다. 무제는 돈 천만 전, 노비 3백 명, 공전 1백 頃(경), 큰 저택을 하사하였다. 태후도 "폐하께서 과용하셨습니다."라고 사례했다. 무제는 이어 湯沐邑(탕목읍)을 하사하고 修成君(수성군)이라 부르게 했다. 수성군에게 딸과 아들이 하나씩 있었는데 딸은 제후에게 출가했고, 아들은 修成子仲(수성자중)이라고 불렀는데 태후를 믿고 경사에서 멋대로 놀았다. 왕태후는 책립 후 총 25년을 지내다가 경제가 죽은 15년 뒤, 무제 元朔(원삭) 3년(前 126)에 죽어 陽陵(양릉)에 합장했다.

## 97-6. 孝武陳皇后 外

原文

孝武陳皇后, 長公主嫖女也. 曾祖父陳嬰與項羽俱起, 後歸漢, 爲堂邑侯. 傳子至孫午, 午尙長公主, 生女.

初, 武帝得立爲太子, 長主有力, 取主女爲妃. 及帝卽位, 立爲皇后, 擅寵驕貴, 十餘年而無子, 聞衛子夫得幸, 幾死者數焉. 上愈怒. 後又挾婦人媚道, 頗覺. 元光五年, 上遂窮治之, 女子楚服等坐爲皇后巫蠱祠祭祝詛, 大逆無道, 相連及誅者三百餘人, 楚服梟首於市. 使有司賜皇后策曰, "皇后失序, 惑於巫祝, 不可以承天命. 其上璽綬, 罷退居長門宮."

明年, 堂邑侯午薨, 主男須嗣侯. 主寡居, 私近董偃. 十餘年, 主薨. 須坐淫亂, 兄弟爭財, 當死, 自殺, 國除. 後數年, 廢后乃薨, 葬霸陵郎官亭東.

| 註釋 | ○曾祖父陳嬰與項羽俱起 – 陳嬰(진영)은 東陽縣의 令史(현리)로 봉기하여 항우에게 협력하였다. 나중에 고조에게 귀의했고 공을 세워 堂邑侯가 되었다. 진영의 손자인 陳午(진오)가 관도장공주와 결혼한다. 관도장공주는 景帝의 누나이니, 武帝의 고모이다. 長公主의 딸은 武帝에게 內四寸이다. ○衛子夫 – 뒷날 衛太子(여태자)의 생모. ○挾婦人媚道 – 挾은 술수를 쓰다. 낄 협. 媚道(미도)는 기도로 다른 사람의 환심을 살 수 있다는 미신행위. ○董偃(동연) – 장공주의 시종으로 通情하며 공주를 모셨다. 한때 武帝의 총애도 받았으나 30세에 죽어 관도공주와 함께 霸陵에 합장되었다. 65권, 〈東方朔傳〉 참고.

〖國譯〗

孝武帝 陳皇后는 館陶長公主(관도장공주)인 嫖(표)의 딸이다. 진황후의 증조부인 陳嬰(진영)은 項羽(항우)와 함께 봉기했다가 漢에 귀의하여 堂邑侯(당읍후)가 되었다. 아들에 이어 손자인 陳午(진오)에

전위되었고, 진오는 장공주를 맞이하여 딸을 낳았다.

그전에 무제가 태자에 책봉되었을 때 장공주의 영향력이 있어 장공주의 딸을 태자비로 맞이하였다. 황제로 즉위하자 황후가 되어 총애를 독점하며 교만하였으나 10여 년이 넘도록 아들이 없었으며 衛子夫(위자부)가 총애를 받자 위자부를 거의 죽일 뻔한 일이 여러 번 있었다. 무제는 크게 분노하였다. 그 뒤에 진황후는 환심을 살 수 있다는 미신(저주)행위를 행하다가 발각되기도 하였다. 元光 5년(前 130)에 결국 이를 추궁을 하자 楚服(초복)이란 여인 등이 황후를 위하여 巫蠱(무고)하고 제사하며 저주하는 대역무도한 죄를 지었고 이에 연루되어 처형된 자가 3백여 명이나 되었는데 초복은 거리에 효수되었다. 무제는 담당 관리를 시켜 황후에게 명령하기를 "皇后는 德義의 체통을 잃고 무녀의 축원에 빠졌으니 천명을 받을 수가 없노라. 황후의 국새와 인수를 반납하고 물러나 장문궁에 거처하라."

다음 해에 당읍후 진오가 죽었고 공주의 아들인 陳須(진수)가 뒤를 이었다. 공주는 과부로 지내면서 董偃(동연)과 은밀히 정을 통했다. 10여 년 뒤에 공주가 죽었다. 진수는 음란행위와 형제간 재산 다툼으로 법에 걸리자 자살하였고 나라는 없어졌다. 그 몇 년 뒤에 폐황후가 죽어 패릉현 郎官亭(낭관정) 동쪽에 묻혔다.

原文

孝武衛皇后字子夫, 生微也. 其家號曰, 衛氏, 出平陽侯邑. 子夫爲平陽主謳者, 武帝卽位, 數年無子. 平陽主求良家女十餘人, 飾置家. 帝祓霸上, 還過平陽主. 主見所侍美人, 帝不說. 既飲, 謳者進, 帝獨說子夫. 帝起更衣, 子夫侍尙衣軒中, 得幸. 還坐歡甚, 賜平陽主金千斤. 主因奏子夫送入宮. 子夫上車, 主拊其背曰, "行矣! 强飯勉之. 卽貴, 願無相忘!" 入宮歲餘, 不復幸. 武帝擇宮人不中用者斥出之, 子夫得見, 涕泣請出. 上憐之, 復幸. 遂有身, 尊寵. 召其兄衛長君, 弟青侍中. 而子夫生三女, 元朔元年生男據, 遂立爲皇后.

| 註釋 | ○平陽主 – 왕태후 소생의 平陽公主. 무제의 누나. 平陽侯 曹壽(조수)와 결혼했기에 평양공주라 호칭. ○謳者 – 歌妓. 謳는 노래할 구. ○所侍美人 – 미리 준비한 미인. 侍는 기다릴 치. ○帝起更衣 – 무제가 일어나 화장실에 가다. 更衣(경의)는 뒷간에 가다. ○子夫侍尙衣軒中, 得幸 – 尙은 上. 軒中은 행랑채. 난간. ○强飯勉之 – 强飯은 몸을 소중히 아끼다. 勉之는 힘써 노력하라. 총애를 받도록 열심히 하라는 격려. ○衛長君 – 위자부의 오빠. 그 부친은 鄭季로 河東郡 平陽縣 사람인데, 縣吏로 平陽侯의 給事일을 하다가 平陽侯의 하녀인 衛媼(위온)과 사통하여 衛長君, 위청, 衛子夫를 낳았다. 이들은 모친 성을 따랐다. ○元朔元年生男據 – 뒷날 衛太子 劉據(유거).

〔 國譯 〕

　孝武帝 衛皇后의 字는 子夫인데 미천한 가문이었다. 그 집안 衛氏(위씨)는 平陽侯(평양후)의 마을 출신이었다. 위자부는 平陽公主의 歌妓(가기)였는데 무제가 즉위하고 몇 년 동안 아들이 없었다. 평양

공주가 양가의 여인 10여 명을 골라 집안에 두고 가꾸었다. 무제가 霸上(패상)에서 祓祭(불제)를 지내고 돌아오는 길에 평양공주의 집에 들렀다. 공주가 미리 준비한 미인들을 보여 주었으나 무제는 좋아하지 않았다. 술을 마신 다음에 가기들이 들어오자 무제는 오직 위자부만 좋아하였다. 무제가 일어나 화장실에 가자 위자부는 옷시중을 들면서 행랑채에서 사랑을 받았다. 자리에 돌아와 아주 즐거워하면서 평양공주에게 황금 일천 근을 하사하였다. 공주는 위자부를 입궁시키겠다고 말했다. 위자부가 수레에 오를 때 공주는 그 등을 두드려주며 말했다. "잘 가거라! 몸 건강히 열심히 해라! 만약 높이 되거든 서로 잊지나 말자!"

위자부는 입궁 1년이 넘도록 사랑을 다시 받지 못했다. 무제는 가까이 하지 않는 궁녀를 골라 내보내려 했는데 위자부는 무제를 알현하며 울면서 출궁하겠다고 말했다. 무제는 가련타 생각하며 다시 사랑을 주었다. 결국 임신했고 총애를 받았다. 위자부의 친정오빠인 衛長君과 동생 衛靑은 시중이 되었다. 위자부는 딸 셋을 낳고, 元朔(원삭) 원년(전 128)에 아들 劉據(유거)를 낳고 마침내 황후가 되었다.

原文

先是, 衛長君死, 乃以靑爲將軍, 擊匈奴有功, 封長平侯. 靑三子皆襁褓中, 皆爲列侯. 及皇后姊子霍去病亦以軍功爲冠軍侯, 至大司馬票騎將軍. 靑爲大司馬大將軍. 衛氏支屬侯者五人. 靑還, 尙平陽主.

| 註釋 | ○乃以靑爲將軍 – 위청의 흉노 토벌은 55권, 〈衛靑霍去病傳〉참고. ○霍去病(곽거병) – 대장군 衛靑의 누나인 衛少兒의 아들이다. 그 아버지 霍仲孺(곽중유)는 衛少兒(위소아)와 사통하여 곽거병을 낳았다.

〔國譯〕

이보다 앞서 衛長君(위장군)은 죽었는데 衛靑은 장군이 되어 흉노 토벌에 공을 세워 長平侯(장평후)에 봉해졌다. 위청의 세 아들은 모두 강보에 싸인 어린아이였지만 列侯에 봉해졌다. 위황후 언니의 아들인 霍去病(곽거병) 역시 군공을 세워 冠軍侯(관군후)가 되어 관직이 大司馬 票騎將軍에 올랐다. 위청은 大司馬 大將軍이었다. 위씨의 일족으로 열후에 봉해진 자가 5인이었다. 위청은 원정에서 돌아와 과부가 된 평양공주와 결혼했다.

原文

皇后立七年, 而男立爲太子. 後色衰, 趙之王夫人, 中山李夫人有寵, 皆蚤卒. 後有尹倢伃, 鉤弋夫人更幸. 衛后立三十八年, 遭巫蠱事起, 江充爲奸, 太子懼不能自明, 遂與皇后共誅充, 發兵, 兵敗, 太子亡走. 詔遣宗正劉長樂, 執金吾劉敢奉策收皇后璽綬, 自殺. 黃門蘇文, 姚定漢興置公車令空舍, 盛以小棺, 瘞之城南桐柏. 衛氏悉滅. 宣帝立, 乃改葬衛后, 追諡曰, 思后, 置園邑三百家, 長丞周衛奉守焉.

| 註釋 | ○巫蠱事起 – 무제 만년(전 91년)의 사건. 저주의 힘으로 무제를 해치려 했다는 누명을 썼다. ○江充爲奸 – 45권, 〈蒯伍江息夫傳〉에 江充 입전. ○黃門 – 환관. ○瘞之~ – 瘞는 묻을 예. ○宣帝 – 무제의 증손, 위태자의 손자. 위황후는 선제의 증조모.

〖國譯〗

皇后로 책립된 지 7년에 아들은 태자가 되었다. 그러나 미색이 쇠퇴하면서 趙의 王夫人과 中山國의 李夫人이 총애를 받았지만 모두 일찍 죽었다. 그 뒤로도 尹倢伃(조첩여), 鉤弋夫人(구익부인)이 이어 총애를 받았다. 위황후가 된지 38년에 巫蠱(무고) 사건이 일어났는데, 이는 江充(강충)의 간계에 의한 것으로 太子는 자신이 어떻게 해명할 수가 없자 결국 황후와 공모하여 강충을 주살하기로 하고 군사를 동원하였으나 군사가 패하여 태자는 도망가야만 했다. 조서를 내려 宗正인 劉長樂과 執金吾(집금오)인 劉敢(유감)을 시켜 책서를 보내 황후의 璽印(새인)과 인수를 회수하자 위황후는 자살하였다. 黃門인 蘇文(소문)과 姚定漢(요정한)은 公車令의 빈 관사 앞에 세워두고 작은 관에 시신을 넣어 싣고 가서 장안성 남쪽의 桐柏(동백)이란 곳에 매장하였다. 위씨 일족은 모두 멸망했다. 宣帝가 즉위한 뒤에 위황후의 무덤을 개장하였고, 시호를 思后(사후)라 추증하였으며 園邑 3백호를 두고 長과 丞(승)이 주변을 지키며 관리하게 하였다.


原文

孝武李夫人, 本以倡進. 初, 夫人兄延年性知音, 善歌舞,

武帝愛之. 每爲新聲變曲, 聞者莫不感動. 延年侍上起舞,
歌曰, "北方有佳人, 絶世而獨立, 一顧傾人城, 再顧傾人國.
寧不知傾城與傾國, 佳人難再得!" 上歎息曰, "善! 世豈有
此人乎?" 平陽主因言延年有女弟, 上乃召見之, 實妙麗善
舞. 由是得幸, 生一男, 是爲昌邑哀王. 李夫人少而蚤卒, 上
憐閔焉, 圖畫其形於甘泉宮. 及衛思后廢后四年, 武帝崩,
大將軍霍光緣上雅意, 以李夫人配食, 追上尊號曰, 孝武皇
后.

| 註釋 | ○本以倡進 – 倡은 樂人. ○李延年(이연년) – 李延年과 李廣利,
李夫人은 모두 형제. 이광리는 61권, 〈張騫李廣利傳〉에 입전. ○昌邑哀王 –
武帝의 5子. 劉髆(유박, 재위 전 97–87년). 李夫人 소생. 劉髆의 아들(劉賀)이
昭帝 사후에 등극했으나 재위 27일 만에 폐출되었다. ○大將軍霍光緣上雅
意 – 雅意는 평소의 뜻.

〔 國譯 〕

　孝武帝의 李夫人은 본래 樂人으로 입궁하였다. 그전에 이부인의
오빠인 李延年(이연년)은 천성적으로 음률에 밝고 가무에 뛰어나 무
제의 총애를 받았다. 이연년이 매번 새로운 곡을 지어 노래하면 듣
고서 감동하지 않는 사람이 없었다. 이연년이 무제를 모시고 노래했
다. "북방에 佳人이 있는데, 絶世에 홀로 섰나니, 한 번 바라보면 성
이 기울고, 두 번에는 나라가 기운다네. 차라리 성이나 나라가 기울
지라도 가인은 다시 얻기 어려우리!"

　그러자 무제가 탄식하며 말했다. "참 좋다! 이 세상에 그런 사람

이 어디 있겠는가?" 그러자 평양공주가 이연년의 여동생이 있다고 말했고, 무제가 즉시 불러보니 실제로 아름답고 춤을 잘 추었다. 이로써 무제의 총애를 받아 아들 하나를 낳으니, 이가 昌邑國 哀王(애왕)이다. 이부인은 젊은 나이에 일찍 죽었는데 무제는 몹시 그리워하며 감천궁에 그 모습을 그려놓았다. 衛 思后(衛皇后)를 폐위한 지 4년에 무제가 붕어하였는데 大將軍 霍光(곽광)은 무제의 그런 평소의 뜻을 기려 이부인도 무제를 配食(配享, 배향)할 수 있도록 孝武皇后라는 존호를 올렸다.

原文

初, 李夫人病篤, 上自臨候之, 夫人蒙被謝曰, "妾久寢病, 形貌毀壞, 不可以見帝. 願以王及兄弟爲托." 上曰, "夫人病甚, 殆將不起, 一見我屬托王及兄弟, 豈不快哉?"夫人曰, "婦人貌不修飾, 不見君父. 妾不敢以燕媟見帝." 上曰, "夫人弟一見我, 將加賜千金, 而予兄弟尊言." 夫人曰, "尊官在帝, 不在一見." 上復言欲必見之, 夫人遂轉鄕歔欷而不復言. 於是上不說而起. 夫人姊妹讓之曰, "貴人獨不可一見上屬托兄弟邪? 何爲恨上如此?" 夫人曰, "所以不欲見帝者, 乃欲以深托兄弟也. 我以容貌之好, 得從微賤愛幸於上. 夫以色事人者, 色衰而愛弛, 愛弛則恩絶. 上所以攣攣顧念我者, 乃以平生容貌也. 今見我毀壞, 顔色非故, 必畏惡吐棄我, 意尙肯復追思閔錄其兄弟哉!" 及夫人卒, 上以后禮葬

焉. 其後, 上以夫人兄李廣利爲貳師將軍, 封海西侯, 延年
爲協律都尉.

| 註釋 | ○願以王及兄弟爲托 – 王은 이부인 소생의 아들. 托은 맡길 탁.
부탁하다. ○婦人貌不修飾, 不見君父 – 부인은 모습을 단정히 하지 않고서
는 주군이나 부친을 뵐 수 없다. 본래 《禮記》에 있는 말. ○以燕婧見帝 – 단
정하지 않은 모습으로 황제를 알현하다. 燕婧는 단정치 않다. 燕은 편안할
연. 婧는 게으를 타. ○遂轉鄕歔欷 – 轉鄕은 벽 쪽으로 돌아눕다. 鄕은 向.
歔欷(허희)는 흐느끼다. 목이 메다. 탄식하다. ○攣攣(연련) – 연모하여 잊지
못하다. 攣은 戀. ○夫人卒 – 李夫人은 太初元年에서 太初 4年(前 101)에 죽
은 것으로 추정한다. ○協律都尉(협률도위) – 국가의 음악을 관장. 도위는
본래 군의 군사를 담당하는 比二千石의 무관. 나중에는 특별한 업무를 수행
하는 관직에 都尉 직함을 붙였다. 李延年은 협률도위로 二千石 인수를 차고
다녔다.

〔國譯〕

　그전에, 李夫人의 병이 위독할 때 무제가 직접 가서 위문하자 부
인은 이불을 덮어 쓰고 사절하며 말했다. "첩이 병든 지 오래라 흐
트러진 모습으로는 황제를 뵐 수 없습니다. 왕과 형제들을 부탁드리
고 싶습니다." 그러자 무제가 말했다.

　"夫人의 병이 심하여 일어날 수 없겠지만 나를 한 번이라도 보면
서 왕과 형제를 부탁하는 것이 좋지 않겠는가?"

　그러자 이부인이 말했다. "여자는 단정한 모습이 아니라면 주군
이나 부친을 뵐 수 없습니다. 이렇게 흐트러진 모습으로는 폐하를
뵐 수 없습니다."

"부인이 나를 한 번만 돌아본다면 천금을 하사할 것이고 너의 형제를 승진시키겠다."

"벼슬을 올려주는 것은 폐하에 달렸지 한 번 본다고 되는 일이 아닙니다."

무제가 다시 말하면서 기어이 얼굴을 보고 싶어 했지만 부인은 벽으로 돌아누우며 울음을 삼키며 다시 말하지 않았다. 그러자 무제는 불쾌하게 일어났다. 이부인의 자매가 이부인을 나무랬다.

"왜 폐하를 한번 바라보고서 형제를 부탁하지 않았는가? 어찌 폐하를 저렇게 서운하게 보내야 하는가?" 그러자 이부인이 말했다.

"내가 황제를 뵈려 하지 않은 것은 내 형제를 정말로 부탁하려는 뜻이었다. 나는 고운 얼굴 때문에 미천한 처지에서 폐하의 총애를 받았다. 미색으로 섬긴 자는 미색이 없으면 사랑도 식어지고, 사랑이 식으면 은총도 끊어진다. 황제가 내 얼굴을 무척이나 보고 싶어 했던 것은 내 평소 그대로의 모습이었다. 지금 나의 병든 모습에 예전 같지 않은 얼굴을 보게 된다면 틀림없이 미워하고 나를 버릴 것이니 그런 다음에 옛날 내 생각을 하며 내 형제들을 가엽게 여겨 써주고 싶겠는가!"

이부인이 죽자, 무제는 황후의 예로 장례하게 하였다. 그 후에 이부인의 오빠인 李廣利(이광리)는 貳師將軍(이사장군)이 되어 海西侯(해서후)에 봉해졌고, 이연년은 協律都尉(협률도위)가 되었다.

原文

上思念李夫人不已, 方士齊人少翁言能致其神. 乃夜張燈

燭, 設帷帳, 陳酒肉, 而令上居他帳, 遙望見好女如<u>李夫人</u>之
貌, 還幄坐而步. 又不得就視, 上愈益相思悲感, 爲作詩曰,
"是邪, 非邪? 立而望之, 偏何姍姍其來遲!" 令樂府諸音家
弦歌之. 上又自爲作賦, 以傷悼夫人, 其辭曰,

| 註釋 | ○方士齊人少翁~ - 方士는 術士. 道士. 신선술을 신봉하는 자.
방사 소옹이 혼령을 불러온 사람은 李夫人이 아니고 王夫人이 죽은 뒤였다
는 주석이 있다. 이러한 무제의 故事는 '漢皇重色思傾國, 御宇多年求不得'
으로 시작하는 唐 白居易의 〈長恨歌〉의 소재가 되었다. ○姍姍(선선) - 여인
이 흐느적거리며 천천히 걷는 모습. 姍은 비틀거릴 선.

[ 國譯 ]

　무제는 이부인을 내내 그리워하였는데 方士인 齊(제)나라 사람
少翁(소옹)이 그 혼령을 불러올 수 있다고 하였다. 밤에 촛불을 밝히
고 술과 고기를 차려 놓은 뒤에 무제를 다른 휘장 뒤에 앉아 있게 한
뒤에 이부인과 비슷한 모습의 여인이 저편 휘장 뒤에 앉아 있다가
걷는 모습을 멀리서 바라보게 하였다. 그러면서 가까이 바로 볼 수
없게 하자, 무제는 더욱 그립고 슬퍼하며 시를 지었다.

　"정말인지 거짓인지? 서서 바라만 보는데, 어찌 저기서만 걷고
오지 못하는가!"

　그리고 악부의 여러 가인들에게 연주하며 부르게 하였다. 무제는
또 스스로 賦를 지어 이부인을 애도하였는데 그 사부는 아래와 같
다.

「美連娟以修嫮兮, 命樔絶而不長, 飾新宮以延貯兮, 泯不
歸乎故鄉. 慘鬱鬱其蕪穢兮, 隱處幽而懷傷, 釋輿馬於山椒
兮, 奄修夜之不陽. 秋氣憯以凄淚兮, 桂枝落而銷亡, 神焭
焭以遙思兮, 精浮游而出畺. 托沈陰以壙久兮, 惜蕃華之未
央, 念窮極之不還兮, 惟幼眇之相羊. 函菱茭以俟風兮, 芳
雜襲以彌章, 的容與以猗靡兮, 嫖飄姚虖愈莊. 燕淫衍而撫
楹兮, 連流視而娥揚, 既激感而心逐兮, 包紅顏而弗明. 歡
接狎以離別兮, 宵寤夢之芒芒, 忽遷化而不反兮, 魄放逸以
飛揚. 何靈魂之紛紛兮, 哀裴回以躊躇, 勢路日以遠兮, 邃
荒忽而辭去. 超兮西征, 屑兮不見. 浸淫敝怳, 寂兮無音, 思
若流波, 怛兮在心.」

| 註釋 | ○美連娟以修嫮兮, 命樔絶而不長 - 連娟은 섬세,연약하다. 嫮는
미모, 아름다울 호. 樔는 단절되다. 끊을 초. 움막 소. ○飾新宮以延貯兮,
泯不歸乎故鄉 - 新宮은 혼령을 기다리는 방. 延貯(연저)는 기다리다. 貯는 우
두커니 저. 佇(저)와 同. 泯은 망할 민. 죽다. ○慘鬱鬱其蕪穢兮, 隱處幽而懷
傷 - 慘은 슬픔. 鬱鬱(울울)은 꽉 찬 모양. 蕪穢는 우거지다. 李夫人이 묻힌
무덤을 묘사. ○釋輿馬於山椒兮, 奄修夜之不陽 - 山椒는 산모퉁이[山陬(산
추)], 奄은 가리다. 修夜는 긴 밤. 지하세계. 不陽은 不明. ○秋氣憯以凄淚兮,
桂枝落而銷亡 - 秋氣는 차가운 기운. 憯 참혹할 참. 凄淚(처루)는 처량하다.
쓸쓸하다. 桂枝는 아름다운 모습, 李夫人. 銷亡(소망)은 녹아 없어지다. 사라
지다. ○神焭焭以遙思兮, 精浮游而出畺 - 神은 神氣. 焭焭(경경)은 외롭고
쓸쓸한 모양. 畺은 疆(지경 강)의 古字. ○托沈陰以壙久兮, 惜蕃華之未央 -

沈陰(침음)은 地下. 曠久는 曠久. 멀고 오래다. 惜은 애통하다. 蕃華는 한창 나이. 未央은 나이가 절반도 안 되다.  ○念窮極之不還兮, 惟幼眇之相羊 – 惟는 생각(思也). 幼眇(유묘)는 窈窕(요조). 眇는 妙와 同. 相羊(상양)은 배회하다. 逍遙(소요)하다. 날아가다. 羊은 배회하다(徉 노닐 양).  ○函菱茮以俟風兮, 芳雜襲以彌章 – 菱는 꽃술 수. 茮는 널리 퍼질 부. 散開하다. 俟는 기다릴 사. 雜襲(잡습)은 거듭 쌓이다. 章은 彰. 정신적 아름다움을 표현.  ○的容與以猗靡兮, 嫖飄姚虖愈莊 – 的容은 환하게 밝은 모습. 猗靡(의미)는 부드럽고 아름다운 모양, 서로 끌리는 모양. 嫖는 아득한 모양 표. 飄姚(표요)는 飄搖(표요). 이 두 구절은 뛰어난 미모의 회상.  ○燕淫衍而撫楹兮, 連流視而娥揚 – 娥揚은 눈썹을 들어 올리다. 평소 宴席에서의 아름다운 모습을 묘사.  ○既激感而心逐兮, 包紅顏而弗明 – 心逐은 회상하다. 그리워하다. 包는 감추다(藏也). 무제가 병석을 찾았을 때 이불로 얼굴을 감추다. 무덤 속에 감추었다는 뜻으로 해석할 수도 있다. 紅顏은 고운 얼굴.  ○歡接狎以離別兮, 宵寤夢之芒芒 – 接狎은 편하게 가까이 하다. 宵는 밤. 寤夢之 芒芒(망망)은 아득히 멀다. 어디인지 모르다. 渺茫(묘망).  ○忽遷化而不反兮, 魄放逸以飛揚 – 遷化(천화)는 바뀌다. 魄은 넋, 형체.  ○何靈魂之紛紛兮, 哀裴回以躊躇 – 裴回(배회)는 徘徊. 躊躇(주저)는 멈칫거리다.  ○超兮西征, 屑兮不見 – 屑은 가루 설. 屑然(설연), 갑자기, 卒然.  ○浸淫敞恍, 寂兮無音 – 浸淫(침음)은 점차 스며들다. 혼동하여 구별하기 어렵다. 敞恍(창황)은 마음을 빼앗겨 멍한 모양.  ○思若流波, 怛兮在心 – 思는 그리움, 또는 恩의 착오라는 주석도 있다.

〔國譯〕

〈悼懷李夫人賦〉*

「곱고 연약하며 아름답더니, 명은 끊어져 이어지지 않고,

　휘장 안에서 우두커니 기다리나, 죽어 살던 곳에 돌아오지 못하네.

빽빽이 우거진 초목 아래 참담히, 먼먼 곳 마음만 아프나니,
수레와 말을 산모퉁이 풀어놓고, 긴긴 밤 햇살도 없도다.
찬바람 참혹 처량하여, 그 아름다움 지고 없지만,
쓸쓸한 신령 그리움만 남고, 精靈은 날아 여길 떠났도다.
지하에 들어서 멀고도 오래니, 슬피 한창의 반도 못 살았는데,
끝가는 그리움 돌아오지 않고, 아름답게 거니는 모습을 그린다.
머금은 꽃향기 바람 타고, 진한 향기 더 멀리 퍼지나니,
환하고 온화한 미소 미모에, 아득하여 더욱 아름답도다.
잔치를 즐기며 사랑 가득히, 곱게 바라보고 눈썹을 들더니,
마음에 다가와 마음으로 따라오나, 고운 얼굴 가려 보이지 않네.
기꺼이 친하게 즐기고 헤어지나니, 한밤 꿈에선 희미한 모습,
홀연히 바뀌어 돌아오지 않고, 넋은 풀려난 듯 날아가 버렸네.
영혼은 어찌 그리 흩어지며, 슬피 배회하고 주저하는가?
먼 길 날로 멀어지더니, 갑자기 떠나가 버렸도다.
서쪽에 지는 해처럼 달려, 어느 새 보이지 않도다.
희미한 모습 망연히 섰는데, 적막 속 아무 소리도 없나니,
그리움은 끝없이 물결처럼, 마음에 슬픔으로 남았도다.」

原文

亂曰, "佳俠函光, 隕朱榮兮, 嫉妒闟茸, 將安程兮! 方時
隆盛, 年夭傷兮, 弟子增欷, 念涕沫悵兮. 悲愁於邑, 喧不可
止兮. 嚮不虛應, 亦云已兮, 㜝姸太息, 歎稚子兮, 懰慄不言,

倚所恃兮. 仁者不誓, 豈約親兮? 旣往不來, 申以信兮. 去彼昭昭, 就冥冥兮, 旣下新宮, 不復故庭兮. 嗚呼哀哉, 想魂靈兮!

| 註釋 | ○亂曰 - 亂은 理也. 賦의 뜻을 다시 요약하다. 賦의 結語. ○佳俠은 미인. ○嫉妒(질투) - 시기하다. ○鬪茸(흉용) - 너절하다(衆賤之稱也). ○將安程兮 - 安은 어찌. 程은 등급. ○年夭 - 젊은 나이. ○弟子增欷 - 弟는 형제. 子는 이부인 소생의 昌邑 哀王. ○念浩沫悵兮 - 浩沫(오회)는 눈물이 줄줄 흐르다. 悵은 슬플 창. ○悲愁於邑 - 於邑은 슬픔으로 목이 메다. ○喧不可止兮 - 喧은 그칠 수 없는 울음. 咺(서럽게 울 훤)과 같음. ○嚮不虛應 - 통곡이 하늘로 사라지다. ○譙姸太息 - 걱정으로 수척하고 탄식하다. 譙는 수척할 초(憔). ○懰慄(유율) - 懰는 근심할 유. 慄은 두려워할 율. ○旣往不來 - 旣往은 死者.

〔國譯〕

「亂曰,

미인이 빛을 발하니 붉은 꽃도 지는데

너절한 질투로 어찌 함께 비교하리오!

한창 흥성할 때에 너무 일찍 죽었나니

형제와 아들 슬픔 속에 얼굴 가득 눈물만 흐른다.

슬픔에 목이 메어 서럽게 그치지 못하다.

소리도 없는 슬픔, 슬픔으로 끝이어라.

수척하고 탄식하며 어린 자식 걱정하나

두려워 말 못하나 그래도 의지하고 믿었도다.

仁者는 맹서 없나니 당연하면 왜 약속하리오!
死者는 다시 못 오나 이 마음 그대로 지키리라.
해밝은 이승 떠나 어두운 저승에 가더니
새로 꾸민 집에 와도 옛집에 다시 오지 못하네.
오호라 슬프나니 그 영혼을 그리노라!」

原文 ▌

其後李延年弟季坐奸亂後宮, 廣利降匈奴, 家族滅矣.

〔國譯〕

그 뒤, 李延年의 동생 李季(이계)는 후궁을 어지럽힌 죄를 지었고, 李廣利는 흉노에 투항하여 일족이 멸족되었다.

原文 ▌

孝武鉤弋趙倢伃, 昭帝母也, 家在河間. 武帝巡狩過河間, 望氣者言此有奇女, 天子亟使使召之. 旣至, 女兩手皆拳, 上自披之, 手卽時伸. 由是得幸, 號曰, 拳夫人. 先是, 其父坐法宮刑, 爲中黃門, 死長安, 葬雍門.

| 註釋 | ○鉤弋(구익) – 궁궐 이름. 鉤 갈고리 구. ○河間 – 군명. 치소는 樂成縣. 今 河北省 동쪽의 滄州市 獻縣. ○望氣者 – 雲氣를 보고 길흉을 점치는 자. ○兩手皆拳 – 두 손을 다 주먹 쥐다. ○爲中黃門 – 환관의 관직.

○葬雍門 - 장안성 서남문.

[[國譯]]

　　孝武帝 鉤弋(구익) 趙倢伃(조첩여)는 昭帝의 모친으로 河間郡에 살고 있었다. 무제가 순수하면서 하간군을 지나가는데 望氣(망기)하는 자가 이곳에 奇女가 있다고 말했고 천자는 곧 사자를 보내 데려오게 하였다. 불려왔는데 여인은 두 손을 다 주먹을 쥐고 있었는데 무제가 직접 펴려고 하자 손이 즉시 펴졌다. 이 때문에 총애를 받았는데 拳夫人이라고 불렀다. 이전에 그 부친은 법에 걸려 궁형을 받고 中黃門이 되었는데 장안에서 죽자 雍門(옹문) 밖에 묻혔다.

原文

　　拳夫人進爲倢伃, 居鉤弋宮. 大有寵, 元始三年生昭帝, 號鉤弋子. 任身十四月乃生, 上曰, "聞昔堯十四月而生, 今鉤弋亦然." 乃命其所生門曰, 堯母門. 後衛太子敗, 而燕王旦, 廣陵王胥多過失, 寵姬王夫人男齊懷王, 李夫人男昌邑哀王皆蚤薨. 鉤弋子年五六歲, 壯大多知, 上常言'類我', 又感其生與衆異, 甚奇愛之, 心欲立焉, 以其年稚母少, 恐女主顓恣亂國家, 猶與久之.

|註釋| ○元始三年 - 太始三年(前 94)의 착오. ○任身 - 姙娠. ○後衛太子敗 - 前 91년. 무고의 화. ○猶與~ - 猶與는 猶豫.

拳夫人(권부인)은 입궁하여 첩여가 되어 鉤弋宮(구익궁)에 거처하였다. 무제의 큰 총애가 있어 太始 3년에 昭帝를 낳았는데 鉤弋子(구익자)라고 불렀다. 구익자가 임신 14개월에 태어나자 무제가 말했다. "예전에 堯가 14개월에 태어났다고 들었는데 이번에 구익자가 그러하다." 그리고서는 그 궁궐 문을 '堯母門(요모문)' 이라고 불렀다. 뒷날 衛太子(위태자)가 죽었고, 燕王 旦(단)과 廣陵王 胥(서)도 잘못이 많았으며, 총희 王夫人의 아들 齊 懷王(회왕)과 李夫人의 아들인 昌邑 哀王 모두 일찍 죽었다. 구익자는 나이 5, 6세였으나 壯大하고 아는 것이 많아 무제는 늘 '나를 닮았다.' 고 하였는데, 그 출생이 보통과 달라 매우 기특하게 여기며 사랑하여 후사로 세우고 싶었으나 아직 나이가 어리고 그 모친이 젊어 女主가 전횡하며 나라를 흔들까 걱정하여 오랫동안 유예하였다.

原文

鉤弋倢伃從幸甘泉, 有過見譴, 以憂死, 因葬雲陽. 後上疾病, 乃立鉤弋子爲皇太子. 拜奉車都尉霍光爲大司馬大將軍, 輔少主. 明日, 帝崩. 昭帝卽位, 追尊鉤弋倢伃爲皇太后, 發卒二萬人起雲陵, 邑三千戶. 追尊外祖趙父爲順成侯, 詔右扶風置園邑二百家, 長丞奉守如法. 順成侯有姊君姁, 賜錢二百萬, 奴婢第宅以充實焉. 諸昆弟各以親疏受賞賜. 趙氏無在位者, 唯趙父追封.

| 註釋 | ○有過見譴 – 과오가 있어 譴責당하다. 譴은 꾸짖을 견. ○雲陽
– 현명. 今 陝西省 西安市 서북. ○右扶風(우부풍) – 관직명이며, 행정구역
명칭. 風敎를 돕는다는 의미. 치소는 長安縣. 三輔의 하나.

〖 國譯 〗

　구익첩여가 무제를 모시고 감천궁에 행차하였는데 잘못이 있어
견책을 받자 걱정 끝에 죽어 운양현에 장례했다. 뒷날 무제가 병이
나자 구익자를 황태자로 삼았다. 봉거도위인 霍光(곽광)을 대사마
대장군에 임명하여 少主를 보필케 하였다. 다음 날 무제는 붕어했
다. 소제가 즉위하고 구익첩여를 황태후로 추존하고 2만 군사를 동
원하여 雲陵을 만들었다. 외조부인 趙父(조보)를 順成侯(순성후)로
추존하고 右扶風(우부풍)에 園邑 2백 호를 두고 長, 丞(승)이 법제대
로 관리하게 하였다. 순성후에게 君姁(군후)라는 누나가 있어 2백만
전을 하사하고 노비와 저택을 채워주었다. 여러 형제에게 친소에 따
라 하사품을 나눠 주었다. 조씨로서 재위한 자가 없고 오직 趙父(조
보)만 추존을 받았다.

## 97-7. 孝昭上官皇后

原文

孝昭上官皇后. 祖父桀, 隴西邽人也. 少時爲羽林期門郎, 從武帝上甘泉, 天大風, 車不得行, 解蓋授桀. 桀奉蓋, 雖風常屬車, 雨下, 蓋輒御. 上奇其材力, 遷未央廏令. 上嘗體不安, 及愈, 見馬, 馬多瘦, 上大怒, "令以我不復見馬邪!" 欲下吏, 桀頓道曰, "臣聞聖體不安, 日夜憂懼, 意誠不在馬." 言未卒, 泣數行下. 上以爲忠, 由是親近, 爲侍中, 稍遷至太僕. 武帝疾病, 以霍光爲大將軍, 太僕桀爲左將軍, 皆受遺詔輔少主. 以前捕斬反者莽通功, 封桀爲安陽侯.

| 註釋 | ○上官皇后 – 上官은 복성. ○祖父桀 – 上官桀은 따로 입전하지 않았다. 68권, 〈霍光金日磾傳〉에 그 몰락 과정이 비교적 상세하다. ○隴西邽人 – 隴西(농서)는 군명. 치소는 狄道(今 甘肅省 定西市관할의 臨洮縣). 道는 이민족과 혼거하는 지역을 말함. 현급 행정구역. 邽(규)는 현명. 今 甘肅省 동남부의 天水市. ○羽林期門郎 – 羽林郎과 期門郎. 숙위 담당 軍吏. 질록은 比一千石. ○太僕 – 九卿의 하나. 황제의 거마와 마필 사육 담당. 나라의 馬政 운영. ○莽通(망통) – 본명은 馬通. 무고의 화 때 공을 세웠으나 後元 원년에 역모를 꾀했는데 그때 곽광과 金日磾와 上官桀 등이 함께 토벌했다. 〈霍光傳〉 참고.

孝昭帝 上官皇后의 조부 上官桀(상관걸)은 농서군 邽縣(규현) 사람이다. 젊었을 적에 羽林郞(우림랑) 期門郞(기문랑)을 지냈는데, 무제를 호위하여 감천궁에 행차하였을 때 큰 바람이 불어 수레가 나갈 수 없자 덮개를 풀어 상관걸에게 주었는데, 상관걸은 덮개를 들고 바람 속에서 수레를 따라왔으며 비가 내리자 덮개로 비를 막아주었다. 무제는 그 힘을 기특하게 여겨 미앙궁 마구간 책임자로 임명하였다. 무제가 한때 병에 걸렸다가 병이 나아 말을 둘러보니 말이 수척하였다. 무제가 대노하며 말했다. "내가 말을 다시 못 볼 것이라 생각했는가!" 형리에게 넘기려 하자 상관걸이 머리를 조아리며 말했다.

"신은 옥체가 편안하시지 않다는 말을 듣고 밤낮으로 걱정이 되어 말을 돌볼 생각을 못했습니다." 그러면서 말을 마치기도 전에 몇 줄기 눈물을 흘렸다. 무제는 충성스럽다 여겨 가까이 두려고 시중에 임명했고 상관걸은 차츰 승진하여 太僕(태복)이 되었다. 무제가 병에 걸리자 곽광을 대장군, 태복인 상관걸을 左將軍에 임명했고 함께 어린 황제를 보필하라는 조서를 내렸다. 그전에 반역을 시도한 莽通(망통)을 잡아 죽이는데 공을 세웠기에 상관걸은 안양후가 되었다.

原文

初, 桀子安取霍光女, 結婚相親, 光每休沐出, 桀常代光入決事. 昭帝始立, 年八歲, 帝長姊鄂邑蓋長公主居禁中, 共養帝. 蓋主私近子客河間丁外人. 上與大將軍聞之, 不絶主

歡, 有詔外人侍長主. 長主內周陽氏女, 令配耦帝. 時上官
安有女, 卽霍光外孫, 安因光欲內之. 光以爲尙幼, 不聽. 安
素與丁外人善, 說外人曰, "聞長主內女, 安子容貌端正, 誠
因長主時得入爲后, 以臣父子在朝而有椒房之重, 成之在於
足下, 漢家故事常以列侯尙主, 足下何憂不封侯乎?" 外人
喜, 言於長主. 長主以爲然, 詔召安女入爲倢伃, 安爲騎都
尉. 月餘, 遂立爲皇后, 年甫六歲.

| 註釋 | ○休沐 - 漢代 관리는 5일에 하루를 쉴 수 있었다. 洗沐(세목)이
라고도 했다. ○鄂邑蓋長公主(악읍개장공주, ?-前 80) - 武帝의 딸. 蓋候에게
출가했기에 蓋長公主로도 호칭. 鄂邑(악읍, 今 湖北省 長江 남안 鄂州市에 해
당)은 公主의 식읍. 上官桀 부자와 연결하여 霍光(곽광)을 죽이려는 계획에
동참. 누설되자 자살했다. ○子客河間丁外人 - 子客은 아들의 빈객. 河間은
郡名, 丁外人은 인명. 개장공주의 연인. ○椒房之重 - 황후의 중책. 미앙궁
내 황후의 거처. 椒房(초방)은 산초나무 열매 가루를 흙과 함께 바른 방. 온
기가 있고 향기가 있다. ○甫 - 겨우(始, 才).

〔國譯〕

그전에, 상관걸의 아들 上官安(상관안)은 곽광의 딸과 결혼하여
서로 가까웠는데 곽광이 매번 休沐으로 쉬는 날이면 상관걸이 늘 입
조하여 곽광을 대신하여 결재하였다. 소제가 처음 즉위하였을 때 나
이는 8살이었고, 소제의 큰누나인 악읍개장공주가 궁중에 거처하면
서 소제를 돌봐주었다. 개장공주는 은밀히 아들의 빈객인 하간군 사
람 丁外人(정외인)을 가까이 하였다. 소제와 대장군 곽광은 이를 알

았지만 공주의 환락을 막지는 않고 조서를 내려 정외인이 공주를 시중들게 하였다. 개장공주는 周陽氏(주양씨)의 딸을 소제의 짝으로 맞이할 생각을 했었다. 그때 상관안에게 딸이 있었는데 바로 곽광의 외손이었으니 상관안은 곽광을 통해 황후로 삼으려 했다. 그러나 곽광은 아직 어리다 생각하며 수락하지 않았다. 상관안은 평소에 丁外人과 친했는데 정외인을 설득해 말했다.

"요즈음 듣자 하니 개장공주가 황후를 들이려 한다는데, 이 상관안의 딸도 용모가 단정하니 장공주가 주선하여 황후가 될 수 있다면 나와 부친이 조정에 있고 또 황후의 중책을 맡는 것이니, 이 일은 바로 당신에게 달린 것이요. 한실의 전례로는 열후가 공주와 결혼하는데 당신이 제후가 되지 않는다고 왜 걱정해야 하겠는가?"

정외인은 좋아하며 이를 개장공주에게 말했다. 개장공주도 좋은 일이라 생각하여 조서로 상관안의 딸을 倢伃(첩여)로 입궁케 하였다. 그리고 상관안은 기도위로 승진했다. 한 달 뒤에 황후로 책봉되었는데 나이는 겨우 여섯 살이었다.


原文

安以后父封桑樂侯, 食邑千五百戶, 遷車騎將軍, 日以驕淫. 受賜殿中, 出對賓客言, "與我婿飮, 大樂!"見其服飾, 使人歸, 欲自燒物. 安醉則裸行內, 與後母及父諸良人, 侍御皆亂. 子病死, 仰而罵天. 數守大將軍光, 爲丁外人求侯, 及桀欲妄官祿外人, 光執正, 皆不聽. 又桀妻父所幸充國爲太醫監, 闌入殿中, 下獄當死. 冬月且盡, 蓋主爲充國入馬二十匹贖罪, 乃得減死論. 於是桀,安父子深怨光而重德蓋主. 知燕王旦帝兄, 不得立, 亦怨望, 桀,安卽記光過失予燕王, 令上書告之, 又爲丁外人求侯. 燕王大喜, 上書稱, "子路喪姊, 期而不除, 孔子非之. 子路曰, '由不幸寡兄弟, 不忍除之'. 故曰, '觀過知仁'. 今臣與陛下獨有長公主爲姊, 陛下幸使丁外人侍之, 外人宜蒙爵號." 書奏, 上以問光, 光執不許. 及告光罪過, 上又疑之, 愈親光而疏桀,安. 桀,安浸忿, 遂結黨與謀殺光, 誘徵燕王至而誅之, 因廢帝而立桀. 或曰, "當如皇后何?" 安曰, "逐麋之狗, 當顧菟邪! 且用皇后爲尊, 一旦人主意有所移, 雖欲爲家人亦不可得, 此百世之一時也." 事發覺, 燕王,蓋主皆自殺. 語在〈霍光傳〉.

桀,安宗族旣滅, 皇后以年少不與謀, 亦光外孫, 故得不廢. 皇后母前死, 葬茂陵郭東, 追尊曰, 敬夫人, 置園邑二百家, 長丞奉守如法. 皇后自使私奴婢守桀,安冢.

| 註釋 | ○與我婿飮 – 나의 사위와 함께 마셨다. 婿는 사위, 곧 昭帝. ○父諸良人,侍御皆亂 – 良人은 妾. 侍御(시어)는 婢女. 하녀. ○數守大將軍光 – 守는 요청하다. ○燕王旦(劉旦, 前 117~80년 在任) – 李姬 소생. 이연년의 여동생 李夫人과 다른 사람. ○'由不幸寡兄弟, 不忍除之' – 由는 子路의 이름. 이는 《禮記》의 기록이다. ○'觀過知仁' – 子曰, "人之過也, 各於其黨. 觀過, 斯知仁矣."《論語 里仁》. ○逐麋之狗, 當顧菟邪! – 큰 것을 얻고자 하면 작은 것을 생각하지 않는다. 麋는 큰 사슴 미. 菟는 토끼(兎).

上官安은 황후의 부친으로 桑樂侯(상락후)에 봉해졌는데 식읍은 1,500호였으며 거기장군으로 승진하면서 날마다 교만해졌다. 궁중에서 음식이나 하사품을 받은 날에는 돌아와 그 빈객들에게 "나의 사위와 함께 마셨으니 정말 기분이 좋다."라고 말했다. 그리고 하사받은 복식을 보여주고는 그가 돌아간 다음에 태워버리려 하였다. 상관안은 술에 취하면 벌거벗은 채 집안을 돌아다녔고 부친의 後妻나 여러 妾室, 또는 계집종들과 음란한 짓을 하였다. 상관안은 아들이 병으로 죽자 하늘을 원망하였다. 그리고 대장군 곽광에게 여러 번 丁外人을 제후로 봉할 것을 요구하거나 상관걸과 함께 정외인에게 멋대로 관직을 수여하려고 하였지만 곽광은 정도를 지키며 모든 요구를 거절하였다. 또 상관걸 아내의 부친(장인)이 총애하는 充國(충국)이 太醫監(태의감)이 되었는데 궁전에 몰래 들어온 것을 알고 하옥시켜 처형이 확정되었다. 개장공주는 충국을 위해 말 20필을 나라에 바쳐 속죄케 하여 겨우 사형에서 감형케 해주었다. 이에 상관걸과 상관안 부자는 곽광에게 큰 원한을 가졌고 개장공주에게 큰 은혜를 입었다. 燕王 劉旦(유단)은 황제의 형이지만 제위에 오르지 못했기에 원망을 품고 있었는데 상관걸과 상관안은 곽광의 잘못을 그때마다 기록하여 연왕에게 알려줘 연왕이 상서하게 하였고 또 정외인을 제후로 책봉해줄 것을 요청하게 하였다. 그러자 연왕은 크게 기뻐하며 상서하였다.

"子路(자로)의 누이가 죽었을 때 일 년이 지나고도 상을 끝내지 않은 것을 공자가 나무랐습니다. 그러자 자로는 '저는 불행히도 형제가 적어 차마 치울 수 없습니다.' 라고 말했습니다. 그래서 '그 잘못을 보면 어진 사람인가를 알 수 있다.' 고 하였습니다. 지금 臣과 폐하는 오직 長公主가 누나인데 폐하께서 다행히도 丁外人으로 하여금 모시게 하였으니 정외인에게 응당 작위를 내려야 합니다."

상서가 올라가자 소제는 이를 곽광에게 물었고, 곽광은 원칙을 지켜 불허하였다. 이에 다시 곽광의 죄과를 상서하자 소제가 연왕을 의심하며 곽광을 더욱 가까이하고 상관걸과 상관안을 멀리하였다. 상관걸 부자는 점점 화가 났고 결국은 結黨하여 곽광을 살해하기로 모의하여 연왕 단을 장안으로 오게 하여 도착하는 날 곽광을 죽이고 소제를 폐위하고 상관걸을 옹립하기로 모의하였다. 그러자 어떤 사람이 "황후는 어찌하겠습니까?"라고 묻자, 상관안이 말했다.

"사슴을 쫓아가는 사냥개가 어찌 토끼를 잡으려 하겠는가! 그러나 황후가 존귀한 자리이지만 일단 황상이 다른 사람을 좋아하게 되면 평민이 되고 싶어도 될 수가 없는 일이나 지금은 백세에 한 번 있을만한 기회이다."

그러나 음모는 발각되었고 燕王과 개장공주는 모두 자살하였다. 이는 〈霍光傳〉에 실려 있다. 상관걸 부자의 종족은 멸족되었으나 황후는 어리고 모의에 참여하지 않았으며 곽광의 외손녀이기에 폐위되지는 않았다. 황후의 모친은 이미 죽어 茂陵(무릉) 울타리 밖 동쪽에 묻혔는데, 敬夫人(경부인)이라 추존하고 원읍 2백 호를 두고 장과 승을 두어 법제대로 관리하게 하였다. 황후는 스스로 노비를 보내 상관걸과 상관안의 무덤을 관리하게 하였다.

光欲皇后擅寵有子, 帝時體不安. 左右及毉皆阿意, 言宜
禁內, 雖宮人使令皆爲窮褲, 多其帶, 後宮莫有進者.

皇后立十歲而昭帝崩, 后年十四五云. 昌邑王賀徵即位,
尊皇后爲皇太后. 光與太后共廢王賀, 立孝宣帝. 宣帝好位,
爲太皇太后. 凡立四十七年, 年五十二, 建昭二年崩, 合葬
平陵.

| 註釋 | ○言宜禁內 – 다른 여인을 가까이하지 않는 것이 좋다. ○爲窮
褲 – 가랑이를 꿰맨 속옷 바지를 입다. 窮褲(궁고)는 가랑이 사이가 막힌 여
자의 속바지(縫襠褲). ○建昭(건소) 二年 – 元帝의 연호. 前37년. ○平陵 –
昭帝의 능.

〖 國譯 〗

곽광은 황후만이 황제의 총애를 받아 아들을 얻기를 바랐는데 소
제는 그때 건강이 안 좋았다. 측근이나 의원은 모두 곽광에게 아부
하는 뜻으로 다른 여인을 금해야 한다고 말했는데, 궁 안에서 일하
는 사람일지라도 모두 밑을 꿰맨 속바지와 허리띠가 많은 옷을 입었
고 잠자리를 같이 하는 후궁도 없었다.

황후로 책립된 지 10년에 소제가 죽었고, 황후의 나이는 14, 5세
였다고 한다. 창읍왕 劉賀(유하)를 불러와 즉위케 하면서 황후를 높
여 황태후라 하였다. 곽광과 황태후는 창읍왕 유하를 폐위했고 宣帝
를 옹립하였다. 선제가 즉위한 뒤에 태황태후가 되었다. 총 47년을
재위하고서 52세인 建昭(건소, 元帝의 연호) 2년(前 37)에 붕어하자 平

陵(평릉)에 합장하였다.


## 97-8. 衛太子 史良娣 外


原文

衛太子史良娣, 宣帝祖母也. 太子有妃, 有良娣, 有孺子, 妻,妾凡三等, 子皆稱皇孫. 史良娣家本魯國, 有母貞君, 兄恭. 以元鼎四年入爲良娣, 生男進, 號史皇孫.

武帝末, 巫蠱事起, 衛太子及良娣,史皇孫皆遭害. 史皇孫有一男, 號皇曾孫, 時生數月, 猶坐太子繫獄, 積五歲乃遭赦. 治獄使者邴吉憐皇曾孫無所歸, 載以付史恭. 恭母貞君年老, 見孫孤, 甚哀之, 自養視焉.


| 註釋 | ○衛太子史良娣 － 衛太子(名, 劉據)는 衛子夫 소생으로 모친 성을 호칭으로 사용. 良娣(양제)는 東宮의 正室인 皇太子妃 외의 妾室에 대한 호칭. ○邴吉(병길, 丙吉) － 나중에 승상이 되었다. 74권, 〈魏相丙吉傳〉에 입전.


〖國譯〗

衛太子(위태자)의 史良娣(사량제)는 선제의 조모이다. 태자에게는 태자비가 있고 良娣(양제)와 孺子(유자)가 있었으니 처첩이 모두 3등급이었고 그 아들은 모두 황손이라고 불렀다. 사량제의 본가는 魯國이었고, 모친은 貞君(정군)이고, 오빠는 史恭(사공)이었다. 武帝 元鼎(원정) 4년(前 113)에 양제로 입궁하여 아들 劉進을 낳았는데 史皇孫이라고 불렀다.

무제 말기에 巫蠱(무고) 사건이 일어나 위태자와 양제, 사황손이 모두 해를 당했다. 사황손에게 아들이 하나 있어 황증손이라 했는데 그때 태어난 지 겨우 몇 달이었는데 태자에 연좌되어 옥에 갇혀 있다가 5년이 지나서야 사면되었다. 치옥사자인 邴吉(병길, 丙吉)은 황증손이 갈 곳이 없는 것을 불쌍히 여겨 수레에 태워 史恭(사공)에게 맡겼는데 사공의 모친 貞君(정군)은 연로했지만 부모 없는 외손을 몹시 애통해하며 직접 기르고 돌보았다.


原文

後曾孫收養於掖庭, 遂登至尊位, 是爲宣帝. 而貞君及恭已死, 恭三子皆以舊恩封. 長子高爲樂陵侯, 曾爲將陵侯, 玄爲平臺侯, 及高子丹以功德封武陽侯, 侯者凡四人. 高至大司馬車騎將軍, 丹左將軍, 自有傳.


| 註釋 |  ○掖庭(액정) – 원래는 永巷(영항)이라 했는데 무제 때 액정으로 개칭. 少府의 산하기관, 황궁 중 비빈의 거처를 관리하였다.  ○自有傳 – 史丹(?-前 13)은 82권, 〈王商史丹傅喜傳〉에 입전.

　그 뒤에 황증손은 掖庭(액정)에서 거두어 길렀는데 나중에 존위에 오르니, 이가 선제이다. 그때 외조모 貞君(정군)과 외숙 史恭(사공)은 이미 죽고 없었는데 사공의 3명의 아들은 모두 옛 은혜에 의거 제후가 되었다. 장자인 史高(사고)는 樂陵侯(낙릉후), 史曾(사증)은 將陵侯(장릉후), 史玄은 平臺侯(평대후)가 되었고, 사고의 아들 史丹(사단)은 공을 세워 武陽侯(무양후)에 봉해졌는데 제후가 된 자는 모두 4명이다. 사고는 관직이 대사마 거기장군이 되었고, 사단은 좌장군이었는데 본서에 입전했다.

原文

　史皇孫王夫人, 宣帝母也, 名翁須, 太始中得幸於史皇孫. 皇孫妻妾無號位, 皆稱家人子. 征和二年, 生宣帝. 帝生數月, 衛太子,皇孫敗, 家人子皆坐誅, 莫有收葬者, 唯宣帝得全. 即尊位後, 追尊母王夫人諡曰, 悼后, 祖母史良娣曰, 戾后, 皆改葬, 起園邑, 長丞奉守. 語在〈戾太子傳〉. 地節三年, 求得外祖母王媼, 媼男無故, 無故弟武皆隨使者詣闕. 時乘黃牛車, 故百姓謂之黃牛媼.

｜註釋｜ ○太始 – 무제의 연호, 前 96 – 93년. ○長丞 – 한 부서의 책임자인 長과 부책임자인 丞(승). ○〈戾太子傳〉 – 63권,〈武五子傳〉. ○王媼(왕온) – 글자 그대로는 '왕씨의 노파' 란 뜻인데, 여기서는 이름 대신 사용하였

다. 媼는 할미 온.

史皇孫의 王夫人은 宣帝의 모친으로 이름은 翁須(옹수)이며, 太始 연간에 사황손의 총애를 받았다. 황손의 처첩은 호칭이 없이 모두 家人子라고 하였다. 征和(정화) 2년(前 91)에 宣帝를 출산했다. 선제를 낳은 지 몇 달 만에 위태자와 황손이 모두 죽었고 가인자도 모두 연좌되고 처형되어 그 시신을 거둬주는 사람도 없었지만 오직 선제는 살아남았다. 제위에 오른 다음에 모친 왕부인을 悼后(도후), 조모인 사량제를 戾后(여후)로 추존하고 개장하였으며 관리하는 원읍을 두고 長과 丞(승)이 관리하게 하였는데, 이는 〈戾太子傳〉에 실려 있다. 선제 地節 3년(前 67)에 외조모 王媼(왕온)의 행적을 알아냈는데, 왕온의 아들 王無故(왕무고), 왕무고의 동생 王武(왕무)가 함께 사자를 따라 궁궐에 도착하였다. 그때 왕온은 누런 소가 끄는 수레를 타고 왔기에 백성들은 '黃牛媼(황우구)'라고 불렀다.

原文

初, 上卽位, 數遣使者求外家. 久遠, 多似類而非是. 旣得 王媼, 令太中大夫任宣與丞相御史屬雜考問鄕里識知者, 皆 曰, 王媼. 媼言名妄人, 家本涿郡蠡吾平鄕. 年十四嫁爲同 鄕王更得妻. 更得死, 嫁爲廣望王迺始婦, 産子男無故, 武, 女翁須, 翁須年八九歲時, 寄居廣望節侯子劉仲卿宅, 仲卿謂迺始曰, "予我翁須, 自養長之." 嫗爲翁須作襦單衣, 送仲卿家. 仲卿教翁須歌舞, 往來歸取冬夏衣. 居四五歲, 翁須來言, "邯鄲賈長兒求歌舞者, 仲卿欲以我與之." 嫗卽與翁須逃走, 之平鄉. 仲卿載迺始共求嫗, 嫗惶急, 將翁須歸, 曰, "兒居君家, 非受一錢也, 奈何欲予它人?" 仲卿詐曰, "不也." 後數日, 翁須乘長兒車馬過門, 呼曰, "我果見行, 當之柳宿." 嫗與迺卽之柳宿, 見翁須相對涕泣, 謂曰, "我欲爲汝自言." 翁須曰, "母置之, 何家不可以居? 自言無益也." 嫗與迺始還求錢用, 隨逐至中山盧奴, 見翁須與歌舞等比五人同處, 嫗與翁須共宿. 明日, 迺始留視翁須, 嫗還求錢, 欲隨至邯鄲. 嫗歸, 糴買未具, 迺始來歸曰, "翁須已去, 我無錢用隨也." 因絶至今, 不聞其問. 賈長兒妻貞及從者師遂辭, "往二十歲, 太子舍人侯明從長安來求歌舞者, 請翁須等五人. 長兒使遂送至長安, 皆入太子家."

及廣望三老更始, 劉仲卿妻其等四十五人辭, 皆驗. 宣奏王嫗悼后母明白, 上皆召見, 賜無故, 武爵關內侯, 旬月間, 賞賜以巨萬計. 頃之, 制詔御史賜外祖母號爲博平君, 以博平, 蠡吾兩縣戶萬一千爲湯沐邑. 封舅無故爲平昌侯, 武爲樂昌侯, 食邑各六千戶.

| 註釋 | ○嫗言名妄人 - 노파의 말에 이름을 妄人(망인)이고, 이후로 '~皆入太子家'까지의 내용은 任宣이 조사한 내용이다. ○涿郡蠡吾平鄉 - 涿

郡(탁군)의 치소는 涿縣, 今 河北省 保定市 관할의 涿州市. 蠡吾(여오)는 현
명. 今 河北省 保定市 관할의 高陽縣. ○邯鄲(한단) - 현명. 今 河北省 직할
의 邯鄲市. ○柳宿(유숙) - 당시 마을 이름. 今 河北省 직할의 定州市 동쪽.
保定市와 石家庄市의 중간쯤. ○爲汝自言 - 自言은 관가에 억울함을 말하
다. ○中山盧奴 - 中山은 國名. 치소는 盧奴縣, 今 河北省 직할지인 定州市
(保定市와 石家庄市 중간). ○歌舞等比五人 - 等比는 等輩. 또래.


〖 國譯 〗

　그전에 선제가 즉위한 뒤, 여러 번 사자를 보내 외가에 대해 알아
보게 하였다. 그동안 많은 이야기가 비슷했지만 옳은 것은 아니었
다. 외조모 왕온을 찾아낸 뒤에 태중대부인 任宣(임선)과 승상부와
어사부의 속관들이 합동으로 향리에서 알고 있는 사람들에게 물어
합동으로 조사하였는데 모두 王씨 노파의 말이 맞는다고 하였다.

　노파의 말에 의하면, 이름은 妄人(망인)이고 집은 본래 涿郡(탁군)
蠡吾縣(여오현) 平鄕(평향)이었다. 나이 14세에 동향의 王更得(왕경
득)의 처가 되었다. 왕경득이 죽자, 다시 廣望縣(광망현)의 王迺始(왕
내시)의 아내가 되어 아들인 王無故(왕무고)와 王武(왕무), 그리고 딸
翁須(옹수)를 낳았으며 옹수가 8, 9살에 광망현 節侯(절후)의 아들인
劉仲卿(유중경) 집에 보내졌는데 유중경이 왕내시에게 "나에게 옹수
를 보내주면 내가 키워주겠다."고 말했다. 그 뒤에 왕온은 옹수를
위해 명주 적삼을 만들어 유중경의 집에 보내주었다. 유중경은 옹수
에게 가무를 가르쳐 주었는데 왕온은 여름이나 겨울옷을 갖다 주며
왕래하였다. 4, 5년이 지나자 옹수가 집에 와서 말했다. "邯鄲縣(한
단현)의 賈長兒(가장아)란 사람이 가무를 할 사람을 사러 다니는데 유

중경이 나를 보내려고 합니다." 그래서 왕온과 옹수는 그 집에서 도망쳐 왕온의 친정인 平鄉으로 갔다. 유중경은 왕내시와 함께 왕온을 데리고 잡으러 왔고, 왕온은 황급히 옹수를 데리고 돌아와서 유중경에게 말했다. "우리 애가 당신 집에 있으면서 돈 한 푼 받은 것이 없는데 왜 다른 사람에게 팔려고 합니까?" 그러자 유중경은 거짓말을 하였다. "그렇지 않소." 그 며칠 뒤에 옹수는 가장아의 수레를 타고 집 문 앞을 지나가며 소리 질렀다. "결국 나는 가게 되었는데 柳宿(유숙)으로 간답니다." 왕온과 왕내시는 바로 유숙으로 갔는데 옹수를 만나 함께 눈물을 흘리며 말했다. "내가 너를 위해 고소를 해야겠다." 그러자 옹수가 말했다. "어머니는 그만두세요. 어느 집에 간들 못 살겠습니까? 고발해봐도 무익할 것입니다." 왕온과 왕내시는 돌아와 돈을 구해 가지고 뒤를 따라 中山國 盧奴縣에 가서는 옹수가 가무를 하는 또래 다섯 사람과 함께 있는 것을 보고서 왕온은 옹수와 함께 잤다. 다음 날, 왕내시는 남아서 옹수를 지키고 왕온은 돈을 구해 한단으로 돌아가려고 하였다. 왕온은 돌아와 곡식을 팔아도 다 마련하지 못하고 있었는데 왕내시가 돌아와 말했다. "옹수는 떠나 갔는데 나는 따라갈 돈이 없었소." 그렇게 해서 지금까지 소식이 끊어져 그간의 일을 알 수 없었다고 하였다. 가장아의 아내 貞(정)과 몸종 師(사)가 말하기를 "20년이 지났지만 태자 舍人(사인)인 侯明(후명)이 장안에서 가무를 하는 사람을 구하러 와서 옹수 등 5명을 달라고 하였습니다. 가장아가 데리고 장안에 가서 모두 태자궁에 들어갔습니다."

또 광망현의 三老인 更始(경시)와 유중경 아내인 其(기) 등 45명이 진술한 것과 모두 맞았다. 任宣(임선)은 왕온이 悼后(도후)의 모친이 확실하다고 상주하자 선제는 이들을 불러 만나 보고서 왕무고와 왕무에게 관내후의 작위를 하사하고 한 달 사이에 거만금을 하사하였다. 얼마 뒤에 다시 어사대부에게 명하여 外祖母에게 博平君(박평군)이란 호를 하사하고 박평현과 여오현의 2개 현 1만 1천 호를 탕목읍으로 하사하였다. 외숙인 왕무고는 平昌侯(평창후) 왕무는 樂昌侯에 봉하며 식읍은 각 6천 호로 정했다.


原文

初, 逎始以本始四年病死, 後三歲, 家乃富貴, 追賜諡曰, 思成侯. 詔涿郡治塚室, 置園邑四百家, 長丞奉守如法. 歲餘, 博平君薨, 諡曰, 思成夫人, 詔徙思成侯合葬奉明顧成廟南, 置園邑長丞, 罷涿郡思成園. 王氏侯者二人, 無故子接爲大司馬車騎將軍, 而武子商至丞相, 自有傳.


| 註釋 |  ○奉明顧成廟 – 奉明은 현명. 今 陝西省 西安市 서북. 거기에 선제 부친 사황손의 묘지 奉明園이 있다. 顧成廟(고성묘)는 文帝의 묘당. ○自有傳 – 王商(? – 前 25)은 성제 때 승상 역임. 82권, 〈王商史丹傅喜傳〉에 입전.


〔國譯〕

그전에 선제 외조부 王逎始(왕내시)는 本始 4년(前 70)에 병사했는데 3년 뒤에 그 집은 부자가 되었고, 추서 받은 시호는 思成侯(사성후)였다. 조서로 涿郡(탁군)에 원읍 4백 호를 두고 長과 丞(승)을 두고 법제대로 관리하게 하였다. 일 년 뒤에 博平君(박평군)이 죽었는데, 시호는 思成夫人(사성부인)이고 조서를 내려 사성후의 묘를 옮겨 奉 明縣 顧成廟(고성묘)의 남쪽에 합장하고 원읍에 장과 승을 두었으며 탁군의 사성원은 폐지하였다. 왕씨로 제후가 된 사람은 2명인데 왕 무고의 아들 王接(왕접)은 대사마 거기장군이 되었고, 왕무의 아들 王商은 승상이 되어 본서에 입전했다.

## 97-9. 孝宣許皇后 外

原文

孝宣許皇后, 元帝母也. 父廣漢, 昌邑人, 少時爲昌邑王 郎. 從武帝上甘泉, 誤取它郎鞍以被其馬, 發覺, 吏劾從行 而盜, 當死, 有詔募下蠶室. 後爲宦者丞. 上官桀謀反時, 廣 漢部索, 其殿中廬有索長數尺可以縛入者數千枚, 滿一篋緘 封, 廣漢索不得, 它吏往得之. 廣漢坐論爲鬼薪, 輸掖庭, 後 爲暴室嗇夫. 時宣帝養於掖庭, 號皇曾孫, 與廣漢同寺居. 時掖庭令張賀, 本衛太子家吏, 及太子敗, 賀坐下刑, 以舊恩 養視皇曾孫甚厚. 及曾孫壯大, 賀欲以女孫妻之. 是時, 昭 帝始冠, 長八尺二寸. 賀弟安世爲右將軍, 與霍將軍同心輔

政, 聞賀稱譽皇曾孫, 欲妻以女, 安世怒曰, "曾孫乃衛太子
後也, 幸得以庶人衣食縣官, 足矣, 勿復言予女事." 於是賀
止. 時許廣漢有女平君, 年十四五, 當爲內者令歐侯氏子婦.
臨當入, 歐侯氏子死. 其母將行卜相, 言當大貴, 母獨喜. 賀
聞許嗇夫有女, 乃置酒請之, 酒酣, 爲言, "曾孫體近, 下人,
乃關內侯, 可妻也." 廣漢許諾. 明日, 嫗聞之, 怒. 廣漢重令
爲介, 遂與曾孫, 一歲生元帝. 數月, 曾孫立爲帝, 平君爲倢
伃. 是時, 霍將軍有小女, 與皇太后有親. 公卿議更立皇后,
皆心儀霍將軍女, 亦未有言. 上乃詔求微時故劍, 大臣知指,
白立許倢伃爲皇后. 既立, 霍光以后父廣漢刑人不宜君國,
歲餘乃封爲昌成君.

| 註釋 | ○昌邑 – 侯國名. 국도는 昌邑縣. 今 山東省 菏澤市 관할의 鉅野
縣. ○有詔募下蠶室 – 죄수를 모아놓고 희망자를 蠶室(잠실)에 보내 궁형에
처했다는 뜻. ○滿一篋緘封 – 滿은 가득. 篋은 상자 협. 緘은 봉할 함. 이는
반역을 준비하는 중요한 물증이 될 수 있는데, 이를 발견하지 못한 것은 벌
을 받아야할 실수였다. ○論爲鬼薪 – 論는 판결이 나다. 鬼薪(귀신)은 땔나
무를 해서 공급하는 勞役. 기간은 3년. ○輸掖庭 – 輸는 보내지다. 掖庭(액
정)은 후궁들의 거처를 관리하는 부서. 掖庭令 역시 환관이다. ○暴室嗇夫
– 暴室(폭실)은 직물을 염색하는 곳. 嗇夫(색부)는 잡부, 하급관리. 궁중 부
녀자의 질병을 치료하는 곳이라는 주석도 있다. ○與廣漢同寺居 – 寺는 관
청 사. 업무 부서 또는 업무를 담당하는 부서 건물을 의미. ○賀坐下刑 – 하
체 형벌(궁형)에 처해지다. ○張安世(?-前 62) – 武帝, 昭帝, 宣帝 時代의 군
권을 장악했던 정치가. 武帝 때 尙書令, 昭帝 때 右將軍, 宣帝 때 大司馬衛將

軍領尙書事. 관직생활이 청렴하기로 널리 알려졌다. 무제 때의 어사대부였던 張湯의 아들. 59권, 〈張湯傳〉에 부전.  ○酒酣 – 酣은 술 즐길 감. 술이 거나해지다.  ○曾孫體近, 下人 – 증손의 체통은 황제의 근친이나 사람됨은 보통(中下人)이다.  ○與皇太后有親 – 황태후는 소제의 上官皇后(上官安의 딸). 상관황후는 곽광의 외손녀였으니 곽광 막내딸의 입장에서 보면 큰언니의 딸이니, 곧 조카였다.  ○心儀 – 내심으로 그런 의향이었다.

## 〔國譯〕

孝宣帝의 許皇后는 元帝의 모친이다. 허황후의 부친 許廣漢(허광한)은 창읍국 사람으로 젊어 창읍왕의 낭관이었다. 무제를 따라 甘泉宮에 갔을 때 착오로 다른 낭관의 말안장을 자신의 말에 얹었다가 발각되었는데 형리는 황제를 수행하며 도둑질을 하였다고 사형에 처해져야 했지만 조서로 잠실에 넣게 하였다(宮刑을 받았다). 뒷날 宦者丞(환자승)이 되었다. 상관걸이 모반했을 때 허광한은 상관걸의 사무실을 수색했는데 그의 궁궐 내 임시 거처를 수색하면서 궁궐 임시 거처에 몇 자 길이의 사람을 묶을 수 있는 새끼줄 수천 매가 상자 가득 봉해져 있는 것을 찾아내지 못했는데 다른 관리가 들어가 찾아내었다. 허광한은 이에 연좌되어 궁중의 땔나무를 하는 노역을 했고, 뒤에 掖庭(액정)에 보내졌다가 나중에서 暴室(폭실)의 嗇夫(색부)가 되었다. 그때 어린 선제는 황증손이라면서 액정에서 부양했는데 허광한과 같은 건물에서 거처하였다. 그때 액정령은 張賀(장하)이었는데 본래 衛太子 궁의 관리로 태자가 죽을 때 장하도 연루되어 하체 형벌(궁형)에 받았지만 옛 은정을 생각하여 황증손을 정성으로 돌봐 주었다. 황증손이 성장하자, 장하는 자신의 손녀를 아내로 주려고 하였다. 그때 昭帝는 관례를 막 치렀는데 키가 8척2촌(185cm)이나 되었다. 장하의 동생 張安世(장안세)는 右將軍으로서 대장군 곽광과 한마음으로 昭帝를 보필하고 있었는데 장하가 황증손을 칭찬하며 손녀를 아내로 주려 한다는 말을 듣고 장안세가 화를 내며 말했다. "황증손은 위태자의 후손이나 겨우 서인으로서 의식을 나라에서 해결해주고 있는 것으로 족하니 다시는 손녀를 주겠다는 말을 하지 마십시오." 이에 장하는 그만두었다. 그때 허광한에게 平君(평군)이라는 14, 5세 된 딸이 있었는데 內者令인 歐侯氏(구후씨)의 아들과 결혼하기로 되어 있었다. 그러나 결혼에 임박하여 구후씨의 아들이 죽었다. 그 어미가 장차 어찌 될 것인가 점을 쳤는데 아주 귀인이 될 것이라고 말하자 허광한의 아내는 홀로 좋아하였다. 장하는 색부 허광한에게 딸이 있다는 말을 듣고 술을 준비한 뒤 허광한을 초청했고 술이 거나하자 허광한에게 말했다. "황증손은 가까운 혈통이나 보통 사람이지만 관내후는 될 수 있으니 딸을 줄 만하다."고 말했다. 그러자 허광한은 승낙하였다. 다음날 허광한의 아내가 듣고 화를 내었다. 허광한은 다른 사람을 중매로 하여 딸을 황증손에게 보냈고 일 년 만에 원제를 낳았다. 몇 달 지나 증손은 제위에 올랐고 허평군은 婕仔(첩여)가 되었다. 이때 대장군 곽광에게도 어린 딸이 있었는데 황태후의 친형제였다.

공경들은 다시 황후를 맞이해야 한다는 의논을 하였는데 모두가 대장군 곽광의 딸에 마음이 있었지만 누가 말하지는 않고 있었다. 선제는 조서로 미천할 때 쓰던 칼을 찾는다고 하자 대신들은 그 뜻을 알아 허첩여를 황후로 모셔야 한다고 상주하였다. 황후가 되자 곽광은 황후의 부친이 형벌을 받은 사람이라 제후가 될 수 없다고 하였으나 1년 뒤에 허광한을 昌成君으로 봉하였다.

原文

　霍光夫人顯欲貴其小女, 道無從. 明年, 許皇后當娠, 病. 女醫淳于衍者, 霍氏所愛, 嘗入宮侍皇后疾. 衍夫賞爲掖庭戶衛, 謂衍, "可過辭霍夫人行, 爲我求安池監." 衍如言報顯. 顯因生心, 辟左右, 字謂衍, "少夫幸報我以事, 我亦欲報少夫, 可乎?" 衍曰, "夫人所言, 何等不可者!" 顯曰, "將軍素愛小女成君, 欲奇貴之, 願以累少夫." 衍曰, "何謂邪?" 顯曰, "婦人免乳大故, 十死一生. 今皇后當免身, 可因投毒藥去也, 成君卽得爲皇后矣. 如蒙力事成, 富貴與少夫共之." 衍曰, "藥雜治, 當先嘗, 安可?" 顯曰, "在少夫爲之耳, 將軍領天下, 誰敢言者? 緩急相護, 但恐少夫無意耳!" 衍良久曰, "願盡力." 卽擣附子, 繼入長定宮. 皇后免身後, 衍取附子倂合大醫大丸以飮皇后. 有頃曰, "我頭岑岑也, 藥中得無有毒?" 對曰, "無有." 遂加煩懑, 崩. 衍出, 過見顯, 相勞問, 亦未敢重謝衍. 後人有上書告諸醫待疾無狀者, 皆收繫詔獄, 劾不道. 顯恐急, 卽以狀具語光, 因曰, "旣失計爲之, 無令吏急衍!" 光驚鄂, 默然不應. 其後奏上, 署衍勿論.

| 註釋 | ◦道無從 - 목적을 달성할 길이 없다. ◦安池監 - 安池의 監官.

소부의 속관으로 상림원에 10개의 苑池가 있었다고 한다. 安邑 鹽池(염지)의 監官이라는 주석도 있다. ㅇ少夫 – 순우연의 字. 친근함의 표시로 字를 부르며 이야기를 하였다. ㅇ免乳大故 – 免乳는 출산. 大故는 大事. ㅇ附子 – 식물 이름. 약에 들어갈 수 있는데 독성이 있다. ㅇ大毉 – 太毉. 少府의 속관. 毉 의원 의. 醫와 同. ㅇ씍씍(잠잠) – 머리가 아픈 모양. ㅇ逐加煩懣 – 煩懣은 괴로워하다. ㅇ勞問 – 慰問하다.

## 【國譯】

　대장군 곽광의 부인 顯(현)은 막내딸을 고귀하게 만들고 싶었지만 길이 없었다. 다음 해 허황후는 임신을 하였지만 병이 들었다. 女毉(여의)인 淳于衍(순우연)이란 자는 곽광 부인의 인정을 받으며 그전부터 궁에 출입하며 황후의 병을 돌보았다. 순우연의 남편은 액정문의 호위관이었는데 순우연에게 말했다. "입궁하기 전에 곽부인에게 사례하면서 내가 安池(안지)의 감독이 될 수 있게 말을 해보라." 순우연이 그런 말을 곽광부인에게 말했다.

　곽광부인은 생각이 달라져서 좌우를 물리치고 순우연의 字(자)를 부르며 말했다. "少夫(소부)가 나에게 일을 좀 해준다면 나도 소부를 도울 것인데 할 수 있겠는가?" "부인의 말씀인데 어찌 아니 한다고 하겠습니까?" 그러자 곽광부인이 말했다. "대장군께서는 평소에 막내딸 成君(성군)을 아끼면서 귀한 자리에 보내고 싶어 하시기에 소부의 신세 좀 져야 하겠네." 그러자 순우연이 물었다. "무슨 일입니까?"

　"여자에게는 출산이 큰일이라서 열 번 죽었다 한 번 살아나는 셈이지. 이번에 황후가 출산할 것인데 틈을 보아 독약을 넣어준다면 우리 막내가 곧 황후가 될 수 있지. 만약 힘 좀 써서 일이 성사된다면 부귀를 자네와 같이 누릴 것이네."

그러자 순우연이 말했다. "약은 여러 사람이 조제하고 언제나 미리 맛을 보는데 어떻게 하겠습니까?" "자네가 하기 나름이지만 지금 대장군께서 천하를 다스리는데 누가 감히 말하겠는가? 어떤 상황에서든 자네를 지켜줄 것이나 다만 자네가 마음이 내키지 않을까 걱정이네!" 순우연이 한참 생각하다가 대답했다. "한번 해 보겠습니다."

즉시 附子(부자)를 찧어 싸 가지고 長定宮(장정궁)에 들어갔다. 황후가 출산한 뒤에 순우연은 부자를 大毉(태의)의 大丸(대환)에 넣었고 황후가 마시게 하였다. 얼마 뒤 황후가 말했다. "내 머리가 깨질 것 같으니 약에 독이 들지 않았는가?" 순우연은 "아닙니다."라고 대답했다. 그러자 황후는 괴로워하다가 곧 죽었다. 순우연은 궁을 나와 곽광의 부인을 만나 수고했다는 말을 들었지만 바로 순우연에게 사례하지는 않았다. 그 후에 어떤 사람이 황후의 병을 치료했어도 효과가 없었던 일을 조사해야 한다고 상서하여 관련자들을 황제의 명에 따라 옥에 가두고 무도한 죄를 지었다고 판결했다. 곽광부인은 상황이 다급하자 모든 일을 곽광에게 털어놓고 말했다. "이미 저질러진 일이니 옥리가 순우연을 심하게 조사하지 않게 해주시오."

곽광은 경악하며 아무 말도 없었다. 그 뒤에 선제에게 보고하면서 순우연은 죄가 없다는 의견을 첨부하였다.

許后立三年而崩, 謚曰, 恭哀皇后, 葬杜南, 是爲杜陵南
園. 後五年, 立皇太子, 乃封太子外祖父昌成君廣漢爲平恩
侯, 位特進. 後四年, 復封廣漢兩弟, 舜爲博望侯, 延壽爲樂
成侯. 許氏侯者凡三人. 廣漢薨, 謚曰, 戴侯, 無子, 絶. 葬南
園旁, 置邑三百家, 長丞奉守如法. 宣帝以延壽爲大司馬車
騎將軍, 輔政. 元帝卽位, 復封延壽中子嘉爲平恩侯, 奉戴
侯後, 亦爲大司馬車騎將軍.

| 註釋 |  ○杜南 – 宣帝의 능인 杜陵의 남쪽.  ○特進 – 대신을 우대하는
호칭, 또는 列侯 중 특별히 우대할 자에게 수여. 조정에서 三公 다음 반열에
선다. '以功德特進見' 의 의미.

[ 國譯 ]

허황후는 책립된 지 3년 만에 죽었고, 시호는 恭哀皇后(공애황후)
이고 杜陵(두릉) 남쪽에 묻혀 杜陵南園이라고 하였다. 그 5년 뒤, 황
태자를 책립하고 태자의 외조부인 昌成君(창성군) 許廣漢을 平恩侯
(평은후), 직위는 特進(특진)이라 하였다. 그 4년 뒤에 다시 허광한의
두 동생인 許舜(허순)을 博望侯, 許延壽(허연수)를 樂成侯에 봉하였
다. 許氏로 제후가 된 사람이 3인이었다. 허광한이 죽자, 시호는 戴
侯(대후)이었으나 아들이 없어 단절되었다. 南園(남원) 곁에 장례한
뒤에 원읍 3백 호를 두고 관리하는 長과 丞(장)을 두어 법제대로 관
리하게 하였다. 선제는 허연수를 대사마 거기장군으로 삼아 정사를
보필케 하였다. 원제가 즉위한 뒤에 허연수의 둘째아들 許嘉(허가)

를 平恩侯에 봉하여 戴侯(대후, 허광한)의 제사를 받들게 하였고 뒤에
대사마거기장군에 임명하였다.

孝宣霍皇后, 大司馬大將軍, 博陸侯光女也. 母顯, 卽使
淳于衍陰殺許后, 顯因爲成君衣補, 治入宮具, 勸光內之, 果
立爲皇后.

| 註釋 |  ○衣補 – 혼례용 옷을 만들다.


〔國譯〕

孝宣帝의 霍皇后(곽황후)는 대사마대장군인 博陸侯(박륙후) 곽광
의 딸이다. 모친 顯(현)은 순우연을 시켜 음밀하게 허황후를 죽이게
하였고, 이어 딸 成君(성군)의 결혼 예복을 짓고 살림 도구 등을 준비
하여 곽광에게 입궁시키도록 하였고 마침내 황후가 되었다.

初, 許后起微賤, 登至尊日淺, 從官車服甚節儉, 五日一朝
皇太后於長樂宮, 親奉案上食, 以婦道共養. 及霍后立, 亦
修許后故事. 而皇太后親霍后之姊子, 故常竦體, 敬而禮之.
皇后輦駕侍從甚盛, 賞賜官屬以千萬計, 與許后時縣絶矣.

上亦寵之, 顓房燕. 立三歲而光薨. 後一歲, 上立許后男爲
太子, 昌成君者爲平恩侯. 顯怒恚不食, 嘔血, 曰, "此乃民
間時子, 安得立? 即后有子, 反爲王邪!" 復敎皇后令毒太子.
皇后數召太子賜食, 保阿輒先嘗之, 后挾毒不得行. 後殺許
后事頗洩, 顯遂與諸壻昆弟謀反, 發覺, 諧誅滅. 使有司賜
皇后策曰, "皇后熒惑失道, 懷不德, 挾毒與母博陸宣成侯夫
人顯謀欲危太子, 無人母之恩, 不宜奉宗廟衣服, 不可以承
天命. 嗚呼傷哉! 其退避宮, 上璽綬有司." 霍后立五年, 廢
處昭臺宮. 後十二歲, 徙雲林館, 乃自殺, 葬昆吾亭東. 初,
霍光及兄驃騎將軍去病皆自以功伐封侯居位, 宣帝以光故,
封去病孫山, 山弟雲, 皆爲列侯, 侯者前後四人.


| 註釋 | ○皇太后親霍后之姊子 - 皇太后(소제의 황후, 上官安의 딸, 곽광의
외손녀)는 곽황후 언니의 딸이기에 곽황후는 황태후의 이모이다. ○輦駕(여
가) - 輦(수레 여)는 輿와 同. ○顓房燕 - 顓은 전. 독점하다. 房燕은 房中之
樂. ○顯遂與諸壻昆弟謀反 - 이는 68권, 〈霍光金日磾傳〉에 상세히 기록했
다. ○熒惑(형혹) - 현혹되다. 재이를 일으키는 별. ○驃騎將軍去病 - 곽거
병은 곽광의 이복형으로 곽광보다 훨씬 먼저 출세하였다.


〔國譯〕

그전에 허황후는 미천한 신분에서 지존의 자리에 올라 오래되지
않았기에 시종이나 수레 복식이 아주 검소하였으며 5일에 한 번 장
락궁으로 황태후(昭帝의 황후)를 찾아뵙고 몸소 식사를 올리는 등 며

느리의 도리를 다해 공양하였다. 뒤에 곽황후도 허황후의 예를 따랐다. 황태후는 곽황후 언니의 딸이었기에 늘 송구스런 마음으로 공경하며 예우하였다. 곽황후의 어가와 시종은 아주 성대하였고 관속에게 내리는 상이나 하사품은 천만으로 세어야 했으니 허황후와 아주 달랐다. 선제도 곽황후를 총애하여 房中의 즐거움을 독점하였다. 황후가 된지 3년에 곽광이 죽었다. 그 1년 뒤 선제는 허황후의 아들을 태자로 책립하고 昌成君(창성군, 허광한)을 平恩侯(평은후)로 봉했다. 이에 곽광의 아내는 화를 내며 식사도 못하고 피를 토하며 말했다. "그 평민 시절의 아들을 어찌 책립할 수 있는가? 만일 황후가 아들을 낳으면 되레 왕이 되어야 하나!"

그리고는 다시 황후를 시켜 태자를 독살하라고 하였다. 곽황후는 여러 번 태자를 불러 음식을 하사하였는데 보모가 그때마다 먼저 음식 맛을 보았기에 황후는 독약을 갖고도 쓸 수가 없었다. 그 뒤에 허황후를 독살한 사실이 누설되자, 곽광의 아내는 여러 사위와 형제들과 모반을 꾸몄고 발각되어 모두 주살되었다. 이에 선제는 사자를 보내 황후에게 책서를 내려 말했다.

"황후는 현혹되어 정도를 잃고 나쁜 마음으로 독약을 갖고서 모친인 博陸宣成侯의 夫人 顯(현)과 함께 모의하여 태자를 위험에 처하게 하였으니 사람의 어미로서 은덕도 없고 종묘의 제복을 받들거나 천명을 누릴 수도 없게 되었다. 오호라! 가슴 아픈 일이로다. 궁에서 물러나며 황후의 璽(새)와 인수를 유사에게 바치도록 하라."

곽황후는 책립 5년에 폐위되어 昭臺宮(소대궁)에 유폐되었다. 12년 뒤에 雲林館(운림관)으로 옮겼는데 바로 자살하여 昆吾亭(곤오정)의 동쪽에 묻혔다. 그전에 곽광 및 그 형인 표기장군 霍去病(곽거병)

은 모두 흉노를 정벌한 공으로 제후가 되었고 선제의 즉위도 곽광이 주도하였기에 곽거병의 손자인 霍山(곽산), 곽산의 아우인 霍雲(곽운)은 모두 제후가 되었으니 제후가 된 자는 전후 4인이었다.

孝宣王皇后, 其先高祖時有功賜爵關內侯, 自沛徙長陵, 傳爵至后父奉光. 奉光少時好鬪雞, 宣帝在民間數與奉光會, 相識. 奉光有女年十餘歲, 每當適人, 所當適輒死, 故久不行. 及宣帝卽位, 召入後宮, 稍進爲倢伃. 是時, 館陶主母華倢伃及淮陽憲王母張倢伃,楚孝王母衛倢伃皆愛幸.

| 註釋 |  ○每當適人 – 適人은 시집가다. 남의 짝으로 허락하다.  ○淮陽憲王~ – 80권, 〈宣元六王傳〉 참고.

〖國譯〗

孝宣帝 王皇后의 조상은 高祖 때 공을 세워 관내후의 작위를 받았으며 沛縣(패현)에서 長陵縣(장릉현)으로 이사했으며 작위를 후손인 황후의 부친 王奉光(왕봉광)에 전해졌다. 왕봉광은 젊은 시절에 鬪雞(투계)를 좋아했는데 선제가 민간에 살 때 여러 번 왕봉광과 어울려 서로 알고 있었다. 왕봉광에게 10여 세 된 딸이 있었는데 매번 시집을 보내려 할 때마다 그 당사자가 갑자기 죽어 오랫동안 결혼하지 못하고 있었다. 선제가 즉위하면서 불러 입궁케 했고 점차 승진하여 倢伃(첩여)가 되었다. 그 무렵 관도공주의 생모 華倢伃(화첩여),

淮陽憲王의 생모 張倢伃(장첩여), 楚孝王의 생모 衛倢伃(위첩여) 등이 모두 선제의 총애를 받았다.

原文

霍皇后廢後, 上憐許太子蚤失母, 幾爲霍氏所害, 於是乃選後宮素謹愼而無子者, 遂立王倢伃爲皇后, 令母養太子. 自爲后後, 希見, 無寵. 封父奉光爲邛成侯. 立十六年, 宣帝崩, 元帝卽位, 爲皇太后. 封太后兄舜爲安平侯. 後二年, 奉光薨, 謚曰, 共侯, 葬長門南, 置園邑二百家, 長丞奉守如法. 元帝崩, 成帝卽位, 爲太皇太后. 復爵太皇太后弟駿爲關內侯, 食邑千戶. 王氏列侯二人, 關內侯一人. 舜子章, 章從弟咸, 皆至左右將軍. 時成帝母亦姓王氏, 故世號太皇太后爲邛成太后.

| 註釋 | ○上憐許太子蚤失母 - 許太子는 허황후 소생의 태자(元帝). 蚤는 일찍 조(早와 通), 손톱 조(爪와 통용). ○元帝崩, 成帝卽位 - 前 33년.

〔國譯〕

곽황후를 폐한 뒤에 선제는 허황후 소생 태자가 일찍 모친을 여의고 곽씨에게 거의 해를 입을 뻔했기에 평소에 근신하고 자식이 없는 후궁인 왕첩여를 골라서 황후에 봉하며 태자를 양육토록 하였다. 왕황후는 그렇게 황후가 되었지만 거의 알현하지도 못하고 총애도 받지 못했다. 황후의 부친 왕봉광을 邛成侯(공성후)에 봉했다. 황후가 된 지 16년에 선제가 붕어하고 원제가 즉위하자 왕황후는 황태후가 되었다. 황태후의 오빠인 王舜은 安平侯(안평후)가 되었다. 그 2년 뒤에 왕봉광이 죽어 시호는 共侯(공후)라 하고 長門亭(장문정) 남쪽에 장례하고 원읍 2백 호를 두고 장과 승을 두어 법제대로 관리하게 하였다. 원제가 붕어하고 성제가 즉위하자 태황태후가 되었다. 이에 태황태후의 동생 王駿(왕준)을 관내후에 봉하고 식읍 1천 호를 하사하였다. 王氏로 제후가 된 사람이 2인 관내후가 1인이었다. 왕순의 아들 王章(왕장), 왕장의 사촌 동생 王咸(왕함)은 모두 좌,우장군이 되었다. 그때 成帝의 모친 역시 王氏이었기에 세상 사람들은 태황태후를 邛成太后(공성태후)라고 불렀다.

原文

邛成太后凡立四十九年, 年七十餘, 永始元年崩, 合葬杜陵, 稱東園. 奉光孫勳坐法免. 元始中, 成帝太后下詔曰, "孝宣王皇后, 朕之姑, 深念奉質共修之義, 恩結於心. 惟邛成共侯國廢祀絶, 朕甚閔焉. 其封共侯曾孫堅固爲邛成侯." 至王莽乃絶.

| 註釋 | ○永始元年 – 성제의 연호. 前 16년. ○元始 – 평제의 연호. 서기 1-5년.

〚 國譯 〛

　공성태후는 왕후가 되어 총 49년을 지내고 70여 세인 永始 원년
에 죽어 杜陵에 합장하고 東園(동원)이라 하였다. 왕봉광의 손자인
王勳(왕훈)은 법을 어겨 제후 지위를 잃었다. 元始 연간에 성제태후
(王政君)가 조서를 내려 말했다.

　"효선제 왕황후는 나의 고모로 부녀자의 도리를 깊이 깨달아 실
천하며 마음이 너그러웠다. 공성 共侯(공후)의 후국이 없어져 제사
가 끊긴다니 짐은 이를 안타깝게 생각한다. 공후의 증손인 王堅固
(왕견고)를 邛成侯(공성후)에 봉하도록 하라."

　그러나 왕망 시절에 단절되었다.

# 97 外戚傳(下)
〔외척전〕(하)

## 97-10. 孝成許皇后 外

原文

孝元王皇后, 成帝母也. 家凡十侯, 五大司馬, 外戚莫盛焉. 自有傳.

孝成許皇后, 大司馬車騎將軍平恩侯嘉女也. 元帝悼傷母恭哀后居位日淺而遭霍氏之辜, 故選嘉女以配皇太子. 初入太子家, 上令中常侍黃門親近者侍送, 還白太子歡說狀, 元帝喜謂左右, "酌酒賀我!" 左右皆稱萬歲. 久之, 有一男, 失之. 乃成帝即位, 立許妃爲皇后, 復生一女, 失之.

○〈外戚傳〉(下) – 孝成許皇后부터 孝平王皇后까지 9명을 입전.
○孝元王皇后 – 名 王政君. ○自有傳 – 97권, 〈元后傳〉으로 단독 입전. ○遭
霍氏之辜 – 遭는 당하다. 만날 조. 辜는 허물 고. 罪行. ○乃成帝卽位 – 19세
즉위, 재위 前 33 – 前 7년.

〔國譯〕

孝元帝 王皇后는 成帝의 모친이다. 왕씨 일가에서 총 10명 제후,
5명의 대사마가 배출되었으니 외척으로 이처럼 극성한 일이 없었
다. 따로 입전하였다.

孝成帝의 許皇后는 대사마 거기장군인 平恩侯(은평후) 許嘉(허가)
의 딸이다. 元帝는 모친 恭哀后가 황후로 일천했고 곽씨의 해악을
당한 것을 가슴 아파하면서 許嘉의 딸을 골라 황태자의 짝으로 삼았
다. 태자비가 처음 태자궁에 들어갈 때, 원제는 中常侍를 맡은 가까
운 黃門(宦官)을 시켜 입궁케 하였는데 환관이 돌아와 태자가 좋아
하는 모습을 보고하자 원제도 기뻐하며 측근들에게 "술을 갖고 와
나를 축하하라!"고 말했고 측근들은 만세를 불렀다. 얼마 뒤에 아들
을 낳았으나 죽었다. 그리고 성제로 즉위하니 태자비 허씨를 황후로
삼았고 다시 딸을 하나 낳았지만 잃고 말았다.

原文

初, 后父嘉自元帝時爲大司馬車騎將軍輔政, 已八九年
矣. 及成帝立, 復以元舅陽平侯王鳳爲大司馬, 大將軍, 與嘉
並. 杜欽以爲故事后父重於帝舅, 乃說鳳曰, "車騎將軍至

貴, 將軍宜尊之敬之, 無失其意. 蓋輕細微眇之漸, 必生乖忤之患, 不可不愼. 衛將軍之日盛於蓋侯, 近世之事, 語尙在於長老之耳, 唯將軍察焉." 久之, 上欲專委任鳳, 乃策嘉曰, "將軍家重身尊, 不宜以吏職自累. 賜黃金二百斤, 以特進侯就朝位." 後歲餘薨, 諡曰, 恭侯.

| 註釋 |  ○王鳳(? - 前 22) - 성제 모친 王황후의 오빠. 字 孝卿, 魏郡 元城縣(今, 河北省邯鄲市 관할의 大名縣. 河北省 남단.) 출신. 왕봉의 4형제(王鳳, 王音, 王商, 王根)가 모두 요직을 독점. 왕봉의 조카가 바로 王莽(왕망)이다. ○杜欽(두흠) - 60권, 〈杜周傳〉에 부전. 왕봉의 참모로 유명. ○衛將軍之日盛於蓋侯 - 衛將軍은 무제 衛황후의 동생인 衛靑. 蓋侯(개후)는 무제의 생모 王皇后의 오빠인 王信. 무제의 외숙.


〔 國譯 〕

　그전에 황후의 부친 許嘉(허가)는 원제 때부터 대사마 거기장군으로 정사를 보필하여 이미 8, 9년이 되었다. 성제가 즉위한 뒤에 다시 큰 외숙인 陽平侯 王鳳(왕봉)을 대사마대장군에 임명하여 허가와 같이 輔政토록 하였다. 이에 杜欽(두흠)은 전례를 볼 때, 황후의 부친은 황제의 외숙보다 막중하다고 생각하여 왕봉에게 말했다.

　"車騎將軍(許嘉)은 아주 고귀하시니 장군께서는 응당 그분을 존경하여 그분의 기대를 버리면 안 됩니다. 대개 사소하고 작은 것이 점점 커져서 나중에 일을 그르치기에 조심하지 않을 수 없습니다. 衛(위)장군 시절에 蓋侯(개후, 王信)는 얼마 전의 일로 그 이야기가 지금도 장안의 노인들에게 이야기되고 있으니 장군은 꼭 주의해야 합니다."

얼마 후 성제는 왕봉에게 정사를 일임하려고 허가에게 책서를 내려 말했다.

"장군은 가문과 지위가 모두 존중하니 정사 때문에 힘들게 할 수 없습니다. 황금 2백 근을 하사하며 조회 시에는 특진으로 참여하기 바랍니다."

그 일년 뒤에 죽었는데, 시호는 恭侯(공후)이었다.


原文

后聰慧, 善史書, 自爲妃至卽位, 常寵於上, 後宮希得進見. 皇太后及帝諸舅憂上無繼嗣, 時又數有災異, 劉向,谷永等皆陳其咎在於後宮. 上然其言, 於是省減椒房掖廷用度. 皇后乃上疏曰,

| 註釋 | ○善史書 – 史書는 屬史의 글씨체인 隸書(예서)로 쓴 문서. 史는 속리의 뜻. ○劉向,谷永 – 劉向은 황실의 종친. 36권, 〈楚元王傳〉에 입전. 谷永은 85권, 〈谷永杜鄴傳〉에 입전.

〖 國譯 〗

成帝의 許皇后는 총명하고 지혜로우며 隸書(예서)로 쓴 문서에도 밝았는데 태자비에서 황후로 있는 동안 성제의 총애를 받았고 다른 후궁들은 좀처럼 성제를 뵐 수 없었다. 황태후(元帝의 王皇后)나 여러 외숙들은 성제의 후사가 없으며 그 무렵 자주 재해가 발생하는 것을 걱정하였으며 劉向(유향)과 谷永(곡영) 등은 모두 그 허물을 후궁 탓이라 생각하였다. 성제도 그러하다고 생각하면서 황후의 궁궐과 후궁 처소인 掖庭(액정)의 지출을 절약하고 줄였다. 許황후가 이에 상소하여 말했다.

## 原文

「妾誇布服糲糧, 加以幼稚愚惑, 不明義理, 幸得免離茅屋之下, 備後宮掃除. 蒙過誤之寵, 居非命所當托, 汚穢不修, 曠職尸官, 數逆至法, 逾越制度, 當伏放流之誅, 不足以塞責. 乃壬寅日大長秋受詔, "椒房儀法, 御服輿駕, 所發諸官署, 及所造作, 遺賜外家群臣妾, 皆如竟寧以前故事." 妾伏自念, 入椒房以來, 遺賜外家未嘗逾故事, 每輒決上, 可復問也. 今誠時世異制, 長短相補, 不出漢制而已, 纖微之間, 未必可同. 若竟寧前與黃龍前, 豈相放哉? 家吏不曉, 今一受詔如此, 且使妾搖手不得. 今言無得發取諸官, 殆謂未央宮不屬妾, 不宜獨取也. 言妾家府亦不當得, 妾竊惑焉. 幸得賜湯沐邑以自奉養, 亦小發取其中, 何害於誼而不可哉? 又詔書言服御所造, 皆如竟寧前, 吏誠不能揆其意, 卽且令妾被服所爲不得不如前. 設妾欲作某屛風張於某所, 曰, 故事無有, 或不能得, 則必繩妾以詔書矣. 此二事誠不可行, 唯陛下省察.

| 註釋 |  ○妾誇布服糲糧 - 妾은 여자의 겸칭. 誇布는 大布之衣. 糲糧(조
량)은 거친 밥. 왕후가 되기 전에 미천했다는 겸사.  ○曠職尸官 - 曠職(광직)
은 직무를 제대로 수행하지 못하다. 尸官(시관)은 직무를 감당하지 못하고
직책만 차지하다.   ○大長秋受詔 - 大長秋는 황후를 시종하는 환관의 직책.
황후의 의사를 여러 곳에 전달하는 임무를 수행.  ○椒房(초방) - 황후의 거
처.   ○外家 - 여기서는 황후의 친정, 본가.  ○竟寧(경녕) - 원제의 마지막
연호. 前 33년.  ○黃龍 - 선제의 마지막 연호. 前 49년.  ○家吏不曉 - 家吏
는 황후의 屬官.  ○未央宮 - 황제의 정궁. 蕭何(소하)가 건축한 궁궐. 未央
(미앙)은 '끝나지(盡) 않는다.'는 뜻. 최근 발굴성과에 의하면 미앙궁의 규모
는 동서 2,300m, 남북 약 2,000m였다.

[ 國譯 ]

「臣妾은 어려 미천하게 살았으며 유치하고 우매하며 正道도 잘
몰랐는데 다행히 초가의 생활을 벗어나 후궁에서 掃除(소제)나 할
수 있게 되었습니다. 분에 넘치는 총애를 받으며 감당할 수 없는 명
을 받아 누리면서 부족한 것을 채우지도 못하고 직무를 감당하지도
못하며 자리만 차지하고서 법도를 자주 어기고 제도를 넘어서는 잘
못으로 응당 방축이 된다 하여도 제 책임을 다할 수 없을 것입니다.
지난 壬寅(임인)일에 大長秋(대장추)가 폐하의 조서를 받아왔는데
"황후궁의 儀式(의식)이나 기물과 의복, 수레에 필요한 것의 주문이
나 제작, 그리고 外家나 여러 신첩에게 하사하는 물건은 모두 竟寧
(경녕) 이전의 예에 따른다."고 하였습니다. 臣妾이 조용히 생각하건
데, 황후궁에 들어온 이래로 外家(친정)에 하사한 물건은 전례를 넘
어선 일도 없으며 매번 폐하가 결정하더라도 다시 물어 시행하였습
니다. 지금 상황이 정말로 옛 제도와 다르다면 길고 짧은 것을 서로

보완하여 한의 법제를 벗어나지 않으면 되는데 사소한 일까지도 모두 같게 할 수는 없을 것입니다. 만약 元帝 이전의 규정이 宣帝 때의 규정과 서로 다르다면 어느 쪽을 따라야 합니까? 속관도 알지 못하는데 지금 이와 같은 조서를 받았으니 이는 신첩으로 하여금 손을 쓸 수 없습니다. 그리하여 이번 조서의 뜻을 다른 궁에 전달할 수도 없으며 또 미앙궁의 속관은 신첩에게 소속되어 있지도 않으니 신첩이 홀로 결정할 수도 없습니다. 신첩의 본가에서도 필요한 물자를 얻기도 어려울 것이라고 관리가 말하니 상당히 곤혹스럽기만 합니다. 다행히 탕목읍을 하사받은 것이 있어 그것으로 봉양할 수 있겠지만 그중에서 나오는 작은 것이라도 합당하지 않다면 해서는 안 되는 것입니까? 또 조서에서 말씀하신 복식의 제조도 竟寧(경녕) 연간 이전의 것으로 해야 한다면 속리들은 그 내용을 헤아리지 못할 것이니 그러하다면 지금 신첩이 입고 사용하는 것이 전례와 다르다는 뜻일 것입니다. 설령 신첩이 어떤 병풍 하나를 어느 곳에 사용하려고 할 때 전례에 없는 일이라고 말한다면 마련할 방법이 없는 것이니 이는 조서를 내려 신첩을 바로잡으려는 뜻일 것입니다. 이 두 가지는 정말 실천이 어려운 것이니 폐하께서 성찰해 주시기를 바랍니다.」

原文

「宦吏忮佷, 必欲自勝. 幸妾尙貴時, 猶以不急事操人, 況今日日益侵, 又獲此詔, 其操約人, 豈有所訴? 陛下見妾在椒房, 終不肯給妾纖微內邪? 若不私府小取, 將安所仰乎?

舊故, 中宮乃私奪左右之賤繒, 乃發乘輿服繒, 言爲待詔補, 已而貿易其中. 左右多竊怨者, 甚恥爲之. 又故事以特牛祠大父母, <u>戴侯</u>, <u>敬后</u>皆得蒙恩以太牢祠, 今當率如故事, 唯陛下哀之!」

| 註釋 | ○宦吏忮佷 - 宦吏는 환관. 忮佷(기한)은 고집이 세고 막무가내다. 忮는 해칠 기. 고집에 세다. 佷은 어그러질 한. ○操人 - 사람을 부리다. 일을 시키다. ○若不私府小取 - 私府는 개인 재산. 궁중의 재산을 관리하는 少府가 아닌 황후의 개인 재산을 지칭. ○舊故 - 옛일. 전례. ○又故事以特牛祠大父母 - 特牛는 황소. 大父母는 조부모. ○戴侯, 敬后 - 戴侯는 宣帝의 장인. 선제 許皇后의 부친. 敬后는 경부인. 선제 허황후의 모친. ○太牢 - 소, 양, 돼지의 희생물을 다 갖춘 제사.

〔國譯〕

「환관은 고집에 제멋대로 우기며 기어이 이기려 합니다. 다행히 신첩이 총애를 받을 때도 급하게 환관들을 부리기가 어려웠고 요즈음 날마다 점점 나빠지는데 또 이런 조서가 내려 왔다면 사람을 더 애를 먹일 것이니 어디에 호소를 해야 합니까? 폐하께서 신첩이 황후궁에 있는 동안 아주 작은 것 조금도 주지 않을 것입니까? 만약 황후가 개인 재산을 관리하지 않으며, 어디에 기댈 수 있겠습니까? 전례대로 황후궁에서 측근의 값싼 비단이나 또는 수레나 비단 옷이라도 갖다가 조서 그대로라면 필요한 물건을 바꿔 써야 할 것입니다. 측근에서 이래저래 불평이 나온다면 그런 일도 부끄러울 것입니다. 또 이전에 황소를 쓰던 조부모의 제사나 太牢(태뢰)를 갖춰 지내던 戴侯(대후, 許廣漢)와 敬后(敬夫人)의 제사도 전례대로 한다면 폐하께서 불쌍히 여겨 따로 조치해주시기 바랍니다!」


原文

「今吏甫受詔讀記, 直豫言使后知之, 非可復若私府有所取也. 其萌牙所以約制妾者, 恐失人理. 今但損車駕, 及毋若未央宮有所發, 遺賜衣服如故事, 則可矣. 其餘誠太迫急, 奈何? 妾薄命, 端遇竟寧前. 竟寧前於今世而比之, 豈可耶? 故時酒肉有所賜外家, 輒上表乃決. 又故杜陵梁美人歲時遺酒一石, 肉百斤耳. 妾甚少之, 遺田八子誠不可若是. 事率衆多, 不可勝以文陳. 俟自見, 索言之, 唯陛下深察焉!」

ㅣ註釋ㅣ ㅇ甫受詔~ – 甫는 처음으로(始也). ㅇ萌牙(맹아) – 싹(萌芽). 시작. ㅇ端遇~ – 端은 正也. ㅇ杜陵梁美人 – 선제 때의 미인. 지금은 出宮하여 민간에 살고 있기에 세시에 음식을 하사한다는 뜻. ㅇ遺田八子~ – 八子는 여관의 직급. 美人은 2천석 대우. 八子는 1천석 관리와 동급. 〈外戚傳〉 서론 부분 참고. ㅇ事率衆多 – 이런 예는 아주 많다. 率은 類也. ㅇ俟自見 (사자현) – 황제를 알현할 때에. 俟는 기다릴 사. ㅇ索言之 – 索은 盡也.


〖國譯〗

「이제 환관이 조서의 글을 먼저 읽고서는 황후가 알아야 할 일을 말할 것이니 私府에서 재물을 갖다 쓰는 것도 조서를 받기 전과 같지 않을 것입니다. 그렇게 황후를 제약할 수 있는 것은 사람의 도리를 잃게 되는 싹이 될 것입니다. 지금 일단 수레의 규모를 줄이거나 미앙궁에서 전과 같이 보내주지 않고, 의복을 전과 같이 하사하지 않는 일은 가능할 것입니다. 그 외에 만약 아주 급한 일이라면 어찌 해야 합니까? 臣妾은 박명하여 바로 竟寧 이전에 입궁하였습니다. 竟寧 이전은 지금에 비하여 어느 쪽이 낫습니까? 그전에는 酒肉을 외가(친정)에 보내주어야 한다면 폐하께 여쭙고 결정하였습니다. 또 예전에는 杜陵縣의 梁美人에게 세시에 술 1石과 고기 1백 근을 보내주었습니다. 저는 이것도 매우 부족하다고 생각하지만 田八子 (전팔자)에게도 이와 같이 해서는 안될 것입니다. 이런 예는 아주 많아 문서로 다 적어 올릴 수도 없습니다. 폐하를 알현할 때를 기다렸다가 모두 말씀드리고 싶습니다만 폐하께서 깊이 살펴주시기 바랍니다!」

原文

上於是采劉向,谷永之言以報曰,

「皇帝問皇后, 所言事聞之. 夫日者衆陽之宗, 天光之貴, 王者之象, 人君之位也. 夫以陰而侵陽, 虧其正體, 是非下陵上, 妻乘夫, 賤逾貴之變與? 春秋二百四十二年, 變異爲衆, 莫若日蝕大. 自漢興, 日蝕亦爲呂,霍之屬見. 以今揆之, 豈有此等之效與? 諸侯拘迫漢制, 牧相執持之也, 又安獲齊,趙七國之難? 將相大臣褒誠秉忠, 唯義是從, 又惡有上官,博陸,宣成之謀? 若乃徒步豪桀, 非有陳勝,項梁之群也,

匈奴,夷狄, 非有冒頓,郅支之倫也. 方外內鄉, 百蠻賓服, 殊
俗慕義, 八州懷德, 雖使其懷挾邪意, 狄不足憂, 又況其無
乎? 求於夷狄無有, 求於臣下無有, 微後宮也, 當何以塞
之?」

| 註釋 | ○采劉向,谷永之言 – 采는 따다. 採와 동. 유향이 아니라 '杜欽
(두흠)'이어야 한다는 주석이 있다. 谷永은 85권,〈谷永杜鄴傳〉에 입전. ○賤
逾貴之變與 – 逾는 넘을 유. 與는 歟, 의문어기사.  ○以今揆之 – 揆는 헤아
릴 규.  ○牧相執持之也 – 牧은 군의 태수, 相은 제후왕의 相.  ○褢誠秉忠 –
褢는 懷의 古字. 품을 회.  ○博陸,宣成之謀 – 博陸은 博陸侯 霍禹(곽우, 곽광
의 아들), 宣成은 선성후부인, 곧 곽광의 아내 顯(현).

〔國譯〕

　성제는 이에 劉向(유향)과 谷永(곡영)이 상서한 글을 근거로 대답
하였다.

　「황제가 황후의 안부를 물으며, 보낸 상서는 읽었도다. 대체로 태
양은 모든 陽의 으뜸이면 고귀한 天光은 왕자의 상징이며 인군의 지
위와 같도다. 음이 양을 침해하여 그 정체를 훼손한다면 이는 下가
上을 능멸하며 妻가 夫를 이기며 천한 것이 고귀한 것을 뛰어넘는
변고가 아니겠는가? 春秋 242년간에 이변이 많았지만 일식만큼 중
대한 이변은 없었다. 한이 건국된 이래 일식을 통해 여씨와 곽씨의
변고를 예고하였다. 지금 생각해보면, 어찌 그 무리들 때문이 아니
겠는가? 제후가 漢의 제도를 바꾸려 하고 태수나 王相이 한을 견제
한다면 어떻게 齊나 趙 등 7국의 난을 진압할 수 있었겠는가? 한의

장상과 대신이 충성을 가슴에 품고 대의를 따랐다면 어찌 上官桀(상관걸)이나 博陸侯(박륙후, 곽우), 곽광 아내의 음모가 있었겠는가? 만약 호걸을 따른다 하더라도 陳勝(진승)이나 項梁(항량) 같은 무리는 없었을 것이고 흉노와 夷狄(이적)에도 冒頓單于(묵독선우)나 郅支單于(질지선우) 같은 자는 있지 않았을 것이다. 외방을 바로잡고 중원을 거느리며 모든 만이들이 조공을 하고 풍속이 달라도 중화의 대의를 흠모하며 팔방의 모든 지역에서 천자의 덕을 그리워하기에 사악한 뜻을 품은 자가 있어도 또 이적일지라도 걱정하지 않는 것인데 하물며 그런 뜻이 없다면 무엇을 걱정하겠는가? 이적에서 구해도 없고 신하에게 구해도 없다면 후궁에 없는 것이 당연하거늘 어찌 막을 수 있겠는가?」

「日者, 建始元年正月, 白氣出於營室. 營室者, 天子之後宮也. 正月於《尙書》爲皇極. 皇極者, 王氣之極也. 白者西方之氣, 其於春當廢. 今正於皇極之月, 興廢氣於後宮, 視後妾無能懷任保全者, 以著繼嗣之微, 賤人將起也. 至其九月, 流星如瓜, 出於文昌, 貫紫宮, 尾委曲如龍, 臨於鉤陳, 此又章顯前尤, 著在內也. 其後則有北宮井溢, 南流逆理, 數郡水出, 流殺人民. 後則訛言傳相驚震, 女童入殿, 咸莫覺知. 夫河者水陰, 四瀆之長, 今乃大決, 沒漂陵邑, 斯昭陰盛盈溢, 違經絶紀之應也. 乃昔之月, 鼠巢於樹, 野鵲變色.

五月庚子, 鳥焚其巢太山之域.《易》曰,'鳥焚其巢, 旅人先
咲後號咷. 喪牛於易, 凶.'言王者處民上, 如鳥之處巢也,
不顧卹(恤)百姓, 百姓畔而去之, 若鳥之自焚也, 雖先快意
說咲, 其後必號而無及也. 百姓喪其君, 若牛亡其毛也, 故
稱凶. 泰山, 王者易姓告代之處, 今正於岱宗之山, 甚可懼
也. 三月癸未, 大風自西搖祖宗寢廟, 揚裂帷席, 折拔樹木,
頓僵車輦, 毀壞檻屋, 災及宗廟, 足爲寒心! 四月己亥, 日蝕
東井, 轉旅且索, 與旣無異. 己猶戊也, 亥復水也, 明陰盛,
咎在內. 於戊己, 虧君體, 著絶世於皇極, 顯禍敗及京都. 於
東井, 變怪衆備, 末重益大, 來數益甚. 成形之禍月以迫切,
不救之患日浸屢深, 咎敗灼灼若此, 豈可以忽哉!」

| 註釋 | ○建始元年正月 – 成帝의 첫 번째 연호. 前 32년. ○營室(영실)
– 星宿(성수, 별자리) 이름. 28宿(수)의 하나. 인간의 세계에서는 後宮(황후
궁)에 해당. ○皇極(황극) –《書經 周書 洪範》에 나온다. 통치의 최고 준칙.
皇은 大. 極은 표준, 원칙. ○視後妾無能懷任保全者 – 視는 示. 懷任은 임신
하다. 任은 妊(아이 밸 임). ○文昌 – 紫微垣(자미원)에 속하는 성좌명. 6개의
별로 구성. ○鉤陳(구진) – 별 이름. 후궁에 해당하는 별. ○女童入殿 – 성
제 때 장안에서 아홉 갈래로 머리를 땋은 여자아이가 활을 들고 미앙궁에 들
어와 돌아다니다가 少府에서 발각되었다. ○四瀆之長 – 四瀆(사독)은 황하,
장강, 淮水(회수)와 齊水. ○沒漂陵邑 – 沒漂는 물에 잠기다. 陵邑은 대읍,
성읍. ○《易》曰 –《易經》旅卦(火☲山☶) 上九의 爻辭. ○旅人先咲後號
咷 – 旅人은 나그네. 咲는 笑의 古字. 號咷(호도)는 크게 울다. 咷는 울 도.
○不顧卹百姓 – 卹은 가엽게 여길 휼(恤과 同). ○岱宗之山 – 모든 산의 우

두머리. 곧 岱宗은 태산. ○日蝕東井 — 東井은 井宿. 28수의 하나. ○轉旅且索 — 잠깐 사이에 끝나다. ○與旣無異 — 旣는 다하다(盡)의 뜻. ○己猶戊也 — 己와 戊(무)는 같다. 十干의 중앙에 해당. 곧 人君과 같다는 의미. ○咎敗灼灼若此 — 咎敗는 재앙. 灼灼(작작)은 명백한 모양.

[ 國譯 ]

「그전, 建始 원년 정월에 白氣가 營室(영실)에서 솟구쳤었다. 영실이란 천자의 後宮(후궁)이다. 정월은 《尙書》에서 皇極(황극)이다. 황극이란 王氣가 아주 성한 것이다. 백색은 서방의 氣(기)이고 봄(정월)에는 당연히 없어져야 할 기운이다. 정월 바로 황극의 달인데 사라져야 할 氣가 후궁에서 일어났다는 것은 後妾으로 회임할 수 없는 자가 남아 있기에 후사를 임신할 힘이 미약하고 천한 자가 흥기할 것을 분명히 보여준 것이다. 九月이 되자 오이(瓜)와 같은 流星이 文昌星에서 출현하여 紫微宮(자미궁)을 통과하였는데 그 꼬리가 용처럼 굽었고 鉤陳星(구진성)에 이르러서는 전보다 더욱 밝게 내부에서 빛을 내었다. 그 뒤로는 北宮의 우물이 넘치고 남쪽으로 흐르던 물이 거슬러 흐르고 여러 군에서 물이 분출하여 백성을 죽였다. 뒤이어 訛言(와언)이 널리 퍼져 놀라면서 어린 여자아이가 궁궐에 몰래 들어왔어도 아무도 그걸 알지 못했다. 黃河는 陰의 물이며 4대 강의 으뜸인데 이번에 제방이 크게 터져 큰 고을을 잠기게 했는데, 이는 음이 성하여 넘쳐나고 정상적인 기강이 무너진 것을 분명하게 보여주었다. 또 지난달에는 쥐가 나무에 구멍을 팠고, 참새의 색이 바뀌었다. 5월 庚子(경자)일에는 태산에서 새가 그 둥지를 불태웠다고 하였다.

《易經》에서도 '새가 그 둥지를 태우고, 나그네는 먼저 웃다가 나중에 통곡하고, 易에서 소를 잃어버리니 흉하다.'고 하였다. 이는 왕자는 백성 위에 군림하니 마치 새가 그 둥지에 거처하는 것과 같고, 백성을 돌보지 않는다면 백성이 배반하여 떠나갈 것이니, 이는 새가 자신의 둥지를 태우는 것과 같으며 비록 처음에는 마음이 통쾌하여 웃고 즐기나 나중에는 필히 크게 소리 내어 운들 어쩔 수 없을 것이다. 백성들이 주군을 배반하는 것은 마치 소가 자신의 털을 잃는 것과 같기에 흉하다고 하였다. 또 태산은 王者가 易姓했을 적에 이를 하늘에 알리는 곳이니 지금은 정식으로 岱宗(대종)의 산이니 매우 두려운 곳이다 지난 3월 癸未(계미)일에 대풍이 서쪽에서 불어와서 조종의 寢廟(침묘)를 뒤흔들고 휘장이 날리거나 찢어졌으며 나무를 쓰러트렸고 수레나 가마를 뒤엎었으며 난간과 지붕을 무너트리는 등 종묘에도 재앙이 닥쳤으니 정말 한심하였도다! 4월 기해일에는 일식이 東井(동정)에 있었는데 잠깐 사이에 끝나버려 없는 것과 별 차이 없었다. 己(기)와 戊(무)는 같으며, 亥는 다시 水이니 음기의 융성이며 그 허물은 내부에 있다. 戊己에서 인군을 훼손하는 것은 황극이 끝난다는 증거이며 재앙이 경도에 닥치는 것을 보여준 것이다. 東井에서 자주 변괴가 일어나는 것은 아주 중대한 일이며 더욱 자주 일어나고 있다. 재앙이 모습을 갖춰 나타날 달이 아주 가깝고 이를 바로잡지 못한 환난은 날로 심각해질 것이니 재앙의 모습이 이처럼 뚜렷하니, 이를 어찌 소홀히 할 수 있겠는가!」

「《書》云, '高宗肜日, 粵有雊雉. 祖己曰, 惟先假王正厥事.' 又曰, '雖休勿休, 惟敬五刑, 以成三德'. 卽餝椒房及掖庭耳. 今皇后有所疑, 便不便, 其條刺, 使大長秋來白之. 吏拘於法, 亦安足過? 蓋矯枉者過直, 古今同之. 且財幣之省, 特牛之祠, 其於皇后, 所以扶助德美, 爲華寵也. 咎根不除, 災變相襲, 祖宗且不血食, 何戴侯也! 傳不云乎! '以約失之者鮮'. 審皇后欲從其奢與? 朕亦當法孝武皇帝也, 如此則甘泉,建章可復興矣. 世俗歲殊, 時變日化, 遭事制宜, 因時而移, 舊之非者, 何可放焉! 郡子之道, 樂因循而重改作. 昔魯人爲長府, 閔子騫曰, "仍舊貫如之何? 何必改作!" 蓋惡之也.《詩》云, '雖無老成人, 尚有典刑, 曾是莫聽, 大命以傾'. 孝文皇帝, 朕之師也. 皇太后, 皇后成法也. 假使太后在彼時不如職, 今見親厚, 又惡可以逾乎! 皇后其刻心秉德, 毋違先后之制度, 力誼勉行, 稱順婦道, 減省群事謙約, 爲右. 其孝東宮, 毋厥朔望, 推誠永究, 爰何不臧! 養名顯行, 以息衆讙, 垂則列妾, 使有法焉. 皇后深惟毋忽!」

| **註釋** | ○《書》云 – 《書經 商書 高宗肜日》. ○高宗肜日 – 高宗은 武丁의 시호. 肜日은 肜祭를 지내는 날. 肜(융)은 제사 지낸 다음 날에 또 지내는 제사. ○粵有雊雉 – 粵(월)은 發語辭. 雊雉(구치)는 우는 꿩. 꿩이 울다. 雊는 꿩이 울 구. 꿩이 솥(鼎)에 앉아 울었다고 한다. ○雖休勿休, ~ – 《書經 周書 呂刑》의 구절. ○五刑, 三德 – 五刑은 墨, 劓(코 벨 의), 剕(발 벨 비), 宮, 大辟

(대벽, 사형). 三德은 剛克(克은 治). 柔克, 正直. ○卽飭椒房及掖庭耳 – 飭은 勅. 경계하다. 조심하다. 椒房(조방)은 中宮, 황후궁, 掖庭(액정)은 후궁들의 처소. ○蓋矯枉者過直 – 矯는 바로 잡다. 枉者는 잘못된 것. ○以約失之者 鮮 –《論語 里仁》. ○長府 – 재물을 저장할 창고. ○閔子騫 – 孔門十哲의 한 사람. 덕행에 뛰어났다. 이름은 損. ○仍舊貫如之何? –《論語 先進》의 구절. 仍은 따르다. 舊貫은 옛 일. 관습. ○《詩》云 –《詩經 大雅 蕩》. ○孝文皇 帝 – 아마 문제의 儉約과 與民休息을 본받으려 했을 것이다. ○其孝東宮 – 동궁은 태후의 거쳐. 황태후에게 효도하다. ○爰何不臧 – 爰은 ~에. 何는 어찌. 臧은 최선. ○皇后深惟毋忽 – 이는 許皇后에 대한 심한 질책이라고 볼 수 있다.

[國譯]

「《書經》에 '高宗의 융제사 날에 꿩이 나타나 울었다. 그러자 祖 己(조기)가 왕이 먼저 바르게 행동하면 그가 하는 일도 바르다.' 고 말했다. 또 '좋은 점이 있어도 좋다 하지 말고, 五刑을 삼가고, 三德을 이루라' 고 하였다. 이는 황후와 후궁들을 잘 단속하라는 뜻이다. 지금 황후가 궁금해하거나 불편하게 생각하는 것은 항목별로 적어 大長秋를 시켜 와서 아뢰도록 하라. 환관이 법도만 따지는 것을 어찌 지나치다고 하겠는가? 아마 굽은 것을 바로잡는 것을 지나치다 고 하는 것은 예나 지금이나 마찬가지이다. 그리고 재물을 아끼는 것이니 황소를 쓰는 제사는 아마 황후의 은덕을 돕는 것이니 큰 은 총이다. 잘못의 근본을 제거하지 않는다면 재해는 계속 이어질 것이 니 祖宗의 제사를 올릴 수도 없을 것이니 어찌 戴侯(대후)뿐이겠는 가! 경전에도 '검약하여 실패하는 자 없다.' 고 하지 않았는가! 생각 해보면, 황후는 사치한 것을 따르려 하는가? 짐은 孝武皇帝를 본받고자 하는데 그렇게 된다면 甘泉宮과 建章宮을 다시 부흥할 수 있을 것이다. 世俗이야 해마다 달라지고 변화는 언제나 일어나는 것이며 일에 따라 적의하게 시류에 따라 바뀌어야 하거늘 전례의 잘못을 어찌 본받겠는가! 군자의 도리란 전례를 즐기면서도 거듭 개선하는 것이다. 옛날 魯에서 나라의 창고를 짓자, 민자건이 "옛 전례를 따르면 어떠한가? 꼭 다시 지어야 하는가!"라고 말했는데, 이는 개선을 싫어한 것이다. 《詩經》에서도 '비록 늙고 훌륭한 사람이 없다지만 아직 법도가 있거늘 여전히 따르지 않으니 천명이 기운 것이다.' 라고 하였다. 孝文皇帝는 짐의 스승이로다. 皇太后는 皇后의 본보기일 것이다. 가령 태후가 그때에 뜻을 얻지 못했다 하더라도 황후는 지금 가까이서 큰 대우를 받고 있는데 어찌 황태후를 넘어서려고 하는가! 皇后는 굳은 마음으로 덕을 닦으면서 선대 황후들의 제도를 어기지 말아야 하며 힘써 노력하고 부녀자의 법도에 순응하면서 매사에 겸손과 검약으로 비용 절감을 우선해야 할 것이다. 황태후에게 효도하면서 그 기대를 저버려서는 안될 것이며 정성된 마음을 끝까지 견지하며 어찌 최선을 다하지 않을 수 있겠는가! 좋은 평판을 듣고 바른 행실을 실천하여 중인의 비판을 잠재우며 여러 후궁들에게 모범을 보이며 법도를 세워야 할 것이니 황후는 깊이 생각하여 소홀함이 없도록 하라!」

原文

是時, 大將軍鳳用事, 威權尤盛. 其後, 比三年日蝕, 言事者頗歸咎於鳳矣. 而谷永等遂著之許氏, 許氏自知爲鳳所不佑. 久之, 皇后寵亦益衰, 而後宮多新愛. 后姊平安剛侯夫人謁等爲媚道祝詛後宮有身者王美人及鳳等, 事發覺. 太后大怒, 下吏考問, 謁等誅死, 許后坐廢處昭臺宮, 親屬皆歸故郡山陽, 后弟子平恩侯旦就國. 凡立十四年而廢, 在昭臺歲餘, 還徙長定宮.

| 註釋 | ○比三年 - 比는 자주. 연속. ○著之許氏 - 著은 附也. ○所不佑 - 도움이 되지 않다. 따르지 않다. ○平安剛侯夫人謁 - 平安 剛侯는 王舜의 아들 王章. 謁(알)은 인명. ○媚道(미도) - 기도와 저주로 다른 사람의 환심을 살 수 있다는 미신행위. ○山陽 - 군명. 치소는 昌邑縣(今 山東省 菏澤市 관할의 鉅野縣). ○長定宮(장정궁) - 甘泉山 甘泉宮 내의 별궁.

〔國譯〕

이때는 大將軍 王鳳(왕봉)이 권력을 쥐고 권위가 한창 성할 때였다. 그 뒤에 연속 3년 일식이 있었고 이를 언급하는 자들은 모두 왕봉의 탓이라고 말했다. 谷永(곡영) 등은 나중에 허황후의 탓이라 하였는데, 허황후는 자신이 왕봉에게 협조하지 않았기 때문이라는 것을 알고 있었다. 얼마 뒤, 황후에 대한 총애는 날로 쇠퇴하였고 여러 후궁들이 새로 총애를 받았다. 허황후의 언니는 平安 剛侯(강후)의 부인 謁(알) 등과 媚道(미도)로 임신한 후궁인 王美人과 왕봉 등을 저주했다는 죄상이 발각되었다. 王太后(성제의 모친)은 대노하면서 형리에게 보내 조사받게 하여 謁(알) 등은 처형되었고, 허황후는 이와 연좌되어 폐위된 뒤에 昭臺宮(소대궁)에 거처하였고, 親屬은 모두 출신지인 山陽郡(산양군)으로 쫓겨 갔으며 황후 동생의 아들인 平恩侯

許旦(허단)은 봉국으로 옮겨갔다. 허황후는 책립된 지 총 14년 만에 폐위되어 소대궁에 일 년 남짓 지내다가 長定宮(장정궁)으로 옮겼다.

後九年, 上憐許氏, 下詔曰, "蓋聞仁不遺遠, 誼不忘親. 前平安剛侯夫人謁坐大逆罪, 家屬幸蒙赦令, 歸故郡. 朕惟平恩戴侯, 先帝外祖, 魂神廢棄, 莫奉祭祀, 念之未嘗忘於心. 其還平恩侯旦及親屬在山陽郡者." 是歲, 廢后敗. 先是, 廢后姊嬺寡居, 與定陵侯淳于長私通, 因爲之小妻. 長紿之曰, "我能白東宮, 復立許后爲左皇后." 廢后因嬺私賂遺長, 數通書記相報謝. 長書有悖謾, 發覺, 天子使廷尉孔光持節賜廢后藥, 自殺, 葬延陵交道廐西.

| 註釋 | ○淳于長 – 원제 王皇后 언니의 아들. 大將軍 王鳳(왕봉)의 생질. 93권, 〈佞幸傳〉에 입전. ○延陵(연릉) – 성제의 능. 交道廐(교도구)는 목마장의 이름.

〖國譯〗

그 9년 뒤, 성제는 허씨를 가엽게 생각하여 조서를 내렸다.

"대개 인자는 멀리 버리지 않고 친속을 잊지 않는다고 하였다. 전에 平安 剛侯의 부인 謁(알)은 대역죄를 지었지만 그 家屬은 사면령을 받고 옛 군으로 돌아갔다. 짐이 平恩 戴侯(대후)를 생각해보면 先

帝의 外祖父인데 그 혼령은 버려져 제사하는 사람이 없다 하니 생각해보면 마음에 잊을 수가 없도다. 平恩侯 許旦(허단)과 산양군에 있는 그 가속들을 돌아올 수 있게 하라." 그러나 폐위되었던 허황후는 이 해에 죽었다.

이보다 앞서 폐후의 언니인 許嬺(허미)는 과부로 살고 있었는데 定陵侯 淳于長(순우장)과 私通하여 순우장의 작은 마누라가 되었다. 순우장이 거짓으로 말했다.

"내가 東宮(황태후)에게 말씀드려 허후를 左皇后(좌황후)로 돌아오게 하겠다." 폐후는 언니 허미를 통해 순우장에게 뇌물을 보내고 서찰을 통해 서로 알리며 사례하였다. 순우장의 서신은 오만방자하였는데 이것이 밝혀지자 성제는 廷尉인 孔光을 시켜 부절을 갖고 가서 폐후에게 사약을 내려 자살케 하였고 폐후는 延陵 交道廏(교도구)의 서쪽에 묻혔다.

## 97-11. 孝成班倢伃

原文

孝成班倢伃, 帝初卽位選入后宮. 始爲少使, 蛾而大幸, 爲倢伃, 居增成舍, 再就館, 有男, 數月失之. 成帝游於後庭, 嘗欲與倢伃同輦載, 倢伃辭曰, "觀古圖畫, 賢聖之君皆有名

臣在側, 三代末主乃有嬖女, 今欲同輦, 得無近似之乎?"上
善其言而止. 太后聞之, 喜曰, "古有樊姬, 今有班倢伃." 倢
伃誦《詩》及《窈窕》,《德象》,《女師》之篇. 每進見上疏, 依則
古禮.

| 註釋 | ○班倢伃(반첩여, 前 48-서기 2년) - 名 不詳, 班況(반황)의 딸, 班
彪(반표)의 고모, 班固, 班超, 班昭 형제의 祖姑(대고모, 왕고모). ○蛾而大幸 -
蛾(나방 아)는 俄(갑자기 아)와 古字 通用. ○居增成舍 - 漢代의 후궁은 8구
역(昭陽, 飛翔, 增成, 合歡, 蘭林, 披香, 鳳凰, 鴛鴦)에 나누어 거처했다. ○就
館 - 外舍에 출산하러 들어가다. 초 장왕이 사냥을 너무 좋아하자, 번희는 새
나 짐승의 고기를 먹지 않았다고 한다. ○觀古圖畫~ - 반첩녀가 동승을 사
양한 것은 晉 顧愷之(고개지) 〈女史箴圖〉의 한 장면으로 그려졌다. ○樊姬
(번희) - 춘추시대 楚 庄王(장왕)의 부인. ○《窈窕(절조)》,《德象(덕상)》,《女師
(여사)》 - 고대의 箴戒書(잠계서). ○依則古禮 - 則은 法也. 본받다.

〔國譯〕

孝成帝의 班倢伃(반첩여)는 성제 즉위 초에 후궁에 뽑혀 들어갔
다. 처음에는 少使(소사)였고, 곧 大幸(대행)이었다가 倢伃(첩여)가 되
어 增成의 궁궐에 거처하다가 다시 출산 건물에 들어가 아들을 낳았
으나 몇 달 뒤에 아들을 잃었다. 成帝가 後庭에서 놀다가 반첩여와
수레를 함께 타려고 했는데 반첩여가 사양하며 말했다.

"옛 그림이나 서적을 보면 현명한 주군 곁에는 名臣이 있었지만
三代 마지막 주군 옆에는 사랑하는 여인이 있었습니다. 지금 같이
연을 탄다면 그와 비슷하다고 아니하겠습니까?"

성제는 그 말을 옳다고 여겨 그만두었다. 태후가 이를 듣고서는

기뻐하며 말했다.

"옛날에 樊姬(번희)가 있었다는데 오늘에는 반첩여가 있다."

반첩여는 《詩經》을 외우고, 《竊窕》, 《德象》, 《女師》의 글을 읽었다. 반첩여는 황제를 뵙거나 상소할 때 예전의 의례를 본받았다.


原文

自鴻嘉後, 上稍隆於內寵. 倢伃進侍者李平, 平得幸, 立爲倢伃. 上曰, "始衛皇后亦從微起." 乃賜平姓曰衛, 所謂衛倢伃也. 其後, 趙飛燕姊弟亦從自微賤興, 逾越禮制, 寖盛於前. 班倢伃及許皇后皆失寵, 稀復進見. 鴻嘉三年, 趙飛燕譖告許皇后, 班倢伃挾媚道, 祝詛後宮, 詈及主上. 許皇后坐廢. 考問班倢伃, 倢伃對曰, "妾聞'死生有命, 富貴在天'. 修正尚未蒙福, 爲邪欲以何望? 使鬼神有知, 不受不臣之訴, 如其無知, 訴之何益? 故不爲也." 上善其對, 憐憫之, 賜黃金百斤.

| 註釋 | ○內寵 – 여인에 대한 특별한 총애. ○鴻嘉 – 성제의 연호, 前 20 -17년. ○詈及主上 – 詈는 꾸짖을 이. 빗대어 욕하다. ○死生有命, 富貴在天 – 子夏가 司馬牛에게 들려준 말. 《論語 顏淵》.

〔 國譯 〕

成帝 鴻嘉(홍가) 이후에 성제의 여인에 대한 총애는 점점 심해졌

다. 반첩여는 시녀 李平(이평)에게 성제를 모시게 했고 이평은 총애를 받아 첩여가 되었다. 성제는 "그전에 衛皇后(위황후, 衛子夫)도 미천하였다."라고 하면서 이평에게 衛氏 성을 하사하여 위첩여라고 불렀다. 그 뒤에 趙飛燕(조비연)과 그 여동생이 미천한 신분에서 출세했는데 예의제도를 넘어 점차로 크게 융성하였다. 반첩여와 허황후는 모두 총애를 잃어 거의 성제를 뵙지 못했다. 鴻嘉 3년에 조비연은 허황후와 반첩여가 媚道(미도)에 현혹되어 다른 후궁을 저주하며 주상까지 빗대어 저주했다고 참소하였다. 허황후는 이에 연좌되어 폐위되었다. 반첩여도 조사를 받았는데 반첩여가 말했다.

"제가 듣기로, 죽고 사는 것이 명이며 부귀는 하늘에서 내려준다고 하였습니다. 정도를 지켜도 복을 못 받을 수 있는데 사악한 짓을 하면서 무엇을 바라겠습니까? 귀신이 알고 있다면 신하의 도리에 벗어난 말을 들어주지 않을 것이며, 만약 귀신이 무지하다면 호소한다고 무슨 이득이 있겠습니까? 그래서 그런 짓은 하지 않았습니다."

성제는 그 대답이 옳다고 생각하고 가여워하면서 황금 1백 근을 하사하였다.


原文

趙氏姊弟驕妬, 倢伃恐久見危, 求供養太后長信宮, 上許焉. 倢伃退處東宮, 作賦自傷悼, 其辭曰,

「承祖考之遺德兮, 何性命之淑靈, 登薄軀於宮闕兮, 充下陳於後庭. 蒙聖皇之渥惠兮, 當日月之盛明, 揚光烈之翕赫

兮, 奉隆寵於增成. 既過幸於非位兮, 竊庶幾乎嘉時, 每寤
寐而纍息兮, 申佩離以自思, 陳女圖以鏡監兮, 顧女史而問
詩. 悲晨婦之作戒兮, 哀褒,閻之爲郵, 美皇,英之女虞兮, 榮
任,姒之母周. 雖愚陋其靡及兮, 敢舍心而忘茲? 歷年歲而
悼懼兮, 閔蕃華之不滋. 痛陽祿與柘館兮, 仍襁褓而離災,
豈妾人之殃咎兮? 將天命之不可求. 白日忽已移光兮, 遂暗
莫而昧幽, 猶被覆載之厚德兮, 不廢捐於罪郵. 奉供養於東
宮兮, 托長信之末流, 供灑掃於帷幄兮, 永終死以爲期. 願
歸骨於山足兮, 依松柏之餘休.」

| 註釋 | ○長信宮 – 장안성 동남쪽 長樂宮 내 太后의 처소. ○祖考 – 遠
祖. ○何性命之淑靈 – 何는 荷와 通. 淑靈은 神靈한 美德. ○陳於後庭 – 陳
은 줄. 늘어서다. 後庭은 후궁. ○渥惠 – 두터운 은혜. ○翕赫 – 융성하다.
翕은 합할 흡. 增成(증성)은 후궁의 거주 궁명. ○嘉時 – 嘉는 善也. 좋은 시
절. ○寤寐而纍息兮 – 寤寐(오매)는 자나 깨나. 纍息(누식)은 숨을 죽이다.
조심하고 근신하다. 纍는 累의 古字. ○申佩離以自思 – 佩離는 차다. 매달
다. 離는 繦(향주머니 리). 또는 시집을 때 친정어머니가 매어준 수건. ○鏡
監 – 鏡鑑. 본보기로 삼다. 女史는 지식이 많은 여인에 대한 존칭. ○哀褒,閻
之爲郵 – 褒姒(포사)는 周를 망하게 한 여인. 閻은 妖艷한 여인. 郵는 보내다.
過也. ○美皇,英之女虞兮 – 娥皇(아황) 女英(여영)은 堯의 두 딸. 女는 시집
가다. 虞는 舜. ○榮任,姒之母周 – 任은 문왕의 모친인 太任, 姒는 武王의 모
친인 太姒(태사). ○靡及(미급) – 불급. 舍心은 마음을 두지 않다. ○悼懼(도
구) – 슬퍼하고 두려워하다. ○痛陽祿與柘館兮 – 陽祿(양록)과 柘館(자관)은
상림원의 건물 이름. 반첩여는 여기서 아들을 낳고 또 잃었다. ○襁褓而離

災 – 襁褓(강보)는 아기 포대기. ○殃咎(앙구) – 재앙. ○暗莫 – 暗暮. ○昧幽(매유) – 어둡다. ○廢捐(폐연) – 없애거나 버리다. ○末流 – 가장 적은 은혜. ○灑掃(쇄소) – 물 뿌리고 청소하다. ○帷幄(유악) – 어른이 계신 곳. ○山足 – 陵下. ○餘休 – 그늘.

[ 國譯 ]

　　趙氏 자매의 교만과 질투에 반첩여는 머잖아 위해를 당할 것이라 두려워하여 長信宮(장신궁)에서 太后를 모시겠다고 희망하자 성제는 허락하였다. 반첩여는 물러나 동궁에 거처하면서 賦(부)를 지어 사신을 위로하였다. 그 글은 아래와 같다.

　　〈自傷悼賦〉*
「선조의 유덕을 받아 나의 성품 단아선량하니
어린 몸이 궁에 들어와 후궁의 반열에 섰도다.
聖上의 큰 사랑을 받았고 크나큰 은총은 일월처럼 밝아서
크게 빛이 나고 융성하였으니 후궁으로 큰 은총을 받들었다.
지나친 은총 과분하였으니 내게 가장 행복한 시기였도다.
자내 깨나 조심하였고 향주머니를 차며 홀로 생각하였고
옛 열녀도를 거울삼고, 옛 女史의 행적대로 시를 외웠다.
일찍 일어나는 여인의 비애와 襃姒와 閣妻의 잘못을 알고
舜을 받든 娥皇과 女英, 太任과 太姒를 본받으려 했다.
비록 우둔하여 그에 못 미치나 마음을 거둬 잊을 수 있으랴?
가는 세월 두렵웁고 좋은 시절 다시 오지 않으리라.
陽祿, 柘館(자관)에서 어린 아들 잃는 재앙을 겪었으니

어찌 재앙이 아니리오! 천명이리니 더 바랄 수 없으리라.

해가 갑자기 빛을 거둬가니 해진 뒤처럼 어둠 속에

이불처럼 후한 덕을 베푸시고 죄를 지었어도 버리지 않으셨다.

동궁에서 태후를 받들고 장신궁의 낮은 곳에 의탁하여

청소하며 어른을 모셔 죽도록 오래 시중들라 다짐하였다.

능 아래 발치에 뼈를 묻고 소나무 그늘에 의지하길 바라노라.」

原文

「重曰, 潛玄宮兮幽以淸, 應門閉兮禁闥扃. 華殿塵兮玉
階苔, 中庭萋兮綠草生. 廣室陰兮帷幄暗, 房櫳虛兮風泠泠.
感帷裳兮發紅羅, 紛綷縩兮紈素聲. 神眇眇兮密靚處, 君
不御兮誰爲榮? 俯視兮丹墀, 思君兮履綦. 仰視兮雲屋, 雙
涕兮橫流. 顧左右兮和顔, 酌羽觴兮銷憂. 惟人生兮一世,
忽一過兮若浮. 已獨享兮高明, 處生民兮極休. 勉虞精兮極
樂, 與福祿兮無期.〈綠衣〉兮〈白華〉, 自古兮有之.」

至成帝崩, 倢伃充奉園陵, 薨, 因葬園中.

| 註釋 | ○重曰 – 미진한 情이 있어 다시 이어 賦를 짓는다는 뜻. ○潛玄
宮兮 – 潛은 침잠하다. 玄宮은 조용한 궁궐. ○應門 – 정문. ○禁闥(금달) –
궁궐의 쪽문. ○扃 – 빗장 경. ○玉階苔 – 苔는 이끼 태. ○萋 – 풀이 무성
할 처. ○房櫳 – 방의 창살. ○感 – 움직이다. ○綷 – 오색 비단. 옷 스치
는 소리 최. ○縩 – 고운 옷 채. ○紈素 – 흰 비단. 紈은 고운 명주 환. ○神
眇眇兮密靚 – 靚은 고요할 정. 靜과 通. ○丹墀 – 붉은 흙을 갈아놓은 계단

위의 공터.  ○履綦(이기) - 비단으로 만든 신. 足跡. 履는 신 리. 밟다. 綦은
비단 기. 신발의 끈.  ○雲屋 - 높은 지붕.  ○羽觴(우상) - 술 잔.  ○銷 - 녹
일 소.  ○〈綠衣〉 - 《詩經 邶風(패풍)》의 편명.  ○〈白華〉 - 《詩經 小雅》의 편
명. 모두 幽王(유왕)이 申后를 내쫓은 일을 풍자한 시.


〖國譯〗
「다시 이어 짓나니,
깊숙하고 조용 정갈한 궁 안에, 정문과 쪽문도 닫아걸었다.
華殿에 먼지 앉고 계단엔 이끼가, 풀은 뜰에 무성하고
넓은 방 휘장에 내리는 어둠에, 열린 창에는 바람이 淸涼하다.
휘장이 흔들려 붉은 비단 보이고, 흰 비단도 흔들린다.
고요에 가라앉은 마음, 주군도 아니 오니 무슨 기쁨이리오!
붉은 토방 내려 보며 주군의 신발 소리 그리노라.
높은 지붕 올려보니 두 가닥 눈물 흘러내리다.
좌우 보며 화한 얼굴, 한 잔의 술로 근심을 삭히노라.
인생 한 살이 홀연히 뜬구름처럼 떠가나니
홀로 고명한 기쁨을 누렸으니 백성과 함께 기뻐하리로다.
힘써 일하고 크게 즐기며 누리는 복록은 끝이 없으리라.
〈綠衣〉와 〈白華〉의 시는 예로부터 있었노라.」


성제가 붕어하자, 반첩여는 園陵(능원)에서 제사를 받들다가 죽으
니 성제 능원에 묻혔다.

## 97-12. 孝成趙皇后

原文

孝成趙皇后, 本長安宮人. 初生時, 父母不擧, 三日不死, 乃收養之. 及壯, 屬陽阿主家, 學歌舞, 號曰, 飛燕. 成帝嘗微行出, 過陽阿主, 作樂, 上見飛燕而說之, 召入宮, 大幸. 有女弟復召入, 俱爲倢伃, 貴傾後宮.

┃註釋┃ ○趙飛燕(조비연, 前 45-前 1년) - 成帝의 2번째 황후. 哀帝 때 황태후. 能歌善舞, 소위 掌中舞했다는 설화가 있다. ○本長安宮人(女) - 장안에 있는 관청이나 궁궐 노비의 딸. ○父母不擧 - 부모가 거두지 않다. 보살피지 않다. 擧는 撫養. ○陽阿主 - 陽阿(양아)는 平原郡의 현명. 今 山西省 晉城市 관할의 陽城縣.

〖國譯〗

孝成帝의 趙皇后는 본래 장안에 사는 노비의 딸이었다. 처음 태어났을 때 부모가 거두지 않았는데 3일이 지나도 죽지 않자 그때서야 거두어 길렀다. 다 자라서 陽阿公主의 집에 맡겨져 가무를 배웠는데 飛燕(비연)이라고 불렀다. 성제가 어느 날 미행을 나갔다가 양아공주의 집에 들려 놀았는데, 성제는 비연을 보고 좋아하여 궁으로 불러들여 크게 총애하였다. 조비연의 여동생도 이어서 불러 둘 다 첩여가 되었는데 후궁 중에서 총애를 독차지하였다.

許后之廢也, 上欲立趙倢伃. 皇太后嫌其所出微甚, 難之.
太后姊子淳于長爲侍中, 數往來傳語, 得太后指, 上立封趙
倢伃父臨爲成陽侯. 後月餘, 乃立倢伃爲皇后. 追以長前白
罷昌陵功, 封爲定陵侯.

| 註釋 | ○罷昌陵功 – 昌陵은 미완성된 성제의 능원. 5년이나 공사를 하
다가 결국 재정 부족으로 永始 원년(前 16)에 중지시켰다. 成帝는 죽은 뒤에
延陵에 묻혔다. 연릉은 今 陝西省 咸陽市 周陵鄕 嚴家溝村 소재. 陵園은 동
서 382m, 남북 400m, 정상부 높이 31m.

〖國譯〗

허황후가 폐위되자, 성제는 조첩여를 책립하려고 했다. 그러나 황
태후는 조첩여의 출신이 너무 미천하여 어렵다고 하였다. 황태후 언
니의 아들인 淳于長(순우장)은 그때 시중이었는데 여러 번 왕래하며
말을 전달하여 태후의 지침을 받아내자 성제는 바로 조첩여의 부친
을 成陽侯에 봉했다. 한 달 뒤에 조첩여를 황후로 책봉하였다. 그리
고 순우장을 전에 昌陵의 공사를 중지시킨 공로로 定陵侯에 봉했다.

原文 ▌

皇后旣立, 後寵少衰, 而弟絶幸, 爲昭儀. 居昭陽舍, 其中
庭形朱, 而殿上髤漆, 切皆銅沓黃金塗, 白玉階, 壁帶往往

爲黃金釭, 函藍田璧, 明珠,翠羽飾之, 自後宮未嘗有焉. 姊弟顓寵十餘年, 卒皆無子.

| 註釋 | ○彤朱(동주) – 彤은 붉은 칠 동. ○髹漆(휴칠) – 검은 옻을 칠하다. 髹 검은 옻 휴. 옻칠. ○切皆銅沓黃金塗 – 切은 문기둥. ○黃金釭 – 황금으로 된 테두리. 釭은 벽면 나무 꾸밈 쇠 공. 등잔 강. ○藍田(남전) – 현명. 今 陝西省 西安市 藍田縣.

〖國譯〗

   皇后로 책립된 뒤로는 총애가 좀 식었으나 동생은 전적으로 총애를 받아 昭儀(소의)가 되었다. 조소의는 昭陽舍(昭陽殿)에 기거했는데 그 중정에는 붉은 흙을 깔고 건물에는 검은 옻칠을 하고 문기둥에는 황금을 입힌 구리로 덮었으며, 白玉으로 만든 계단에 가로로 노출된 벽기둥 곳곳에는 황금 테두리를 둘렀으며, 藍田(남전)의 둥근 옥을 끼워 넣거나 큰 구슬 또는 비취새의 깃으로 장식하였으니 후궁의 거처로 이런 예가 없었다. 황후와 그 동생이 10여 년간 총애를 독점하였으나 모두 자식을 낳지 못했다.

原文

   末年, 定陶王來朝, 王祖母傅太后私賂遺趙皇后,昭儀, 定陶王竟爲太子.
   明年春, 成帝崩. 帝素強, 無疾病. 是時, 楚思王衍,梁王立來朝, 明旦當辭去, 上宿供張白虎殿. 又欲拜左將軍孔光爲丞相, 已刻侯印書贊. 昏夜平善, 鄕晨, 傅絝韈欲起, 因失衣, 不能言, 晝漏上十刻而崩. 民間歸罪趙昭儀, 皇太后詔大司馬莽, 丞相大司空曰, "皇帝暴崩, 群衆讙嘩怪之. 掖庭令輔等在後庭左右, 侍燕迫近, 雜與御史, 丞相, 廷尉治問皇帝起居發病狀." 趙昭儀自殺.

| 註釋 | ○定陶王 – 元帝는 三男을 두었다. 王皇后(王政君)가 成帝를 낳고, 傅昭儀(부소의)가 定陶共王(恭王) 劉康(유강)을, 馮昭儀(풍소의)가 中山孝王 劉興(유흥)을 출산했다. 유강이 일찍 죽자, 아들 劉欣(유흔, 母親 丁氏)은 정도왕이 되었다가 成帝가 아들이 없이 죽자 뒤를 이어 제위에 올랐다(哀帝). ○傅絝韈欲起 – 傅는 입다(附著也). 絝韈(고말)은 바지. 絝는 바지 고(袴의 古字. 褲와 同). 韈는 버선 말(襪). ○因失衣 – 옷을 입지 못하다(不能衣也). 失音의 失과 같은 의미.

〖國譯〗

　성제 말년에, 定陶王(유흔)이 입조하였다. 王의 조모인 傅太后(부태후)는 은밀히 조황후와 조소의에게 뇌물을 보냈는데 결국 정도왕이 태자가 되었다.

　다음 해(前 7년) 봄에, 성제가 붕어했다. 성제는 평소에 건강했고 병도 없었다. 그때 楚 思王 劉衍(유연), 梁王 劉立(유립)이 입조하여 다음 날 아침 떠나기로 되어 있어 성제는 (미앙궁의) 白虎殿(백호전)에서 같이 술을 같이 마시고서 잠자리에 들었다. 또 左將軍 孔光(공광)을 승상에 임명하려고 제후의 직인을 만들고 글도 지어 놓았다. 밤에는 평소와 같았는데 새벽에 일어나 바지를 입으려다가 옷을 입지 못하고, 말도 하지 못했는데 낮에 누각의 시계로 10刻에 붕어했다. 민간에서는 조소의의 잘못이라고 말을 했는데 황태후는 대사마 왕망과 승상, 대사공(어사대부)에게 조서를 내려 "황제의 갑작스런 죽음에 대해 백성들이 많은 말을 하며 괴이하게 여기고 있다. 액정령 輔(보) 등 후궁의 여러 측근들이나 시중을 들던 가까운 사람들을 어사대부, 승상, 정위 등이 황제의 기거와 발병 상황을 함께 조사토록 하라."라고 지시했다. 그러자 조소의는 자살하였다.

原文

哀帝旣立, 尊趙皇后爲皇太后, 封太后弟侍中駙馬都尉欽爲新成侯. 趙氏侯者凡二人. 後數月, 司隷解光奏言.

| 註釋 | ○司隷 – 이전 司隷校尉(京師 7郡의 치안 담당)를 司隷로 개칭.

[國譯]

哀帝가 즉위하고 趙皇后를 높여 皇太后라 하였고, 太后의 아우의 侍中駙馬都尉 趙欽(조흠)을 新成侯에 봉했다. 조씨로 제후가 된 사람은 모두 2명이다. 그 몇 달 뒤에 司隷(사예)인 解光(해광)이 상서하여 말했다.

原文

「臣聞許美人及故中宮史曹宮皆御幸孝成皇帝, 産子, 子隱不見. 臣遣從事掾業, 史望驗問知狀者掖庭獄丞籍武, 故中黃門王舜, 吳恭, 靳嚴, 官婢曹曉, 道房, 張棄, 故趙昭儀御者于客子, 王偏, 臧兼等, 皆曰, 宮卽曉子女, 前屬中宮, 爲學事史, 通《詩》, 授皇后. 房與宮對食, 元延元年中宮語房曰, "陛下幸宮." 後數月, 曉入殿中, 見宮腹大, 問宮. 宮曰, "御幸有身." 其十月中, 宮乳掖庭牛官令舍, 有婢六人. 中黃門田客持詔記, 盛綠綈方底, 封御史中丞印, 予武曰, "取牛官令舍婦人新產兒, 婢六人, 盡置暴室獄, 母問兒男女, 誰兒也!" 武迎置獄, 宮曰, "善臧我兒胞, 丞知是何等兒也!" 後三日, 客持詔記與武, 問, "兒死未? 手書對牘背." 武卽書對, "兒見在, 未死." 有頃, 客出曰, "上與昭儀大怒, 奈何不殺?" 武叩頭啼曰, "不殺兒, 自知當死, 殺之, 亦死!" 卽因客奏封事, 曰, "陛下未有繼嗣, 子無貴賤, 唯留意!" 奏入, 客復持詔記予武曰, "今夜漏上五刻, 持兒與舜, 會東交掖門." 武因問客, "陛下得武書, 意何如?" 曰, "憒也." 武以兒付舜. 舜受詔, 內兒殿中, 爲擇乳母, 告 "善養兒, 且有賞. 母令漏洩!" 舜擇棄爲乳母, 時兒生八九日. 後三日, 客復持詔記, 封如前予武, 中有封小綠篋, 記曰, "告武以篋中物書予獄中婦人, 武自臨飲之." 武發篋中有裹藥二枚, 赫蹏書, 曰, "告偉能, 努力飲此藥, 不可復入. 女自知之!" 偉能卽宮. 宮讀書已, 曰, "果也, 欲姊弟擅天下! 我兒男也, 額上有壯髮, 類孝元皇帝. 今兒安在? 危殺之矣! 奈何令長信得聞之?" 宮飲藥死. 後宮婢六人召入, 出語武曰, "昭儀言'女無過. 寧自殺邪, 若外家也?' 我曹言願自殺." 卽自繆死. 武皆表奏狀. 棄所養兒十一日, 宮長李南以詔書取兒去, 不知所置.」

| 註釋 | ○房與宮對食 – 對食은 궁녀끼리, 또는 궁녀와 환관이 서로 좋아하며 가상적인 부부관계를 맺고 있다는 뜻. 이들끼리는 서로 질투가 심했다는 주석도 있다. ○元延元年 – 성제의 연호, 前 12년. ○宮乳掖庭牛官令舍 – 乳는 출산하다. ○詔記 – 황제가 직접 쓴 조서. ○母問兒男女 – 母는 毋의 착오. 男女는 아들과 딸. ○憧也 – 憧은 똑바로 볼 당(直視貌也). ○赫蹏書 – 얇고 작은 붉은 종이에 쓴 글. 蹏는 굽 제(蹄와 同). ○卽自繆死 – 繆死(규사)는 自縊(자액). 絞死(교사). 繆는 졸라맬 규. 잘못 류, 사당 차례 목.

〖國譯〗

「臣이 알기로는, 許美人(허미인)과 옛 中宮史였던 曹宮(조궁)이 모두 孝成皇帝의 총애를 받아 아이를 낳았지만 아들은 숨겨졌기에 볼 수 없다고 하였습니다.

臣은 從事掾(종사연)인 業(업)과 屬吏(속리)인 望(망)을 보내 이를 알고 있는 掖庭獄丞(액정옥승)인 籍武(적무), 옛 中黃門인 王舜(왕순), 吳恭(오공), 靳嚴(근엄)과 궁녀인 曹曉(조효), 道房(도방), 張棄(장기) 및 옛 趙昭儀의 마부였던 于客子(우객자), 王偏(왕편), 臧兼(장겸) 등을 조사하였는데 모두가 曹宮(조궁)은 曹曉(조효)의 딸로 예전에 중궁에 소속되어 있으면서 글을 배웠으며,《시경》에 통했기에 이를 황후에게 가르쳤다고 말했습니다. 도방과 조궁은 부부처럼 지냈는데 元延(원연) 원년에 조궁이 도방에게 "폐하께서 나와 잤다."고 말했습니다. 그 몇 달 뒤에 조효가 궁전에 가서 조궁의 배가 부른 것을 보았다고 했습니다. 그해 10월에 조궁은 액정의 牛官令(우관령) 관사에서 출산했고 곁에 궁녀 6명이 있었습니다. 中黃門인 田客(전객)이 황제의 수기 조서를 녹색 비단의 서낭에 넣어 어사중승의 직인으로 봉해 가지고 와서 籍武(적무)에게 주면서 "우관령 관사의 부인과 신생아, 궁녀 6인을 모두 데려다가 暴室(폭실)의 옥에 가두데 아들인지 딸인지, 또 누구의 아이인지 묻지 말라."고 말했습니다. 적무가 이들을 옥에 가두자, 조궁이 "내 아이의 胞衣(포의, 胎, 탯줄)를 잘 보관하시고, 어사중승은 어떤 아이인지 알고 있을 것이요!"라고 말했습니다. 그 3일 뒤 전객이 직접 쓴 조서를 가지고 와서 적무에게 "아이가 아직 안 죽었는가? 조서의 뒷면에 직접 당신이 답을 쓰시오." 말했습니다. 적무는 바로 "아이는 지금 살아있고 죽지 않았습니다."라고 썼습니다. 얼마 뒤에 전객이 와서 "폐하와 소의가 대노하는데 어찌 죽이지 않을 수 있는가?"라고 말했습니다. 이에 적무가 머리를 조아리고 울며 말했습니다. "아이를 안 죽이면 내가 죽지만, 아이를 죽여도 나는 죽게 됩니다!" 그리고서 적무는 전객을 통해 즉시 封書를 올려 말했습니다. "폐하께서는 아직 후사가 없으시며 아들에 귀천이 없으시니 유념해 주십시오." 상서가 보고되었는데, 전객이 다시 수기 조서를 적무에게 주며 말했습니다. "오늘 밤에 누각 시계로 5각에 아이를 환관 王舜(왕순)에게 주어 東交掖門(동교액문)에서 만나도록 하라." 그러자 적무가 전객에게 물었습니다. "폐하께서 저의 상서를 보시고 무어라 하셨습니까?" 그러자 전객은 "눈을 똑바로 뜨고 보아라."라고 하였습니다. 적무는 아이를 왕순에게 주었고, 왕순은 조서를 받고 아이를 내전에 보냈고 유모를 고르고,

유모에게 "아이를 잘 키우면 상을 받을 것이다. 이런 말은 누설하지 말라!" 왕순은 張棄(장기)를 유모로 선택했는데 그때는 아이가 태어난 지 8, 9일이 되었습니다.

그 3일 뒤에 전객이 다시 수기 조서를 가지고 와서 봉한 채로 적무에게 넘겨주었는데 그 안에 다시 작은 푸른 상자가 있었는데 "적무에게 알리노니 상자 속에 들어 있는 것을 옥중의 여인에게 주되 적무가 지켜 서서 마시게 하라."라고 쓰여 있었습니다."

적무가 상자를 열어보니 거기에는 약 2봉이 들어 있었는데 안의 붉은 종이에는 "偉能(위능)에게 말하나니, 이 약을 먹도록 하되 다시 들어올 수 없을 것이다. 네가 잘 알 것이다."라고 쓰여 있었습니다. 偉能(위능)은 바로 조궁의 字입니다. 조궁은 읽고 나서 "과연 황후의 여동생이 천하를 주무른다더니! 내 아이는 사내아이이고 이마 위로 머리카락이 많은 것이 효원황제를 닮았었다. 내 아들은 어디에 있는가? 아들을 죽이려 하네! 어떻게 하면 이를 장신궁에 알리겠는가?"라고 말했습니다. 조궁은 약을 마시고 죽었습니다. 후궁의 궁녀 6인이 불려 들어가 적무에게 말했습니다. "소의께서는 '너희들은 죄가 없다. 그러나 자살을 하겠는가, 아니면 밖으로 나가서 죽겠는가?'라고 말했습니다. 우리는 자살하겠다고 하였습니다." 그리고서는 즉시 목을 매어 자살했습니다. 적무는 모든 것을 보고하였습니다. 장기가 아이를 돌본 지 11일에 궁장인 李南(이남)은 조서를 가지고 와서 아이를 데려갔는데 어떻게 했는지 모릅니다.」

「許美人前在上林涿沐館, 數召入飾室中若舍, 一歲再三召, 留數月或半歲御幸. 元延二年裏子, 其十一月乳. 詔使嚴持乳醫及五種和藥丸三, 送美人所. 後客子,偏,兼聞昭儀謂成帝曰, "常給我言從中宮來, 卽從中宮來, 許美人兒何從生中? 許氏竟當復立邪!"懟, 以手自擣, 以頭擊壁戶柱, 從床上自投地, 啼泣不肯食, 曰, "今當安置我, 欲歸耳!"帝曰, "今故告之, 反怒爲! 殊不可曉也."帝亦不食. 昭儀曰, "陛下自知是, 不食爲何? 陛下常自言'約不負女', 今美人有子, 竟負約, 謂何?"帝曰, "約以趙氏, 故不立許氏. 使天下無出趙氏上者, 毋憂也!"後詔使嚴持綠囊書予許美人, 告嚴曰, "美人當有以予女, 受來, 置飾室中簾南."美人以葦篋一合盛所生兒, 緘封, 及綠囊報書予嚴. 嚴持篋書, 置飾室簾南去. 帝與昭儀坐, 使客子解篋緘. 未已, 帝使客子,偏,兼皆出, 自閉戶, 獨與昭儀在. 須臾開戶, 呼客子,偏,兼, 使緘封篋及綠綈方底, 推置屛風東. 恭受詔, 持篋方底予武, 皆封以御史中丞印, 曰, "告武, 篋中有死兒, 埋屛處, 勿令人知."武穿獄樓垣下爲坎, 埋其中.」

┃註釋┃ ○上林涿沐館 - 上林苑 涿沐館(탁목관)은 궁전 이름. ○若舍 - 건물 이름. 후궁의 거처. 위에 나온 增成舍와 같은 의미. ○裏子 - 裏는 懷의 古字. ○乳篋 - 篋는 醫와 同. ○常給~ - 給는 속일 태. ○懟 - 원망할 대.

〔國譯〕

「許美人(허미인)은 그전에 상림원 涿沐館(탁목관)에서 여러 번 飾室(식실)의 若舍(약사)에 불려갔는데 1년에 두세 번 불려갔으며 몇 달 내지 반년을 머무르며 황제의 사랑을 받았습니다. 元延 2년에 아이를 배어 11월의 출산하였습니다. 조서로 靳嚴(근엄)을 시켜 산모를 돌볼 여의와 5종류 약재로 조제한 환약 3개를 허미인의 처소에 보냈습니다.

나중에 于客子(우객자)와 王偏(왕편), 臧兼(장겸)은 조소의가 황제에게 "늘 나에게 황후궁에서 온다고 속였는데, 황후궁에서 왔다면 許미인의 아이는 어디서 생겼습니까? 허씨가 응당 다시 황후가 되겠네요!"라고 하는 말을 들었답니다. 조소의는 원망하며 손으로 자기 머리를 때리고 머리를 벽의 기둥에 부딪치거나 침상에서 바닥으로 뛰어내리며 울면서 식사도 하지 않으면서 "지금 나를 보낸다면 나는 집으로 가겠습니다!"라고 말했습니다. 그러자 황제께서는 "지금 특별히 너에게 알려주는데, 왜 네가 내게 화를 내나! 정말 어떻게 해야 할지 모르겠다." 그러면서 식사를 하지 않았습니다. 조소의는 "폐하는 처음부터 알고 계시면서 왜 식사를 안 하십니까? 폐하께서는 늘 저에게 '약속하나니 너를 버리지 않겠다.' 라고 말씀하셨습니다. 지금 허미인이 아들을 낳으니, 결국 약속을 어긴 것이니 뭐라 하시겠습니까?" 황제께서는 "조씨를 황후로 삼았고 허씨를 데려오지 않았다. 천하에 조씨보다 위에 있는 사람은 없으니 걱정하지 말라!" 라고 말씀하셨습니다.

그 뒤에 조서로 근엄을 보내 녹색 주머니를 허미인에게 보내면서 근엄에게 말했습니다. "허미인이 너에게 줄 것이 있을 것이니 받아

와서 식실의 가운데 주렴 남쪽에 놓아두어라.”

　허미인은 갈대로 엮은 상자에 낳은 아이를 넣어 끈으로 묶은 다음에 녹색 주머니의 답서와 함께 근엄에게 주었습니다. 근엄은 상자와 글을 갖다가 식실의 주렴 남쪽에 두고 나갔습니다. 황제와 소의가 앉아 있다가 우객자를 시켜 상자를 풀게 하였습니다. 아직 다 풀기 전에 황제께서 우객자와 왕편, 장겸을 모두 나가라 하시면서 창을 닫으셨고 조소의와 둘이서만 계셨습니다. 얼마 뒤에 문을 열고 우객자와 왕편과 장겸을 시켜 상자를 끈으로 묶고 녹색 비단으로 바닥을 깔게 한 뒤에 병풍 동쪽에 두게 하였습니다. 吳恭(오공)은 명을 받고 상자와 네모진 깔개를 적무에게 넘겨주었고 어사중승의 직인으로 봉한 다음에 말했습니다. “적무에게 고하나니, 상자 속에 죽은 아이가 있으니 구석진 곳에 묻고 다른 사람이 모르게 하라.” 이에 적무는 옥 망루의 담 아래에 구덩이를 파고 그 안에 묻었습니다.」


原文

　「故長定許貴人及故成都,平阿侯家婢王業,任孃,公孫習前免爲庶人, 詔召入, 屬昭儀爲私婢. 成帝崩, 未幸梓宮, 倉卒悲哀之時, 昭儀自知罪惡大, 知業等故許氏,王氏婢, 恐事洩, 而以大婢羊子等賜予業等各且十人, 以尉其意, 屬無道我家過失.」

｜註釋｜　◦長定許貴人 – 전에 長定宮에 거처했던 許貴人(폐출된 許皇后).　◦未幸梓宮 – 殮(염)을 하기 전에, 입관하기 전에. 梓宮(재궁)은 시신의 棺槨

(관곽). ○屬無道~ －屬(족)은 부탁하다. 道는 말하다.

「故長定宮에 있던 許貴人과 옛 成都侯(王商)과 平阿侯(王譚)의 집안 비녀이던 王業(왕업), 任孋(임리), 公孫習(공손습)은 이전에 사면을 받아 서인이 되었는데 명을 받아 불려 들어가 趙昭儀에 소속된 私婢가 되었습니다. 成帝께서 붕어하시어 입관하기 전, 창졸 간에 슬픔을 당했지만 조소의는 자신의 죄악이 크다는 것을 알고 또 왕업 등이 예전에 허황후와 왕씨들의 비녀였기에 일이 누설될까 두려워서 나이 많은 비녀인 羊子(양자) 등을 시켜 왕업 등 10여 명에게 그 수고를 위로하면서 자신의 과실을 말하지 말라고 부탁하였습니다.」

「元延二年五月, 故掖庭令吾丘遵謂武曰, "掖庭丞吏以下皆與昭儀合通, 無可與語者, 獨欲與武有所言. 我無子, 武有子, 是家輕族人, 得無不敢乎? 掖庭中御幸生子者輒死, 又飮藥傷墮者無數, 欲與武共言之大臣, 票騎將軍貪耆錢, 不足計事, 奈何令長信得聞之?" 遵後病困, 謂武, "今我已死, 前所語事, 武不能獨爲也, 愼語!"

|註釋| ○元延二年 － 성제, 前 11년. ○是家輕族人 － 是家는 황제, 곧 성제. 輕族人은 인명을 함부로 멸족시키다. ○票騎將軍 － 曲陽侯 王根. ○愼語 － 말을 누설하지 말라.

「元延 2년 5월, 이전 액정령인 吾丘遵(오구준)이 적무에게 말했습니다.

"액정승이나 서리 이하 모두가 조소의와 밀통하고 있어 함께 이야기할 만한 사람이 없지만 자네에게는 말할 수 있다고 생각한다. 나는 자식도 없지만 자네는 자식이 있으니, 폐하가 사람을 함부로 죽이더라도 자네라고 안 따를 수 있겠는가? 액정에서 폐하의 총애를 받아 태어나는 아들을 바로 죽이고, 또 약을 먹여 죽이는 사람이 무수히 많은데 이런 일을 자네와 같이 다른 大臣에게 말하고 싶어도 표기장군은 욕심에 돈을 좋아하여 이야기할 수도 없으니, 이를 어떻게 장신궁(황태후)에 알릴 수 있겠는가?"

오구준이 나중에 병이 위독하자, 적무에게 "나는 이제 곧 죽으니 전에 자네와 했던 말을 자네 혼자는 할 수 없을 것이니 누설하지 말라."라고 말했습니다.」

原文

「皆在今年四月丙辰赦令前. 臣謹案永光三年男子忠等發長陵傅夫人塚. 事更大赦, 孝元皇帝下詔曰, "此朕不當所得赦也." 窮治, 盡伏辜, 天下以爲當. 魯嚴公夫人殺世子, 齊桓召而誅焉, 《春秋》予之. 趙昭儀傾亂聖朝, 親滅繼嗣, 家屬當伏天誅. 前平安剛侯夫人謁坐大逆, 同産當坐, 以蒙赦令, 歸故郡. 今昭儀所犯尤悖逆, 罪重於謁, 而同産親屬皆

在尊貴之位, 迫近幃幄, 群下寒心, 非所以懲惡崇誼示四方
也. 請事窮竟, 丞相以下議正法.」

| 註釋 |　○永光三年 - 元帝의 연호. 전 41년.　○長陵傅夫人塚 - 長陵縣의
傅夫人 무덤.　○魯嚴公夫人 - 魯 莊公의 부인 哀姜.　○《春秋》予之 -《春秋》
는《公羊傳》. 予之는 許予하다. 인정하다.　○同產當坐 - 同產은 형제.　○懲
惡崇誼 - 악행을 징벌하고 道義를 숭상하다.

〖 國譯 〗
　「이런 모든 일이 금년 4월 사면령 전에 있었습니다. 臣이 사안을
조사해보니, 永光 3년에 忠(충)이란 남자 등이 장릉현 傅夫人(부부인)
무덤을 도굴했는데, 효원황제께서 조서를 내리시기를 "이는 짐이
잘못 사면하였다."라고 하셨습니다. 이에 끝까지 조사하여 모두가
자백했고 사람들은 당연하다고 생각하였습니다. 옛날 魯(노) 嚴公
(엄공)의 부인이 세자를 죽이자, 齊(제)의 桓公(환공)이 소환하여 죽였
는데, 이를《春秋》에서도 인정하였습니다. 조소의는 나라를 기울게
하고 직접 후사를 죽게 하였으니 그 일족은 당연히 천벌을 받아야
합니다. 전에 平安國 剛侯(강후)의 부인인 謁(알)이 대역죄를 지어 그
형제들이 처형되어야 하지만 사면령의 혜택으로 옛 고향에 돌아갔
습니다. 이번에 조소의가 저지른 죄는 더욱 悖逆(패역)한 짓이며 그
죄는 謁(알)보다 훨씬 중한데 형제 친속은 모두 존귀한 자리에 올라
폐하 주변에 아주 가까이에 있는데, 이는 모든 신하에게 한심한 일
이며 악행을 징벌하고 도의를 높여 천하에 시범을 보여야 하는 뜻이
아닙니다. 사건을 끝까지 조사하고 승상 이하에서 법을 바로 집행하

도록 논의할 것을 주청합니다.」

哀帝於是免新成侯趙欽,欽兄子成陽侯訢, 皆爲庶人, 將
家屬徙遼西郡. 時議郎耿育上疏言,

「臣聞繼嗣失統, 廢適立庶, 聖人法禁, 古今至戒. 然大伯
見歷知適, 遂循固讓, 委身吳粵, 權變所設, 不計常法, 致位
王季, 以崇聖嗣, 卒有天下. 子孫承業, 七八百載, 功冠三王,
道德最備, 是以尊號追及大王. 故世必有非常之變, 然後乃
有非常之謀. 孝成皇帝自知繼嗣不以時立, 念雖未有皇子,
萬歲之後未能持國, 權柄之重, 制於女主, 女主驕盛則耆欲
無極, 少主幼弱則大臣不使, 世無周公抱負之輔, 恐危社稷,
傾亂天下. 知陛下有賢聖通明之德, 仁孝子愛之恩, 懷獨見
之明, 內斷於身, 故廢後宮就館之漸, 絶微嗣禍亂之根, 乃欲
致位陛下以安宗廟. 愚臣旣不能深援安危, 定金匱之計, 又
不知推演聖德, 述先帝之志, 乃反覆校省內, 暴露私燕, 誣汙
先帝傾惑之過, 成結寵妾妒媚之誅, 甚失賢聖遠見之明, 逆
負先帝憂國之意..」

| 註釋 |  ○遼西郡 – 군명. 치소는 陽樂縣(今 遼寧省 義縣).  ○廢適立庶 –
適은 嫡子. 庶는 庶子.  ○大伯 – 太白, 太伯. 周 太王 古公亶父(고공단보)의
장자. 태백은 막냇동생인 季歷(계력)의 아들 昌(뒷날 文王)에게 전위하고 싶

어 하는 고공단보의 뜻을 알고 계력이 고공단보의 뒤를 잇도록 동생 仲雍(중
옹)과 함께 당시에는 야만의 땅이던 吳로 옮겨가 문신을 하고 단발을 하며
살았다. 뒤에 吳와 越(粤, 월)의 군장이 되었다. 태백의 이러한 뜻을 공자도
칭송하였다. 子曰, "泰伯, 其可謂至德也已矣. 三以天下讓, 民無得而稱焉."
《論語 泰伯》. ○萬歲之後~ – 황제가 죽은 이후에도 ~. ○世無周公抱負之
輔 – 周公이 어린 成王은 안고 섭정했던 일을 지금은 기대할 수 없다는 뜻.
○省內 – 宮內. ○私燕 – 황제의 사적인 생활.


〖 國譯 〗

　이에 哀帝가 신성후 趙欽(조흠)과 조흠 형의 아들인 성양후 趙訢
(조흔)의 작위를 거두자 모두 서인이 되었고 그 가속은 요서군으로
이주하였다.

　이때 議郎인 耿育(경육)이 상소하였다.

　「臣이 알기로, 후사의 계승이나 법통의 상실은 적자를 폐하고 서
자를 세우기 때문이며, 이는 聖人도 법으로 금한 고금의 큰 계율입
니다. 그러나 太白은 季歷(계력)의 賢德을 알고 몸을 피해 굳이 사양
하며 吳越(오월)의 땅에 이주하였는데, 이는 일시적인 조치로 정상
적인 법통은 아니지만 王季에게 물려줘 나라의 후사를 받들려는 뜻
이었으며 그래서 끝내 천하를 차지할 수 있었습니다. 그 자손이 왕
업을 7, 8백 년을 계승하면서 공덕이 三王의 으뜸이었고 도덕을 완
비할 수 있게 되었기에 존호를 太王까지 올릴 수 있었습니다. 그러
하기에 세상에는 비상한 변화가 있어야만 비상한 큰 공덕을 이룰 수
있습니다.

　孝成皇帝께서는 후사가 제때에 즉위할 수 없다는 것과 비록 친

자식이 없더라도 자신이 죽은 이후에 나라는 유지되어야 하며, 또 황제의 권한은 막중한데 황후에게 제어된다면 女主의 욕망은 끝이 없으며, 또 어린 황제가 유약하면 대신을 부릴 수 없으며, 지금은 周公처럼 어린 주군을 안고 보필할만한 신하도 없으며, 사직이 위태로우면 천하가 기울 것이라는 것을 스스로 생각하셨습니다. 성제는 폐하(哀帝)께서 현명하며 명철하신 덕을 지녔으며, 인자하고 효도하며 자애로운 은덕을 갖고 있다는 것을 아셨기에 혼자만의 결단으로 후궁에 가는 일을 스스로 그만두면서 미약한 후사로 인한 환란의 근원을 없애면서 폐하에게 전위하시어 종묘를 안정시키려 했던 것입니다. 어리석은 저로서는 사직의 안위를 깊이 헤아리거나 나라를 안정시킬 중대한 방책을 정할 수도 없으며, 또 成帝의 성덕을 더 넓히거나 그 뜻을 조술할 수도 없습니다. 그렇지만 궁내의 일을 반복해서 조사하여 사적인 생활이나 선대 황제가 미혹에 빠져 나라를 기울게한 과오나 후궁들이 총애를 다투다가 죽은 일들, 또 멀리 내다보면 현명한 예견이 없었다는 것을 드러나게 하는 것은 선대 황제께서 나라를 걱정하신 큰 뜻을 저버리는 것이라고 생각합니다.」

原文

「夫論大德不拘俗, 立大功不合衆, 此乃孝成皇帝至思所以萬萬於衆臣, 陛下聖德盛茂所以符合於皇天也, 豈當世庸庸斗筲之臣所能及哉! 且襃廣將順君父之美, 匡救銷滅旣往之過, 古今通義也. 事不當時固爭, 防禍於未然, 各隨指阿

從, 以求容媚, 晏駕之後, 尊號已定, 萬事已訖, 乃探追不及
之事, 訐揚幽昧之過, 此臣所深痛也.

　願下有司議, 卽如臣言, 宜宣佈天下, 使咸曉知先帝聖意
所起. 不然, 空使謗議上及山陵, 下流後世, 遠聞百蠻, 近布
海內, 甚非先帝托後之意也. 蓋孝子善述父之志, 善成人之
事, 唯陛下省察!」

| 註釋 | ○庸庸斗筲之臣 − 평범하고 고만고만한 신하들. 庸庸은 평범한
모양. 斗筲(두소)는 작은 그릇. 식견이 좁고도 짧음. ○隨指阿從 − 뜻에 의거
아부하며 따르다. ○晏駕之後 − 晏駕(안가)는 황제의 붕어. ○訐揚(알양) −
남의 비밀을 들추어내다. 訐은 들춰낼 알. 訏(클 우)가 아님. ○山陵 − 작고
한 황제.

〖 國譯 〗
　「세속에 구애되지 않아야 大德을 논할 수 있고 대중에 영합하지
않을 때 大功을 세울 수 있는 것처럼 이는 효성황제의 크신 사려가
여러 신하의 생각을 아주 멀리 초월하신 것이며, 폐하의 성덕이 훌
륭하여 하늘의 큰 뜻에 부합하셨기 때문이니, 어찌 지금의 평범하고
용렬한 신하가 따라갈 수 있겠습니까! 또 부군의 미덕을 널리 드러
내고 따르며 기왕의 과오를 바로잡아 다시 범하지 않는 것은 고금의
대의입니다. 그 당시에 바로 간쟁하지 못하고 재앙을 미연에 막지
못했거나 황제의 뜻대로 모두가 아부하며 순종하고서는 붕어하시
어 존호도 결정이 되었고 모든 일을 다 마친 뒤에야 추궁할 수도 없
는 일을 조사하며 알려지지 않은 과오를 드러내겠다고 하니 신은 이

를 매우 가슴 아프게 생각합니다.

바라건대, 이를 신하들이 논의하게 하여 저의 말과 같다면 응당 천하에 선포하여 선대 황제의 크신 뜻이 왜 그러했는가를 모두가 알게 해야 합니다. 그렇지 않다면 공연히 선대 황제에 대한 비방이 후세에 전해지고 멀리 이민족에 알려지고 천하에 퍼지는 것은 선대 황제께서 폐하에게 천하를 맡기신 뜻이 정말 아닐 것입니다. 효자는 부친의 뜻을 잘 받들고 사람의 도리를 잘 하는 것이오니 폐하께서도 성찰하시기 바랍니다.」

### 原文

哀帝爲太子, 亦頗得趙太后力, 遂不竟其事. 傅太后恩趙太后, 趙太后亦歸心, 故成帝母及王氏皆怨之.

哀帝崩, 王莽白太后詔有司曰, "前皇太后與昭儀俱侍帷幄, 姊弟專寵錮寢, 執賊亂之謀, 殘滅繼嗣以危宗廟, 悖天犯祖, 無爲天下母之義. 貶皇太后爲孝成皇后, 徙居北宮." 後月餘, 復下詔曰, "皇后自知罪惡深大, 朝請希闊, 失婦道, 無共養之禮, 而有狼虎之毒, 宗室所怨, 海內之讎也, 而尙在小君之位, 誠非皇天之心. 夫小不忍亂大謀, 恩之所不能已者義之所割也. 今廢皇后爲庶人, 就其園." 是日自殺. 立十六年而誅.

先是, 有童謠曰, "燕燕, 尾涎涎, 張公子, 時相見. 木門倉琅根, 燕飛來, 啄皇孫. 皇孫死, 燕啄矢." 成帝每微行出, 常

與張放俱, 而稱富平侯家, 故曰, 張公子. 倉琅根, 宮門銅鋑
也.

| 註釋 | ○錮寢 – 잠자리를 독점하다(錮占寢宮. 專房). ○朝請希闊 – 알
현을 하지 않다. 闊은 闕也. ○小君之位 – 황후의 자리. ○張放(장방) – 富
平侯인 張安世의 현손. 성제가 즉위하던 해에 제후 지위를 승계. 성제의 비
호 하에 성제를 따라 微行(미행)을 즐기며 방자한 생활을 했다. 성제가 죽자
슬피 울다가 죽었다. ○宮門銅鋑也 – 鋑(환)은 고리 환.

[ 國譯 ]

哀帝가 태자가 될 때 조태후(趙飛燕)의 도움이 컸었기에 그 일을
끝까지 조사하지 않았다. 傅太后(부태후)도 趙太后(조태후)의 도움을
받았으며, 조태후 역시 성심으로 부태후를 대접하였기에 성제 모후
(王太后)와 왕씨 일족은 모두 이를 원망하였다.

애제가 붕어하고, 이런 뜻을 왕망이 아뢰자 왕태후가 담당자에게
조서를 내렸다.

"전 황태후와 조소의는 황제를 가까이 모시면서 자매가 총애와
잠자리를 독점하며 나라에 해악을 끼칠 모의를 했고, 후사를 모두
죽여 종묘를 위태롭게 하여 하늘과 조상에 몹쓸 짓을 하였으며 백성
의 어머니로서의 도리를 지키지 못했다. 이에 황태후를 효성황후로
폄하하고 북궁에 옮겨 거처케 하라."

그 한 달 뒤에 다시 조서를 내렸다.

"황후는 자신이 죄악이 많고 크다는 것은 알 것이며 어른에 대한
문안을 하지 않아 婦道와 공양의 예를 잃었으며, 이리나 호랑이 같

은 독기를 품고 있어 종실에서도 원망하며 백성의 원수가 되었는데
도 아직 황후의 자리에 있으니 하늘의 뜻은 정말 아닐 것이다. 작은
것을 참지 못하면 큰일을 그르친다 하니 은의로써 그만둘 수 없다면
의리로 처단하여야 할 것이다. 이에 황후를 폐하여 서인이 되게 하
니 옛집으로 돌아가게 하라."

그날 조비연은 자살했다. 황후가 된 지 16년에 죽었다.

이전에 어린아이들이 노래를 불렀다.

"제비야, 제비야, 매끈한 꼬리로다. 자주 張公子와 마주 보네.

궁궐 문 구리 틀에 제비가 들어 황손을 쪼아댔네.

황손이 죽으니 제비는 화살을 쪼았다네."

성제가 매번 미복으로 외출할 때 늘 張放(장방)을 데리고 다녔는
데 富平侯(부평후)를 장공자라 하였다.

## 97-13. 孝元傅昭儀 外

原文

孝元傅昭儀, 哀帝祖母也. 父河內溫人, 蚤卒, 母更嫁爲
魏郡鄭翁妻, 生男惲. 昭儀少爲上官太后才人, 自元帝爲太
子, 得進幸. 元帝卽位, 立爲倢伃, 甚有寵. 爲人有材略, 善
事人, 下至宮人左右, 飮酒酹地, 皆祝延之. 産一男一女, 女

爲平都公主, 男爲定陶恭王. 恭王有材藝, 尤愛於上. 元帝
旣重傅倢伃, 及馮倢伃亦幸, 生中山孝王, 上欲殊之於後宮,
以二人皆有子爲王, 上尙在, 未得稱太后, 乃更號曰, 昭儀,
賜以印綬, 在倢伃上. 昭其儀, 尊之也. 至成, 哀時, 趙昭儀,
董昭儀皆無子, 猶稱焉.

| 註釋 | ○才人 - 伎人. 광대, 배우. ○飮酒酹地 皆祝延之 - 음주하며 술
을 땅에 붓다. 酹은 술을 부을 뢰(뇌). 祝延(축연)은 長壽를 축원하다.

〖國譯〗

孝元帝의 傅昭儀(부소의)는 哀帝의 祖母이다. 부소의의 부친은 河
內郡 溫縣(온현) 사람으로 일찍 죽었기에 그 모친은 개가하여 魏郡
(위군) 사람 鄭翁(정옹)의 처가 되어 아들 鄭惲(정운)을 낳았다. 부소
의는 젊어 상관태후의 才人(재인)이었는데, 원제가 태자가 되면서
총애를 받았다. 원제가 즉위하면서 첩여가 되어 총애를 많이 받았
다. 부소의는 재능과 책략이 있고 사람을 잘 섬겼는데, 아래로는 궁
인들도 술을 마실 때 술을 땅에 부으면서 부소의를 축원하였다. 부
소의는 일남일녀를 낳았는데 딸은 平都公主(평도공주)이고, 아들은
定陶 恭王(공왕)이다. 공왕은 재주와 예능이 뛰어나 원제의 총애를
받았다. 원제는 부첩여를 중시하면서 馮倢伃(풍첩여)도 총애하였는
데 풍첩여는 中山孝王(중산효왕)을 낳았고, 원제는 이들을 다른 후궁
보다 우대하였고 이들에게 모두 아들이 있어 왕으로 봉하였으나 원
제가 재위 중이므로 태후라 칭하지는 못했고 대신 칭호를 높여 昭儀
(소의)라 하면서 인수를 하사하여 첩여보다 높였다. 昭儀(소의)란 儀

威(의위)를 밝혀 높인다는 뜻이다. 성제와 애제 때에도 趙昭儀(조비연의 동생)와 董昭儀(동소의)가 있었지만 이들에게는 아들이 없었지만 칭호는 그대로 사용했다.

原文

元帝崩, 傅昭儀隨王歸國, 稱定陶太后. 後十年, 恭王薨, 子代爲王. 王母曰, 丁姬. 傅太后躬自養視, 旣壯大, 成帝無繼嗣. 時中山孝王在. 元延四年, 孝王及定陶王皆入朝. 傅太后多以珍寶賂遺趙昭儀及帝舅票騎將軍王根, 陰爲王求漢嗣. 昭儀及根皆見上無子, 欲豫自結爲久長計, 更稱譽定陶王. 上亦自器之, 明年, 遂徵定陶王立爲太子, 語在〈哀紀〉. 月餘, 天子立楚孝王孫景爲定陶王, 奉恭王後. 太子議欲謝, 少傅閻崇以爲, “《春秋》不以父命廢王父命, 爲人後之禮不得顧私親, 不當謝.” 太傅趙玄以爲當謝, 太子從之. 詔問所以謝狀, 尙書劾奏玄, 左遷少府, 以光祿勳師丹爲太傅. 詔傅太后與太子母丁姬自居定陶國邸, 下有司議皇太子得與傅太后, 丁姬相見不, 有司奏議不得相見. 頃之, 成帝母王太后欲令傅太后, 丁姬十日一至太子家, 成帝曰, “太子丞正統, 當共養陛下, 不得復顧私親.” 王太后曰, “太子小, 而傅太后抱養之. 今至太子家, 以乳母恩耳, 不足有所妨.” 於是令傅太后得至太子家. 丁姬以不安養太子, 獨不得.

ㅇ元延四年 – 성제의 연호. 前9년.   ㅇ王父 – 祖父.   ㅇ師丹(사단) – 86권, 〈何武王嘉師丹傳〉에 입전.

〖 國譯 〗

元帝가 붕어하자 傅소의는 왕을 따라 정도국에 갔고 정도태후라 불렸다. 그 10년 뒤에 恭王(공왕)이 죽고 아들(劉欣 유흔)이 왕이 되었다. 왕의 모친은 丁姬(정희)이다. 부태후는 자신이 직접 손자를 돌보며 길렀는데 성인이 되었고 성제에게는 후사가 없었다. 그 무렵 中山孝王이 재위 중이었다. 元延(원연) 4년 중산효왕과 정도왕〔劉欣(유흔)〕이 함께 입조하였다. 부태후는 많은 재물을 조소의(조비연의 동생)와 성제의 외숙인 표기장군 王根(왕근)에게 보내어 은밀히 정도왕이 한의 후사가 되게 하였다. 조소의와 왕근은 성제에게 후사가 없는 것을 보고 미리 결탁하여 장구한 대책을 마련하려고 정도왕을 더욱 칭송하였다. 성제 역시 정도왕을 헤아렸기에 다음 해에 정도왕(유흔)을 불러 태자로 삼았는데, 이는 〈哀紀〉에 기록되었다. 한 달 뒤에 성제는 楚 孝王의 손자인 劉景(유경)을 정도왕으로 봉하여 정도공왕의 제사를 받들게 하였다. 이에 태자는 사양하는 일을 논의하였는데 태자 少傅(소부)인 閻崇(염숭)은 "《春秋》에도 父命으로 祖父의 命을 폐할 수 없다고 하였으며, 후사가 된 사람의 예의로서 私親을 생각할 수 없으니 사양해서는 안 됩니다."라고 말했다. 그러나 태자 태부인 趙玄(조현)은 응당 사양해야 한다고 말했으며 태자는 태부의 의견을 따랐다. 성제가 조서로 사양하는 이유를 물었고 尙書가 上書하여 조현을 탄핵하자 조현은 少府로 좌천되었으며 광록훈인 師丹(사단)을 태자태부에 임명하였다.

조서를 내려 부태후와 태자 모친 丁姬는 정도국 왕저에 그대로 거처하게 하였는데 담당자에게 황태자가 부태후와 모친 정희를 만날 수 있는가 아닌가를 논의하게 하였는데 담당자들은 만나서는 안 된다는 의견을 상주하였다. 얼마 후 성제의 모친 王太后가 부태후와 丁姬(정희)를 불렀는데 10일이 지나서야 일단 태자궁에 도착하자, 이에 성제가 말했다.

"태자는 정통을 이었으니 당연히 나를 공양해야지 私親을 돌볼 수 없도다." 그러나 왕태후는 "태자가 아직 어리고 부태후가 안아 키웠습니다. 지금 태자궁에 도착하였으니 젖을 먹여 키운 것 같은 은의이니 막을 수 없을 것 같습니다."

이에 傅太后는 태자궁에 머물렀다. 정희는 태자를 키우지 않았다 하여 머물 수 없었다.

原文

成帝崩, 哀帝卽位. 王太后詔令傅太后, 丁姬十日一至未央宮. 高昌侯董宏希指, 上書言宜立丁姬爲帝太后. 師丹劾奏, "宏懷邪誤朝, 不道." 上初卽位, 謙讓, 從師丹言止. 後乃白令王太后下詔, 尊定陶恭王爲恭皇. 哀帝因是曰, 《春秋》'母以子貴', 尊傅太后爲恭皇太后, 丁姬爲恭皇后, 各置左右詹事, 食邑如長信宮, 中宮. 追尊恭皇太后父爲崇祖侯, 恭皇后父爲褒德侯." 後歲餘, 遂下詔曰, "漢家之制, 推親親以顯尊尊, 定陶恭皇之號不宜復稱定陶. 其尊恭皇太后爲

帝太太后, 丁后爲帝太后." 後又更號帝太太后爲皇太太后,
稱永信宮, 帝太后稱中安宮, 而成帝母太皇太后本稱長信
宮, 成帝趙后爲皇太后, 並四太后, 各置少府,太僕, 秩皆中
二千石. 爲恭皇立寢廟於京師, 比宣帝父悼皇考制度, 序昭
穆於前殿.

| 註釋 | ○王太后詔令傅太后~ – 애제 때 부태후는 미앙궁의 北宮에 거
처하며 애제의 정치를 휘둘렀는데 그 단초는 왕태후가 부태후를 불러들였기
때문이다. ○希指 – 천자의 뜻에 따르다. ○詹事(첨사) – 관직명. 황후나 태
자궁의 업무를 관장. 질록 二千石. ○寢廟(침묘) – 종묘 침전(뒷부분)과 묘
당(앞부분)의 합칭. ○序昭穆 – 先祖 神位를 位次에 따라 배치하다.

〔 國譯 〕

　成帝가 붕어하고 애제가 즉위하였다. 王太后는 조서를 내렸고 부
태후와 정희는 10일이 지나 미앙궁에 들어갔다. 고창후인 董宏(동
굉)은 황제의 뜻에 따르고자 上書하여 응당 丁姬(정희)를 황제의 태
후로 삼아야 한다고 주장하였다. 그러자 師丹(사단)이 상주하여 "동
굉이 사악한 뜻으로 조정을 오도하니 무도하다."고 탄핵하였다.

　애제는 즉위 초라서 겸양의 뜻으로 사단의 의견을 따라 중지시켰
다. 뒤에는 왕태후에게 아뢴 뒤에 조서를 내려 定陶恭王(정도공왕)을
恭皇(공황)이라고 존칭하였다. 애제는 이와 관련하여 "《春秋》에도
'모친은 아들 때문에 고귀하다'고 하였으니, 부태후를 恭皇太后(부
황태후)로 丁姬를 恭皇后(공황후)로 높일 것이며 각각 좌우의 詹事(첨
사)를 배치하고 식읍은 長信宮(왕태후, 성제 모친)과 中宮(황후궁)의 예

에 따른다. 또 恭皇太后의 부친을 崇祖侯(숭조후)로, 공황후의 부친을 襃德侯(포덕후)로 추존한다."라고 조서를 내렸다.

1년 뒤에 다시 조서를 내려 말했다. "漢家의 제도에 친족을 가까이 하고 높일 분을 높여 존경하였나니 定陶恭皇의 칭호에 '定陶'를 넣은 것은 옳지 않다. 공황태후를 帝太太后(제태태후)로, 丁后를 帝太后(제태후)로 호칭토록 하라."

그 뒤에 다시 帝太太后를 皇太太后(황태태후)로 고쳤고 거처를 永信宮(영신궁)으로, 帝太后 거처를 中安宮(중안궁)이라 하였으며, 성제 모친인 太皇太后는 본래대로 長信宮(장신궁)으로 성제의 趙后(조비연)을 皇太后라 하였으니, 모두 4명의 태후가 있어 각각 질록 중이천석의 少府(소부)와 太僕(태복)을 두었다. 恭皇(공황)의 능침과 묘당을 경사에 설치하였고 宣帝 부친 悼皇考(도황고)의 제도에 따라 前殿(전전)에 昭穆(소목)에 의거 배치하였다.

傅太后父同産弟四人, 曰, 子孟,中叔,子元,幼君. 子孟子喜至大司馬, 封高武侯. 中叔子晏亦大司馬, 封孔鄕侯. 幼君子商封汝昌侯, 爲太后父崇祖侯, 更號崇祖曰, 汝昌哀侯. 太后同母弟鄭惲前死, 以惲子業爲陽信侯, 追尊惲爲陽信節侯. 鄭氏,傅氏侯者凡六人, 大司馬二人, 九卿二千石六人, 侍中諸曹十餘人.

○傅太后父同產弟四人 – 부친 쪽의 형제 4인, 곧 傅氏이지만 生母가 개가하여 낳은 鄭惲(정운)은 모친 쪽으로 부태후의 형제이다. 傅氏나 鄭氏나 부태후에게는 모두 오빠이거나 동생이다. ○傅喜(부희) – 82권, 〈王商史丹傅喜傳〉에 입전. ○諸曹(제조) – 加官의 명칭.


[ 國譯 ]

傅太后의 부친 쪽(傅氏) 형제는 4명인데 子孟(자맹), 中叔(중숙), 子元(자원), 幼君(유군)이라 하였다. 자맹의 아들 傅喜(부희)는 大司馬가 되어 고무후에 봉해졌다. 중숙의 아들 傅晏(부안) 역시 대사마가 되어 공향후에 봉해졌다. 유군의 아들 傅商(부상)은 여창후였으며, 태후의 부친을 崇祖侯(숭조후)라 하였다가 다시 崇祖를 고쳐 汝昌 哀侯(애후)라 하였다. 太后의 同母 아우인 鄭惲(정운)은 먼저 죽었는데 정운의 아들 鄭業을 陽信侯(양신후)라 하고 정운을 추존하여 陽信 節侯(절후)라고 하였다. 정씨와 부씨로 제후가 된 자는 모두 6인(4인)이며 대사마가 2인, 九卿이나 2천석 고관이 6인 시중이나 諸曹(제조)가 10여 명이었다.


原文

傅太后旣尊, 後尤驕, 與成帝母語, 至謂之嫗. 與中山孝王母馮太后並事元帝, 追怨之, 陷以祝詛罪, 令自殺. 元壽元年崩, 合葬渭陵, 稱孝元傅皇后云.

| 註釋 | ○元壽元年 – 哀帝 연호, 前 2년. ○渭陵(위릉) – 元帝의 능. 今

陝西省 咸陽市 북쪽.

　　부태후는 존호를 받은 뒤에 더욱 교만하였는데 성제의 모친과 대화를 하면서 성제 모후를 '노파(嫗)' 라고 말할 정도였다. 中山孝王의 생모인 馮太后(풍태후)는 함께 원제를 섬겼지만 나중에는 원한을 가지고 저주를 한다는 죄를 씌워 자살하게 하였다. 부태후는 元壽(원수) 원년에 붕어하였는데, 渭陵(위릉)에 합장하고 孝元傅皇后(효원부황후)라 하였다.

原文

　　定陶丁姬, 哀帝母也,《易》祖師丁將軍之玄孫. 家在山陽瑕丘, 父至廬江太守. 始, 定陶恭王先爲山陽王, 而丁氏內其女爲姬. 王后姓張氏, 其母鄭禮, 卽傅太后同母弟也. 太后以親戚故, 欲其有子, 然終無有. 唯丁姬河平四年生哀帝. 丁姬爲帝太后, 兩兄忠,明. 明以帝舅封陽安侯. 忠蚤死, 封忠子滿爲平周侯. 太后叔父憲,望, 望爲左將軍, 憲爲太僕. 明爲大司馬票騎將軍, 輔政. 丁氏侯者凡二人, 大司馬一人, 將軍,九卿,二千石六人, 侍中,諸曹亦十餘人. 丁,傅以一二年間暴興尤盛. 然哀帝不甚假以權勢, 權勢不如王氏在成帝世也.

| 註釋 | ○丁將軍之玄孫 - 丁寬(정관)의 玄孫, 정관은 景帝 때 梁 孝王의 장군으로 吳와 楚의 반란을 진압하여 丁將軍이라 불리었고 《易說》을 저술하였다. 88권, 〈儒林傳〉에 입전. ○瑕丘(하구) - 현명. 今 山東省 濟寧市 관할의 兗州市(연주시). ○河平四年 - 성제의 연호, 前 25년. ○不甚假以權勢 - 假는 暇. 겨를. 여가.

## [ 國譯 ]

定陶王의 丁姬(정희)는 애제의 모후이다,《易經》의 祖師인 丁將軍(丁寬)의 玄孫이다. 본가는 山陽郡 瑕丘縣(하구현)이었고, 부친은 盧江(여강) 태수였다. 처음에 정도 恭王(공왕)은 먼저 山陽王(산양왕)이었는데 부친은 딸을 산양왕의 후궁으로 보냈다.

정도왕 왕후의 성은 장씨로 그 모친은 鄭禮(정례)로 부태후 동모의 여동생이었다. 부태후와는 친척이기에 아들 낳기를 희망했지만 끝내 자식이 없었다. 오직 정희만이 河平 4년에 애제를 낳았다. 정희가 애제의 태후가 되자, 정희의 형제로 丁忠(정충)과 丁明(정명)이 있었다. 정명은 애제의 외숙으로 양안후에 봉해졌다. 정충은 일찍 죽었는데, 정충의 아들 丁滿(정만)은 평주후가 되었다. 태후의 숙부는 丁憲(정헌)과 丁望(정망)인데, 정망은 좌장군, 정헌은 태복이 되었다. 정명은 대사마 표기장군으로 정사를 보필했다. 정씨로 제후가 된 사람은 모두 2명이고, 대사마가 1인 장군과 9경의 반열에 오른 2천석 고관이 6명이었으며, 시중과 제조 역시 10여 명이었다. 정씨와 부씨는 1, 2년 사이에 갑자기 흥기하고 매우 극성하였다 그러나 애제가 통치한 기간이 길지 않았기에 그 권세가 성제 때 왕씨보다는 못했다.

建平二年, 丁太后崩. 上曰, "《詩》云 '穀則異室, 死則同穴'. 昔季武子成寢, 杜氏之墓在西階下, 請合葬而許之. 附葬之禮, 自周興焉. 孝子事亡如事存, 帝太后宜起陵恭皇之園." 遣大司馬票騎將軍明, 東送葬於定陶, 貴震山東.

|註釋| ○建平二年 – 애제, 前 5년. ○《詩》云 '穀則異室 –《詩經 王風 大車》穀은 살다. 기르다. 곡식. ○季武子成寢 – 季武子는 魯國의 正卿 季孫宿. 成寢은 앓아눕다. ○山東 – 효산 동쪽. 함곡관 동쪽.

〔國譯〕

建平 2년에, 정태후가 죽었다. 이에 애제가 말했다.

"《詩經》에 '살아서 각 방이라도 죽어서는 한 무덤' 이라 하였다. 옛날에 季武子(계무자)가 앓아누웠고 杜氏의 묘는 서쪽 계단 아래였는데 합장을 청하자 허락했었다. 이처럼 부장하는 예법은 周代부터 있었다. 효자는 돌아가신 분도 살아서처럼 섬겨야 하나니 帝太后의 능을 응당 恭皇의 묘역에 만들도록 하라." 그리고 대사마 표기장군 丁明(정명)을 파견하여 동쪽으로 운구하여 定陶國(정도국)에 장례하니 고귀한 장례절차가 山東에 진동하였다.

哀帝崩, 王莽秉政, 使有司擧奏丁,傅罪惡. 莽以太皇太后詔皆免官爵, 丁氏徙歸故郡. 莽奏貶傅太后號爲定陶恭王母, 丁太后號曰, 丁姬.

元始五年, 莽復言, "恭王母, 丁姬前不臣妾, 至葬渭陵, 塚高與元帝山齊, 懷帝太后, 皇太太后璽綬以葬, 不應禮. 禮有改葬, 請發恭王母及丁姬塚, 取其璽綬消滅, 徙恭王母及丁姬歸定陶, 葬恭王塚次, 而葬丁姬復其故." 太后以爲旣已之事, 不須復發. 莽固爭之, 太后詔曰, "因故棺爲致椁作冢, 祠以太牢." 謁者護旣發傅太后塚, 崩壓殺數百人, 開丁姬椁戶, 火出炎四五丈, 吏卒以水沃滅乃得入, 燒燔椁中器物.

| 註釋 | ○太皇太后 – 元帝의 王皇后. 成帝의 母后, 왕망의 고모. ○元始五年 – 平帝. 서기 5년. ○徙恭王母及丁姬歸定陶 – 徙恭王母歸定陶가 되어야 한다. '及丁姬' 3字는 衍文. 정희는 처음부터 定陶에 묻혔다. ○椁 – 덧널 곽(槨과 동). ○冢(무덤 총) – 塚也.

〖國譯〗

哀帝가 붕어하고 王莽(왕망)이 정권을 장악하자 有司를 시켜 정씨와 부씨의 죄악을 열거 상주하게 하였다. 왕망은 태황태후로 하여금 조서를 내려 모든 관작을 박탈하였고 정씨들을 고향으로 돌려보냈다. 왕망은 상주하여 傅太后의 칭호를 定陶恭王母로, 丁太后의 호칭을 丁姬(정희)로 폄하하였다. 元始 5년에 왕망이 다시 주청하였다.

"恭王의 母后와 丁姬(정희)는 이전에 신첩의 도리를 다하지도 않았는데 渭陵(위릉)에 묻혔으며, 그 무덤의 높이가 元帝의 山陵(무덤)과 같으며, 帝太后나 皇太太后라는 璽(새)와 인수를 안고 묻혔는데 이는 예에 합당하지 않습니다. 예법에 개장의 예가 있으니 恭王의 생모와 정희의 무덤을 발굴하여 그 새인과 인수를 없애고 공왕 모친의 무덤을 定陶(정도)로 옮겨 공왕의 무덤 다음에 장례하되 정희는 옛 법도에 따라 다시 장례할 것을 주청합니다."

태후는 이미 끝난 일이라서 다시 파낼 필요가 없다고 생각하였다. 그러나 왕망이 굳이 이를 따지자, 대후가 조서를 내려 "옛 관을 槨(곽, 덧널)로 하여 무덤을 만들되 太牢(대뢰)를 갖춰 제사하도록 하라."

謁者(알자)인 護(호)가 부태후의 무덤을 발굴하였는데 무덤이 붕괴되어 수백 명이 압살 당했으며 정희의 곽 뚜껑을 열자, 불꽃이 4, 5장이나 솟아서 이졸이 물을 부어 진화한 다음에 들어갈 수 있었고 목곽 안의 기물을 모두 불살랐다.

原文

莽復奏言, "前恭王母生, 僭居桂宮, 皇天震怒, 災其正殿, 丁姬死, 葬逾制度, 今火焚其槨, 此天見變以告, 當改如媵妾也. 臣前奏請葬丁姬復故, 非是. 恭王母及丁姬棺皆名梓宮, 珠玉之衣非藩妾服, 請更以木棺代, 去珠玉衣, 葬丁姬媵妾之次." 奏可.

既開傅太后棺, 臭聞數里. 公卿在位皆阿莽指, 入錢帛,遣子弟及諸生四夷, 凡十餘萬人, 操持作具, 助將作掘平恭王母,丁姬故塚, 二旬間皆平. 莽又周棘其處以爲世戒云. 時有群燕數千, 銜土投丁姬穿中. 丁,傅旣敗, 孔鄕侯晏將家屬徙合浦, 宗族皆歸故郡. 唯高武侯喜得全, 自有傳.

| 註釋 | ○媵妾(잉첩) - 귀족이 출가할 때 데리고 가는 시종. 媵은 보낼 잉. ○非是 - 옳은 것이 아니다. 오히려 우대한 것이다. ○臭聞數里 - 장례 시 많은 음식물을 부장품으로 넣었기 때문이라는 주석이 있다. ○助將作掘平 - 將作은 관직명. 將作大匠(장작대장), 궁궐의 건축, 각종 공사, 황릉 축조 등 업무 담당. 列卿에 해당하는 직위, 掘平은 파내어 평탄하게 하다. ○二旬間皆平 - 이는 과장이라는 주석이 있다. ○銜土投丁姬穿中 - 銜土(함토)는 흙을 물어오다. 穿中(천중)은 壙中(광중, 관이 들어갈 자리), 墓穴(묘혈). 丁姬의 묘가 본 모습을 유지하고 있기에 이런 전설이 만들어졌을 것이다. ○合浦 - 군명, 현명. 今 廣西壯族自治區 北海市 관할의 合浦縣. 廣東省과 경계. ○高武侯喜得全 - 부태후의 일족이었지만 끝까지 사악한 뜻에 순종하지 않고 굳게 지조를 지켰기에 봉국으로 내쫓겼다 일족이 멸문당한 뒤에 傅喜는 장안에 돌아와 관직에 올랐다. 82권, 〈王商史丹傅喜傳〉에 입전.

〔 國譯 〕

왕망이 다시 상주하였다.

"전에 정도 恭王(공왕)의 모친(傅昭儀)이 살았을 때 한때 桂宮(계궁)에 거처했었는데 황천이 진노하여 그 정전이 災異로 무너졌고, 丁姬(정희)가 죽은 뒤에 제도를 초월한 장례를 지냈기에 이번에 그 木槨(목곽)이 불에 탔는데, 이는 하늘이 재변을 내릴 것을 예고한 것이니 응당 잉첩으로 고쳐야 할 것입니다. 臣이 앞서 정희를 다시 옛 법도로 개장해야 한다고 한 것은 오히려 우대한 것입니다. 공왕모와 정희의 관을 모두 梓宮(재궁)이라 부르고, 주옥의 수의는 제후 왕 첩의 수의가 아니기에 다시 목곽으로 대신하고 주옥의 수의를 벗겨 보통 媵妾(잉첩)의 절차에 따라 장례하고자 합니다." 상주한 그대로 허락되었다.

다시 부태후의 관을 열었을 때는 악취가 몇 리에 퍼졌다. 현직의 공경들은 모두 왕망의 뜻에 아부하며 나라에 돈과 곡식을 바치고 자제와 사방 이민족 젊은이를 보냈는데, 모두 10여만 명이 연장을 가지고 공왕모와 정희의 묘를 평탄하게 만드는 將作大匠(장작대장) 일을 도와 20일 만에 모두 평지로 만들었다. 왕망은 또 그 주위에 가시나무를 둘러쳐서 세상 사람을 깨우쳤다고 한다. 그때 수천 마리의 제비들이 흙을 물어다가 정희의 무덤에 떨어트렸다. 정씨와 부씨 일족이 멸망하면서 공향후 傅晏(부안)은 가족을 거느리고 합포군으로 이사했고 그 일족은 옛 군으로 돌아갔다. 오직 高武侯 傅喜(부희)만 온전하였는데 본서에 입전하였다.

原文

孝哀傅皇后, 定陶太后從弟子也. 哀帝爲定陶王時, 傅太后欲重親, 取以配王. 王入爲漢太子, 傅氏女爲妃. 哀帝卽位, 成帝大行尙在前殿, 而傅太后封傅妃父晏爲孔鄕侯, 與帝舅陽安侯丁明同日俱封. 時師丹諫, 以爲, "天下自王者所

有, 親戚何患不富貴? 而倉卒若是, 其不久長矣!" 晏封後月
餘, 傅妃立爲皇后. 傅氏旣盛, 晏最尊重. 哀帝崩, 王莽白太
皇太后下詔曰, "定陶恭王太后與孔鄕侯晏同心合謀, 背恩
忘本, 專恣不軌, 與至尊同稱號, 終沒, 至乃配食於左坐, 悖
逆無道. 今令孝哀皇后退就桂宮." 後月餘, 復與孝成趙皇
后俱廢爲庶人, 就其園自殺.

| 註釋 |  ○定陶太后從弟子也 - 從弟子는 사촌동생의, 곧 堂姪(당질). 姪
孫(질손)이라는 주석도 있다.  ○大行 - 입관된 황제의 시신. 아직 묻히기 전
의 황제.  ○配食於左坐 - 妃로서 配食(配享(배향)]할 경우 왼쪽에 자리한
다.  ○桂宮(계궁) - 장안성의 서쪽, 미앙궁 북쪽에 있던 궁궐. 복도를 통해
미앙궁과 연결되었다.

〔國譯〕

　孝哀帝의 傅皇后(부황후)는 정도태후의 사촌동생 딸이다. 哀帝가
정도왕일 때 부태후는 이중 姻親(인친)을 맺고자 데려다가 왕의 배
필이 되게 하였다. 정도왕이 입궁하여 漢의 태자가 되자 부씨의 딸
은 태자비가 되었다. 애제가 즉위하고, 成帝의 관이 아직 前殿에 있
을 때 부태후는 傅妃(부비)의 부친 傅晏(부안)을 孔鄕侯(공향후)에 봉
하게 했는데 애제의 외숙인 양안후 丁明(정명)과 같은 날에 봉해졌
다. 이때 師丹(사단)이 바른 말을 하였다. "천하란 본래 王者의 것이
거늘 그 친척이 왜 부귀를 누리지 못할까 걱정하는가? 이처럼 서두
른다면 아마 오래가지는 못할 것이다!" 부안이 제후가 된 지 한 달
만에 부비는 황후에 책립되었다. 부씨들 극성 시기에 부안이 가장

높았다.

애제가 붕어하자 왕망은 태황태후에게 아뢰어 조서를 내리게 하였다.

"정도공왕의 태후와 공향후 부안은 한마음이 되어 모의하여 배은하고 본분을 잊었으며 제멋대로 불법을 행하고 지존과 동일하게 호칭하다가 죽은 뒤에는 좌측에서 배향을 받으니, 이는 패역무도한 일이다. 이에 孝哀皇后를 퇴위시켜 桂宮(계궁)에 거처하게 하라."

그 한 달 뒤에 다시 孝成 趙皇后와 함께 폐하여 서인이 되게 하니 宮園에서 자살하였다.


## 97-14. 孝元馮昭儀 外


原文

孝元馮昭儀, 平帝祖母也. 元帝卽位二年, 以選入後宮. 時父奉世爲執金吾. 昭儀始爲長使, 數月至美人, 後五年就館生男, 拜爲倢伃. 時父奉世爲右將軍光祿勳, 奉世長男野王爲左馮翊, 父子並居朝廷, 議者以爲器能當其位, 非用女寵故也. 而馮倢伃內寵與傅昭儀等.

建昭中, 上幸虎圈鬭獸, 後宮皆坐. 熊佚出圈, 攀檻欲上殿. 左右貴人傅昭儀等皆驚走, 馮倢伃直前當熊而立, 左右

格殺熊. 上問, "人情驚懼, 何故前當熊?" 倢伃對曰, "猛獸
得人而止, 妾恐熊至御坐, 故以身當之." 元帝嗟歎, 以此倍
敬重焉. 傅昭儀等皆慚. 明年夏, 馮倢伃男立爲信都王, 尊
倢伃爲昭儀. 元帝崩, 爲信都太后, 與王俱居儲元宮. 河平
中, 隨王之國. 後徙中山, 是爲孝王.

後徵定陶王爲太子, 封中山王舅參爲宜鄕侯. 參, 馮太后
少弟也. 是歲, 孝王薨, 有一男, 嗣爲王, 時未滿歲, 有眚病,
太后自養視, 數禱祠解.

| **註釋** | ○平帝 - 劉衎(유간), 元帝의 아들인 中山孝王 劉興의 아들, 哀帝
의 4촌. 9살에 즉위, 재위 서기 1년-5년. ○奉世爲執金吾 - 馮奉世는 79권,
〈馮奉世傳〉에 입전. 아들 馮野王도 附傳. 執金吾는 中尉를 무제 때 집금오라
개칭. 장안(궁전은 제외)의 치안 유지. 三輔 지역 순찰, 황제 행차에 호위, 의
장대 역할 담당. ○始爲長使 - 長使는 女官 14등급 중 10등급에 해당. 질록
6백석의 관리와 동급. ○左馮翊 - 경사 삼보의 하나. 행정구역명 겸 관직명.
○建昭 - 원제의 연호, 前 38-34년. ○河平中 - 성제의 연호. 전 28-25년.
○中山 - 제후국명. 국도는 盧奴縣(今 河北省 定州市). ○有眚病 - 알 수 없
는 병. 괴질, 호흡이 곤란하고 사지가 새파랗게 변한다. 眚은 눈에 백태가 낄
생, 재앙 생.

〖 **國譯** 〗

孝元帝 馮昭儀(풍소의)는 平帝의 조모이다. 元帝 즉위 2년에 뽑혀
서 입궁하였다. 그때 부친 馮奉世(풍봉세)는 執金吾(집금오)였다. 풍
소의는 처음에는 長使이었다가 몇 달 만에 美人이 되었고 그 5년 뒤

별관에 가서 아들을 낳아 倢伃(첩여)가 되었다. 그 무렵 부친 풍봉세는 우장군으로 광록훈이었으며 풍봉세의 장남 馮野王(풍야왕)은 左馮翊(좌풍익)으로 부자가 나란히 조정에 있었는데 사람들은 그 기량과 능력이 직위에 합당하며 딸이 총애를 받았기 때문은 아니었다고 하였다. 풍첩여에 대한 원제의 총애는 부소의와 대등하였다.

建昭(건소) 연간에, 원제는 호랑이 우리에 나아가 짐승 싸움을 구경했는데 후궁들도 같이 있었다. 그때 곰 한 마리가 우리를 벗어나 전각으로 올라오려고 했다. 좌우의 귀인과 부소의 등은 모두 놀라 달아났으나 풍첩여만은 바로 곰 앞에 가서 서있자 무사들이 곰을 때려 죽였다. 이에 원제가 물었다.

"모두 놀라 두려워하는 정황에서 왜 곰 앞으로 다가갔는가?" 그러자 풍첩여가 말했다. 맹수는 사람을 잡으면 멈춘다고 하기에 저는 곰이 어좌 가까이 갈까 걱정되어 제 몸으로 막으려 했습니다."

원제는 감탄하며 더욱 높여 존중하였다. 한편 부소의 등은 모두 부끄러웠다. 다음 해 여름 풍첩여의 아들은 信都王(신도왕)이 되었고, 풍첩여는 승진하여 소의가 되었다.

원제가 붕어하자 신도태후가 되었고, 신도왕과 함께 儲元宮(저원궁)에 거처하다가 成帝 河平 연간에 왕을 따라 제후국으로 갔다. 신도왕은 중산국으로 옮겼는데, 이가 中山孝王이다.

뒷날 定陶王을 불러 太子로 삼고, 中山王의 외숙 馮參(풍참)은 宜鄕侯(의향후)가 되었다. 풍참은 풍태후의 동생이다. 이 해에 중산효왕이 죽자 아들이 하나 있어 뒤를 이어 왕이 되었다. 태어난 지 1년도 되지 않았는데 괴질에 걸리자 태후는 직접 돌보면서 자주 기도하여 액운을 없애려 하였다.

哀帝卽位, 遣中郎謁者張由將醫治中山小王. 由素有狂易病, 病發怒去, 西歸長安. 尚書簿責擅去狀, 由恐, 因誣言中山太后祝詛上及太后. 太后卽傅昭儀也, 素常怨馮太后, 因是遣御史丁玄案驗, 盡收御者官吏及馮氏昆弟在國者百餘人, 分繫雒陽, 魏郡, 鉅鹿. 數十日無所得, 更使中謁者令史立與丞相長史, 大鴻臚丞雜治. 立受傅太后指, 幾得封侯, 治馮太后女弟習及寡弟婦君之, 死者數十人. 巫劉吾服祝詛. 醫徐遂成言習, 君之曰, "武帝時醫修氏刺治武帝得二千萬耳, 今愈上, 不得封侯, 不如殺上, 令中山王代, 可得封." 立等劾奏祝詛謀反, 大逆. 責問馮太后, 無服辭. 立曰, "熊之上殿何其勇, 今何怯也!" 太后還謂左右, "此乃中語, 前世事, 吏何用知之? 是欲陷我效也!" 乃飮藥自殺.

| 註釋 | ○醫 – 醫의 古字. ○狂易病 – 일종의 정신병. 갑자기 본성을 잃고 화를 내는 병. ○幾得封侯 – 幾는 바라다. 제후가 될 수 있다고 생각하다. ○刺治 – 鍼灸(침구). 침으로 치료하다. ○此乃中語 – 中語는 궁중에서 쓰는 말. ○是欲陷我效也! – 이것이 나를 모함하려는 증거이다! 效는 徵驗(징험).

[ 國譯 ]

哀帝가 즉위하자, 中郎謁者(중랑알자)인 張由(장유)를 보내 의원을 데리고 가서 中山小王을 치료하게 했다. 장유는 평소 정신 질환이 있었는데 병이 도져 화를 내며 그곳을 떠나 서쪽 장안으로 돌아왔다. 상서가 무단히 떠나온 것을 가볍게 책망하자, 장유는 두려워서 중산 풍태후가 애제와 태후를 저주한다고 무고하였다. 태후는 곧 부소의인데 평소에 풍태후에게 원한을 갖고 있었기에 바로 어사 丁玄(정현)을 보내 조사케 하였는데 나라에 있던 시종이나 관리, 또 풍씨 형제 백여 명을 잡아들여 雒陽(낙양)과 魏郡(위군), 鉅鹿(거록) 군에 나누어 가두었다. 그리고 수십 일을 조사하였지만 아무런 소득이 없자 다시 中謁者令(중알자령)인 史立(사립)과 승상부의 長史(장사) 大鴻臚丞(대홍려승) 등을 보내 합동으로 조사하게 하였다. 사립은 부태후의 지시를 받았고 제후가 되기를 바라면서 풍태후의 여동생인 馮習(풍습)과 동생의 아내인 과부 君之(군지) 등을 조사하였는데 죽은 자가 수십 명이나 되었다. 무당인 劉吾(유오)는 저주했다고 자복하였다. 의원인 徐遂成(서수성)은 풍습과 군지에게 "武帝 때 의원인 修氏(수씨)는 무제를 침으로 치료하여 20만전을 받았었는데 지금은 제후가 못될까 하고 심하게 다루는데 차라리 애제를 죽게 하고 중산왕으로 대신케 하려 했다고 말하면 제후가 될 수 있다."라고 사주했다. 사립 등은 이들이 저주하고 모반한 대역죄를 지었다고 탄핵 상주하였다. 史立 등이 풍태후를 문책했지만 아무런 자백도 없었다. 그러자 사립이 말했다. "곰이 덤벼들 때는 어찌 그리 용감했고 지금은 어찌 이리 겁이 많은가!" 이에 풍태후가 좌우를 둘러보며 말했다.

"이 말은 궁중에서 한 말이니 옛날의 일을 관리가 어찌 알 수 있겠는가? 이것이 나를 모함한다는 증거이다."

그리고는 약을 마시고 자살했다.

先未死, 有司請誅之, 上不忍致法, 廢爲庶人, 徙雲陽宮.
既死, 有司復奏, "太后死在未廢前." 有詔以諸侯王太后儀
葬之. 宜鄕侯參,君之,習夫及子當相坐者, 或自殺, 或伏法.
參女弁爲孝王后, 有兩女, 有司奏免爲庶人, 與馮氏宗族徙
歸故郡. 張由以先告賜爵關內侯, 史立遷中太僕. 哀帝崩,
大司徒孔光奏 "由前誣告骨肉, 立陷人入大辟, 爲國家結怨
於天下, 以取秩遷, 獲爵邑, 幸蒙赦令, 請免爲庶人, 徙合
浦" 云.

| 註釋 | ○中太僕 – 임시 관직명. 황태후의 거마 관리. ○大司徒孔光 –
大司徒는 어사대부의 개칭. 孔光은 공자의 14세손. 81권, 〈匡張孔馬傳〉 입
전. ○大辟(대벽) – 死刑.

[ 國譯 ]

풍태후가 자살하기 전에 담당자가 사형을 주청하였는데 애제는
차마 법대로 할 수 없어 폐위하고 운양궁에 옮겨 살게 하라고 분부
했다. 자살한 뒤에 담당자가 상주하였다. "太后의 죽음은 폐위 이전
입니다."

이에 조서를 내려 제후 왕의 태후에 해당하는 의례로 장례하라고
하였다. 그리고 의향후인 풍참, 군지, 풍습의 남편과 자식 등 연좌된
자들은 자살하거나 법에 의거 처형되었다. 풍참의 딸 馮弁(풍변)은
효왕의 왕후로 두 딸을 낳았었는데 담당자가 서인으로 강등시키겠

다고 주청하였고 풍씨 일족과 함께 옛 고향 군으로 옮겨가게 했다. 장유는 이를 먼저 고발했다 하여 관내후의 작위를 받았고 사립은 中太僕(중태복)으로 승진하였다.

애제가 붕어하자, 大司徒인 孔光(공광)이 상주하였다.

"장유는 앞서 황제의 골육을 무고하였고 사립은 사람을 사형에 몰아넣어 세상 백성들이 나라를 원망하게 만들고도 그 때문에 승진을 하고 작위와 식읍을 받았는데 다행히 사면령을 받았지만 관작을 박탈하여 서인이 되게 하여 합포군으로 이주시켜야 합니다."

原文

中山衛姬, 平帝母也. 父子豪, 中山盧奴人, 官至衛尉. 子豪女弟爲宣帝倢伃, 生楚孝王, 長女又爲元帝倢伃, 生平陽公主. 成帝時, 中山孝王無子, 上以衛氏吉祥, 以子豪少女配孝王. 元延四年, 生平帝.

| 註釋 | ○中山盧奴 – 中山國 도읍인 盧奴縣(今 河北省 직할지인 定州市. 保定市와 石家庄市 중간). ○衛尉(위위) – 궁궐 위병을 지휘하는 직책. 9卿의 하나. ○吉祥 – 祥瑞.

[ 國譯 ]

中山王의 衛姬(위희)는 平帝의 母后이다. 부친은 衛子豪(위자호)로 中山國 盧奴縣(도노현) 사람으로 관직은 衛尉(위위)에 이르렀다. 위자호의 여동생은 宣帝의 첩여로 楚 孝王을 낳았으며, 위자호의 長女

는 元帝의 첩여로 平陽公主를 낳았다. 成帝 때 中山孝王의 아들이 없자, 성제는 衛氏가 상서롭다 생각하며 위자호의 막내딸을 중산효왕의 배필로 정해주었다. 위희는 元延(원연) 4년(前 9년)에 平帝를 출산했다.

原文

平帝年二歲, 孝王薨, 代爲王. 哀帝崩, 無嗣. 太皇太后與新都侯莽迎中山王立爲帝. 莽欲顓國權, 懲丁,傅行事, 以帝爲成帝後, 母衛姬及外家不當得至京師. 乃更立宗室桃鄕侯子成都爲中山王, 奉孝王後, 遣少傅左將軍甄豐賜衛姬璽綬, 卽拜爲中山孝王后, 以苦陘縣爲湯沐邑. 又賜帝舅衛寶, 寶弟玄爵關內侯. 賜帝三妹, 謁臣號修義君, 哉皮爲承禮君, 鬲子爲尊德君, 食邑各二千戶. 莽長子宇非莽隔絶衛氏, 恐久後受禍, 卽私與衛寶通書記, 敎衛后上書謝恩, 因陳丁,傅舊惡, 幾得至京師. 莽白太皇太后詔有司曰, "中山孝王后深分明爲人後之義, 條陳故定陶傅太后,丁姬悖天逆理, 上僭位號, 徙定陶王於信都, 爲恭王立廟於京師, 如天子制, 不畏天命, 侮聖人言, 壞亂法度, 居非其制, 稱非其號. 是以皇天震怒, 火燒其殿, 六年之間大命不遂, 禍殃仍重, 竟令孝哀帝受其餘災, 大失天心, 天命暴崩, 又令恭王祭祀絶廢, 精魂無所依歸. 朕惟孝王后深說經義, 明鏡聖法, 懼古人之禍敗,近事之咎殃, 畏天命, 奉聖言, 是乃久保一國, 長獲天祿, 而令<u>孝王</u>永享無疆之祀, 福祥之大者也. 朕甚嘉之. 夫襃義賞善, 聖王之制, 其以<u>中山</u>故安戶七千益<u>中山</u>后湯沐邑, 加賜及<u>中山</u>王黃金各百斤, 增傅相以下秩."

| 註釋 | ○苦陘縣(고경현) – 현명. 今 河北省 石家莊市 관할의 無極縣 동북. ○王宇(왕우) – 왕망의 장자. 왕망이 평제와 모친을 격리시키지 못하게 왕망을 겁주려 사람을 시켜 왕망의 집 대문에 피를 뿌리게 했는데 일이 발각되어 옥에 갇혔다가 자살했다.

〔國譯〕

平帝 나이 2살에, 중산효왕이 죽자 뒤를 이어 왕이 되었다. 애제가 붕어하고 후사가 없었다. 태황태후와 新都侯(신도후) 王莽(왕망)은 中山王을 영입하여 황제로 삼았다. 왕망은 국권을 마음대로 행사하고 옛 丁姬(정희)와 傅太后(부태후)의 권력 행사를 징계하려고 평제를 성제의 후사로 정하면서 모후인 衛姬(위희)와 외가 사람을 경사에 들어오지 못하게 하였다. 이어 종실인 桃鄕侯(도향후)의 아들 劉成都(유성도)를 中山王으로 봉해 중산효왕의 제사를 받들게 하고, 少傅(소부)인 좌장군 甄豐(견풍)을 보내 위희의 璽綬(새수)를 하사하며 바로 中山孝王后에 봉하고 苦陘縣(고경현)을 湯沐邑(탕목읍)으로 하사하였다. 또 평제의 외숙인 衛寶(위보)와 위보의 동생 衛玄(위현)에게 관내후의 작위를 하사하였다. 또 평제의 누이(中山孝王의 딸)인 劉謁臣(유알신)을 修義君, 劉哉皮(유재피)를 承禮君, 劉鬲子(유격자)를 尊德君이라 하고 각각 식읍 2천 호를 하사하였다.

왕망의 장자인 王宇(왕우)는 왕망이 위씨를 격리시키는 것이 잘못이며 나중에 화를 당할 것이 두려워 몰래 위보를 통해 서신을 주고 받으면서 위후에게 사은하되 아울러 정희와 부태후의 구악을 열거하고 자신이 장안에 들어가기를 희망한다고 상서하게 시켰다. 이에 왕망은 태황태후에게 아뢴 뒤에 담당자에서 조서를 지어 내리게 하였다.

"中山孝王后는 다른 사람의 후계자가 된 뜻을 깊이 깨달아 옛 정도왕 부태후와 정희가 천리를 거스르고 참람한 호칭을 사용하였으며, 定陶王이 신도현으로 옮겨가 恭王이 된 이후에도 경사에 그 묘당을 천자의 예제에 맞춰 지었으며, 천명을 두려워하지도 않고 성인의 말씀을 무시하였으며, 법도를 어지럽히고 누릴 수 없는 제도를 시행하며 사용할 수 없는 호칭을 썼음을 조목조목 진술하였도다. 부태후의 그러한 일 때문에 황천이 진노하여 그 침전이 불탔으며, 6년 동안에 천명을 따르지 않자 각종 재앙이 중첩해서 일어났으며, 결국에는 孝哀帝까지 그 여러 가지 재앙을 당하였도다. 천심을 완전히 잃고 어린 나이에 갑자기 죽어 공왕의 제사까지 끊어졌고 그 혼백조차 귀의할 곳이 없게 되었다. 朕(짐, 태황태후)은 중산효왕후가 경전의 뜻을 깊이 이해하고 성인의 법도를 잘 따르고 지키며 古人의 재앙과 패망을 두려워하며 성신을 잘 받들고 있으니 이로써 一國을 오래 보전할 수 있고 천록을 오랫동안 받아 중산효왕의 제사를 영원토록 모실 수 있을 것이니, 이는 가장 큰 복이며 상서로움일 것이다. 짐은 이를 매우 가상히 여기노라. 대의와 선행을 포상하는 것은 성왕의 제도이니 중산국 故安縣(고안현)의 민호 7천 호를 중산왕후의 탕목읍으로 추가하고 왕후와 중산왕에게 각 황금 1백 근을 하사하며 태부와 王相 이하 신하들의 질록을 늘려 주노라."


原文

衛后日夜啼泣, 思見帝, 而但益戶邑. 宇復教令上書求至
京師. 會事發覺, 莽殺宇, 盡誅衛氏支屬. 衛寶女爲中山王
后, 免后, 徙合浦. 唯衛后在, 王莽篡國, 廢爲家人, 后歲餘
卒, 葬孝王旁.


| 註釋 |  ○會事發覺 - 왕우가 왕망의 집 대문에 피를 뿌린 사건이 발각되
었다.


〔國譯〕

衛后(위후)는 밤낮으로 울며 황제(아들)를 보고 싶어 했지만 식읍
만 늘어났다. 王宇(왕우)는 다시 경사에 가고 싶다고 상서하라고 일
러 주었다. 마침 사건이 발각되어 왕망은 아들 왕우를 죽게 하고 위
씨의 일족을 죽였다. 衛寶(위보)의 딸은 中山王后가 되었지만 왕후
의 지위를 박탈당하고 合浦(합포)로 이주하였다. 오직 衛后(위후)만
남았지만 왕망이 漢을 찬탈한 뒤에 폐위되어 평민이 되었다가 일 년
뒤 쯤 죽어 중산효왕 곁에 묻혔다.

## 97-15. 孝平王皇后

原文

孝平王皇后, 安漢公太傅大司馬莽女也. 平帝卽位, 年九歲, 成帝母太皇太后稱制, 而莽秉政. 莽欲依霍光故事, 以女配帝, 太后意不欲也. 莽設變詐, 令女必入, 因以自重, 事在〈莽傳〉. 太后不得已而許之, 遣長樂少府夏侯藩,宗正劉宏,少府宗伯鳳,尙書令平晏納采. 太師光,大司徒馬宮,大司空甄豐,左將軍孫建,執金吾尹賞,行太常事太中大夫劉歆及太僕,太史令以下四十九人賜皮弁素績, 以禮雜卜筮, 太牢祠宗廟, 待吉月日. 明年春, 遣大司徒宮,大司空豐,左將軍建,右將軍甄邯,光祿大夫歆奉乘輿法駕, 迎皇后於安漢公第. 宮,豐,歆授皇后璽紱, 登車稱警蹕, 便時上林延壽門, 入未央宮前殿. 群臣就位行禮, 大赦天下. 益封父安漢公地滿百里, 賜迎皇后及行禮者, 自三公以下至騶宰執事長樂,未央宮,安漢公第者, 皆增秩, 賜金,帛各有差. 皇后立三月, 以禮見高廟. 尊父安漢公號曰, 宰衡, 位在諸侯王上. 賜公太夫人號曰, 功顯君, 食邑. 封公子安爲襃新侯, 臨爲賞都侯.

| 註釋 | ○太皇太后 - 성제의 모친, 王政君. 이후 태후로 표기. ○〈莽傳〉 - 99권, 〈王莽傳〉. 개인의 전기이지만 사실 漢 멸망의 기록이며 新의 건국과

멸망의 기록이다. 上, 中, 下 3권에 걸쳐 상세한 기록으로 西漢과 東漢 교체기의 상황을 파악할 수 있다. ㅇ長樂少府 – 長樂宮의 재물과 관리를 담당하는 少府. ㅇ納采 – 결혼 六禮의 하나. 신랑 측에서 신부 측에 처음으로 예물을 보내는 청혼의 뜻을 표하는 의례. 태황태후가 며느리를 맞이하기 때문이다. ㅇ行太常事太中大夫 – 太常의 업무를 대행하는 太中大夫. 태상은 종묘제례의 최고 책임자. ㅇ皮弁素積 – 皮弁(피변)은 사슴가죽으로 만든 고깔모자. 素積(소적)은 가는 하얀 명주로 만든 적삼. 모두 의례를 행할 때 착용. ㅇ以禮雜卜筮 – 雜은 여럿이. 합동으로. 卜筮(복서)는 점을 치다. ㅇ璽紱(새불) – 璽는 새인, 직인. 紱은 인끈 불. ㅇ警蹕(경필) – 통행을 금지시키다. 蹕은 길 치울 필. ㅇ宰衡(재형) – 平帝 元始 4년에 정한 왕망의 공식 호칭. 西周의 周公은 太宰(태재), 殷의 伊尹(이윤)은 阿衡(아형)이라 불렸는데, 왕망은 두 칭호를 합쳐 宰衡이라 하였으니 자신의 공적이 이윤과 주공보다 훌륭하다는 뜻이다.

[ 國譯 ]

孝平帝의 王皇后(왕황후)는 安漢公이었고, 太傅(태부)이며, 대사마인 王莽(왕망)의 딸이다. 平帝가 즉위할 때 9살이어서 성제의 모후가 太皇太后(태황태후)로 稱制(칭제)하였고, 왕망은 정권을 장악했다. 왕망은 霍光(곽광)의 전례에 따라 딸을 황제의 배필로 삼으려 했는데 태후의 생각은 그렇지 않았지만 왕망은 사안을 조작하여 딸을 기어이 황후로 만들어 자신의 지위를 높이려 했는데, 이는 〈王莽傳〉에 실려 있다.

태후는 부득이 허락하고서 장락궁 소부인 夏侯藩(하후번)과 종정인 劉宏(유굉), 소부인 宗伯鳳(종백봉), 상서령인 平晏(평안)을 시켜 納采(납채)를 하였다. 태사인 光(광), 대사도 馬宮(마궁), 대사공 甄豐(견풍), 좌장군 孫建(손건), 집금오 尹賞(윤상), 태상의 업무대행인 태중대부 劉歆(유흠) 및 太僕(태복), 태사령 등 모두 49인이 사슴가죽 모자에 흰옷을 입고 예를 갖춰 합동으로 점을 쳐서 길일을 택일하였다. 다음 해 봄에 대사도인 마궁, 대사공인 견풍, 좌장군 손건, 우장군 甄邯(견한), 광록대부 유흠이 乘輿(승여)와 法駕(법가)로 安漢公의 저택에서 황후를 영접하였다. 마궁, 견풍, 유흠이 황후의 璽紱(새불)을 바치고, 수레를 타고 길을 치우면서 길한 시각에 맞춰 상림원 延壽門(연수문)을 지나 미앙궁의 前殿(전전)에 도착하였다. 모든 신료가 줄을 지어 예를 표하고 천하에 대사령을 내렸다. 황후의 부친 安漢公에게 땅을 더 하사하여 1백 리로 늘렸으며 황후를 맞이하는 혼례에 참여한 자로 삼공 이하 장락궁과 미앙궁, 안한공 저택의 마부나 주방 집사, 하인까지 모두 질록을 높여주거나 금전과 비단을 차등 있게 나눠 주었다. 황후로 책립되고 3개월이 지나 고조의 묘당을 알현하였다. 황후 부친 안한공의 칭호를 宰衡(재형)으로 높였는데, 이는 제후의 왕보다 높다는 뜻이다. 안한공의 太夫人(모친)에게는 功顯君(공현군)이라 호칭과 식읍을 하사하였다. 안한공의 아들 王安(왕안)은 襃新侯(포신후), 王臨(왕림)은 賞都侯(상도후)가 되었다.

原文

后立歲餘, 平帝崩. 莽立孝宣帝玄孫嬰爲孺子, 莽攝帝位, 尊皇后爲皇太后. 三年, 莽卽眞, 以嬰爲定安公, 改皇太后號爲定安公太后. 太后時年十八矣, 爲人婉瘱有節操. 自劉

氏廢, 常稱疾不朝會. 莽敬憚傷哀, 欲嫁之, 乃更號爲黃皇
室主, 令立國將軍成新公孫建世子豫飾將醫往問疾. 后大
怒, 笞鞭其旁侍御. 因發病, 不肯起, 莽遂不復强也. 及漢兵
誅莽, 燔燒未央宮, 后曰, "何面目以見漢家!" 自投火中而
死.

| 註釋 | ○莽攝帝位 – 攝은 대리하다. 겸하다. 다스리다. 거둘 섭. ○莽
卽眞 – 서기 8년. 국호 新. ○婉嫕(완예) – 婉은 온순하다(順也). 嫕는 고요
할 예(靜也). ○黃皇室主 – 왕망은 土德을 바탕으로 新(신)을 건국하여 黃皇
이라 칭했다. 室主는 公主의 개칭. ○豫飾(상식) – 豫은 수식(首飾) 상. ○及
漢兵誅莽 – 漢軍은 更始帝 劉玄. 왕망은 서기 23년 멸망.

〔國譯〕

황후가 되어 1년 뒤에 平帝가 붕어하였다. 왕망은 孝宣帝의 현손
인 劉嬰(유영)을 맞이하여 孺子(유자)라 했고, 왕망은 제위를 대행하
였고 皇后를 황태후라 높였다. 3년 만에 왕망은 황제가 되었고, 유
자 유영은 定安公(안정공)이라 하였고, 皇太后 호칭을 定安公太后라
고 고쳤다. 태후는 그때 18살이었는데 사람이 온순 정숙하고 지조
가 있었다. 유씨가 폐위되고서는 늘 몸이 아프다며 조회에 나가지
않았다. 왕망은 어려워하면서도 마음이 아파 출가시키려고 칭호를
黃皇室主(황황실주)라고 고쳐 부르고, 立國將軍 成新公 孫建(손건)의
世子를 시켜 머리 장식과 의원을 거느리고 가서 문병케 시켰다. 황
후는 대노하면서 그 측근의 시종을 매질하였다. 그 이후로 병이 났
고 일어나려 하지 않자 왕망은 다시 강요하지 못했다. 뒤에 漢의 군

사가 왕망을 죽이고 미앙궁을 불사르자, 황후는 "무슨 면목으로 漢의 宗室을 보겠는가!"라고 말한 뒤 불에 뛰어들어 죽었다.

原文

贊曰,《易》著吉凶而言謙盈之效, 天地鬼神至於人道靡不同之. 夫女寵之興, 由至微而體至尊, 窮富貴而不以功, 此固道家所畏, 禍福之宗也. 序自漢興, 終於孝平, 外戚後庭色寵著聞二十有餘人, 然其保位全家者, 唯文,景,武帝太后及邛成后四人而已. 至如史良娣,王悼后,許恭哀后身皆夭折不辜, 而家依托舊恩, 不敢縱恣, 是以能全. 其餘大者夷滅, 小者放流, 嗚呼! 鑒茲行事, 變亦備矣.

| 註釋 | ○謙盈之效 - 겸허와 교만의 결과. 謙은 겸허. 盈은 가득함, 교만. 天道는 가득한 것을 덜어 겸손한 곳에 보태주고, 地道는 가득한 것을 낮은 데로 보내주며, 귀신은 넘치는 것을 막고 겸손에게 복을 주고, 人道는 교만한 자를 싫어하고 겸손한 자를 좋아하게 되어 있다. 주역에 謙卦(겸괘, 地☷ 아래 山☶)가 있다. ○靡不同之 - 모두가 같다. 靡은 無.

[ 國譯 ]

班固의 論贊 :《易》에는 길흉의 징조와 겸허와 교만의 효용을 말했는데, 天地와 鬼神과 人道까지 모두 다 같다. 여인에 대한 총애는 아주 미천할지라도 지존의 자리에 오를 수 있으며, 최고의 부귀를 누리지만 공적에 의한 것이 아니니, 이는 道家에서 가장 두려워하는 것이며 인간 화복에 대한 원칙이다. 漢의 건국에서 孝平帝까지 외척이나 후궁으로 총애를 많이 받은 20여 명이 있었으나 지위와 가문을 보전한 사람은 겨우 文帝와 景帝, 武帝의 태후가 있고, 또 邛成皇后(공성황후, 선제의 3번째 王皇后)까지 4인 뿐이었다. 史良娣(사량제, 衛太子妃), 王悼后(왕도후, 선제의 모후), 許恭哀后(허공애후, 선제의 허황후)는 아무 죄도 없이 요절하였기에 그 가문은 이전에 베푼 은덕의 보답을 받았으나 방종할 수 없었기에 온전할 수 있었다. 그 나머지 가문은 크게는 멸족당하거나 작게는 방출되었으니 오호라! 지난 일을 거울삼을 수 있고 모든 길흉화복이 여기에 있도다.

## 저자 약력

陶硯 진기환 陳起煥

서울 대동세무고등학교 교장을 역임하였고 개인 문집으로《陶硯集》출간.
주요 저서로는 중국 고전소설《儒林外史》국내 최초 번역,《史記講讀》,《史記 人物評》,
《中國의 土俗神과 그 神話》,《中國의 신선이야기》,《上洞八仙傳》,《三國志 故事成語 辭
典》,《三國志 故事名言 三百選》,《三國志의 지혜》,《三國志 人物評論》,《精選 三國演義
原文 註解》,《中國人의 俗談》,《水滸傳 評說》,《金瓶梅 評說》,《논술로 읽는 論語》,《十八
史略 中(下)·下(上)·下(下)》,《唐詩三百首 上·中·下》共譯,《唐詩逸話》,《唐詩絶句》,《王維》,
《漢書》全 10권 외

E-mail : jin47dd@hanmail.net

原文 註釋 國譯

# 漢書(九)
한 서

초판 인쇄  2017년 9월  5일
초판 발행  2017년 9월 15일

역   주 | 진기환
발행자 | 김동구
디자인 | 이명숙·양철민
발행처 | 명문당(1923. 10. 1 창립)
주   소 | 서울시 종로구 윤보선길 61(안국동)
         우체국 010579-01-000682
전   화 | 02)733-3039, 734-4798(영), 733-4748(편)
팩   스 | 02)734-9209
Homepage | www.myungmundang.net
E-mail | mmdbook1@hanmail.net
등   록 | 1977. 11. 19. 제1~148호

ISBN 979-11-88020-26-3 (04910)
ISBN 979-11-85704-78-4 (세트)
30,000원